世界級經濟區：
粵港澳大灣區建設研究

陳廣漢 李小瑛 主編

中華書局

目　録

第三章　粵港澳大灣區基礎設施互聯互通與城市空間結構研究

第四章　粵港澳大灣區現代產業體系構建與城市功能定位

前　言[1]

1　本章作者陳廣漢。

第一節　研究背景和主題

粵港澳大灣區由香港和澳門兩個特別行政區和廣東的廣州、深圳、佛山、東莞、珠海、惠州、中山、江門、肇慶（簡稱珠三角九城市）組成。2019 年，粵港澳大灣區（簡稱大灣區）人口達到 7158.03 萬人，經濟總量（GDP）達 11.62 萬億元，作為單獨經濟體其經濟總量超過俄羅斯和韓國，在世界可排名第 13 位。人均 GDP16.15 萬元，大約為 2.44 萬美元。按照世界銀行的標準，大灣區已經屬高收入地區。2019 年 2 月中共中央和國務院頒佈實施的《粵港澳大灣區規劃綱要》（簡稱《規劃綱要》）提出將粵港澳大灣區建設成為國際一流灣區和世界級城市群的戰略目標。《規劃綱要》實施以來，國際和國內經濟和政治形勢和格局正在發生深刻的變化。這些變化必然會對與國際市場聯繫密切和外向型程度高的大灣區的經濟和社會發展產生重要影響。

1.1　國際經濟格局變化和產業結構調整

1.1.1　全球性經濟衰退和國際貿易萎縮

受新冠肺炎疫情的影響，國際貿易和產業發展格局發生深刻改變，全球經濟大幅下滑。根據 IMF（國際貨幣基金組織）的統計 2020 年全球實際GDP 下降 3.3%，發達國家下降約 4.7%，前十大經濟體只有中國實現經濟正增長。貿易鏈循環受阻，國際貿易額大幅下降。據 WTO（世界貿易組織）統計 2020 年全球貿易總量下降 5.3%，中國貨物貿易進出口總值 32.16 萬億元，比 2019 年增長 1.9%，成為全球唯一實現貨物貿易正增長的主要經濟體。中國進出口規模和國際市場份額再創歷史新高，成為全球最大的出口國和僅次於美國的第二大進口國，其進出口貿易量分別佔全球總量的 11.5% 和14.7%。

1.1.2　全球化供應鏈再配置和國際產業結構重組

2008 金融危機爆發後，為重振本土工業，支持中小企業發展，美國、歐

盟、日本等國家陸續推出「再工業化」策略和措施，推動製造業回流，將「再工業化」正式提上日程。譬如美國的「國家先進製造業策略計劃」、日本發佈的《製造業白皮書》，英國的「工業 2050 戰略」、德國的「工業 4.0」。新冠疫情加快了全球產業鏈再配置的趨勢，是經濟全球化以來影響世界經濟格局走向的一次重大外部衝擊。一方面，疫情使全球經歷「大蕭條」以來最嚴重的經濟衰退；另一方面，疫情加劇國家間的結構性洗牌，加速全球供應鏈、產業鏈的本地化、區域化、分散化趨勢。新冠疫情爆發後，各國重視全球價值鏈下的產業安全問題，國家利益和政治因素成為影響產業的供應鏈重組和區域分工首要因素。例如美國政府緊急啟動《國防生產法案》，力保戰略物資生產本土化。法國採用國有化等干預措施來保護航空、汽車等行業的大型企業或重要經濟資產。可以預見一些國家會對涉及民生及國家命脈的戰略產業進行重新佈局，全球供應鏈和產業鏈本地化、區域化的趨勢加劇。

1.1.3　意識形態和國家競爭阻礙技術擴散，國家之間的科技壁壘增加

隨着中美國家之間的競爭加劇，中美貿易摩擦不但升級，美國對中國科技企業的打壓變本加厲。位於大灣區的國家通信領域的龍頭企業——中興和華為先後受到美國政府的打壓和「封殺」。2018 年 4 月，美國商務部發佈公告稱，美國政府禁止美國公司向中興通訊出口電訊關鍵零部件產品，期限為 7 年，並處以巨額罰款。2019 年 5 月，美國商務部以國家安全為由，將華為公司及其 70 家附屬公司列入管制「實體名單」，禁止美國高科技企業向華為出售相關技術和產品。隨着中美對抗升級，美國從貿易和投資領域管制向科技、人才、金融等領域全方位監管拓展，特別是採取出口管制和安全審查等方式強化科技封鎖。美國對在美華裔學者以及中美學術合作項目的審查趨嚴，《紐約時報》報道 FBI 因擔心間諜活動禁止部分中國學者入境，2018 年有 30 名中國專家的訪美簽證被吊銷。截止到 2020 年底美國商務部將我國 300 多家高科技企業、高校和科研機構納入出口管制「實體清單」，限制其對美出口和進口美國技術產品。

改革開放以來，香港和澳門是中國內地連接世界經濟和國際市場的重要

橋樑和紐帶，在國家對外開放中扮演的不可替代的作用，成為中國內地經濟「引進來」和「走出去」重要平台。珠三角的製造業已經高度參與全球產業分工體系，融入國際市場，被稱之為「世界製造業基地」。大灣區經濟具有外向型程度高和國際競爭力強的優勢，面對國際經濟和政治格局的變化，大灣區應該在國家的經濟發展中有更大使命和擔當。

1.2　中國經濟發展新階段和戰略轉型

1.2.1　中國經濟進入創新驅動與高質量發展新階段

改革開放 30 多年來，我國經濟快速發展主要源於發揮了勞動力和資源環境的低成本優勢。進入本世紀後，我國在國際上的低成本優勢逐漸消失，資源環境對經濟的約束增加，依靠廉價勞動力、土地和其他環境資源的要素驅動的發展模式已經難以維繼。從科學發展觀到新發展理念，中共十八大明確提出了「科技創新是提高社會生產力和綜合國力的戰略支撐，必須擺在國家發展全域的核心位置」，強調要堅持走中國特色自主創新道路、實施創新驅動發展戰略。2016 年，中共中央、國務院發佈《國家創新驅動發展戰略綱要》，提出我國科技創新「三步走」戰略目標，到新中國成立 100 年時成為世界科技創新強國。以雲計算、大數據、物聯網、人工智能為代表的新一代信息技術創新發展、廣泛滲透，在持續催生新興產業的同時不斷激發傳統產業的發展活力，數字經濟呈現出持續快速的增長態勢，對經濟增長的拉動作用愈加凸顯。生物技術主導農業新綠色革命，推動精準醫療和再生醫學發展。能源技術向綠色低碳和智能化轉型，高碳能源減量與清潔能源增量將重塑世界能源體系。新一代信息技術、新材料、與先進綠色製造技術融合，推動以數字化、網絡化、智能化、綠色化為標誌對的新一輪工業變革。實施創新驅動發展戰略，對我國提高經濟增長的質量和效益、加快轉變經濟發展方式具有關鍵作用。實施創新驅動發展戰略，對降低資源能源消耗、改善生態環境、建設美麗中國具有長遠意義。粵港澳大灣區製造業發達，具有比較

完備的產業體系，在新一代信息技術、人工智能和數據經濟發展方面具有優勢，國家實施創新驅動和高質量發展戰略，為大灣區發展方式轉變帶來新機遇。

1.2.2 從全方位對外開放到雙循環發展新格局

我國將進入新發展階段，國際政治和經濟格局與國內經濟發展方式正在發生深刻變化。推動形成以國內大循環為主體、國內國際雙循環相互促進的新發展格局是重塑我國國際合作和競爭新優勢的戰略抉擇。構建新發展格局，要堅持擴大內需和國內市場這個戰略基點，使生產、分配、流通、消費更多依託國內市場，形成國民經濟良性循環。要堅持供給側結構性改革的戰略方向，提升供給體系對國內需求的適配性，打通經濟循環堵點，提升產業鏈、供應鏈的完整性，使國內市場成為最終需求的主要來源，形成需求牽引供給、供給創造需求的更高水平動態平衡。新發展格局決不是封閉的國內循環，而是開放的國內國際雙循環。推動形成宏大順暢的國內經濟循環，就能更好吸引全球資源要素，既滿足國內需求，又提升我國產業技術發展水平，形成參與國際經濟合作和競爭新優勢。

粵港澳大灣區具有對外開放的區位優勢、經濟優勢和體制優勢。改革開放以來，在推動中國經濟走向世界，利用國際和國內兩種資源和兩個市場中發揮了重要作用，是中國經濟與世界經濟雙向交流的平台。泛珠三角區域合作的建設和發展，進一步拓展了粵港澳大灣區經濟的腹地，增強了大灣區對內地經濟輻射和帶動能力，為大灣區經濟參與國際競爭提供了支撐。雙循環新發展格局有利於大灣區更好利用國際國內兩種資源和兩個市場，開拓大灣區更加廣闊的發展空間。

1.2.3 「一國兩制」實踐進入新階段

十八大以後，「一國兩制」實踐進入一個新階段。從 2014 年 6 月國務院新聞辦發表香港「一國兩制」實施狀況白皮書明確指出中央對香港擁有「全面管治權」，到中共中央十九大報告提出支持港澳融入國家發展大局；從 2020 年 6 月《中華人民共和國香港特別行政區維護國家安全法》實施，到

2021 年 3 月《全國人民代表大會關於完善香港特別行政區選舉制度的決定》的頒佈，「一國兩制」實踐進入一個新階段。全面準確貫徹「一國兩制」必須將維護國家主權、安全和發展利益與保持港澳的長期繁榮穩定有機結合起來。港澳在中國內地的改革開放和經濟發展中曾經扮演過不可替代的角色。在新的歷史階段，香港和澳門如何發揮自身優勢，提升在國家經濟發展和對外開放中地位和功能，在內地的經濟發展、對外開放中發揮作用，這是一個重要課題。粵港澳大灣區將拓展港澳經濟發展的腹地，是融入國家發展大局的重要平台。隨着香港國安法和選舉法的實施，香港的政治和社會將穩定下來，香港應該重新回到注重經濟發展和民生改善的正道。

1.3 粵港澳大灣區建設的使命

1.3.1 「創新引領驅動高質量發展」的引領者

上世紀 50 年代開始，在當時特殊國際和國內背景下，香港開始了工業化的進程，實現了經濟從轉口港為主向工業主導的轉變。香港製造業主要紡織品、成衣及塑料花、玩具和電子產品等勞動密集型行業。1970 年香港製造業佔本地生產總值的比重達到歷史最高峰的 31%，製造業的就業人數佔總就業的 40% 以上。[1] 隨着香港工業發展的飽和，勞動力和土地成本上升，一些產業例如電子產業開始到澳門發展。20 世紀 70 年代末開始，中國內地的大門逐漸打開，開啟改革開放的革命性征程。珠三角憑藉改革開放先行一步的制度創新優勢和毗鄰港澳的區位優勢，承接香港和澳門製造業的轉移，實現了快速的工業化和高速的經濟增長，香港發展成為國際貿易、金融和航運中心，進入後工業時代。2004 年在中國工業化進程較快的珠三角地區首次出現「民工荒」現象。隨着勞動力、土地和環境對經濟發展的約束增加，廣東開始認

1　陳廣漢等，《香港回歸後的經濟發展與轉型研究》，北京大學出版社，2009 年，第 76 頁。

識以犧牲環境為代價，依靠廉價勞動力和土地投入保持的高速經濟增長已經難以維繼，開始大力推動發展方式和發展模式的轉變。珠三角是中國經濟發展的一個縮影，反映了我國經濟從要素驅動向創新驅動、從高速增長向高質量發展的探索和進程。新時期依靠科技創新實現經濟高質量發展成為共識，新技術、新產業、新業態和新模式對經濟推動作用日益增強。推動發展模式轉變，構建現代產業體系，打造國際科技創新中心，走創新驅動和高質量發展之路，是粵港澳大灣區建設面臨的共同課題，也將為大灣區的可持續發展提供新的發展機遇。

1.3.2 「雙循環」發展新格局的示範區

大灣區市場化程度和對外開放程度高，與內地特別是泛珠三角經貿聯繫緊密。香港是國際金融、貿易和航運與航空中心，有連接世界的商業網絡和國際化的營商環境。澳門是中國與葡語國家的商貿服務平台，國際旅遊休閑中心。珠三角經濟的製造業發達，經濟外向型程度，與內地經濟融為一體。2003 年以來，國家和廣東大力推動泛珠三角區域合作和經濟一體化建設，深化了珠三角與環珠三角和泛珠三角的經貿聯繫和市場一體化，拓展了大灣區的經濟腹地。大灣區具有帶動和聯動內地特別是泛珠三角區域，面向和輻射東南亞和「一帶一路」國家的區位和經濟優勢，在「一帶一路」建設和構建以國內市場為主，國內和國際循環相互促進的雙循環格局中佔據重要地位，將成為國內大循環的中心節點和國際大循環的重要樞紐。「雙循環」新發展格局下，港澳高度開放、國際平台的獨特優勢持續不變，雙循環重要鏈接點的作用進一步凸顯。珠三角是世界製造業門類最為齊全的地區，科技產業發達，是我國科技產業和創新要素重要的集聚區。「港澳 + 珠三角」的灣區合力將更好地推進「雙循環」新發展格局形成。

1.3.3 「一國兩制」新實踐的試驗區

2020 年 6 月《中華人民共和國香港特別行政區維護國家安全法》和 2021 年 3 月《全國人民代表大會關於完善香港特別行政區選舉制度的決定》的實施，使香港進入由亂到治轉變，也是香港回歸後社會政治經濟發展的轉折

點。多年來，「政改」和「選舉」的政治議題主導了香港社會，尤其是一些極端反對派利用立法會和媒體成天炒作這些政治議題，干擾特區政府施政，使許多事關香港民生和長遠經濟發展的事務議而不決、決而不行。香港國安法的實施以及最近全國人大關於完善香港特別行政區選舉制度決定的落實，將結束香港長期的政治爭拗，使香港社會能重回注重民生和經濟發展的正道，對大灣區建設具有積極意義。

從經濟層面看，香港和澳門均為服務型城市經濟體系，製造業空心化和企業科技創新能力不足，經濟發展高度依賴外部環境。多年來香港經濟主要依靠金融業和房地產，收人分配兩極分化嚴重，住房、年輕人的就業等民生問題突出。澳門產業單一化，嚴重依賴於於博彩業。在這次新冠疫情衝擊下，澳門和香港經濟結構的深層次問題充分暴露出來了。粵港澳大灣區建設有助於於解決港澳經濟發展中的一些深層次的問題。粵港澳大灣區的融合發展將為港澳經濟拓展新空間、注入新活力。

本研究堅持「需求引領，問題導向」的研究方法。粵港澳大灣區建設的三大使命反映了新時代中國經濟發展和改革開放的重大需求，是本研究的重要主題。

第二節　基本概念和研究思路

粵港澳大灣區由珠三角的廣州、深圳、佛山、東莞、珠海、惠州、中山、江門、肇慶九個城市和香港與澳門組成。2019 年 2 月由中共中央和國務院頒佈實施的《粵港澳大灣區規劃綱要》，提出「2035 年大灣區形成以創新為主要支撐的經濟體系和發展模式，經濟實力、科技實力大幅躍升，國際競爭力、影響力進一步增強；大灣區內市場高水平互聯互通基本實現，各類資源要素高效便捷流動；區域發展協調性顯著增強，對周邊地區的引領帶動能力進一步提升；人民生活更加富裕；社會文明程度達到新高度，文化軟實力

顯著增強，中華文化影響更加廣泛深入，多元文化進一步交流融合；資源節約集約利用水平顯著提高，生態環境得到有效保護，宜居宜業宜遊的國際一流灣區全面建成。」未來粵港澳大灣區是一個集國際灣區、世界級城市群和區域經濟一體化組織的經濟體，在中國經濟高質量發展和高水平開放中發揮引領作用。

2.1　重要概念

本書題為《粵港澳大灣區建設成為世界級經濟區研究》，首先需要回答的什麼是世界級經濟區。目前學術界還沒有關於世界級經濟區的定義。借鑒國際灣區、世界城市群和經濟一體化定義和發展經驗，結合粵港澳大灣區地緣、經濟和體制的特徵，以及其發展目標，筆者認為粵港澳大灣區要建設的世界級經濟區是集國際灣區、世界級城市群和區域經濟一體化組織經濟特徵和優勢於一身的經濟形態和經濟體系。

2.1.1　國際灣區與灣區經濟

灣區（the bay area）是指由一個海灣或相連的若干個海灣、港灣、鄰近島嶼共同組成的區域。灣區是濱海城市特有的一種城市空間，是海岸帶的重要組成部分，有着豐富的海洋、生物、環境資源和獨特的地理、生態、人文、經濟價值。在國際上，「灣區」一詞多用於於描述圍繞沿海口岸分佈的眾多海港和城鎮所構成的港口群和城鎮群，由此衍生的經濟集聚和開放效應稱之為「灣區經濟」。灣區經濟具有開放的經濟結構、高效的資源配置能力、強大的集聚外溢功能、發達的國際交往網絡，是世界一流城市的顯著特徵。灣區經濟作為重要的濱海經濟形態，如舊金山灣、紐約灣區、東京灣等都具有開放的經濟結構、高效的資源配置能力、強大的集聚外溢功能和發達的國際交往網絡，成為帶動全球經濟發展的重要發展極。自上世紀 60 年代以來掀起的濱海灣區建設浪潮，使很多灣區城市呈現出新面目，灣區的開發建設取得了巨大成功，灣區經濟在國外發展已經十分成熟。從世界經濟版圖看，

全球 60% 的經濟總量集中在入海口。20 世紀 90 年代以來，隨着社會經濟和信息科技的不斷發展，信息化成為全球發展的必然趨勢，在經濟發展中發揮着越來越重要的作用。港口信息化網絡建設加快，供應鏈服務能力增強，港口憑藉供應鏈協作網絡，逐步形成集聚和輻射功能更加強大的網絡效益。從港城互動的角度來看，港口基礎性功能在灣區發展中作用逐步弱化，城市服務更加獨立，並且隨着港口要素的進一步積累，港口服務經濟業態進一步升級，城市創新型業態加快發展，灣區經濟的成熟業態逐步成型。世界上公認的灣區如美國的紐約灣和舊金山灣、日本的東京灣均為高科技產業、高端製造業和現代服務業聚集區，擁有世界一流的大學、科研機構和文化設施。

2.1.2　世界級城市群

城市群是指在特定地域範圍內，一般以 1 個以上特大城市為核心，由多個大城市為構成單元，依託發達的交通通信等基礎設施網絡所形成的空間組織緊湊、經濟聯繫緊密、並最終實現高度同城化和高度一體化的城市群體，是城市發展到成熟階段的最高空間組織形式。法國地理學家戈特曼認為，成熟的世界級城市群應具備以下的條件：（1）區域內城市密集。（2）擁有一個或幾個國際性城市，如美國東北部城市群的紐約、大湖城市群的芝加哥，日本太平洋沿岸城市群的東京、名古屋和大阪，英格蘭城市群的倫敦，西歐城市群的巴黎等。（3）多個都市區連綿，相互之間有較明確的分工和密切的社會經濟聯繫，共同組成一個有機的整體，具備整體優勢。（4）擁有一個或幾個國際貿易中轉大港（如紐約港、橫濱港、神戶港、倫敦港、鹿特丹港、上海港）、國際航空港及信息港作為城市群對外聯繫的樞紐，同時區域內擁有由高速公路、高速鐵路等現代化交通設施組成的發達、便捷的交通網絡。這一交通網絡是城市群內外巨大規模社會經濟聯繫的支撐系統。（5）總體規模大，城鎮人口至少達到 2500 萬。（6）是國家經濟的核心區域。城市群是在地域上集中分佈的若干特大城市和大城市集聚而成的龐大的、多核心、多層次城市集團，是大都市區的聯合體。在全球範圍內的普遍承認的大型世界級城市群有：美國東北部大西洋沿岸城市群、北美五大湖城市群、日本太平洋沿

岸城市群、英倫城市群、歐洲西北部城市群、長江三角洲城市群、粵港澳大灣區城市群等。

2.1.3 經濟一體化

經濟學家巴拉薩（Balassa, Bela, 1961）認為：經濟一體化既是一個過程，也是一種狀態。[1] 就過程而言，它包括旨在消除各國經濟單位之間差別待遇的種種措施，就狀態而言，則表現為各國之間各種形態的差別待遇的消失。經濟一體化可分為兩種形態：功能性一體化和制度性一體化。功能性一體化指某一區域內各經濟領域實際發生的阻礙經貿活動的因素的消除和經濟的融合。它主要是自發的市場力量推動的結果，反映了區域內經濟發展的內在要求，具有不穩定性。制度性一體化是通過區域內各成員建立協議，並由特定的一體化組織管理機構加以指導和按照明確的制度安排進行的一體化過程。它反映了功能性整合的要求並將其制度化和法制化，是功能性成果得到鞏固和提高。功能性一體化與制度性一體化相互促進，才能不斷推動區域經濟合作和一體化進程。亞當 . 斯密指出，國民財富的增長來自分工，分工的程度受到市場範圍的限制。因此，市場一體化基礎上的商品和要素的自由流動是區域一體化的前提，區域要素稟賦差异決定的比較優勢、人類經濟活動的不完全可分性和空間距離的不可分性構成了區域間貿易和分工的基礎。當市場一體化和產業分工超出了國界，一個區域內的多個國家和成員之間，通過減少或最終消除商品和生產要素的各種障礙，而形成的經濟共同體或經濟與政治聯盟。區域一體化的組織形式按由低到高排列可以劃分為貿易一體化、要素一體化、政策一體化和完全一體化四大類，破解區域間要素流動壁壘是區域經濟一體化的核心內容。在要素一體化階段，在商品自由流動的基礎上，區域內取消了生產要素流動的各自限制，允許勞動、資本等生產要素在區域的成員國之間自由流動形成共同產品和要素市場。目前區域一體化程度最高

1　巴拉薩 . 貝拉：《經濟一體化理論》，倫敦，理查德 .D. 歐文公司，1961，第 1 頁。

的是歐盟，成員國在經濟、金融、財政等政策上趨同，區域內商品、資本、人員等完全自由流動，使用共同貨幣。在區域一體化進程中，從產品市場和生產要素市場向經濟政策的統一逐步發展，其目的是實現區域內生產要素的自由流動和高效配置。區域一體化不僅包括一國之內區域一體化，例如長三角區域一體化；跨國區域經濟一體化，例如歐美、東盟等；也包括次區域經濟一體化和跨關稅邊境區域經濟一體化。粵港澳大灣區的經濟合作與發展，始於上世紀 70 年代末期中國內地的改革開放。珠三角憑藉改革開放先行一步的制度創新優勢和毗鄰港澳的區域優勢，承接香港和澳門的製造業轉移，開啟了粵港澳區域經濟整合的進程。近 40 年來，隨着內地改革開放的深化，粵港澳大灣區的區域經濟一體化以功能性整合與制度性整合相互促進的方式不斷地演進，經歷了從中國內地市場局部開放時期製造業主導下「前店後廠」模式，到內地市場全方位開放時期「CEPA」主導和服務業開放為主的「統一市場」，再到港澳融入國家發展大局的經濟社會融合發展的三個階段。[1]

2.1.4　世界級經濟區

目前學術界還沒有關於於世界級經濟區的定義。借鑒國際灣區、世界城市群和經濟一體化的經驗，結合粵港澳大灣區地緣、經濟和體制的特徵，我們認為本書提出的粵港澳大灣區要建設的世界級經濟區是集國際灣區、世界級城市群和區域經濟一體化組織經濟特徵和優勢於一身的經濟形態和經濟體系。

2.2　研究目的和思路

建設一個什麼樣的大灣區，怎樣建設大灣區是本書研究要回答的重要問題。綜合上述，我們認為粵港澳大灣區未來發展的應該是集國際一流灣區、

1　陳廣漢、劉洋：《從「前店後廠」到粵港澳大灣區》，《國際經貿探索》，2018 年第 11 期。

世界級城市群和區域經濟一體化形態為一體的經濟體系，在中國經濟高質量發展和高水平開放上發揮引領作用。研究的目的就是探討粵港澳大灣區建設成為世界級經濟的路徑、任務和對策。將立足粵港澳大灣區體制，產業和城市發展的實際，從支撐國際灣區、世界級城市群和典型的經濟一體化進程的因素和視角出發，從三個維度和多層面對影響粵港澳大灣區發展的關鍵因素和進程進行研究。

2.2.1　區域一體化維度

從區域一體化層面看，大灣區建設追求市場一體化和社會經濟融合發展，重點從制度機制創新和基礎設施建設兩個層面展開。大灣區可以借鑒世界上一些國家之間經濟一體化方面的成功經驗，促進市場一體化和基礎設施互聯互通。「一國兩制」「三個單獨關稅區」「三種貨幣體制」和不同的營商規則，表明大灣區發展需要在合作的軟件和硬件兩個方面發力，從軟件方面主要是促進市場一體化和合作體制機制的創新。從硬件方面看，需要實現跨境基礎設施的互聯互通。因此經濟整合、經濟合作模式與體制的創新以及營商環境的對接是大灣區建設的重要任務。從經濟一體化層面看，大灣區建設可以借鑒世界上一些國家之間經濟一體化方面的成功經驗。例如歐盟推行經濟一體化方面的成功經驗。

2.2.2　經濟發展維度

從經濟發展層面看，要建設現代產業集聚區、全球科技創新高地和新興產業重要策源地，實現經濟增長動能轉換和高質量發展，打造現代產業體系和構建國際科技創新中心是研究的重點。大灣區可以瞄準國際一流灣區和世界城市群為目標，構建現代產業體系和國際科技創新中心。經濟發展取決於經濟增長、經濟結構優化和科技創新能力提升。粵港澳大灣區發展的目標是建設國際一流灣區和世界級城市群。比如，東京灣區、紐約灣區、舊金山灣區是世界公認的知名三大灣區。國際一流灣區和城市群引領商業模式、科學技術和產業組織和結構的變革，成為帶動區域和全球經濟發展的重要增長極。

2.2.3 對外開放維度

從對外開放的層面看，大灣區必須打造國際化的營商環境，開放型的經濟結構，全方位對外開放格局，在國家「一帶一路」建設和構建「雙循環」發展新格局中的獨特作用。大灣區要建設成為「雙循環」新發展格局示範區和「一帶一路」建設的重要支撐。依託香港、澳門自由開放經濟體制和珠三角世界製造基地的優勢，進一步提高大灣區九市開放型經濟發展水平，帶動泛珠三角區域經濟發展，打造具有全球競爭力的營商環境，形成全方位開放格局，促進國際國內兩個市場、兩種資源有效對接。從生產、流通、分配、消費等環節打通與內地經濟的聯繫，深化與「一帶一路」國家的經貿合作及人文交流，全面參與和助力「一帶一路」建設，打造「雙循環」發展新格局的重要節點和樞紐。

2.3 研究任務與分工

根據研究的目的和思路，由中山大學粵港澳發展研究院協同中山大學嶺南學院、管理學院、地理規劃學院和國際金融學院等多個學院的教授組成了研究團隊，分六個子課題開展研究，形成了總的研究報告共六章。各章的負責人和參加者如下：

第一章：全球視角和中國經濟發展新階段中的粵港澳大灣區建設研究。負責人才國偉教授，研究團隊成員：雪嬌、陳小偉、黃雯珊、陳澤銘。

第二章：粵港澳大灣區市場一體化與區域合作模式研究。負責人張光南教授，研究團隊成員：陳兆淩、張園、楊彥妍。

第三章：粵港澳大灣區基礎設施互聯互通與城市空間結構研究。負責人李郇教授，研究團隊成員：梁育填副教授、黃耀福、羅璇。

第四章：粵港澳大灣區現代產業體系構建與城市功能定位研究。負責人符正平教授，研究團隊成員：彭曦、林晨雨、汪洋、肖曦、馬咏琪、成林峰。

第五章：粵港澳大灣區打造全球創新中心研究。負責任人陳廣漢教授，

研究團隊成員：吳鵬博士、奚美君博士、李小瑛副教授。

第六章：粵港澳大灣區助推「一帶一路」建設與構建全方位開放新體制研究。負責人周大芸教授，研究團隊成員：夏南新教授，翟愛梅和田鳳平副教授、劉枝葉。

中山大學校長羅俊院士、黨委書記陳春生教授多次召開研究團隊的研討會和交流會，對研究提出指導性意見。本書在課題總報告基礎上統稿而成的。陳廣漢和李小瑛負責本課題的立項申請和結項的評審，以及項目研究的組織和統稿工作。譚穎、劉洋也參與部分統稿和資料收集與整理工作。

第三節　粵港澳大灣區建設世界級經濟區面臨的挑戰

由內地市場程度和三地比較優勢及其演變決定的粵港澳區域經濟合作，開啟於上世紀 70 年代末中國內地的改革開放，經歷了內地局部開放下「前店後廠」模式，到內地全方位開放市場統一模式，再到大灣區建設的融合發展的新階段。2019 年，粵港澳大灣區人口達到 7158.03 萬人，經濟總量（GDP）達 11.62 萬億元，作為單獨經濟體經濟總量超過俄羅斯和韓國，在世界可排名第 13 位，經濟影響力位列四大灣區之首。人均 GDP 16.15 萬元，按照世界銀行的標準，大灣區已經屬高收入地區。珠三角製造業和科技產業發達，產業的信息化和智能化程度較高，香港和澳門具有發達的金融、商貿、航空與航運和旅遊等現代服務業，大灣區空港、海港和交通等基礎設施發達，具有建設世界級經濟區的條件。但是，粵港澳大灣區發展一些現實問題和挑戰。

3.1　區域發展嚴重不平衡，不利與大灣區一體化和社會融合發展

大灣區各城市發展差异大，導致人口、資源等要素單向流動，加劇地

區差异，不利於大灣區產業協同發展。具體表現在：第一，城市發展不平衡，香港 GDP 總量約佔比 22%，澳門佔比 3%；從人均 GDP 來看，澳門為 86,400 美元，香港為 48,700 美元，珠三角地區為 19,672 美元，江門、肇慶等不到珠三角地區平均水平的 1/3。第二，區域發展不平衡。灣區珠江口東、西兩岸在經濟實力、產業發展、常住人口數量等方面差距較大，東岸有香港、深圳兩個國際化大都市，而西岸缺乏發展引領城市。珠三角北部的肇慶總體上屬欠發達地區，區域經濟缺乏重大項目支撐，發展的基礎與動力相當薄弱。如何彌合差距、建立合作關係、實現互惠共贏，需要一體化發展模式與體制、機制、政策、策略的系統創新。

3.2 城市之間過度競爭，使產業規劃缺乏協調、重大基礎設施重複建設

粵港澳大灣區城市群內部存在相互競爭、爭奪資源、產業同構和產業分工格局分散等現象，沒有形成「產業聯盟」等穩定的協調機制和激勵機制，未能真正形成城市群效應。首先，珠三角內陸城市均提出發展高科技、金融、航運、信息技術、生物技術、高端裝備製造、新材料、文化創意等，未找到城市發展真正差異化定位。第二，各城市間基礎設施存在過度建設。以港口為例，一城一港各自為政的發展模式導致各港在集裝箱運輸等領域存在同質化競爭並呈現出不斷加劇的態勢，甚至出現針對集裝箱的貨運補貼，扭曲市場價格機制。同時，不同港口管理與運營制度差异較大，缺乏有效的協調機制。比如香港並無港務局，由私人企業負責經營管理；深圳市政府設港務局，港口運營由私人企業負責；廣州市政府設港務局，港口運營由國企廣州港股份有限公司負責，導致協調不利、損害市場主體利益。未來，要以大灣區總體目標、整體戰略為指向，以各具特色、優勢互補、協同效應為原則，合理確定城市的發展定位和專業化優勢職能，加強城市分工合作，形成互補聯動的發展格局。

3.3 基礎研究比較薄弱,部分關鍵領域和核心技術受制於人

随着中美貿易摩擦的升級,突破「卡脖子」技術與鍛造「殺手鐧」技術成為我國高質量發展面臨的嚴重挑戰,粵港澳大灣區相比其他灣區,基礎研究發展仍在存在較多不足。首先,高水平研究團隊、國家級重大研究平台和裝置不足。粵港澳大灣區的「雙一流」高校、國家大科學裝置、國家級實驗室和國家工程技術中心的數量、核心人才與京津冀、長三角城市群存在差距,如從兩院院士分佈看,截止到 2019 年廣東省共有 37 位,佔比約為 2.1%,香港共有 27 位,佔比約為 1.5%,而北京有兩院院士 605 人,佔比 34.22%。其次,港澳科研技術創新成果轉化率低,削弱產業創新能力,從「2018 年湯森路透全球百強創新企業排名」看,粵港澳大灣區僅有華為和比亞迪兩家企業入選,同期,東京灣區、舊金山灣區、紐約灣區分別入選 20 家、8 家、5 家。第三,存在關鍵技術「卡脖子」現象。目前大灣區科技創新大多數仍基於應用環節,核心零部件、關鍵原材料還依賴進口,如華為、中興面臨的「芯片」問題等,未來應加強基礎研究,實現更多從「0」到「1」的突破。

3.4 合作體制和機制障礙,影響香港和澳門融入大灣區的進程

首先,粵港澳三地人流、物流、資金流和信息流存在較大流通障礙,稅收制度、醫療保障制度、養老與社會保障制度、教育制度、資金跨境流動等方面目前仍存在較多問題,究其根本原因在於:第一,灣區市場經濟體制理念和現實的深層次差异,影響灣區要素便捷流通。如內地的行業准入資質與市場監管受制於政府行政審批,增加了灣區資質互認以及專業服務人才跨境執業的難度;內地各項稅率遠高於港澳,導致港澳人才不願在內地長居;內地對境外金融機構投資設定門檻較高,阻礙港資金融機構投資珠三角等;第二,「三個獨立關稅區域」的合作存在關稅政策障礙,如關稅區跨境流通必須

通過關境的檢查和監控，導致流通速度降低；粵港、粵澳海關和邊檢部門技術標準不同且缺乏信息互通，導致口岸查驗結果互認，重複查驗、監管設施重複建設等問題突出；珠三角和港澳特區技術標準與行業准入資質差异巨大，妨礙灣區專業服務人才的跨境執業等；第三，「以地方利益為先」的治理模式阻礙粵港澳大灣區構建長效性的合作治理機制，同時合作缺乏群眾基礎和必要的公眾參與，可能導致合作的過程中可能遭遇來自民間的不解和挑戰，如港珠澳大橋周期及費用不斷增加等問題。

第二，香港企業和居民進入珠三角的意願下降。香港有些人認為內地改革開放導致香港製造業向珠三角的轉移和香港製造業空心化，擔心內地服務業的開放會導致香港服務業向珠三角的轉移，特別是貿易、港口、航運等服務業。由於香港經濟地位相對下降，近 10 多年來香港中下層居民收入增長緩慢甚至停滯，加上社會福利和醫療制度不同，香港居民在珠三角的生活的意願下降，並撤離珠三角。例如被稱之為香港「後花園」東莞樟木頭鎮八成港人售房離去。

第三，以博彩業主導的澳門經濟對大灣區缺乏輻射和帶動能力，以小企業和傳統產業為主的澳門企業缺乏競爭力，在澳門內捲化發展。我們在調研中發現澳門一些以前在珠三角從事建築和基礎設施建設的企業，大多返回了澳門，依靠市場保護在澳門本土發展。

本書堅持問題導向的原則，在學術研究的基礎上回應大灣區發展存在的問題和挑戰，並提出對策建議。

第四節　全書內容介紹

前言探討何為「世界級經濟區」、如何建設世界級經濟區，是本書研究首先要回答的問題。這一部分借鑒國際灣區、世界城市群和經濟一體化定義和發展經驗，結合粵港澳大灣區地緣、經濟和體制的特徵，提出的粵港澳大

灣區要建設的世界級經濟區是集國際灣區、世界級城市群和區域經濟一體化組織經濟特徵和優勢於一身的經濟形態和經濟體系。將立足粵港澳大灣區體制、產業和城市發展的實際，從支撐國際灣區、世界級城市群和典型的經濟一體化進程的因素和視角出發，從經濟一體化（市場一體化和基礎設施互聯互通）、高質量發展（現代產業體系與國際科技創新中心建設）、高水平開放（「一帶一路」和「雙循環」新格局建設）多維度，分析和研究粵港澳大灣區建設成為世界一流灣區的使命和任務，以及研究思路和主要議題。

　　第一章全球視角和中國經濟發展新階段中的粵港澳大灣區建設研究。首先研究了粵港澳大灣區建設的國際和國內背景，粵港澳大灣區無論是從經濟規模總量、交通發達程度、科研實力、內陸影響力輻射程度以及地理位置條件，都具備了打造世界級灣區的條件。其次，對標東京灣區、紐約灣區、舊金山灣區，從產業結構、科技和教育發展、區域治理等方面進行了比較分析，提出了大灣區對標世界灣區的政策建議。第三，通過研究歐盟一體化的研究，分析了歐盟在勞動力流動、市場一體化、企業管理政策和貨幣政策等方面的做法，探討了對粵港澳大灣區體制機制對接和市場一體化建設等方面的借鑒作用。

　　第二章粵港澳大灣區市場一體化與區域合作模式研究。主要圍繞粵港澳大灣區市場一體化與區域合作的經驗與成效、問題與挑戰、指標量化測評、全球經驗借鑒、市場一體化與區域合作政策建議五個部分展開。研究表明，粵港澳大灣區市場一體化與區域合作在貿易和投資制度創新、重大平台改革試驗等方面取得了 CEPA 及其系列協議、「准入前國民待遇＋負面清單」管理模式、廣東自由貿易試驗區以及其他粵港澳特色合作示範區建設等一系列成果，但也面臨經濟社會制度差異、政策執行仍需加強、協調機制複雜、配套措施有待完善等問題。基於全球市場一體化與區域合作水平衡量指標的量化分析也表明行政劃分與治理分割、跨境邊界問題、協調機制運作的有效性、區域發展不平衡是粵港澳大灣區市場一體化與區域合作過程中亟待解決的問題。為此，借鑒全球市場一體化與區域合作經驗，對標世界級經濟區發展過

程，這一章梳理了歐盟漸進模式、APEC 多邊合作、北美自由貿易區等跨國模式，紐約、舊金山和東京灣區一體化發展的灣區模式以及北美五大湖城市群、英倫城市群、歐洲西北部城市群一體化發展的城市群模式三大類市場一體化與區域合作發展模式。最後，立足粵港澳大灣區一體化進程實踐和面臨的問題與挑戰，提出完善市場法治規則、優化商事政務流程、完善配套營商環境、優化貿易投資政策措施、深化粵港澳重大合作平台建設、加強粵港澳大灣區市場一體化監管部門合作等六方面政策建議。

第三章粵港澳大灣區基礎設施互聯互通與城市空間結構研究。探究如何通過構建互聯互通快速交通網絡，促進要素自由流動，同時通過大灣區一體化發展、廣深港澳科技走廊建設，促進國內國際雙循環的發展，推動構築新發展格局。通過對粵港澳大灣區空間演變歷程、粵港澳大灣區發展期望、基礎設施互聯互通體系以及對未來空間結構展望等方面的研究，提出以下三點建議：一是推動廣深雙城聯動，構建大灣區核心發展引擎。強化廣深雙核驅動輻射作用，推動區域協同聯動發展，打造大灣區核心發展引擎。發揮廣州核心城市功能，打造廣州都市圈；發揮深圳核心城市功能，打造深圳都市圈；推動廣州都市圈與深圳都市圈聯動發展。二是重點發展珠江口西岸都市圈，打造大灣區經濟發展第三極。以橫琴為平台，構建粵港澳深度融合發展模式；加快珠海中山江門陽江一體化建設；與深圳、廣州都市圈緊密融合，形成互補優勢。三是促進深港與珠澳「邊界地區」發展，加速港澳與灣區空間融合。重點建設新界北地區，加快香港與深圳為核心的珠江東岸城市群融合；加速開發大嶼山地區，構建香港輻射珠三角西岸城市的新節點；推動十字門海灣「一河兩岸」建設，打造珠澳合作新高地。

第四章粵港澳大灣區現代產業體系構建與城市功能定位研究。建設粵港澳大灣區需要重點解決灣區內傳統產業的轉型升級問題，合理佈局各城市的產業分工，打破產業發展壁壘。這一章首先指出了粵港澳大灣區產業協同發展中存在的六個問題，包括一國兩制的特殊體制導致三地決策和執行差异較大，製造業轉型升級緩慢，各城市產業規劃重疊導致同質化競爭，各城市產

業協同發展不足，港澳地區新興產業集群尚未形成以及港澳地區缺乏發展新
興產業的創新創業生態系統。根據存在問題，提出了七項建議措施，一是通
過制度、規則，標準的對接和融通破除三地間產業發展要素流動的制度性障
礙；二是進一步實施 CEPA 協議在廣東的先行先試，深化粵港澳三地的合作；
三是構建大灣區產業發展協同機制，加強大灣區內部在產業規劃與產業政策
方面的協調溝通，探索區域統一立法機制和民間機構協調機制；四是以產業
集群、產業聚集基地建設為抓手，大力加強大灣區內部產業鏈協同，推動港
澳新興產業發展；五是合作建設港澳創新創業生態系統，加快實現港澳產業
體系多元化發展；六是根據大灣區各城市要素稟賦進行功能定位，加快基礎
設施互聯互通，進一步優化產業空間佈局；七是在大灣區優先佈局建設一批
國家產業創新中心和國家製造業創新中心，構建產業落地機制。

　　第五章粵港澳大灣區打造全球科技創新中心研究。系統梳理創新相關理
論模型和全球科技創新中心的發展模式，借鑒國內外創新指數體系的構建思
路，同時考慮大灣區科技創新與產業發展的優勢和問題，從投入、環境（軟
＋硬）、產出四個層面構建粵港澳大灣區科技創新指標體系，利用廣東九市、
香港、澳門的數據，運用逐級等權法，測算並評估粵港澳大灣區的科技創新
能力。研究發現，大灣區的科技創新能力以深圳為核心、北接廣州南連香
港，形成以深圳－廣州－香港為科技創新軸線、向外階梯型遞減的創新科技
圈。大灣區內部科技創新能力差异較大，科技創新能力最強的是深圳，其次
是廣州和香港；溢出效應的影響下，與科技創新能力較強的地區越近，其科
技創新能力也較強，如惠州、東莞、珠海、佛山、中山；而與科技創新能力
較強的地區越遠，其科技創新能力較弱，如肇慶和江門。因此，要想打造成
國際科技創新中心，就要構建科技和產業協同發展的創新體系，按照創新鏈
與產業鏈融合發展的原則，在空間構建「科學研究－成果轉化－產品開發運
用」三位一體的創新分工體系，在產業鏈與創新鏈融合發展上，促進科技與
產業相互支撐和協同發展，圍繞創新鏈的關鍵領域構建創新平台，實現創新
鏈與產業鏈深度融合發展；圍繞創新的關鍵環節搭建國際科技創新中心平台，

形成「雙核一廊一圈」的國際科技創新中心，破解產業發展「卡脖子」環節。最後，從高校聯盟、人才培養、科研成果轉化、創新平台、創新機制等五個方面，提出建設大灣區國際科技創新中心的政策建議。

第六章粵港澳大灣區助推「一帶一路」建設與構建全方位開放新體制研究。基於粵港澳大灣區是中國開放前沿和產業高地，處於「一帶一路」建設的戰略節點的背景，從「一帶一路」OFDI 逆向技術溢出與經濟可持續性、粵港澳大灣區的區域一體化與外商直接投資、金融支持粵港澳大灣區經濟發展、粵港澳大灣區金融集聚及其影響因素和灣區金融輻射及其效應測度五個方面，深入探討大灣區助推「一帶一路」建設的基礎、條件和優勢，並建議以金融為戰略引領，構建高水平、全方位的開放新體制。研究結果表明，「一帶一路」OFDI 逆向技術溢出有助於推動我國經濟的可持續發展，而粵港澳大灣區的區域一體化有利於增強對外商直接投資的吸引力，同時粵港澳大灣區擁有深圳、香港等區域和亞洲金融中心，能夠潤滑和暢通粵港澳大灣區、一帶一路、雙循環建設，如果以金融作為核心點，通過發揮金融的集聚效應和輻射效應，粵港澳大灣區將對「一帶一路」沿線國家的政治、經濟、文化產生重要的影響。作者建議粵港澳大灣區通過點（大灣區）——線（一帶一路）——環（國際國內雙循環），形成對內輻射、對外開放的發展新格局，助推中國實現「全面開放」「均衡開放」「包容性開放」，形成中國高水平、全方位的開放新體制，打造「雙循環」新格局的重要節點和樞紐。

第一章

全球視角和中國經濟發展新階段中的粵港澳大灣區建設 [1]

內容摘要

粵港澳大灣區是中國對外開放的首批受益者，也是改革創新的推動者，現在已經是中國大地上經濟最發達、人口與經濟密度最高的地區之一，在經濟總量、人口規模和土地面積上均可與世界三大灣區（紐約灣區、舊金山灣區、東京灣區）相提並論甚至超出。粵港澳大灣區內「兩種制度」、「三個關稅區」和「三種法律體系」並存，既是對發展智慧的挑戰，更是無可比擬的優勢。打造世界一流灣區，推動「一國兩制」事業新實踐，是實現中華民族偉大復興、向世界展示中華智慧和能力的需要。

粵港澳大灣區無論是從經濟規模總量、交通發達程度、科研實力、內陸影響力輻射程度以及地理位置條件，都具備了打造世界級灣區的條件。但對標世界級灣區（東京灣區、紐約灣區、舊金山灣區），本研究認為粵港澳大灣區不足之處主要體現在：首先各城市間的經濟發展差距大，本位主義束縛協調發展。珠江口兩岸城市的發展水平有明顯的差距，東岸香港、深圳、東莞和惠州四地 GDP 之和超過西岸澳門、珠海、江門、中山四地的五倍，香港、澳門、深圳等地人均 GDP 已經普遍超過發達國家水平，而惠州、江門等地卻只有全國平均水平。第二，城市間產業同質化程度嚴重，特色不足制約國際影響力。粵港澳大灣區的發展模式則是香港和深圳作為金融和科技中心，廣州作為大灣區與內陸各經濟體的橋梁，其餘城市主要發展製造業，但在分工過程中沒有形成具有國際影響力的特色行業，致使整個珠三角地區的經濟整合度不高。第三，貨幣流通存在國有貨幣風險，香港對內銜接缺乏動力。灣區經濟是開放經濟發展思想的集中產物，但粵港澳三地對外開放的節奏並不一致，國際化港澳領先，內地相對滯後。香港對外開放和國際化程度全球領先，但是對內開放和包容的誠心、決心不夠，攜手內地共同解決體制障礙的動力不足。最後，廣東與港澳之間存在單邊人口流動，即港澳人員可以自由流動於粵港澳三地，但內地人員無法自由流向港澳：內地居民在港澳逗留需要非旅遊簽證。由於兩岸三地金融監管沒有對接，再加上香港金融

自由化程度非常高，使得監管層不得不出台多種限制大陸資金流向香港，以防止資金的非法外流，這樣大大增加了資金的流動成本。這些限制阻礙了粵港澳三地人才流動和金融保險領域的發展，也不利於粵港澳三地之間的分工合作。

因此本研究建議從以下幾點落實粵港灣區發展戰略，實現區域協同發展，共同打造世界級城市群。首先，創新落實大灣區發展規劃綱要，指引各城市產業錯位、協同發展。積極落實《粵港澳大灣區發展規劃綱要》國家戰略，將粵港澳大灣區建設成為多種制度、多種貨幣在區域內融合協同發展的世界典範。大灣區建設需要創新發展思路，特別是加快完善頂層設計，在更高層面上協調各個城市的發展目標、路徑、規劃和產業等，努力形成各城市分工有序、合作共生、協同創新的良性發展格局。其次，搭建港澳同胞創業就業平台，以人員流動帶動要素流動和制度互信。考慮在深圳、惠州等地創立港澳創業創新平台或產業園，給予一定的政策優惠和扶持，對來這些地方創業的香港同胞靈活採取香港的類似政策。吸引港澳地區的普通民眾來這些產業園就業，增進兩岸之間的了解和互信。以人員流動促互信，再帶動其他要素流動，如兩岸三地政府、企業合建科技開發中心等。共同協商解決影響人才、資金、技術流動的稅收、關稅、資本管制等制度性約束。再次，加強兩岸三地貨幣政策和金融監管協調，降低系統性金融風險。加快在港人民幣業務的發展，適當放開人民幣與港幣的兌換，改革和完善港幣與人民幣的匯率形成機制，降低港幣盯住美元的匯率風險。加強兩岸三地的金融監管合作，待條件成熟後可以考慮逐漸取消三地之間的外匯管制，促進資本在灣區有序流通。擴大灣區內人民幣結算範圍，促使人民幣成為港澳地區的儲備貨幣，降低區域內金融風險。最後，設立粵港澳大灣區政策協調機構，佈局和推進大灣區融合發展。建議國務院在領導小組下成立專門的政策協調機構，負責溝通與協調地市與地市之間、地市與特別行政區之間所不能解決的問題。將粵港澳大灣區建成世界級的灣區典範，需要分階段以時間表形式督辦進展。可以考慮：第一階段，推進粵港澳的互聯互通，引導港澳企業、勞動

力、人才向內地延伸；第二階段，實現粵港澳地區統一大市場，實現兩岸三地各種要素的自由流動；第三階段，實現制度互信，破除體制性障礙，實現港澳與內地的真正融合。

第一節　粵港澳大灣區發展的全球背景

在經歷了 2008 年金融危機所帶來的漫長復甦期後，2017 年，世界經濟增速明顯提升，國際貿易增速提高。然而，2018 年美國挑起全球範圍內的貿易戰，貿易保護主義和民粹主義逆流湧動，國際投資增長緩慢，全球債務持續積累，金融市場持續動盪。2020 年全球蔓延的新冠肺炎疫情更是給全球經濟增長前景帶來不確定性，未來世界經濟將面臨諸多挑戰。

1.1　全球經濟增長放緩，中國仍是發展速度最快的大國

全球經濟平均增長速度從 2017 年的 3.17% 下降到 2018 年的 3.04%，其中 OECD（經合組織）國家的下降為 2.21%。總體看，發達國家經濟增速繼續低於發展中國家，以美國為例，2019 年實際 GDP 增速為 2.3%，為三年來最低水平；中國 2019 年實際 GDP 增速為 6.1%，雖然增速有所放緩，但仍然顯著高於其他國家，是世界經濟增長的重要引擎（見圖 1-1）。

2020 年初，新冠肺炎疫情的全球蔓延給世界經濟發展帶來了嚴峻的挑戰；同年 4 月，國際貨幣基金組織（IMF）將全球經濟增速的預測下調至 3%（《世界經濟展望》）；截至同年 6 月，全球仍未遏制住疫情，科學家稱，全球要做好長期防疫的準備。IMF 首席經濟學家戈皮納特（Gita Gopinath）認為，此次疫情給全球經濟造成的影響比 2008 年金融危機嚴重得多，將面臨自「大蕭條」以來最嚴重的經濟衰退。原因來自兩方面：一是因素間相互作用的難以預測性，疫情走勢、防控措施的強度和效果、供應鏈的恢復程度、金融市

場狀況、大宗商品價格、消費模式轉變及全球信心效應都深刻影響疫情下的經濟發展，然而這些因素自身及互相之間的難以預測性，更是增加了經濟復甦的難度；二是國家層面的危機，包括政府信任、衛生安全、經濟動盪、外部需求萎縮及資本流動減慢等，不僅是是給各國政府的考驗，更對區域經濟乃至國際經濟合作帶來挑戰。

　　IMF 根據基線情景，預測了 2020 年各主要經濟體的下滑情況。其中，美國經濟將萎縮 5.9%，歐元區整體下滑 7.5%（意大利下降 9.1%，西班牙下降 8.0%，德國下降 7.0%，法國下降 7.2%）；對於新興市場和發展中經濟體，預計中國和印度仍將在 2020 年保持正增長，但本身經濟就已較為脆弱的巴西和墨西哥預計 2020 年經濟增速將分別下滑 5.3% 和 6.6%。但是，在樂觀情況下，若新冠肺炎疫情能在 2020 年下半年消退，且各國實施的政策行動能有效防止企業大面積破產、長期失業和系統性金融壓力，則 2021 年全球經濟增長將能回升到 5.8% 的水平，其中，發達經濟體以及新興市場和發展中經濟體整體增速分別回升至 4.5% 和 6.6%。

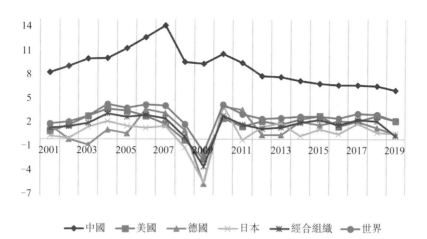

圖 1-1　世界各國 GDP 增長速度

資料來源：世界銀行。

1.2 世界各國經濟差距巨大，但發展區塊化仍未打破

根據 2018 年全球人均 GDP 排名，北歐國家、美國、加拿大、澳大利亞等傳統的西方強國位居前列，而經濟發展水平較低的非洲、東南亞等地則位居末端，最低者的人均 GDP 甚至只有 228 美元，差距懸殊（見圖 1-2）。

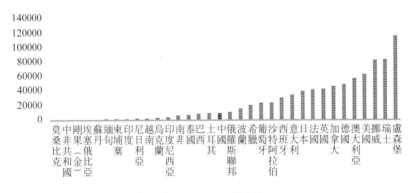

圖 1-2　2018 年世界各國人均 GDP

資料來源：世界銀行。

此外，疫情更是引發了全球債務危機。聯合國發佈的《2020 年可持續發展融資報告》中提出，新冠肺炎疫情的蔓延，使得越來越多的國家面臨債務危機，經濟處於崩潰邊緣，涉及數十億人的生活。IMF 總裁格奧爾基耶娃表示，截至 2020 年 4 月底，已有 50 個國家獲得 IMF 抗疫資金援助，另有 102 個國家正在申請；部分發達國家由於歷史原因存在大量債務，但其能向 IMF 申請的資金額度有限，因此，在救助難以全面覆蓋的情況下，難免會出現主權債務違約問題。雖然，全球層面已採取大約 8 萬億美元的財政援助，但疫情持續的時間越長，主權違約的國家將越多。聯合國祕書長古特雷斯指出，應在全球聯合抗疫中投入至少 10% 的全球 GDP，戰勝疫情需要大規模、協調一致和全面的多邊應對措施。

1.3　疫情叠加逆全球化，全球供應鏈正處於再配置階段

從全球來看，2008 年金融危機以來，全球貿易在逐漸恢復。即使經歷了
2018 年以來的中美貿易摩擦，全球貿易依存度仍在緩慢上升，經濟全球化是
深入人心的。2018 年，全球貿易依存度為 46%，OECD 國家為 44%，而美國
只有 21%，中國是 34%（見圖 1-3）。從國際貿易視角來說，美國是一個較為
封閉的國家，而中國未來仍有擴大開放的空間和潛力。美國單方面發起的貿
易戰，特別是針對中國出口商品大規模的提高關稅，給未來的世界經貿發展
蒙上了一層厚厚的陰影。

圖 1-3　世界各國對外貿易依存度

資料來源：世界銀行。

疫情的蔓延正在重構全球經貿格局和秩序。各國政府為控制疫情，採取
了各種旅行禁令、入境管控、邊境封鎖等舉措，給全球供應鏈安全帶來極大
考驗，越來越多的企業開始選擇產業鏈本地化、區域化和分散化。在生產要
素流動與對外交往嚴重受限的情況下，全球生產、貿易服務處於放緩、半停
滯或停止狀態，使得原已十分脆弱的全球貿易「雪上加霜」。從已公佈的日

韓出口數據中，韓國 2020 年 5 月出口同比下降 20%，日本 4 月出口同比下降 21.9%，是 2008 年金融危機以來的最大降幅。

在全球製造業回流加速的背景下，中國除了要盡最大努力集聚和延長供應鏈條，還要力求從供應鏈中下游升級覆蓋到上游。本次疫情中暴露出「復工不能復產」問題，即上游產品過不來，無法開工生產；下游通道不順暢，產品無法交接。由此可見，新形勢下，供應鏈上下游鏈條的黏性是未來配置佈局要解決的關鍵問題。

1.4　國際投資急劇下降，但資金流向偏好發展中國家

全球金融風險加劇，國際不確定性因素累積，使得外國直接投資總額從 2016 年的 2.62 萬億美元，急劇下降到 2018 年的 1.20 萬億美元。同時，國際資金的流向發生了明顯變化，從以前的發達國家內部流動，逐漸流向了發展中國家。2018 年，OECD 國家的外國直接投資淨額佔世界的比重下降到了 36%，由於美國加息的緣故，大部分資金回流到了美國。中國仍然是世界吸引外資最多的發展中國家，流向中國的資金在不斷恢復，2018 年創歷史新高（見圖 1-4）。

2020 年 3 月，中共中央政治局在新形勢下及時推出新基建舉措，能有效補齊我國因技術不足而無法佈局高端供應鏈配置的短板，助力我國供應鏈的進一步升級覆蓋，極大地提高了供應鏈安全，同時也有效吸引國際資本投資，激發市場活力。

2020 年的政府工作報告中，明確提出了要引導對外投資的健康發展，內容包括：繼續鼓勵有實力、有能力、講信譽的企業投資共建「一帶一路」，推動「一帶一路」建設高質量發展；提高對外投資質量和水平，促進全球佈局優化和結構調整，提高中國企業的國際化經營競爭力和投資效益；完善對外投資服務和保障體系，推動對外投資的可持續健康發展。

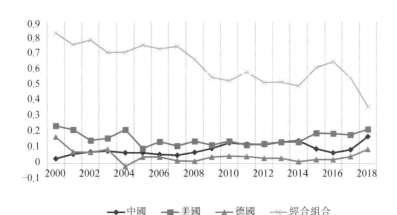

圖 1-4　外國直接投資佔全球投資的比重

資料來源：世界銀行。

第二節　粵港澳大灣區建設的國內形勢

改革開放以來，中國已經探索出一條適合國情的發展道路，而「改革」與「開放」是兩個重要的主旋律。如今粵港澳大灣區的建設同樣着眼於「改革」與「開放」，因此，對其進行與國際一流灣區的開放度比較研究，不僅對粵港澳大灣區的發展具有重要的借鑒意義，對中國開放戰略的調整也具有重大的實踐意義。

2.1　中國進入高質量發展階段，增長模式亟須轉變

2018 年中國 GDP 增速下降到 6.6%，中國經濟從高速增長過渡到中高速增長。按照可比價格計算，改革開放四十年來，中國 GDP 總量翻了 37.0 倍，人口翻了 1.5 倍。同一時段，美國 GDP 翻了 2.8 倍，資本翻了 3.3 倍，人口增長與中國相當（見圖 1-5）。和發達國家相比，中國資本增長的倍數要遠遠大於 GDP，中國的經濟增長主要依靠資本和要素的不斷累積。

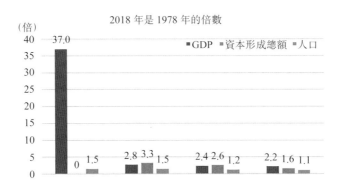

圖 1-5　中國與發達國家四十年的發展比較

* 注：世界銀行數據中缺失 1978 年中國資本形成總額數據
資料來源：世界銀行數據庫。

習近平總書記在党的十九大報告中指出，我國經濟已經進入了「由高速增長轉向高質量發展」的新階段。隨着要素價格的上漲和傳統人口紅利的消失，我國的後發優勢、比較優勢越來越小，迫切需要將經濟發展的動力由要素驅動、投資驅動轉向創新驅動。為了適應我國社會主要矛盾變化和全面建成小康社會的要求，迫切需要統籌城鄉、區域、產業和階層協調發展，迫切需要處理好人與自然、經濟建設與生態環境保護的關係，堅持綠色可持續發展。

2.2　創新驅動發展深入人心，但研發投入仍然較低

科技進步推動經濟社會的飛速發展，各國之間競爭的最終落腳點為科技和人才的競爭。目前，我國經濟正從高速增長階段轉向高質量發展階段，發展動能正逐步從勞動力和資本轉向創新和科技。雖然，中國的研發投入持續增加，但從在 GDP 中的佔比來看，僅處於世界的平均水平，2017 年，中國研發投入佔 GDP 的 2.15%，美國為 2.79%，德國為 3.02%，日本為 3.21%（見圖 1-6）。從總量上看，我國的研發投入強度處於世界中游水平，與美國、日

本之間有較大的差距，2017 年我國研發強度為 1.14%，而美國、日本均超過 4%，尤其是作為研發排頭兵的醫藥、電子和裝備製造行業，我國企業研發投入強度也低於美國和日本 3 個百分點以上。

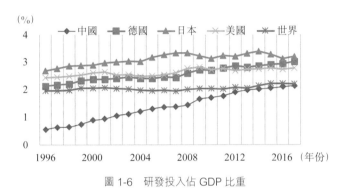

圖 1-6　研發投入佔 GDP 比重

資料來源：世界銀行。

在全球企業研發投入調查榜中，美國上榜企業有 796 家，歐盟 551 家，中國 507 家；研發金額佔比中，美國為 38%，歐盟為 28.3%，中國為 11.7%。由此可見，中國雖有相當數量的企業上榜，但研發金額佔比較低，而這種差距能更為直觀地在排名前五十的企業中體現出來，即美國有 22 家，歐盟 17 家，而中國僅有 2 家，分別為華為和阿里巴巴。

2.3　逐步實現全面小康社會，收入差距問題仍需改善

近年來，中國不斷創新區域協調發展機制，形成西部、東北、中部、東部的區域發展格局，包括「一帶一路」、京津冀、長江經濟帶、粵港澳大灣區等。並且，在精準扶貧政策指導下，積極發展了貧困村、縣的當地特色產業，逐步實現全面小康。然而，我們也要看到，區域間的收入分化也是當前經濟社會發展面臨的突出問題之一。從人均 GDP 來看，東部沿海省區排名較前，而西部地區仍與之有較大差距（見圖 1-7）。

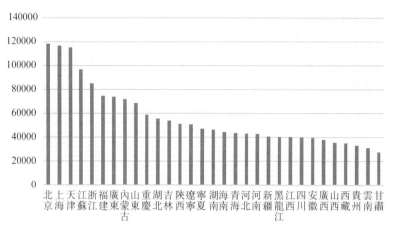

圖 1-7　2018 年各省人均 GDP

2.4　粵港澳大灣區是全國經濟最具活力的區域

　　粵港澳大灣區有較高的開放程度和較強的經濟活力，不管是經濟規模、開放程度、產業佈局還是城市競爭力及區域一體化，都具備建設成為全球一流灣區和城市群的條件。2019 年的中央經濟工作會議中提出，粵港澳大灣區的高質量、高效率、可持續發展將成為中國經濟發展的重要動力源，要順應世界發展趨勢和全球化新格局，進一步深化改革、擴大開放，釋放灣區的創新紅利與政策紅利。在粵港澳大灣區內部，香港 GDP 佔比 22%，澳門佔比 3%。從人均 GDP 來看，澳門的人均 GDP 最高為 86400 美元，香港為 48700 美元，珠三角地區為 19672 美元，經濟發展水平差異較大（見圖 1-8）。但是，珠三角的經濟增速要遠遠高於香港和澳門地區，發展潛力巨大。大灣區的產業優勢明顯，行業領軍企業雲集，金融與科技領先發展，是整個中國經濟增長的強勁引擎和創新高地。

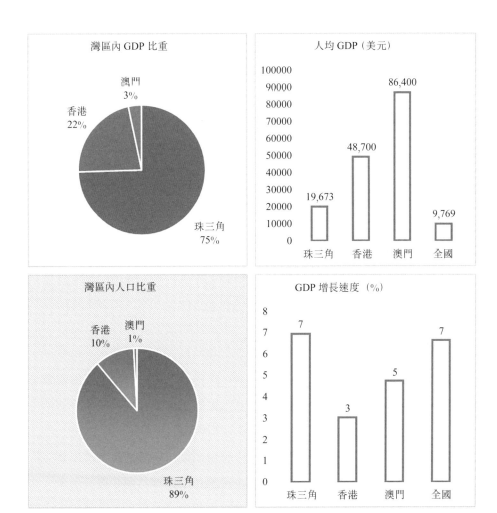

圖 1-8　2018 年粵港澳大灣區的經濟情況

第三節　粵港澳大灣區的定位、作用和前景

3.1　國家戰略定位和引領作用

　　將粵港澳大灣區建設成為世界一流灣區，不僅是粵港澳地區經濟社會文化發展的內在需要，更是國家區域協調發展戰略的重要構成和動力支撐。國

際一流灣區應具備高效的資源配置能力、開放的經濟結構、強大的集聚效應和發達的國際交通網絡。朝着這些目標努力，不僅能輻射帶動泛珠三角區域的發展，也能帶動「一帶一路」、長江經濟帶、京津冀等區域的協作共贏。粵港澳大灣區建設是國家開放型經濟體制的重要探索，也是支撐港澳經濟長遠平穩發展、保持「一國兩制」基本國策不動搖的重要舉措。

3.2　經濟發展定位和引領作用

當前，我國經濟轉型升級迫切需要創新經濟發展模式，改變資金「脫實向虛」的狀況，跨越「中等收入陷阱」。這不僅需要鼓勵尖端的科研和技術人才脫穎而出的科創人才激勵機制、高度國際化的對外開放平台，還需要將資本市場和創新活動相結合的融合機制，粵港澳大灣區的內部條件正好可以滿足這些需要。粵港澳大灣區具備拉動珠三角地區的整體經濟水平提升，成為世界發達的經濟合作區，進而對中國跨越中等收入陷阱做出貢獻的潛力，同時對於發揮港澳獨特優勢，提升港澳在國家經濟發展和對外開放中的地位與功能，深化內地與港澳合作，都有重要的戰略意義。

隨着環印度洋新興經濟體的發展，未來環印度洋貿易必將在世界貿易格局中佔據更重要的地位。粵港澳大灣區位於環印度洋貿易圈和環太平洋貿易圈的交界之處，具有雙重的貿易戰略空間，必將成為未來世界貿易格局中的重要一環。同時，粵港澳大灣區需要着眼於經濟發展和科技創新的大趨勢，從中國創新驅動發展的需要出發，成為具有強大輻射能力的中國經濟中心和創新中心，在全球經濟發展進程中逐漸成為世界重要的經濟中心和創新中心。

3.3　國家政治定位和引領作用

粵港澳大灣區是豐富「一國兩制」實踐內涵、保持港澳經濟可持續發展、提高港澳人民對國家認同感的重大舉措。建設粵港澳大灣區，深化粵港澳合

作，輻射帶動泛珠三角地區合作，制定完善便利香港、澳門居民在內地發展的政策措施，可以發揮港澳獨特優勢，推動產生港澳持續發展的新動力，在較長時間內維持港澳的繁榮、穩定和發展；可以進一步密切港澳同內地在資金、技術、人員、物資、信息等方面的往來交流，全面推進港澳同內地的合作互利，使香港、澳門的發展與國家整體的發展戰略併軌；可以不斷增強港澳同胞對國家的認同感和歸屬感，進一步培養香港、澳門同胞的愛國精神和愛國意識，讓香港、澳門同胞同祖國人民共擔民族復興的歷史責任、共享祖國繁榮富強的偉大榮光。

3.4　粵港澳大灣區的前景

粵港澳大灣區具有無可比擬的戰略地位，同時也面臨者「兩種制度」、「三個關稅區」和「三種法律體系」的現實挑戰。不同於國際灣區的國家內部合作，港澳地區與內地在政府職能和行政制度上存在較大差異，是雙方在進一步合作中可能會出現的主要障礙。粵港澳分屬三個不同經濟體和關稅區，三地的資金、貨物等生產要素無法自由流動，地區間的貿易合作受到各種隱性壁壘的阻礙。粵港澳三地在法律制度和執法形式上存在差異，在立法理念上也有較大區別，且三地之間缺乏行之有效的跨區域的司法協調機制，導致三地在平行訴訟、調查取證、法院判決的有效性和執行方式上存在諸多困境。同時，粵港澳深度合作的協商機制缺乏相應頂層設計，糾紛解決機制行政色彩較濃，目前主要依靠政府間互相禮讓來解決問題，缺乏法律和制度保障。

另外，港澳大灣區建設發展也存在現實困難。一方面，大灣區戰略在國內首次提出，國際上雖有類似灣區建設的經驗，但國內的相關經驗還是比較匱乏；另一方面，香港受到歷史問題的影響，使部分香港居民對粵港澳地區的進一步融合存在疑慮，擔憂香港在未來發展中失去「一國兩制」政策下的特殊地位和發展空間。這些問題的根源在於港澳居民對自身利益得失的擔

憂，要解決這些問題，必須充分考慮粵港澳三地在公民權利和生活方式上的差异，在具體規劃上落實對港澳居民的利益保障。

第四節　粵港澳大灣區對標世界三大灣區

隨着中國與世界各國交流新氣象的進一步深入，粵港澳大灣區在我國經濟增長的主導作用已被提至國家戰略的高度。粵港澳大灣區的發展不僅有利於港澳地區的持續繁榮與穩定，充分體現港澳比較優勢，進一步開放發展內地市場，更重要的是能形成一個世界領先、國際焦點、高度開放的綜合強區，對「一帶一路」的推進將形成重要支點。

4.1　世界四大灣區的基本情況

作為與美國紐約灣區、舊金山灣區和日本東京灣區並稱的世界四大灣區之一，粵港澳大灣區是包含廣州、深圳、佛山、東莞、惠州、珠海、中山、江門、肇慶九市和香港、澳門兩個特別行政區所構成的城市群（見圖 1-9）。

面積約 2.14 萬平方公里，人口約 2340 萬的美國紐約灣區是由紐約、新澤西、康涅狄格等 31 市所構成。以紐約都市圈為依託，同時與世界第一金融中心曼哈頓城區相毗連，高達五分之二的全球 500 強企業匯聚於此，毫無疑問，紐約灣區是全球最發達的灣區之一。

日本東京灣區面積約 3.68 萬平方公里，人口超 4000 萬，地理區域包含「一都三縣」，東京作為灣區核心，集首都、金融保險、貿易出口等優勢於一身，地區生產總值約為 18600 億美元，佔日本全國 GDP 總量約三分之一，是日本的政治、經濟、人口中心。

美國舊金山灣區面積約 1.7 萬平方公里，人口約 715 萬，雖然人口規模遠小於前面兩大灣區，但有着極為高效的高科技產業研發與創新活動，是驅

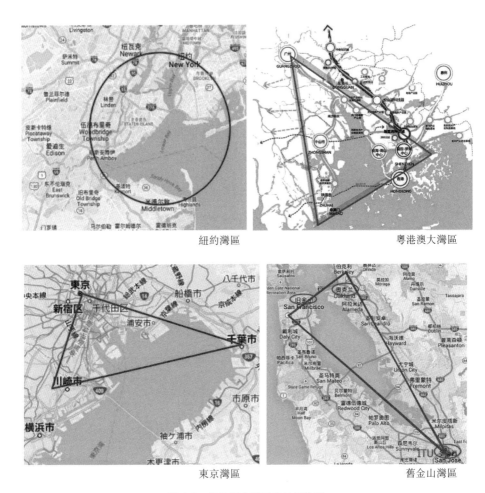

紐約灣區

粵港澳大灣區

東京灣區

舊金山灣區

圖 1-9　世界四大灣區的地理位置

動美國新興經濟發展的領軍人，該灣區的全球 500 強數量位列紐約灣區之後。

　　通過主要指標的對比（見圖 1-10，表 1-1），可以發現粵港澳大灣區存在巨大的發展潛力。四大灣區中，粵港澳大灣區的人口密度和總面積最大，可利用土地最多；舊金山灣區憑藉最低的人口密度實現了最高的人均產出水平；紐約灣區的人口密度和粵港澳大灣區相仿，但經濟密度卻大致是粵港澳大灣區的 2.5 倍。作為中國經濟總量、人口與經濟密度最高的地區之一，雖說粵港澳大灣區的經濟總量、人口密度和土地規模能夠與世界三大灣區媲美

甚至略勝一籌，但單位面積產出和人均產出明顯低於其他三大灣區。更重要的是，較之其餘三大灣區，粵港澳大灣區的內部發展極不平衡。香港、澳門、深圳、廣州等較為發達區域的產出與人口密度要顯著高於肇慶、惠州、中山、珠海等發展較慢的地區。這種發展的不平衡一方面體現出粵港澳大灣區與世界灣區的產業水平差距，另一方面上說明粵港澳大灣區未來經濟發展空間巨大，如能充分利用土地資源發展高科技創新產業、提高經濟效率，未來可以成長為媲美世界三大灣區的一流灣區。

表 1-1　2017 年世界四大灣區的主要指標對比

項目	紐約灣區	舊金山灣區	東京灣區	粵港澳灣區
總面積 （萬平方公里）	2.14	1.7	3.68	5.60
人口 （萬人）	2340	715	4347	6958
經濟總量 （萬美元）	14500	8200	18600	15134
人口密度 （萬人／平方公里）	1093.5	420.6	1181.3	1242.5
人均產出 （萬美元／人）	6.2	11.5	4.3	2.2
單位面積產出 （萬美元／平方公里）	6775.7	4823.5	5054.3	2702.5

數據來源：艾瑞諮詢數據，中國國際貿易促進委員會。

4.2　粵港澳大灣區與世界三大灣區對比

灣區經濟是一種因共享海灣而形成的具有高度開放性的區域經濟發展模式。本節主要從灣區經濟的開放程度對粵港澳大灣區與其他灣區進行比較分析。

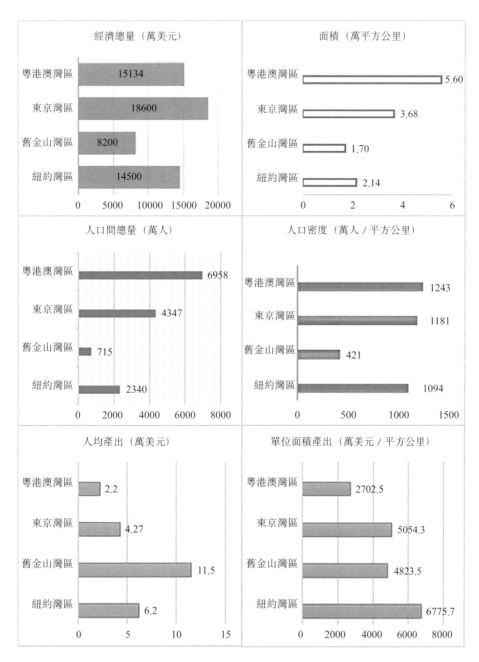

圖 1-10　2017 年世界情況對比

4.2.1　粵港澳大灣區對標舊金山灣區

相較於舊金山灣區，二者之間有頗多共性。從地理位置上來看，舊金山灣區與粵港澳大灣區都是一面臨海、三面環山，適合發展開放型經濟；從地域風格上來看，硅谷和深圳均具有敢為人先、勇於創新的特點。粵港澳大灣區是中國關鍵要素和核心資源高度集中的三大區域之一，深圳的研發成果轉化和產業配套供給位居世界前列，並以多種方式發展新興技術產業，和舊金山灣區的「科技創新」特徵非常相似。根據 2017 年全球創新指數報告公佈的全球前 100 創新活動數據，深港地區 PCT 申請數量高達 4.1 萬件。

在教育方面，舊金山灣區擁有 5 所世界一流大學，以及許多知名理工科高校和航天航空、能源基地，其中斯坦福大學、加州大學伯克利分校等院校向舊金山灣區企業輸送了大批優秀科研人才，也集聚着谷歌、蘋果等科技企業的研發機構。粵港澳大灣區中，廣州和香港都有世界一流學府，例如中山大學、香港大學、香港科技大學、香港中文大學等。同樣廣州、深圳也集聚很多國家級研究院和科技企業的研發機構。政府要推動包括研究型大學、教育學院在內的各級大學建設，並積極引導開設創新思維課程，培養研究型人才的創新思維；注重大灣區內的高校合作，以及同內地的高層次大學聯合開展相關的科研項目合作。通過加大人力資本和研發資本投入，使粵港澳大灣區的科技創新產業可以得到蓬勃發展。

對政府部門而言，需從資金和立法兩方面入手，加強重點科研項目和實驗室的研發投入和研發成果轉化。資金方面可接受社會或企業的投資，並給予創新型企業稅收優惠政策，激勵企業研發投入，並通過對知識產權法的立法保護創新企業的利益。在研發成果轉化階段，政府相關部門應落實有效的成果轉化激勵政策和優惠政策，比如通過建立深圳科技成果轉化平台等方式幫助企業實現科研成果轉化，減少企業轉化成本。在產品市場化階段，可適當鼓勵政府採購和類似於舊金山灣區的「企業團購」模式，為產品市場注入活力。

在住房方面，舊金山灣區房價過高，導致對人才的吸引力大不如前。目前，粵港澳大灣區同樣存在類似問題，香港房價居高不下，深圳也有趕超之勢，目前只有珠江西岸部分城市的房價還存在一定的吸引力。三地政府住房部門應該警惕大灣區房價攀升過快對灣區內人才吸引、工商業發展的負面影響。

4.2.2　粵港澳大灣區對標東京灣區

雖說粵港澳大灣區的規劃面積是東京灣區的 1.5 倍，但是 GDP 總額只有東京灣區的 81.3%，人均 GDP 只有東京灣區的一半。通過產業對比，可以看出粵港澳大灣區的高端製造業和先進服務業有較大的提升空間。位於東京灣區的東京都、千葉、琦玉和神奈川在高端製造業上處於世界領先水平，其產業分工與企業間合作機制相對完善。東京主要發展國內貿易，川崎則進行原材料和製成品的運輸等。粵港澳大灣區的各個城市同樣可以實現錯位差异化發展如廣州、深圳、香港在金融業、高新技術產業、科技創新方面優勢明顯，而東莞、佛山、惠州、江門、中山等地在傳統製造業方面實力雄厚。

具體產業協作方面，香港、澳門與珠三角九個城市有較高的產業互補能力。香港的主要產業是金融保險業、出口貿易業、旅遊業、港口物流業和法律服務業，澳門以博彩旅遊業、財富管理業、綠色金融業為主要產業，而珠三角九市形成了特色較為鮮明的以製造業、創新產業為主導的產業體系。珠三角九市之間，除了廣州和佛山之間形成了較強的產業互補關係外，珠海、江門、中山、東莞四個城市產業重複嚴重，中山、東莞、惠州相互之間產業互補能力較弱。可以說，粵港澳大灣區目前主要形成了香港、澳門和珠三角九市之間的產業互補關係，而珠三角製造業帶之間的分工與合作關係有待進一步深化。與其他世界級灣區的產業協作水平相比，粵港澳大灣區產業分割較為嚴重，但如果能形成更深層次的產業合作關係，則可以帶來更大的經濟增長潛力（見表 1-2）。

表 1-2　全球三大灣區主要產業

灣區名稱	主要產業
紐約灣區	金融保險業、房地產業、科技服務業、醫療保險業和批發零售業
舊金山灣區	房地產業、金融保險業、製造業、批發零售業、信息產業和醫療保險業
東京灣區	服務業、製造業、不動產業、批發零售業、金融保險業和通信傳媒業

4.2.3　粵港澳大灣區對標紐約灣區

粵港澳大灣區的經濟規模與紐約灣區相近，2017 年經濟總量超越紐約灣區，以 1.5 萬億美元排第二位。紐約灣區充分發揮自身的區位優勢，在紐約州建立了大型的港口群，開通了兩百多條水路、十多條陸路，並在紐約、華盛頓等地建成了交通便利的地下鐵路網和三條空運路線，使得紐約灣區貿易輻射範圍進一步擴展到了美國內陸。類似地，粵港澳大灣區有廣州、深圳、香港等港口，海外貨物可以通過大灣區的港口把貨物運到我國內陸地區，並且我國產品也可以通過大灣區港口群運輸到全球各地，進而帶動粵港澳大灣區的貿易發展。

在金融經濟方面，作為紐約灣區的核心，紐約是全球經濟和國際金融中心。其中，紐約曼哈頓區是 CBD 的誕生地，是美國的金融、經濟、人文活動中心，也是聯合國總部大樓的坐落之處。華爾街是美國金融的代表，包括紐約證券交易所和納斯達克證券交易所，還有 3000 餘家世界金融、證券、期貨及保險和外貿機構。同時，紐約的外貿營業額約為全美的五分之一，製造業產值佔全美三分之一。總部設在紐約灣區的美國大企業佔比超過三分之一。國際四大金融中心之一的香港同樣坐落於粵港澳大灣區，擁有香港證券交易所，毗鄰的深圳還擁有國內第二大證券交易所——深圳證券交易所。2018 年共有 200 多家認可機構，包括全球最大規模的銀行及全球前 100 大銀行中的 70 家，自 2000 年以來增長 3.6 倍。香港股票市場過去 10 年中 6 年在新股集資方面名列第一，所管理資產高達 30710 億美元，是亞洲最大的國際基金管理中心，也是全球規模最為龐大的離岸人民幣資金池。因此，某種程度上粵

港澳大灣區在全球金融經濟中也佔據一定地位。

在區域治理模式方面，近四十年來，紐約灣區的區域治理機制逐步從制度性合作模式向政策性合作模式轉變。這種新模式很少在區域整體層面進行全面合作，而是在城市乃至較低層次的地方政府層面上，充分尊重區域已有的政府組織模式和地方的價值認識及利益的前提下，對特定的角色、分工、問題等達成一致。對粵港澳大灣區而言，因涉及「一國兩制」及三個不同經濟體，政府治理模式、政治體制和政府角色及權力也大不相同，情況比紐約灣複雜得多。這就需要「頂層設計」發揮重要作用，從區域規劃上讓各城市各司其職，在大灣區的協同發展中扮演不同角色。這明顯不同於紐約灣區基於市場自發演變的特點。因此，中央政府必須儘快制定統一的促進粵港澳大灣區經濟發展的管理辦法，明確大灣區經濟發展管理的法律規定。香港和澳門立法機關要根據有關手續自行立法。這既是深入貫徹落實習近平新時代中國特色社會主義思想和黨的十九大精神的要求，也有利於大灣區各城市共同發展，更好地促進區域協調統一發展。

綜上，通過與世界三大灣區進行對比，可以發現粵港澳大灣區的經濟規模、交通便利、科研實力、內陸影響力輻射程度等各個方面，皆具備了打造世界級灣區的必要條件。

4.3　粵港澳大灣區對標世界灣區的政策建議

粵港澳大灣區與世界級灣區仍存在差距，具體表現在以下六個方面。

4.3.1　推進灣區內各城市的平衡發展

粵港澳大灣區的城市只有香港具有一流的國際化、法治化水準，其在金融服務業也有成為國際金融中心的條件，而澳門和珠三角地區則明顯落後。儘管粵港兩地製造業較為發達，但由於工人素質、管理水平、產品質量標準還存在一定的差距，導致區內製造業鏈一體化程度不高。珠江口兩岸城市的發展水平有明顯的差距，東岸香港、深圳、東莞和惠州四地的 GDP 之和超

過西岸澳門、珠海、江門、中山四地 5 倍，香港澳門的人均收入已經達到發達國家水平。先富帶後富在協調上存在一定的困難，特別是香港人的固有思維，他們認為可以一起發展，前提是不犧牲他們的經濟利益。例如，香港在回歸初期要求廣州和深圳機場暫緩發展國際客運航線，以維持香港的國際中轉地位；港珠澳大橋最初的其中一個方案是連接港澳深珠四地，但香港可能是擔心深圳因為廉價勞動力及廉價土地而具備物流優勢，只贊同連接港珠澳三地的方案。

4.3.2　解決城市產業同質化程度嚴重的問題

珠三角部分城市僅佈局製造業，而金融和服務業創新發展後勁不足，對灣區內較發達城市有嚴重的依賴。而紐約灣區、舊金山灣區和東京灣區均有着巨大的國際影響，均實現了多中心協同發展的模式。其中，紐約灣區的金融業和高科技服務業在國際上有巨大的影響力和競爭力；舊金山灣區在高新技術產業和醫療保險業中具有巨大的國際影響力。東京灣區的製造業在國際上有不俗的競爭力，其一大特點在於它們有較為合理的產業分工合作機制，東京主要發展內貿，川崎則主要輸送原材料和中間品等。粵港澳大灣區的發展模式則是香港和深圳作為金融和科技中心，廣州作為粵港澳大灣區與內陸各經濟體的橋樑，其餘城市主要發展製造業，但在分工過程中沒有形成具有國際影響力的行業，而且整個珠三角地區的經濟整合度也不如長三角。

4.3.3　應對三種貨幣流通存在的固有貨幣風險

粵港澳大灣區內同時流通三種貨幣，港幣盯住美元的固定匯率制度使得港幣與人民幣間存在匯率風險。人民幣在資本項目下尚未完成完全可兌換，在香港離岸市場也有很大的套利空間。雖然澳門幣盯住港幣匯率，但港幣和澳門幣之間始終需要兌換，且負責兌換的中間金融機構要收取手續費，使得港澳之間的貿易、投資存在無謂損失。而其他三大灣區只流通一種貨幣，美元和日元都是國際貨幣，具備能夠自由兌換的優勢。

4.3.4　推動兩岸三地生產要素的自由流動

廣東與港澳之間存在單邊人口流動，即：港澳的人員和資金可以自由流

動於粵港澳三地，但內地無法自由流向港澳：內地居民在港澳逗留需要非旅遊簽證；最近大陸和香港分別出台多種限制大陸資金流向香港，如銀聯關閉香港保險業務消費通道、內地居民不允許用銀聯卡購買香港房產；攜帶超過12萬港幣的內地居民和香港居民在入境香港時需要申報；等等。這些限制會阻礙粵港澳三地人才流動和金融保險領域的發展，也不利於粵港澳三地之間的分工。例如，香港的保險回報率高，但因為銀聯暫停香港保險業務，內地居民在購買香港保險時不得不在香港申請一張非銀聯銀行卡，在造成時間浪費的同時也對內地銀行的業務造成損失。

4.3.5　強化灣區各城市的對外開放度

灣區經濟是開放經濟發展思想的集中產物，但粵港澳三地對外開放的節奏並不一致。全球最權威的世界城市研究機構之一 GaWC 發佈的 2018 年世界城市體系排名中，香港躋身前三，廣州首次擠入前三十名，深圳更是首次邁入世界一線城市，這也說明三個城市的對外開放程度逐漸得到國際認可。但廣東其他城市的對外開放程度仍需加強。另外，較不完善的知識產權制度也是廣東對外開放不徹底的一個重要因素。

4.3.6　增強協調制度共識和改革動力

粵港澳大灣區城市群的發展和合作體制仍然滯後。目前，粵港澳三地分別有各自的法律體系，缺乏內部和外部的雙重協調統籌制度。香港基本法和澳門基本法面對同一種情況時可能會有多種方案，更不用說普通法和大陸法的區別。那麼，在之後的進一步合作進程中，則有較大的概率出現粵港澳三方達成共識耗時比較長的問題，特別是在海關、法律優惠等政策性問題中缺乏統一的意見方針。而其他世界三大灣區，它們都具有獨特的協調合作機制。比如舊金山灣區，灣區城市群建成之後，設置多個灣區委員會，委員會以整個灣區為整體參與各項協調合作工作的推進，不僅促進了各城市的運作效率，還推動了舊金山灣區各市一體化的進程。雖然港澳也有多個委員會，但鑒於「一國兩制」和普通法與大陸法的不同，這些委員會最多只能服務於港澳地區遇到的問題。在廣東，建立一個合法的委員會往往需要政府主導，

而港澳和世界其他灣區可以完全由民間自發建立和注冊，政府需要時可以直接利用一個現成的委員會。廣東的政府官員往往沒有精力去從零開始組建一個委員會，導致粵港澳大灣區的協調機制出現了停滯。而由民間自發建立委員會的改革需要中央政府和地方政府協調，這使粵港澳城市間協調機制更加難以推進。

第五節　粵港澳大灣區對比歐盟一體化建設

5.1　歐盟一體化進程

　　1951 年 4 月，法國、德國、意大利、荷蘭、比利時、盧森堡六國共同簽署《歐洲煤鋼共同體條約》，這是歐洲聯盟（簡稱歐盟）最早的雛形。在那之後，這六國又相繼成立了歐洲經濟共同體和歐洲原子能共同體，這三大共同體最終於 1965 年合併為「歐洲共同體」。1973 年後，歐共體成員國從 6 個擴大到 12 個。1993 年初，歐委會提出的「無國界統一大市場」正式啟動，人員、商品、資本和服務可以在共同體內自由流動；同年 11 月，《歐洲聯盟條約》獲全體成員國批准並生效，歐共體更名為歐洲聯盟，這意味着歐共體不再以單一的經濟實體形式存在，開始向政治實體逐步過渡。1999 年，歐元邁入實施階段，歐盟各成員國的貨幣之間確定了匯兌的平價，歐洲的金融和股票市場也逐漸向歐元計價過渡。目前，歐盟成員國共 27 個。

5.2　歐盟一體化的政策做法

5.2.1　歐盟勞動力流動相關政策

　　根據歐盟的相關政策，持有歐盟護照的公民可在歐盟各國自由定居、學習、生活；持有歐盟長久居民證的非歐盟籍公民可在各成員國自由工作、經

商、居住和學習，其子女還可享受當地公民的學費待遇。這兩項政策都極大地促進了歐盟國家之間的人才流動。

歐盟推出的「歐盟勞動力流動計劃」進一步消除了勞動力自由流動的障礙。一是明確保障了勞動者在任一成員國就業享受平等待遇，尤其是社會福利方面，包括稅收、社會保障、醫療保險、養老金等。二是增強外語教育培訓，要求各成員國鼓勵學生掌握至少兩門母語外的歐盟語言，並提供大量在歐盟其他國家學習的機會。三是搭建和完善就業信息平台，為勞動者提供職業培訓、職位需求匹配、能力認證的服務，確保就業信息的有效傳遞。四是提出「歐盟研發框架計劃」，解決歐盟成員國之間因政治和經濟體制差異而阻礙人才自由流動的問題，設立人才專用資金，鼓勵和支持研究人員的跨國交流合作。

5.2.2　歐盟企業管理政策

針對歐盟內部和外部的貿易問題，歐盟制定了一系列的政策。具體而言，歐盟對內實施貿易促進政策，致力於清除歐盟國家內部的貿易障礙，包括關稅、外匯風險等；對外則實施共同商業政策，包括多邊或雙邊貿易保護協定，確保歐盟國家對外貿易能在高效、穩定的環境中進行，另外還向貿易國提供信息諮詢服務和資金支持。

歐盟大力扶持中小企業的發展，在融資、企業發展、稅收等方面都予以全面的支持。為解決中小企業融資困難的問題，歐盟在融資的各環節都成立了專門的機構，中小企業融資擔保由歐洲投資基金（EIF）提供，而專門的政策性銀行則向中小企業發放專項貸款，歐盟還建立發展風險投資基金來投資研究中心和科學園區的中小企業。在企業發展方面，開展銀行、政府和中小企業的三方合作，實現差異化服務，嘗試共擔風險，提升中小企業應對風險的能力。在稅收方面，歐盟對增值稅實行目的地徵稅原則，近年來還制定了適應電子商務時代的增值稅合作措施；企業所得稅為歐盟統一的所得稅稅基，並避免雙重徵稅；建立個人所得稅信息交換機制。

5.3 歐盟一體化的經驗總結

5.3.1 以關稅同盟為起點，對外統一關稅

歐共體早在 1968 年就實現了關稅同盟，取消了各成員國之間的貿易限制和內部關稅，同時還統一了各國對外關稅的稅率。但當時的成員國之間尚未實現商品的自由流通，這是因為成員國之間還存在複雜的海關手續和一些無形的壁壘。1994 年，歐盟頒佈了新的海關法，將過往複雜的海關程序和手續進一步簡化，統一了成員國的海關規則。至此，歐盟國家之間才真正實現商品的自由流通。

5.3.2 以統一大市場為支撐，對內生產要素自由流動

1985 年 6 月，歐委會在白皮書中提出建設歐共體內部統一大市場的願景，希望在歐共體內建立起不分國界的統一大市場，使成員國內部的生產要素能够實現自由流通。1993 年 1 月 1 日，「歐洲統一大市場」正式啟動，歐盟成員國內部正式實現商品、資金、服務和人員的自由流通。

5.3.3 以實施單一貨幣為核心，統一貨幣政策

1969 年 12 月，在法國總統蓬皮杜的倡議下，歐共體的六國首腦曾作出了分階段建立歐洲經濟貨幣聯盟的原則決定，這是歐盟統一貨幣思想的起源；1979 年歐共體統一了貨幣單位，即「埃居」，歐洲貨幣體系得以建立。1984 年 4 月，歐委會提出分三個階段建設經貨聯盟的計劃。歷經 18 年左右的時間，歐元於 2002 年實現了真正的流通。

5.3.4 以合作成果為導向，追求更務實的一體化立場

面臨債務危機、難民危機以及英國脫歐等重大議程，歐盟的應對思路已經出現了比較大的改變。早期的歐盟強調「更多歐洲」，而當下則逐漸轉為合作成果導向。在難民危機和英國脫歐事件的處理上，歐盟顯然已經放棄了「更多歐洲」的目標，因為如往常那樣簡單地呼籲「更多歐洲」或進行反思已不足以解決當下出現的種種問題。為了防止歐盟整體土崩瓦解，歐盟在未來的發展中需要着眼於一些更加根本的方面，以滿足歐盟成員國中民眾

的願望。成員國不求多、但求好，成員國需要「更好的歐洲」而非「更多的歐洲」。

　　舉例來說，在英國脫歐事件之後，歐盟沒有再次用「更多歐洲」的口號來試圖增強餘下的成員國之間的團結意識，而是將未來的行動重點轉移到一些更加根本、迫切的問題之上，如移民和外部邊界、內外安全、經濟和社會發展。針對這些問題，歐盟採取了相應的舉措，這表明其在當下的一體化立場正朝着更加務實的方向轉變。

5.4　歐盟一體化對粵港澳大灣區建設的借鑒

　　歐盟是在主權國家之間建立起來的政治經濟組織，歷經了半個多世紀的發展，其建設難度可想而知。而粵港澳大灣區建設，是在「一國兩制」框架下主權國家內部成立的區域經濟合作戰略，雖與歐盟的建設有着本質上的區別，但是仍可以從中汲取一定的經驗。

5.4.1　堅持長期目標與短期規劃相結合

2019 年 2 月，中共中央、國務院印發實施的《粵港澳大灣區發展規劃綱要》（簡稱《綱要》），對粵港澳大灣區建設提出了近期的戰略部署，但是仍然需要進一步明確長期的建設目標。歐盟在成立至今的每一階段發展，都提出了清晰的、長遠的目標，如「通過建立無內部邊界的空間，加強經濟、社會的協調發展和建立最終實行統一貨幣的經濟貨幣聯盟，促進成員國經濟和社會的均衡發展」「通過實行共同外交和安全政策，在國際舞台上弘揚聯盟的個性」。正是因為有這些長遠的目標作為行動的指導，歐盟才會不斷制定出具體的實施舉措，如統一關稅、統一市場、統一貨幣等。粵港澳大灣區建設也需要各地儘快達成共識，明確未來的建設目標。

5.4.2　重點構建粵港澳大灣區統一大市場

　　區域經濟發展的效率來自於各種生產要素和產品的自由流動，最終達到各個地區的要素邊際產出相同，產品的價格相同，經濟效率達到最大。目

前，《綱要》的重點放在了基礎設施建設和產業發展佈局方面，而在構建統一的大市場方面，仍然沒有上升到規劃層面，而影響人才、資金、技術流動的稅收、關稅、資本管制等根本環節的安排和設想還沒有涉及。未來，推進大灣區建設應該以構建統一大市場為核心內容，更加注重那些法律和制度上制約要素自由流動的條款，確定協調方法和改革目標。

5.4.3　加強貨幣政策協調，降低內部金融風險

歐盟在提出共同貨幣 18 年後才真正實現了貨幣的統一。政府當局需要考慮粵港澳大灣區三種貨幣固有的匯率風險，考慮逐漸實現統一貨幣或貨幣政策。從近期來看，兩岸三地應該加強協調，進一步拓展「滬港通」「深港通」等可控通道業務，待條件成熟後逐漸取消外匯管制，促進資本在灣區有序流通。香港和澳門目前沒有獨立的貨幣政策，貨幣發行與儲備金挂鈎。長期可以考慮，擴大灣區內人民幣結算業務範圍，促使人民幣成為港澳地區的儲備貨幣，以降低區域內金融風險。

5.4.4　分階段法制化推進大灣區融合發展

歐盟在一體化建設的每個階段都出台了相關法律，各成員國依照這些法律不斷推進內部合作的建立和對外政策的實施，不斷深化歐盟一體化的建設成果。例如，《單一歐洲法案》在商品、勞務、人員和資本的自由流動方面有約 300 項條款，並規定了完成這些立法的時間表。

大灣區的互聯互通，應該做好頂層設計，並且分階段以時間表形式督辦進展。第一階段，推進粵港澳的互聯互通，引導港澳企業向內地延伸；第二階段，實現粵港澳地區統一大市場，實現兩岸三地各種要素的自由流動；第三階段，實現制度互信，實現港澳與內地的真正融合。

5.4.5　以人員流動帶動要素流動和互信

歐盟要求將阻礙勞動力在成員國間流動的行政指令和法律予以廢除，以保證勞動力能夠真正實現在各成員國之間充分自由的流動。歐盟的勞動者在進入另一成員國的勞動力市場時，在社會福利等諸多方面都享受與該國勞動力平等的待遇。在推進大灣區過程中，既要支持和吸引港澳地區居民向內地

流動，也要將激勵力度把控在一定範圍內，並逐漸消除這種制度差別。近期在稅收和社保等方面可遵從工作地原則，以內地經濟和工資的快速上漲來逐漸消除兩岸三地的福利差异。

5.4.6　設立粵港澳大灣區協調機構

粵港澳大灣區的建設關乎多個地市及特別行政區的利益，這導致其發展過程中會持續不斷地出現各地區之間的利益衝突。粵港澳大灣區的建設需要儘早成立多方協調機構，積極協調地市與地市之間、地市與特別行政區之間單獨不能解決的問題。只有在各地區的利益衝突得到有效解決的情況下，各地的工作重點才能轉移到多方共同的利益上，深化合作關係促進多方共贏。

第六節　對粵港澳大灣區建設的啟示

6.1　組織管理機制

從組織管理機制的角度看，應該以市場機制為核心，以行政手段落實推進廣東、香港、澳門各方面的組織規劃。在組織管理機制建設過程中，政府重點鼓勵城市間的競爭與合作，激發城市群的活力。建設粵港澳大灣區需要保持系統的思考，在大的結構、大的視野、大的構想中實現穩步推進，積極參與到國際經濟發展的實踐中去，而非僅僅停留在內部的謀劃和發展當中。粵港澳大灣區發展應在社會、市場、環境、文化、基礎設施等多個方面制定綜合性的發展規劃，在空間上進行合理開拓，努力實現經濟均衡增長，推動管理體制的綜合創新。例如，要處理好地方與全域的關係，充分尊重粵港澳三地的各自比較優勢，進一步激發三個地區、企業和市場的整體活力。要處理好統籌規劃與分配實施的關係，加強粵港澳大灣區的頂層設計和總體規劃，進一步明確區域的功能定位，明確《深化粵港澳合作推進大灣區建設

框架協議》的發展脈絡和建設方向。通過創新集聚來取代傳統的產業集聚，推動科技創新向開放共享型產業創新生態轉型和結構轉型，以點帶面深化合作，推動各種生產和生活要素在區域內更加便捷流動和優化配置。推行綠色低碳的生產生活方式，為三地企業營造良好的營商環境，更好地推動粵港澳大灣區躋身世界著名灣區和國際城市群行列。

6.2 區域合作機制

6.2.1 推進「廣州—深圳—香港—澳門」科技創新走廊建設

廣東省科技創新走廊將加強廣深與港澳地區的交流合作，積極推動廣州、深圳科技創新項目和科學理論研究成果向港澳高校和科研機構開放，共同開展關鍵共性技術攻關。廣東省科技創新走廊可延伸至香港，直接接觸全球頂尖的創新資源。

6.2.2 促進三地創新要素流動，提高整體創新效率

研究出台大灣區內科研單位把科研人員派遣到企業從事技術研發的獎勵政策，落實科研院所和高校創新研究和開發人才向企業的流動制度保障。整合大灣區內社區公共服務資源和人力資源，增強大灣區內相對落後城市（如珠江西岸的城市）的創新要素流動能力和資源集聚能力。切實解決科技型國企和民企在社保、人才獎勵、住房需求等方面對人才缺乏吸引力的問題，解決並改善粵港澳大灣區內部工資結構、工作環境、職場文化的地區差異。

6.2.3 創新大灣區內磋商協調機制

近年來，雖然粵港澳地區領導互訪頻繁，但創新領域高層次合作的磋商協調機制尚未納入體制機制的建立計劃。因此，有必要研究成立由國家相關部門領導、粵港澳三地相關部門共同組成的「大灣區磋商協調機制構建委員會」，以協調大灣區創新合作的發展。研究制定委員會會議制度，定期召開部門會議並協調解決合作方面的重大問題，積極推動優化營商環境、法治協調機制和組織管理機制建設等工作。應充分利用政策並提高政策的合理性和

可行性，探索「一國兩制」下磋商協調機制的實現路徑，研究建立保護企業主體的合法權益不受損害、激發跨境企業對大型合作項目風險共擔和利益共享機制的主動性和積極性。

6.3　法治協調機制

6.3.1　加強司法服務，營造公平公正透明的法治營商環境

加強商事審判，根據粵港澳三地不同的法律統一規範破產案件辦理標準和程序，建立由三地專家組成的破產管理人才庫，推行破產管理人選拔和任命、破產重組以及管理評價的新機制；制定《知識產權保障制度》，撰寫《大灣區企業注冊法律問題解釋》，定期發佈司法服務保障政策，促進區域法制環境指數提升。在全國率先實施《互聯網電子證據舉證認證規程》，成立糾紛合議庭。建立失信人制度，探索出台失信人懲罰和信用恢復制度。制定《依法保障律師執業權利規定》，保障三地律師的執業權利，為三地律師和訴訟參與人提供便利化司法服務，搭建三地律師分享合作平台。

6.3.2　突出港澳法律特色，營造開放、創新和國際化的司法環境

創新涉大灣區案件法律特色。明確涉港澳民商案件管轄權，拓寬跨境調查、取證、公訴渠道，提升涉港澳案件審判的開放程度和國際化水平。在堅持我國憲法和港澳基本法的前提下，在堅持我國內地和港澳民事訴訟基本制度的基礎上，合理借鑒當事人主義送達、律師調查令以及屬實申述等為國際社會普遍接受的訴訟規則。必要時可以引進港澳籍人民陪審團制度，借鑒《港澳籍人民陪審團管理辦法》制定《粵港澳大灣區人民陪審團管理辦法》，開發大陸籍人民陪審團參與大灣區民商案件的表決。參考《中國商事特邀調節員管理辦法》，推進建立《港澳籍商事特邀調解制度》，創新無爭議事實確認、中立第三方評估機制等，拓寬涉港澳商事糾紛的多元化解決渠道。率先在深圳海關、珠海海關建立駐口岸知識產權糾紛調解辦事處，強化知識產權的司法保障，加強粵港澳司法互助與交流。

6.3.3 推進大灣區法院審判能力和法治體系現代化，提升司法影響力和公信力

推動法院審判激勵管理制度，加強法院以司法責任制為核心的管理，包括審批權限下放、輔助審判改革等制度。推行法官對三地法律和法治體系的考察制度，推行法官公開示範訴訟的判決示例。加強智慧法院建設，合理運用「三微一端」等新媒體提升司法影響力和公信力，提供多語種和無障礙文書和翻譯服務，提供中英葡三語和繁簡雙體訴訟指引，試行中文、英文和葡文法律文書一併送達，優化訴訟服務體驗。創新審判參與人員管理模式，培養具有國際視野和熟悉粵港澳法律的複合型法官人才隊伍。

6.4 生態建設路徑

6.4.1 樹立生態環境防護屏障

劃定並嚴格遵守生態保護紅線，加強對自然生態空間利用的控制。加強珠三角周邊山地、丘陵及紅樹林的生態系統保護，構築北部連片山林生態防護屏障。加強粵港澳三地海岸線保護與管控，強化岸線資源保護和生物屬性，建立健全海岸線水質、魚群、貝類等動態監測機制。加強沿海生態系統保護與修復，開展水生生物養殖計劃，推進海洋自然保護區及水產資源保護區建設與管理。

6.4.2 加強對珠江流域及出海口水資源的監督和治理

開展珠江流域及出海口水資源管理合作，重點整治珠江東西兩岸水體污染和珠江源頭污染，規範大灣區內工業水污染排放入河（海）排污口標準，並在珠江東西兩岸建立污水淨化處理廠，恢復水質。加強對水生生物生存環境的保護，加快建立入海排放物總量控制制度、水污染預處理標準和海洋環境實時在線監控系統。

6.4.3 強化區域大氣污染聯防聯控

實施更嚴格的清潔能源政策，實施污染物預處理制度，統籌防治工業排

放的臭氧和細顆粒物（PM2.5）污染。實施珠三角九市和港澳廢氣排放質量管理，建立大氣污染物漂流預警機制。例如珠三角九市大氣污染物的漂流路徑可提前向港澳地區進行預警。減少區內重污染工業數量，對工業廢氣排放實施更嚴格的聯防聯控管理，統一三地工業廢氣排放標準，並建立相應的法律法規制度。

6.5　產業協調路徑

6.5.1　合理佈局產業體系

建立「廣州—佛山—中山—珠海」珠江西岸技術密集型產業帶，加強培育和發展快遞物流、教育培訓、美食餐飲等現代服務業和裝備製造業以及優勢傳統產業（新能源、新材料、電子信息、生物醫藥）。

建立「惠州—深圳—珠海—江門」等沿海地區的沿海生態環保型產業帶，發揮旅遊休閑、金融經濟、跨境物流等現代服務業優勢，打造石油化工、油氣開採、醫藥生物等先進製造業創新高地。

建立「廣州—東莞—深圳」等東岸地區的知識密集型產業帶，着重建設金融、信息互動、會展、專業服務、文化創新等現代服務業，並優化新能源、新材料、電子信息、生物醫藥等戰略新興產業和高科技產業。

6.5.2　加快發展現代服務業

發揮香港在金融領域的比較優勢，積極出台相應政策以進一步鞏固和提升香港國際金融中心的地位，創造良好的營商環境，打造服務「一帶一路」境外建設的投融資平台。支持香港建設成為大灣區綠色金融中心，吸引國際認可的綠色債券認證機構到香港建立分部。支持香港建立綠色債券交易所，允許內地綠色債券到香港集資。逐步拓寬港澳與內地居民和金融機構的跨境投融資渠道，鼓勵香港拓寬金融產品品種，吸引內地居民和金融機構投資。

加快發展廣州現代金融服務體系，建設區域性公募和私募股權交易市場，建設區域性期貨市場，建設知識產權、大宗商品區域交易中心，達到國

際領先水平。加快發展廣州建設綠色金融改革創新試驗區，建立全國頂尖的碳交易市場和碳金融市場，研究設立全國首個以碳排放為期貨品種的創新型期貨交易所。

深圳繼續深入發展以深圳證券交易所為核心的資本市場，加快推進資本市場開放程度和金融創新。加快發展深圳科技與現代化服務業結合的創新產業，讓高科技與現代化服務產業相結合，打造世界一流的科技創新中心。

發揮澳門作為中國與葡語國家現代服務平台的作用，建立國家領導的出口信貸保險機構，保證出口企業收匯安全。把澳門建設成為葡語國家人民幣清算中心和葡語國家人民幣離岸市場，發揮中葡合作發展基金總部落戶澳門的優勢，承接中國企業與葡語國家金融、經貿合作服務，幫助澳門注入金融元素，提升澳門世界金融地位。探索建設澳門—珠海跨境金融合作示範區，讓澳門元能夠直接投資國內金融市場，不必像以前將澳門元兌換成港幣、再通過「滬港通」「深港通」才能投資國內金融產品，減少中間成本。加快發展澳門發展博彩融資租賃、金融衍生物等特色金融業務，加快發展澳門第三方支付等互聯網金融服務產業，鼓勵企業實現支付寶澳門和支付寶香港互聯互通。提升澳門人民幣清算中心能級，出台引才政策，升級即時支付系統。

支持粵港澳保險機構在遵守法律法規及監管要求的前提下合作開發跨境機動車保險和旅遊保險產品，為跨境保險客戶提供便利化承保和理賠等服務。

6.6　加快基礎設施互聯互通

6.6.1　提升珠三角交通運輸國際競爭力

2018 年粵港澳大灣區港口吞吐量 6726 萬標箱，為世界第二。世界第四的深圳港、世界第五的廣州港和世界第七的香港港的港口吞吐量總和，僅次於杭州灣世界第一的上海港和世界第三的寧波—舟山港的 6836 萬標箱。

據中國民航局《2019 年民航機場生產統計公報》的排名，2019 年，在我國（含港澳台）245 個機場中，粵港澳大灣區以廣州白雲機場（全國第 3）、

香港國際機場（全國第 4）、深圳寶安機場（全國第 6）等 6 個機場的旅客吞吐量 2.23 億人次，位居世界第一。

6.6.2　優化提升信息基礎設施

加強新一代信息基礎設施建設。推進粵港澳地區間互聯網寬帶互聯互通，推進粵港澳大灣區建設 IPv6、物聯網及智慧城市群，推動港澳 IPv6 本土化建設，鼓勵港澳科研機構開展相關研究課題，包括 IPv6 互聯網網絡電話系統、遠程攝像機、串流視頻等，全面推動基於 IPv6 的下一代互聯網建設。積極研發各種 IPv6 及物聯網相關的應用項目，以智慧家居向大灣區市民展示新一代信息基礎設施，讓市民了解科技的最新發展。

促進互聯網國際出入口帶寬擴容，進一步全面提升流量容量和網絡速度。推動大灣區城市群建設無線網絡寬帶，實現免費高速無線網絡在大灣區旅遊景點區域、辦公區域和交通樞紐的全覆蓋。實現城市固定互聯網寬帶全部光纖接入，推動建設超高清互動數字家庭網絡。

建設智慧城市群。粵港澳三地政府合作設立「智慧城市發展專責小組」，推動三地政府內部開展智慧城市建設工作。同時，設立「智慧城市專責委員會」，推動學術研究、產業發展社會推廣等方面的工作，加快粵港澳大灣區智慧城市信息基礎設施的發展步伐。探索建立雲計算統一標準，開放數據端口，建設互通的信息基礎設施應用平台。大力開展智慧網絡、智慧交通、智慧市政、智慧醫療等相關工作，共同推動大灣區智慧城市經濟結構適度多元化，利用自身優勢發展多元平台。

6.7　建設大灣區的優質生活圈

6.7.1　打造教育和人才高地

目前在廣東省就讀的港澳學生約 8.8 萬人。鼓勵三地高校在具體課程學分互認上實施更便利的安排，在交換生交流學習上實施更靈活的安排，在科研成果分享轉化等方面開展合作交流；在大灣區建設港澳學生學校或設立港

澳幼兒園，在簽證方面為港澳學生在內地寄宿提供更便利的安排；對港澳中小學教師、幼兒教師到廣東考取教師資格證並任教推行開放的政策；鼓勵港澳教師到廣東落後地區擔任鄉村教師；開展港澳籍創新人才和高科技企業享受政府人才計劃獎勵；大力引進高層次、國際化人才參與粵港澳大灣區的建設和管理。

6.7.2　構築旅遊休閒灣區

優化珠三角地區「144 小時過境免簽」政策，便利持有港澳目的地簽證的外國人在大灣區九個城市旅遊觀光，有序推動大灣區國際郵輪港建設，探索研究簡化郵輪、遊艇及旅客出入境手續，探索取消通過郵輪出入境簽證費，研究探索內地郵輪旅客過境購物基礎設施的建設，籌備和開發赴港澳旅行郵輪行程，進一步增加大灣區國際航線。同時，可在港澳建立嶺南文化特色小鎮或在珠三角建立港澳文化特色小鎮，將嶺南文化元素和港澳文化元素融入城市設計，實現產業轉型、歷史文化、休閒灣區的有效結合。

6.7.3　拓展港澳青年就業創業空間

鼓勵港澳青年到大灣區進行交流和學習，培養港澳青年的國家責任感和擔當意識，研究推動港澳青年到大灣區加入共產黨，參與國家建設；加快港澳青年創業就業基地建設，給予港澳青年創業就業優惠政策；研究推進港澳居民中的中國公民依法報考內地公務員和事業單位，支持港澳青年和港澳中小微企業在內地發展。探索「滬港通」「深港通」未來創新方向，進一步發揮香港國際金融中心以及澳門財富管理中心的重要地位。把握「一帶一路」和「全球四大灣區」的機遇，促進港澳青年在大灣區的創新和創業。

6.7.4　塑造健康灣區，促進醫療保障和衛生合作

鼓勵港澳醫護人員到珠三角九市開展學術交流，鼓勵港澳私家醫生到內地依規進行有限度執業，優化大灣區私家診所審批流程。促進港澳醫療衛生服務提供主體在珠三角九市按規定與內地醫療機構合資開設醫療機構。探索澳門全民醫療保險在大灣區內跨境使用，提高香港長者在大灣區的養老醫療和護理服務。繼續開放港澳投資者在珠三角九市興辦養老院、護理院、殘疾

人士福利機構等社會服務機構。

　　在經濟全球化新格局的時代背景下，粵港澳大灣區作為「一帶一路」的戰略關鍵點和珠三角都市圈的重要代表，是實現「中國夢」和中華民族復興進程中適合我國國情的制度安排。粵港澳大灣區是近年來國家為推動經濟發展的出的一個新的部署，對未來的中國經濟發展有巨大的推動作用。粵港澳大灣區的地理位置極其有利，是中外貿易往來的一個重要港口，是連接中國內地與世界其他國家貿易往來的紐帶。該地區的體制、專業服務、經貿環境和科技創新都在中國內地具有創造性的歷史意義，這些也必定會輻射到中國的其他地區。推動粵港澳大灣區的發展，努力增強灣區經濟文化的凝聚力，落實協同發展的戰略方針；努力實現灣區教育、經濟、人文交流一體化保障機制；提升灣區居民的生活環境質量；匯聚國際金融資本和人才，最終推動大灣區經濟、文化、生態環境等方面的可持續發展，為中國的經濟騰飛起到巨大的促進作用。

第二章

粵港澳大灣區市場一體化與區域合作模式 [1]

1 本章由張光南負責，作者團隊成員：陳兆淩、張圓、楊彥妍。

內容摘要

改革開放以來，粵港澳市場一體化與區域合作的過程可以分為以下四個階段：直接投資市場的局部開放階段（1978～2003 年），到 CEPA 簽署後以貨物和服務貿易自由化、投資便利化為重點的全方位市場開放階段（2003～2014 年），以廣東自由貿易試驗區成立為標誌的深度融合階段（2014～2017 年）；隨着《深化粵港澳合作　推進大灣區建設框架協議》（2017.7）和《粵港澳大灣區發展規劃綱要》的相繼出台，粵港澳大灣區上升為國家戰略，進入的進一步提升市場一體化和深化區域合作階段（2017 年至今）。

如何進行有效的市場制度整合和體制機制創新，推動粵港澳大灣區市場一體化建設和區域合作，是當前大灣區建設面臨的一個重要課題。本章圍繞粵港澳大灣區市場一體化和區域合作議題展開研究，分為五個部分。第一部分是粵港澳大灣區市場一體化與區域合作的經驗與成效回顧；第二部分分析當前粵港澳大灣區市場一體化與區域合作存在的問題和挑戰；第三部分分析全球市場一體化與區域合作的衡量指標，對粵港澳大灣區市場一體化進程進行定量分析；第四部分是關於市場一體化與區域合作的全球經驗借鑒；第五部分提出了粵港澳大灣區市場一體化與區域合作的政策建議。

研究發現，粵港澳市場一體化和區域合作有三方面的經驗和成效。一是粵港澳貿易投資制度創新成果豐碩，包括 CEPA 及其系列協議的制度創新，如原產地規則、服務部門全面開放、「最惠待遇」、「准入前國民待遇＋負面清單」管理模式等。二是廣東自貿試驗區、港深創新及科技園、港澳青年創業就業基地等粵港澳重大合作平台建設穩步推進，粵港澳三地借助重大平台全面深化在經濟、社會、科技等領域的合作。三是廣東自由貿易試驗區「跨境電商監管新模式」「國際海關 AEO 認證」「政府智能化監管服務模式」等經典案例為大灣區提升市場一體化與區域合作提供了寶貴的可複製可推廣經驗。

本章進一步對粵港澳市場一體化和區域合作面臨的問題和挑戰進行了分析和梳理。一是粵港澳經濟社會制度差异，三地無論是在市場經濟體制方面

還是在法律、稅收、貨幣金融、社會保障等制度方面都存在明顯差異。二是粵港澳大灣區存在行政邊界和治理分割，在合作中面臨行政壁壘高、政策執行力不足等問題。三是粵港澳大灣區各政府之間尚未形成協調治理的長效機制，部門之間協調不足。四是粵港澳大灣區內技術標準和行業准入資質對接、政府營商環境建設、公共物品提供和交通基礎設施互聯互通等配套措施有待進一步完善。

為了對粵港澳大灣區市場一體化進程進行定量分析，首先採用營商環境便利度、全球經濟自由度和世界經濟自由度三個指標進行分析。從三大指標排名結果上看，中國香港的經濟自由和營商狀況連續多年排在國際前列；中國澳門的經濟自由度排在國際中等靠前的位置，而且港澳近五年來排名變化不大；而中國內地則排在中等偏後的位置，但近年來排名上升，且上升幅度較大。其中，中國內地的世界銀行營商環境便利度在 2015 至 2019 年間從世界排名第 90 位上升至 46 位。在此基礎上，為進一步衡量灣區內部市場一體化進展情況，利用價格法，通過面板數據構造市場分割指數進行分析。研究發現，灣區的市場一體化程度逐步提高，但在個別年份呈現較為劇烈的波動，並且珠江東西兩岸的整合程度存在差异、珠三角九市與港澳之間存在一定程度的市場分割。

從指標分析結果來看，雖然中國內地市場一體化進程不斷推進，商業監管環境持續改善，但與港澳等國際領先水平相比仍有較大差距。為建設粵港澳大灣區，廣東需要在全面建設高質量的市場經濟體制方面先行先試，探索大灣區市場一體化和區域合作的新經驗與新途徑。為此，在全球範圍內總結市場一體化與區域合作的成功經驗，有三種模式值得借鑒。一是跨國模式，包括歐盟漸進模式、亞太經合組織多邊合作模式和北美自由貿易區常態化協調機制等。二是灣區模式，分別是通過民間智庫規劃和政府支持實現區域合作的紐約灣區，通過產學研一體化、商界成立的灣區委員會進行協調管理的舊金山灣區，以及港口市場化運作、政府放權管理、六大港口有機整合的東京灣區。三是城市群模式，包括北美五大湖城市群、英倫城市群、歐洲西北

部城市群的一體化發展和區域合作模式。

最後，報告根據粵港澳大灣區現有的經驗和成效，借鑒跨境市場一體化與區域合作全球實踐經驗，並基於指標分析結果，針對當前灣區市場一體化和區域合作中存在的問題提出了六方面的政策建議。一是完善法制規則，規範實施大灣區市場一體化與區域合作，包括立法、制度安排、政策對接和組建政策協調委員會等措施。二是優化政務流程，構建精簡高效的政府管理服務體系，推動政府簡政放權，達到社會共建共治共享的治理目標。三是完善配套營商環境，營造規範、開放、競爭的商品市場環境，並且從國民待遇、金融環境、信息與技術標準對接三個方面優化要素市場環境。四是優化貿易投資政策措施，既要試點國際行業標準對接，加快貿易投資市場一體化，又要發揮專業化和資源稟賦優勢，推動產業合作。五是依託粵港澳重大合作平台建設，探索制度創新和改革容錯機制，深化 CEPA 與國際市場對接的改革開放，從而鼓勵大灣區開創全面開放新格局。六是加強粵港澳大灣區市場一體化監管部門合作，借鑒國際先進管理經驗，從管控金融系統風險和貿易摩擦風險兩方面入手，緩衝國際市場衝擊。

第一節　粵港澳市場一體化與
區域合作的經驗與成效

改革開放以來，粵港澳市場一體化與區域合作的過程可以分為以下四個階段：一是改革開放後局部開放階段（1978—2003 年），內地市場的開放主要體現為直接投資市場的開放（陳廣漢等，2017）。二是 CEPA 簽署後全方位市場開放階段（2003—2014 年）。2003 年及隨後簽訂的 CEPA 及其系列協議，使得內地與港澳貨物貿易領域實現零關稅，這標誌着粵港澳形成了較為系統的開放體系，由此開啟了以貨物和服務貿易自由化、投資便利化等為主要特徵的粵港澳合作 2.0 版本。三是打造廣東自貿試驗區促進深度融合階段

（2014—2017 年）。2014 年 12 月，國務院決定成立中國（廣東）自由貿易試驗區；2015 年 4 月，中國（廣東）自由貿易試驗區（包括廣州南沙自貿片區、深圳前海蛇口自貿片區、珠海橫琴自貿片區）正式挂牌成立，粵港澳合作進入以經貿制度、法律對接、技術標準一體化和服務業貿易自由化為主導的粵港澳合作 3.0 階段。四是粵港澳大灣區上升為國家戰略後進一步提升市場一體化和深化區域合作階段（2017 年—）。《深化粵港澳合作　推進大灣區建設框架協議》[1]（2017 年 7 月）和《粵港澳大灣區發展規劃綱要》[2]（2019 年 2 月）的出台，標誌着粵港澳大灣區市場一體化與區域合作進入 4.0 階段。

1.1　貿易、投資制度創新：CEPA 及其系列協議、「准入前國民待遇＋負面清單」管理模式、其他制度創新

1.1.1　CEPA 及其系列協議：貨物貿易自由、服務貿易自由、貿易投資便利化

　　CEPA 協議總則第一條明確提出了關於加強內地與港澳之間的貿易和投資合作的三個途徑：一是減少內地與港澳之間實質上所有貿易貨物的關稅和非關稅壁壘，二是減少或取消雙方之間所有實質上歧視性措施實現服務貿易自由化，三是促進貿易投資便利化[3]。

　　第一，從貨物貿易特定原產地規則到一般性原產地規則，加快粵港澳三地貨物自由流動。自 2006 年 1 月 1 日起，內地對原產香港的進口貨物全面實

1　國家發展改革委、廣東省人民政府、香港特別行政區政府、澳門特別行政區政府：《深化粵港澳合作　推進大灣區建設框架協議》，2017 年 7 月 1 日。

2　中共中央、國務院：《粵港澳大灣區發展規劃綱要》，2019 年 2 月 18 日。

3　商務部、香港特別行政區財政司：《內地與香港關於建立更緊密經貿關係的安排（協議正文）》，2003 年 6 月 29 日。
　　商務部、澳門特別行政區財政司：《內地與澳門關於建立更緊密經貿關係的安排（協議正文）》，2003 年 10 月 17 日。

施零關稅。2019 年 1 月 1 日起實施的《CEPA 貨物貿易協議》[1] 規定，在原有「產品特定原產地規則」的基礎上，引入以產品在香港、澳門的附加價值為計算基礎的一般性原產地規則（「一般規則」），容許當前未有「產品特定原產地規則」的產品，只要在符合「一般規則」的情況下，便可以零關稅進口至內地。

第二，服務部門全面開放，審批變為備案，提高粵港澳大灣區服務業開放水平。自 2016 年 6 月 1 日起，《CEPA 服務貿易協議》[2] 正式實施，內地對香港、澳門開放服務部門達到世貿組織 160 個服務部門的 95.6%，其中 62 個部門實現國民待遇。《CEPA 服務貿易協議》同時明確在內地全境給予香港、澳門最惠待遇，即今後內地與其他國家和地區簽署的自由貿易協定中，只要有優於 CEPA 的措施均將適用於香港、澳門，對港澳服務提供者在內地投資該協議開放的服務貿易領域，其公司的設立及變更由審批改為備案管理。

第三，投資領域採用「國民待遇 + 最惠待遇 + 高水平投資保護待遇」，提高粵港澳大灣區投資水平。2018 年 1 月 1 日起實施的《CEPA 投資協議》[3]，全面涵蓋投資准入、投資保護和投資促進等內容。在投資准入方面，內地在市場准入方面對港澳採用「准入前國民待遇 + 負面清單」開放方式，內地在非服務業投資領域僅保留了 26 項不符措施，並明確了在投資領域繼續給予港

---

1 商務部、香港特別行政區財政司：《〈內地與香港關於建立更緊密經貿關係的安排〉貨物貿易協議》，2018 年 12 月 14 日。
商務部、澳門特別行政區財政司：《〈內地與澳門關於建立更緊密經貿關係的安排〉貨物貿易協議》，2018 年 12 月 12 日。

2 商務部、香港特別行政區財政司：《〈內地與香港關於建立更緊密經貿關係的安排〉服務貿易協議》，2015 年 11 月 27 日。
商務部、澳門特別行政區財政司：《〈內地與澳門關於建立更緊密經貿關係的安排〉服務貿易協議》，2015 年 11 月 28 日。

3 商務部、香港特別行政區財政司：《〈內地與香港關於建立更緊密經貿關係的安排〉投資協議》，2017 年 6 月 28 日。
商務部、澳門特別行政區財政司：《〈內地與澳門關於建立更緊密經貿關係的安排〉投資協議》，2017 年 12 月 18 日。

澳最惠待遇，使得港澳繼續保持內地對外最高開放水平的地位。在投資保護方面，《CEPA 投資協議》規定對港澳在內地投資的徵收補償、轉移等方面給了國際上高水平投資保護待遇。

1.1.2 「准入前國民待遇＋負面清單」管理模式：各類市場主體平等進入、內外資一致管理

通過「准入前國民待遇＋負面清單」管理模式，提高粵港澳大灣區整體開放水平。「准入前國民待遇加負面清單」管理制度，是政府以清單的方式明確列出禁止和限制投資經營的行業、領域、業務，而對清單之外的，各類市場主體皆可依法平等進入[1]。其中，「准入前國民待遇」是指在准入環節，除經談判保留的限制以外，外資和內資一視同仁；負面清單主要包括市場准入負面清單和外商投資負面清單，市場准入負面清單同時針對境內外投資者，清單上列出的是內外資都被禁止或限制的投資領域，體現的是內外資一致的管理，而外商投資負面清單針對境外投資者，清單上列出的是境外投資者在享受准入前國民待遇原則的同時，必須接受的例外管理措施[2]。目前發改委和商務部聯合頒佈了最新的《外商投資准入特別管理措施（負面清單）（2019 年版）》[3]和《自由貿易試驗區外商投資准入特別管理措施（負面清單）（2019 年版）》[4]，分別在全國和各自由貿易試驗區適用，負面清單條目分別降至 40 條、37 條。廣東同時在「商業存在」領域推行市場准入負面清單、外商投資負面清單和 CEPA 及其系列協議負面清單等三類負面清單（見表 2-1）。

1　國務院：《國務院關於實行市場准入負面清單制度的意見》（國發〔2015〕55 號），2015 年 10 月 19 日。

2　國務院：《國務院關於實行市場准入負面清單制度的意見》（國發〔2015〕55 號），2015 年 10 月 19 日。

3　發改委、商務部：《外商投資准入特別管理措施（負面清單）（2019 年版）》（商務部令〔2019〕25 號），2019 年 6 月 30 日。

4　發改委、商務部：《自由貿易試驗區外商投資准入特別管理措施（負面清單）（2019 年版）》（商務部令〔2019〕26 號），2019 年 6 月 30 日。

表 2-1　在廣東適用的負面清單

負面清單類別	負面清單名稱	頒佈單位	發佈時間
CEPA 服務貿易負面清單	《〈內地與香港關於建立更緊密經貿關係的安排（CEPA）〉服務貿易協議　附件 1：內地向香港開放服務貿易的具體承諾》	商務部、香港特別行政區財政司	2015.11
	《〈內地與澳門關於建立更緊密經貿關係的安排（CEPA）〉服務貿易協議　附件 1：內地向澳門開放服務貿易的具體承諾》	商務部、澳門特別行政區經濟財政司	2015.11
CEPA 投資協議負面清單)	《〈內地與香港關於建立更緊密經貿關係的安排（CEPA）〉投資協議　附件 2：內地減讓表、香港減讓表》	商務部、香港特別行政區財政司	2017.06
	《〈內地與澳門關於建立更緊密經貿關係的安排（CEPA）〉投資協議　附件 2　內地減讓表、澳門減讓表》	商務部、澳門特別行政區經濟財政司	2017.12
市場准入負面清單	《市場准入負面清單草案（試點版）》		2016.03
	《市場准入負面清單（2018 版）》		2018.12
外商投資負面清單	《外商投資准入特別管理措施（負面清單）（2019 年版）》	國家發展改革委、商務部	2019.06
	《自由貿易試驗區外商投資准入特別管理措施（負面清單）（2019 年版）》		2019.06

資料來源：參考（張光南等，2018），本研究團隊整理。

1.1.3　其他制度創新：國際貿易「單一窗口」管理、事中事後監管制度

第一，國際貿易「單一窗口」管理同時節省企業和行政成本，提升粵港澳大灣區貿易物流競爭力。單一窗口是指為使貿易和運輸相關各方在單一的平台遞交滿足全部進口、出口和轉口相關監管規定的標準資料和單證的一項措施[1]。國務院發佈的《進一步深化中國（廣東）自由貿易試驗區改革開放方

---

[1] 聯合國貿易便利化和電子業務中心（UNCEFACT）:《關於建立單一窗口的建議書及指南：提高市場和政府間的信息交換效率第 33 號建議書》，2005 年。

案》[1] 提出，探索推動將國際貿易「單一窗口」拓展至技術貿易、服務外包、維修服務等服務貿易領域，待條件成熟後逐步將服務貿易出口退（免）稅申報納入「單一窗口」管理。2019 年廣東省政府提出由省商務廳、海關總署廣東分署、民航中南管理局、廣鐵集團負責，在國際貿易「單一窗口」標準版增加航空、鐵路艙單申報功能[2]。國際貿易「單一窗口」管理有助於企業節省時間和交易成本，大幅降低了政府行政成本，提升了粵港澳大灣區市場一體化的效率和競爭力。

第二，實施與負面清單管理相適應的事中事後監管制度。事中事後監管制度除了需要構建法律約束、行政監督、行業規範、公眾參與和企業誠信自律有機結合的監管格局，還需與健全的社會信用體系和激勵懲戒機制、信息公示和共享制度相匹配[3]。例如 2016 年廣東省政府提出，在全省範圍內「引入中介機構開展保稅核查、核銷和企業稽查」「海關企業進出口信用信息公示制度」[4]。與負面清單相適應的事中事後監管制度有利於粵港澳大灣區明確政府職責範圍，提高市場一體化監管效率，構建規範有序、監管有力的市場管理體制。

1.2　重大平台改革試驗：廣東自由貿易試驗區、其他粵港澳合作示範區

《深化粵港澳合作　推進大灣區建設框架協議》指出，要支持粵港澳重大

1　國務院：《國務院關於印發進一步深化中國（廣東）自由貿易試驗區改革開放方案的通知》（國發〔2018〕13 號），2018 年 5 月 24 日。

2　廣東省人民政府：《廣東省人民政府關於印發支持自由貿易試驗區深化改革創新若干措施分工方案的通知》（粵府函〔2019〕36 號），2019 年 2 月 15 日。

3　國務院：《國務院關於實行市場准入負面清單制度的意見》（國發〔2015〕55 號），2015 年 12 月 1 日。

4　廣東省人民政府：《廣東省人民政府關於做好自由貿易試驗區新一批改革試點經驗複製推廣工作的通知》（粵府函〔2016〕140 號），2016 年 12 月 19 日。

合作平台建設。一方面，推進深圳前海、廣州南沙、珠海橫琴等重大粵港澳合作平台開發建設，充分發揮其在進一步深化改革、擴大開放、促進合作中的試驗示範和引領帶動作用，並複製推廣成功經驗。另一方面，推進港澳青年創業就業基地建設，支持港深創新及科技園、江門大廣海灣經濟區、中山粵澳全面合作示範區等合作平台建設，發揮合作平台示範作用，拓展港澳中小微企業發展空間[1]。粵港澳重大合作平台基本情況（見表 2-2）。

表 2-2　粵港澳重大合作平台基本情況

平台類別	數量	平台名稱	性質
改革試驗區	3	(1) 廣東自貿試驗區廣州南沙新區片區 (2) 廣東自貿試驗區深圳前海蛇口片區 (3) 廣東自貿試驗區珠海橫琴新區片區	國家級 自貿試驗區
合作示範區	4	(1) 港澳青年創業就業基地 (2) 港深創新及科技園 (3) 江門大廣海灣經濟區 (4) 中山粵澳全面合作示範區	國家級 合作示範區

注：港澳青年創業就業基地主要是指南沙粵港澳（國際）青年創新創業工場、前海「粵港澳青年夢工廠」、「橫琴・澳門青年創業谷」三大創業就業基地。

資料來源：根據《深化粵港澳合作　推進大灣區建設框架協議》整理

1.2.1　廣東自由貿易試驗區：制度改革先行先試

廣東自貿試驗區定位為粵港澳深度合作示範區，涵蓋三個片區：廣州南沙新區片區、深圳前海蛇口片區和珠海橫琴新區片區，通過營造國際化、市場化、法治化營商環境，構建開放型經濟新體制，建成符合國際高標準的法制環境規範、投資貿易便利、監管安全高效的自由貿易園區[2]。廣東自由貿易

1　國家發展和改革委員會、廣東省人民政府、香港特別行政區政府、澳門特別行政區政府：《深化粵港澳合作　推進大灣區建設框架協議》，2017 年 7 月 1 日。

2　國務院：《國務院關於印發中國（廣東）自由貿易試驗區總體方案的通知》（國發〔2015〕18 號），2015 年 4 月 20 日。

試驗區制度改革先行先試，為粵港澳市場一體化制度創新發展探索經驗，在貿易便利化、投資便利化方面先行先試，為促進大灣區市場一體化提供了制度創新的藍本。

1.2.2　其他粵港澳合作示範區：引領粵港澳全面合作

第一，港深創新及科技園、江門大廣海灣經濟區、中山粵澳全面合作示範區推動粵港澳三地科技、經濟、社會深度融合。港深創新及科技園由香港、深圳在落馬洲河套地區合作建設，以科創為主軸，通過建立重點科研合作基地及相關高端培訓、文化、創意等配套設施，吸引國內外頂尖的企業、研發機構和高等院校進駐河套[1]。江門大廣海灣經濟區（以下簡稱」大廣海灣」）位於江門市東南部，內陸腹地廣闊，鄰近港澳，作為珠江西岸粵港澳合作重大平台，定位為廣東省海洋經濟發展的新引擎，致力於通過實施科技興海戰略在海洋科技、現代農漁業、旅遊養老業等方面與港澳實現合作共贏[2]。「中山粵澳全面合作示範區」由中山與澳門在中山翠亨新區合作建設，致力於促進雙方在經濟、社會、文化、生活等方面深度融合，推動粵澳更緊密合作。

第二，港澳青年創業就業基地，促進粵港澳大灣區人才流動。港澳青年創業就業基地涵蓋南沙粵港澳（國際）青年創新工場、前海深港青年夢工場、橫琴澳門青年創業谷等粵港澳青年創新創業平台。港澳青年創業就業基地有利於吸引和促進港澳青年到大灣區創業發展，通過財政資助與稅收優惠、便利的基礎設施、專業的管理和服務機構，為粵港澳青年創業提供資金支持和軟硬件保障（方木歡，2019）。

1　香港特別行政區政府、深圳市人民政府：《關於港深推進落馬洲河套地區共同發展的合作備忘錄》，2017 年 1 月 3 日。

2　廣東省城市規劃設計研究院：《廣東江門大廣海灣經濟區發展總體規劃（2013—2030年）》，2014 年 2 月。

1.3 政策實踐與成效：CEPA 成功故事、廣東自由貿易試驗區經典案例

1.3.1 CEPA 成功故事：貨物產品零關稅、法律服務、金融服務

自 2003 年 CEPA 實施以來，內地對港澳的開放程度不斷擴大，CEPA 推行的貿易和投資自由化便利化政策，為港澳企業和專業服務者進入內地市場提供了更低的准入門檻和更廣的業務範圍，形成了一批港澳企業和專業人士通過 CEPA 及其系列協議進入內地發展的成功案例。貨物貿易方面，CEPA 正文第二章第五條提出，香港將繼續對原產內地的所有進口貨物實行零關稅；內地自 2004 年 1 月 1 日起，對原產香港的進口貨物逐步實行零關稅，並於 2006 年 1 月 1 日前對全部原產香港的進口貨物實行零關稅[1]。在法律服務方面，CEPA 為香港和廣東法律服務合作提供制度支持。金融服務方面，CEPA 為香港金融服務業和內地金融服務業互惠互利提供龐大的機遇。自 2004 年起，因資產要求的調低而符合在內地開設分行資格的香港註冊銀行日益增多；人民幣境外合格機構投資者安排的實施，有利於香港發展人民幣計價的投資產品，使得證券和資產管理行業也受惠[2]。

CEPA 成功故事一：貨物產品零關稅——高科橋光通信有限公司

2003 年，香港唯一的光纖生產商——高科橋光通信有限公司被內地民營企業富通集團駐港企業收購。透過 CEPA 的零關稅優惠措施，配合其豐富的內銷經驗，集團擴充了高科橋的規模並增加了產量，繼續以香港作為基地，積極開拓海外市場。

光纖屬同質性產品，廠商根據國際標準生產各種型號的光纖，質量主

---

1 商務部、香港特別行政區財政司：《內地與香港關於建立更緊密經貿關係的安排》，2003 年 6 月 29 日。

2 中國證券監督管理委員會、中國人民銀行、國家外匯管理局：《人民幣合格境外機構投資者境內證券投資試點辦法》（證監會令〔2013〕90 號）。

要取決於上游的光纖預製棒。2015 年 8 月起，內地從日本及美國進口的光纖預製棒徵收約 8%—40% 不等的反傾銷稅，使得內地的光纖製造企業成本上升，透過 CEPA 的零關稅政策，高科橋的產品在進口內地時可以免徵 5% 的進口關稅且不受反傾銷影響，在原材料成本上有相當優勢。香港另一優勢在於與國際接軌。2009 年，富通集團透過高科橋與日本住友電氣工業株式會社成立合資企業，在技術、管理及市場推廣皆獲益良多。內地各行業都出現產能過剩，所以「走出去」的策略極為重要。高科橋光通信有限公司總經理何興富表示，香港作為東西方的交匯點，畢竟在金融、物流、通訊方面有着不可替代的優勢，再加上 CEPA 提供的優惠，令他有信心利用好香港作為內地和海外市場間的重要樞紐及橋頭堡。

（資料來源：香港特別行政區政府工業貿易署，「CEPA 成功故事」，2017 年版。）

CEPA 成功故事二：法律服務——林李黎律師事務所

自 2004 年起，香港律師事務所可通過 CEPA 與內地律師事務所以非合夥方式聯營。CEPA 補充協議八提出進一步密切內地與香港律師業的合作，探索完善兩地律師事務所聯營方式。其後，內地正式允許香港律師事務所在深圳前海、珠海橫琴及廣州南沙試點和內地律師事務所以合夥方式聯營。

林李黎律師事物所成立於 1991 年，服務涵蓋訴訟及非訴訟等多個領域。林李黎律師事務所主管合夥人林新強深信，由熟悉普通法的香港律師事務所與精通大陸法的內地律師事務所以合夥聯營方式經營，能為內地客戶提供更全面的法律服務，定能帶來「1+1 ＞ 2」的效應。2014 年，林李黎律師事務所成功透過 CEPA 與一家深圳律師事務所在前海成立首間合夥聯營律師事務所——華商林李黎（前海）聯營律師事務所。林新強認為：「法律專業在本港發展成熟，管理及處事方式注重程序及規條。同時大部分發達國家都跟香港一樣沿用普通法，熟悉普通法的香港律師可以作為內地與其他國家的橋梁，協助內地企業邁向國際。」

（資料來源：香港特別行政區政府工業貿易署，「CEPA 成功故事」，2017 年版。）

CEPA 成功故事三：金融服務——香港恒生銀行有限公司廣東展業

屹立香港超過 80 年，恒生一直見證着香港的變遷。恒生從最初位於上環的一間小型找換店發展至今，在香港設有 250 多個網點，足跡遍佈內地不同地區。CEPA 補充協議六允許香港銀行透過廣東省的分行開設异地支行，恒生於 2010 年就在佛山開設了首間异地支行。恒生銀行執行董事馮孝忠認為此舉對業務發展相當重要。2012 年，恒生與廣東第二大證券公司通過 CEPA 成立廣州廣證恒生證券研究所有限公司，成為首間合資證券投資諮詢公司，實地進行 A 股市場的研究和分析。「我們會向內地的商業客戶發表研究報告，而廣東省的個人客戶亦可享用這項服務。」結合研究 A 股市場的經驗，恒生於 2016 年透過 CEPA 補充協議十的措施，與深圳市前海金融控股有限公司成立恒生前海基金管理有限公司。馮孝忠指出，「在 CEPA 框架下港資可以成為合資基金公司的大股東，令公司更願意投放人力和其他資源發展」。在享受 CEPA 帶來的多元發展機遇之際，馮孝忠相信香港銀行同時可以為內地銀行業作出貢獻，實現雙贏。「香港的銀行在營運和管理上達到了國際水平，我期望將香港的優良管治文化帶到內地，促進內地企業與國際接軌。」馮孝忠希望未來 CEPA 進一步開放內地保險市場，以便恒生為內地客戶提供全方位的金融服務。

（資料來源：香港特別行政區政府工業貿易署，「CEPA 成功故事」，2017 年版。）

1.3.2　廣東自由貿易試驗區經典案例：廣州南沙「跨境電商監管新模式」、深圳前海「國際海關 AEO 認證」、珠海橫琴「政府智能化監管服務模式」

第一，廣州南沙「跨境電商監管新模式」，大大降低企業的通關成本[1]。廣東自貿試驗區探索跨境電商監管新模式，簡化口岸環節，加強事中事後監

1　商務部外國投資管理司：《貿易便利化 - 案例 4：跨境電商監管新模式》，2015 年 12 月 10 日。

管，構建質量追溯體系，對跨境電商企業及商品實行事前評估、入區備案、第三方檢測、事後追溯等閉環監督管理，有效促進了片區跨境電商產業的發展。南沙片區的「跨境電商監管新模式」入選了商務部的全國自貿試驗區「最佳實踐案例」，由廣東自貿試驗區境內的海關、檢驗檢疫部門牽頭，會同商務、發改等部門，積極構建事前備案、事中採信、事後追溯的跨境電商管理新模式：一是對跨境電商企業和商品實行備案管理，二是對電商商品出入境實施全申報管理，三是對進口保稅貨物實施「先放後徵」的快速通關模式，四是建立跨境電商質量追溯體系，五是推動跨境電商第三方採信制度。通過這一監管新模式，取得了企業申報更方便、檢驗檢疫效率大幅提升、商品「源頭可溯、去向可查」的新成效，有力推動了跨境電商產業快速發展。

第二，深圳前海「國際海關 AEO 認證」，與國際標準接軌。AEO 制度是世界海關組織（WCO）所倡導，通過海關對信用狀況、守法程度和安全水平較高的企業實施認證，對通過認證的企業給予優惠通關便利的一項制度（高亞凡和孔慶宇，2019）。前海蛇口自貿片區推出的「國際海關 AEO 認證」有力促進了片區國際貿易便利化，為片區成為對外開放門戶樞紐提供了常態化的制度支持。

第三，珠海橫琴「政府智能化監管服務模式」[1]，通過市場監管大數據平台為商事主體提供信息化、便利化政府服務。中國（廣東）自由貿易試驗區珠海橫琴新區片區通過推出商事主體電子證照卡、制定出台市場違法經營行為提示清單等方式，為企業辦事提供信息化、便利化服務，探索政府智能化監管服務模式。第一，推出商事主體電子證照卡，為企業提供便利化政務服務。商事主體電子證照卡集成了企業各類信息，是可作為數字證書使用的「企業電子身份證」。商事主體可持卡在橫琴片區工商、稅務、質監、海關、

1　商務部外國投資管理司：《事中事後監管 - 案例 7：政府智能化監管服務模式》，2015 年 12 月 10 日。

檢驗檢疫等部門辦理審批、許可、備案等業務。使用電子證照卡後，辦理業務不需攜帶大量紙質材料，只需刷卡便可完成身份驗證和材料審核，可為企業至少節省 1/3 的業務辦理時間，大幅節約了企業辦事成本。第二，制定市場違法經營行為提示清單，為企業提供清晰的事前指導服務。由工商局牽頭，橫琴新區首創性地在工商行政管理領域引入清單管理模式，於 2015 年 5 月 22 日發佈橫琴新區市場違法經營行為（工商行政管理類）提示清單。提示清單為企業劃定了經營行為的「雷區」和「紅線」，為企業經營活動提供了清晰的事前指導服務。

1.4　小結

本節對粵港澳市場一體化和區域合作的發展現狀進行了回顧，研究發現，粵港澳市場一體化和區域合作已取得以下三個方面的經驗成效。一是粵港澳貿易投資制度創新成果豐碩。CEPA 及其系列協議的制度創新如一般性原產地規則、服務部門全面開放、「國民待遇 + 最惠待遇 + 投資保護」待遇，分別從貨物貿易自由、服務貿易自由、貿易投資便利化等三個方面推動了粵港澳市場一體化和區域合作；「准入前國民待遇 + 負面清單」管理模式極大地便利了港澳在內地的貿易往來和投資；國際貿易「單一窗口」管理同時節省企業經營成本和政府行政成本，提升粵港澳大灣區貿易物流競爭力；與負面清單管理相適應的事中事後監管制度實現了加強監管與守法便利相統一。二是廣東自貿試驗區、港深創新及科技園、港澳青年創業就業基地等粵港澳重大合作平台建設取得重要進展，粵港澳三地借助重大平台全面深化了在經濟、社會、科技等領域的合作。三是 CEPA 成功故事、廣東自由貿易試驗區經典案例為大灣區提升市場一體化和區域合作提供了寶貴的可複製推廣經驗。

第二節　粵港澳大灣區市場一體化與 區域合作存在的問題與挑戰

2.1　經濟社會制度差异：市場化程度、法律制度、稅收制度、貨幣制度、社會保障制度差异

2.1.1　市場化程度不一阻礙市場一體化和區域合作

粵港澳三地市場化程度不一，對灣區要素自由便捷流通、產業優勢互補和區域經濟協調發展造成較大阻礙。一方面，香港和澳門都是高度開放的市場經濟制度，強調市場主體的自主運營，着力減少政府規制。根據毛艷華（2018）的研究，「小政府、大市場」的市場經濟管理體制雖然增強了港澳的經濟活力以及對各類要素的吸引力，但也不可避免地造成政府扶持科技創新活動的權力和能力受限，不能充分發揮政府促進產業升級、應對全球競爭的功能和作用。廣東省是我國內地經濟最活躍、開放程度最高的省份，但不少領域中市場在資源配置中的決定性作用仍待確立，政府干預過多或監管不到位的現象仍較突出。另一方面，內地政府因為更多以「有為政府」的姿態參與經濟活動，能更好地發揮政府在宏觀調控、產業發展以及行業監管中的作用，對經濟發展具有導向作用。如何通過體制機制創新，消除市場化程度不一對灣區要素流動、產業合作和區域協調發展的障礙，是粵港澳大灣區實現市場一體化和區域合作的重要課題。

2.1.2　三地法律體系和法律管轄權差异形成社會治理障礙

香港實行資本主義的普通法制度，澳門實行資本主義的大陸法制度，而廣東實行的是中國特色社會主義法律制度，從而形成了「一個國家、兩種制度、三個法域（三種法律制度）」的獨特法政結構（王萬里，2018）。根據劉雲剛（2018）的研究，一方面，香港和澳門的具體法律規則大部分表現在判例之中，較少一部分表現為成文法的形式，而內地則一般表現在法典中，這樣的差异性給三地對具體規則的互相理解帶來諸多不便；另一方面，三地法

律還表現為相互的涉外性，內地涉港澳事項均規定參照使用涉外法律法規同類事項。例如，香港、澳門特別行政區的公司和個人在內地開辦獨資企業需要參照外資企業辦理[1]。三地法律主體難以在對方法域享有當地法律主體的同等待遇，導致社會治理難以有效融合，公共服務難以互享。綜上可見，大灣區建設的關鍵之一是要解決好經濟一體化的法治環境建設問題。

2.1.3　稅制稅率差异扭曲要素、產品的流動

在統一市場的過程中，粵港澳大灣區面臨稅收制度差異較大，徵管合作困難等問題。首先，粵港澳大灣區地區稅收制度差異較大。香港、澳門特別行政區享有高度自治權，與內地的稅收體制完全不同，港澳稅種少，稅率低，稅負輕，易操作；內地稅制則相對複雜。其次，內地與港澳的稅收徵管機構不同，且相互獨立，給內地與港澳在稅收徵管方面的合作帶來一定難度。根據郭濱輝等（2018）的研究，大灣區複雜的稅收制度，一方面會導致有害的稅收競爭，如港澳稅收競爭優勢明顯，大量企業將總部設在香港而將生產基地或服務機構設在廣東；另一方面，大灣區內稅收政策的差異導致同一經濟業務在不同地區稅負的高低不同，滋生避稅行為。

2.1.4　貨幣制度及金融環境差異阻礙金融市場一體化

目前，粵港澳大灣區主要存在三個方面的貨幣和金融環境差異。一是粵港澳三地貨幣發行體系不同。金融一體化的一個重要條件是匯率固定或貨幣統一。目前，粵港澳三地貨幣及貨幣發行機構各不相同，人民幣的發行是以人民銀行為主體來完成的，而港澳地區紙幣的發行由港澳特區政府下轄的金融管理局授權當地商業銀行按照特定的發鈔安排來發行，硬幣和小面額的零鈔則由特區政府直接發行。二是粵港澳三地匯率制度不同。香港實行與美元挂鈎的聯繫匯率制，澳門元實行與港元挂鈎的聯繫匯率制，內地實行參考「一攬子」貨幣、有管理的浮動匯率制度。港澳沒有外匯管制，資金自由進

---

1 《中華人民共和國外資企業法實施細則》（2014）第 80 條。

出，港幣及澳門元均為可自由兌換貨幣，並有充足的外匯準備金，而內地實行適度的外匯管制制度（李翀，2018）。三是粤港澳三地金融環境差異較大，不利於金融業協同發展。例如，在「一國兩制」背景下，灣區內的珠三角九市會受到內地金融監管體制和金融政策的約束，但香港和澳門則不需完全按照內地金融監管體制和金融政策行事。

2.1.5　社會保障差异阻礙人員流動

社會保障制度主要包括社會保險、社會救助、社會福利、社會優撫等內容，其中社會保險是現代社會保障制度的核心內容。根據郭攀（2019）的研究，粤港澳大灣區社會保障的差異主要體現在三個方面：一是三地社會保障體系不同。目前，廣東省的社會保障制度已經形成一個以城鎮社會保險為主體的體系框架。香港的社會保障制度主要以社會救助為主，以社會福利為輔。澳門的社會保障制度實行雙線發展，形成以社會保險和社會救助為主、其他社會福利為輔的格局。二是粤港澳三地在社會保障資金來源不同。廣東省的社會保障基金主要是由國家、企業、個人三方共同負擔，而港澳社會保障資金則主要來源於一般性的稅收，依靠政府財政撥款。三是粤港澳三地的養老保險覆蓋面、醫療保險覆蓋面存在較大差異性。粤港澳三地社會保障制度的差異阻礙了灣區居民的自由便利流動。通過建立粤港澳社會保障交流合作機制，研究解決兩地跨境工作、生活人員的社會保障銜接問題以及醫療、教育等具體內容（謝寶劍，2012），是加快灣區居民的自由流動有效措施。粤港澳三地社會保障體系情況（見表 2-3）。

表 2-3　粤港澳三地社會保障體系

地區	社會保險	社會福利	社會救助	其他
廣東省	養老、失業、醫療、工商、失業保險。	全民保健，殘疾人福利、婦女兒童福利等。	城鄉居民最低生活保障制度、自然災害救濟等。	退伍軍人安置、軍屬優待等。
香港	強積金制度（養老保障）	兒童福利、家庭服務中心、殘疾人福利、安老院等。	綜合社會保障援助、意外賠償計劃、公共福利金計劃等。	公務員保障

（續表）

地區	社會保險	社會福利	社會救助	其他
澳門	補助金（養老金、社會救助金等）、津貼（失業、疾病、出生津貼等）	個人及家庭服務、兒童及青年服務、長者服務、康復服務、防治藥物依賴服務等。	一般性經濟援助（老人援助金、單親家庭援助金）、偶發性經濟援助。	公務員保障

資料來源：郭攀（2019）。

2.2 政策執行仍需加強：地方行政治理分割、簡政放權改革、通關便利度

2.2.1 地方行政治理分割，阻礙區域融合發展

粵港澳大灣區各個行政主體存在明顯的地區行政治理差异，對大灣區市場一體化和區域合作造成阻礙。一方面，粵港澳大灣區涉及多層多個行政區域，港澳與廣東省在行政權力機構、行政等級結構和自主決策權力存在差別（劉雲剛等，2018）。另一方面，各個行政主體之間有事實上的行政邊界劃分。大灣區各城市間行政邊界尤其是跨境行政邊界，限制了人員、資本、信息等要素的流動，導致市場難以發揮有效的資源配置作用，已經成為粵港澳市場一體化和區域融合發展的瓶頸。

2.2.2 簡政空間大，放權不到位

目前，粵港澳大灣區簡政放權已取得一定成效，但仍有較大改革空間，放權後如何實現有效監管也是亟待解決的問題。一是有部分企業表示登記注冊限制條件過多，各地區行政審批程序存在的差異使得跨區溝通不便（張光南等，2016）。二是「先照後證」之後對「證」的要求仍然較多。有的部門在把關環節對工商部門存在依賴傾向，企業雖然先拿到了「照」，但是拿「證」並不順利。另外，由於法律、制度銜接跟不上，造成「先照後證」的政策效果打折。三是放權接不住。簡政放權改革後，實施監管的力度、能力、資源的等方面跟不上「寬進嚴管」的新體制要求，不能切實有效地監管

「無證」或「有照無證」經營行為，導致監管缺位、失位的現象發生（熊艷，2016）。

2.2.3　通關便利程度有待提高

提升粵港澳人員、貨物、車輛等通關便利化水平，需要進一步完善粵港澳口岸基礎設施建設、大通關改革、電子口岸信息化建設和口岸協同等機制。一是粵港澳大灣區通關便利程度還有待提升。在口岸通關制度方面，香港、澳門實行自由港政策，除極少數物品外，大部分貨物免徵關稅，申報程序簡便；內地（廣東）口岸大部分貨物需計徵關稅，實行嚴格監管制度，通關手續相對繁雜。二是通關效率有待提高。在貨物、車輛通關方面，口岸查驗主管部門各自為政現象依然存在，難以實現「三互」（查驗部門之間「信息互換、監管互認、執法互助」）和「三個一」（關檢合作「一次申報、一次查驗、一次放行」）；在人員通關方面，粵港澳通關信息難以共享，尚未實現出入境旅客相關信息的聯網對接，內地居民赴港澳證件和簽注申請需由內地部門辦理，導致出入境查驗需時較長（張玉閣，2017）。三是電子口岸建設不足，整體運營水平較低。發達國家「單一窗口」已經實現企業提供信息和政府審查監管一體化，而我國電子口岸僅僅實現企業從同一入口登錄和部分海關數據統一申報，檢驗檢疫和財稅等尚未實現數據統一報批，查驗單位不能在同一平台上實現數據交換和資源共享，很多業務單證無法實現無紙化，難以滿足企業通關便利化需求。

2.3　部門協調不足：權責不明、政策協調、過度競爭

2.3.1　政府監管部門權責不明，中央部委與地方政府協調不足

一是地方各政府監管部門權責不明。例如，「負面清單」實施過程中，港澳資企業進入廣東的審批程序可能涉及經貿、市場監督、稅法、金融業「一委一行兩會」等監管部門。由於服務貿易監管權責不明，各部門對港澳資企業進入廣東時的問題處理出現風險規避和相互推諉現象，造成企業註冊及項

目申請過程中的審批困難（張光南等，2014）。二是中央部委與地方政府權限協調力度不足。地方政府負責具體政策執行，但審批權限歸中央部委，導致執行難。以《CEPA 關於內地在廣東省與香港（澳門）基本實現服務貿易自由化的協議》為例，其中所列「負面清單」是廣東省和港澳兩地簽訂的區域間服務貿易協議，雖然實施範圍在廣東省境內，所涉及內容卻存在中央部委授權問題；《CEPA 服務貿易協議》《CEPA 投資協議》等後續協議也存在類似問題（張光南等，2018）。如果沒有配套的開放措施的審批權限，「負面清單」的落實可能存在困難。

2.3.2　政策協調機制複雜，協調治理長效機制尚未形成

一是大灣區的內部協調機制過於複雜，執行效率不高。一方面，粵港澳大灣區涉及各城市、各地區、各業務條線等不同維度，協調機制過於複雜，政策執行難度大。另一方面，港澳與廣東制定決策的機構、程序、效率和權力都不同，很多合作難以找到對口的機構對接，實際參與主體之間不對等的狀況出現的概率非常高，導致合作難以取得突破性進展（劉雲剛等，2018）。二是粵港澳三地未形成協調治理的長效機制：粵港、粵澳合作聯席會議的會面頻度低、會期時間短，會議的決議限於基本的合作原則和意向，很少有深入、具體的實施細則；粵港澳合作所依據的 CEPA 協議、《粵港合作框架協議》、《粵澳合作框架協議》等文件，仍停留在框架階段，離落實還存在較大差距，部分文件缺乏明確的法律授權，導致執法和司法層面難以有效落實粵港澳合作內容（毛艷華，2018）。

2.3.3　市場化協調機制不完善，同質競爭導致資源錯配

一是市場化協調機制存在不足，阻礙生產要素流動的體制機制障礙普遍存在。粵港澳三地以市場為導向的機制協調不足，加之地方保護主義，導致粵港澳城市之間存在利益衝突，要打破行政與行業顯性、隱形壟斷還有很長的路要走。二是粵港澳各城市之間在定位目標和發展重點上過多重合，導致區域產業之間功能替代和同質競爭問題（楊英和林典如，2014）。粵港澳大灣區城市產業定位的衝突，使得產業之間缺少關聯度，產業鏈分工體系不夠

合理，難以充分發揮規模經濟效應，從而影響大灣區在全球產業鏈中的競爭優勢地位（孫久文、蔣治，2019）。例如珠海橫琴和深圳前海兩個自貿片區都定位為金融合作區，其具體方向、分工不明確，面臨相互競爭甚至利益衝突的情況（劉雲剛等，2018）。

2.4　配套措施有待完善：營商環境、公共產品對接、基礎設施互聯互通

2.4.1　營商環境有待優化：技術標準與行業准入資質、融資問題和稅收負擔、政府營商服務

一是粵港澳三地在技術標準與行業准入資質方面存在較大差異，是繼關境障礙之後影響跨境要素流通的關鍵阻礙。一方面，港澳與內地在會計、法律等專業服務業的准入資質差异較大，妨礙專業服務人才的跨境執業；另一方面，與港澳更注重行業集體自律不同，內地的行業准入資質與市場監管受制於政府行政審批，增加了灣區資質互認以及專業服務人才跨境執業的難度（毛艷華，2018）。

二是民營企業普遍存在融資困難、稅費負擔重、經營成本高、生存壓力大的問題。一方面，內地企業融資渠道窄，融資難度大、成本高。個人、中小企業獲得創業、創新的資金難度大，對於以「國際科技創新中心[1]」定位的粵港澳大灣區來說，無疑是一個較大的阻礙。另一方面，相比於港澳，內地各項稅率都較高，企業稅負相對較重。

三是政府營商環境服務水平有待提高。一方面，由於政企溝通缺乏暢通渠道、政府部門內部之間銜接不暢，市場監管難以適應新經濟發展。另一方面，政府營商環境服務效率有待提高。2018 年世界銀行發佈的《世界

1　中共中央、國務院：《粵港澳大灣區發展規劃綱要》，2019 年 2 月 18 日。

營商環境報告》分析指出，我國在辦理施工許可證、獲得電力、登記財產、獲得信貸的評估、執行合同、辦理破產等政府營商服務提供效率方面還有待加強[1]。

2.4.2 大灣區公共產品供給總量不足、對接亟待完善

一是粵港澳大灣區在公共產品供給總量方面不足。在粵港澳大灣區，成本高、獲益慢的公共品項目少人問津，或是疏於合作，傾向於碎片化治理，表現出諸多的「鄰避效應」特徵，使得大灣區的公共物品供給呈現出總量不足（姚邁新，2018）。在污染治理、區域環境保護、養老、教育、醫療等公共領域「鄰避效應」明顯。二是大灣區公共產品對接亟待加強。由於區域內城市間的「行政分割」，對於需要公共財政負擔和兜底的事，往往缺乏具有執行力和有效的集體行動，導致區域性基本公共服務難以實現一體化、區域內公共物品對接合作效率低下，不利於粵港澳大灣區市場一體化與區域合作。

2.4.3 基礎設施有待進一步優化

一是區域對外交通還較為薄弱，區域內部交通還有待進一步完善。在區域對外交通方面，目前鐵路對外運輸能力仍較為緊張，限制了大珠三角與縱深腹地的經濟聯繫。在區域內部，一方面，城際軌道作為區域一體化最主要的交通方式，在大珠三角區域發展明顯滯後。另一方面，跨界交通基礎設施銜接不夠流暢，三地口岸交通較為擁擠。

二是其他基礎設施建設有待加強。水資源方面，城市供水不能滿足城市經濟發展的水平。水源地安全保障、水污染防治等水資源管理制度有待完善，城市排水防澇設施和蓄水能力建設有待加強。在能源安全保障方面，舊金山灣區超過一半電力由可再生能源提供（許江風，2019），而粵港澳大灣區綠色低碳能源利用嚴重不足。此外，廣東對香港、澳門輸電網絡、供氣管道有待完善，從而確保香港、澳門的能源供應安全和穩定。

---

1 世界銀行：《2018 年營商環境報告：改革創造就業》，2017 年 11 月 7 日。

2.5　小結

　　本節對當前粵港澳市場一體化和區域合作面臨問題和挑戰進行了梳理和總結，發現主要存在以下四個方面的挑戰。一是粵港澳經濟社會制度差异較大。粵港澳三地在市場經濟、法律、稅收、貨幣金融、社會保障等方面的體制及其運行方面都差异明顯。二是粵港澳三地合作中面臨政策執行力度不夠的問題。地方行政治理劃分和行政邊界的存在給政策的執行造成行政壁壘，簡政放權、便利通關方面仍有很多工作要做。三是部門之間協調不足。政府監管部門權責不明，政策協調機制複雜，三地政府追求其轄區內利益最大化，過度競爭導致資源錯配。四是配套措施有待完善。粵港澳三地存在的技術標準和行業准入資質差异、企業融資難稅負重、政府服務水平差距較大等營商環境一體化問題亟待解決；公共物品供給總量不足，對接亟待加強，交通基礎設施互聯互通有待進一步優化。上述四方面的問題成為當前粵港澳市場一體化面臨的挑戰以及三地進一步深化合作的障礙。

第三節　全球市場一體化與區域合作水平衡量指標分析

3.1　市場一體化指數

3.1.1　中國經濟改革研究基金會國民經濟研究所市場化指數

　　根據樊綱等（2011）的研究，市場化指數自 2001 年起由中國經濟改革研究基金會國民經濟研究所編制發佈，截至 2018 年已發佈了 20 期市場化指數，其中，2019 年發佈了《中國分省份市場化指數報告（2018）》。以市場化為取向的改革在推動中國經濟增長中扮演了至關重要的角色。中國經濟改革研究基金會國民經濟研究所編製的市場化指數從政府與市場的關係、非國

有經濟的發展、產品市場的發育程度、要素市場的發育程度、市場中介組織
發育和法律制度五個角度進行度量，發佈單位在基本保持指數跨年度、跨地
域可比的基礎上，不斷完善和調整指標體系，更準確地反映市場化進程的各
個方面。

王小魯等（2018）利用五個方面指數按權重比合成市場化總指數，五個
方面指數包含若干分項指數，部分分項指數下面有二級分項指數，最下一級
的分項指數為基礎指數，所對應的原始數據為基礎指標，指數權重分配機制
主要採用算術平均法[1]。目前該指數尚未發佈港澳指數，廣東歷年相關指數情
況（見表 2-4、表 2-5）。

表 2-4　2008—2016 年我國部分省市市場化總指數的得分及排名

	2008		2010		2012		2014		2016	
	得分	排名	得分	排名	得分	排名	得分	排名	得分	排名
北京	7.24	5	7.94	4	8.75	4	9.37	4	9.14	7
上海	8.14	1	8.79	1	8.70	5	9.77	1	9.93	2
浙江	7.78	3	8.18	3	9.28	2	9.73	2	9.97	1
江蘇	7.84	2	8.59	2	9.94	1	9.64	3	9.26	5
廣東	7.52	4	7.73	5	8.33	6	9.30	5	9.86	3

資料來源：王小魯等（2018）

1　指數權重分配機制主要有主成分分析法與算術平均法。發佈單位曾經採用主成分分析
　法合成市場化指數權重。但是，雖然主成分分析法可以在儘可能保留原有數據所含信
　息的前提下實現對統計數據的簡化，更加簡潔地揭示變量間的關係，避免主觀隨機因
　素的干擾；然而這種方法的主要問題是：隨著時間推移和數據變化，各因素的權重可
　能發生改變，導致市場化指數失去跨年度可比性，從而在對市場化進展進行跨年度分
　析時造成困擾。為此，發佈單位通過對比分析進一步計算驗證了算術平均法的可行
　性，結果發現兩種方法計算得出的各省、自治區、直轄市的市場化排序非常接近。因
　此發佈單位最終採用算術平均法合成權重。

表 2-5　2008—2016 年廣東省市場化分項指數排名

	2008	2010	2012	2014	2016
1. 政府與市場的關係	9	3	3	3	3
2. 非國有經濟的發展	3	3	3	2	2
3. 產品市場的發育程度	2	2	2	3	2
4. 要素市場的發育程度	7	7	8	9	6
5. 市場中介組織的發育和法律制度環境	5	5	6	5	3

注：考慮到 2008 年以後的某些變化具有趨勢性，數據以 2008 年為基期。

資料來源：王小魯等（2018）

從市場化指數指標結果來看，廣東省市場化程度比較高，2008—2016 年間排名大致保持在第 3 位至第 6 位的區間內，其中，2016 年排第 3 位。近年來，廣東省總得分持續上升，各級分項指標排名均穩中有升，整體的市場化勢態良好。

3.1.2　中國城市商業信用環境指數（CEI）

中國城市商業信用環境指數自 2010 年起由 CEI 課題組編製，截至 2019 年已發佈五期《中國城市商業信用指數（CEI）藍皮書》。CEI 旨在評價和衡量各地區的社會信用經濟建設的程度，由信用市場工具投放、企業信用管理功能、徵信系統建設、政府信用監管、失信違規行為、誠信教育及企業對當地市場信用環境的感受七個部分組成（中國城市商業信用環境指數（CEI）課題組，2016）。目前，該指數未將港澳納入評價體系，廣東相關指數評價情況（見表 2-6、表 2-7、表 2-8）。

CEI 指標結果表明，廣東省的整體商業信用環境處於全國中等水平，且波動向好。其中，粵港澳大灣區九市的商業環境信用指數差异較大：深圳市在大灣區九市內排名最高，廣州市排名次之；惠州市、佛山市、珠海市和東莞市在 2017 年中等規模地級市排名中有較大幅度提升，位居前 20 位；中山市、江門市和肇慶市三市排名大幅提升，介於 29—70 位之間。從動態上來看，

表 2-6　2011—2017 年各省 CEI 得分及排名

	2011		2012		2013		2015		2017	
	得分	排名	得分	排名	得分	排名	得分	排名	得分	排名
北京	86.606	1	85.186	1	86.060	1	86.858	1	90.630	1
上海	80.091	2	83.063	2	83.462	2	84.304	2	86.996	2
廣東	66.389	21	71.646	16	72.531	22	69.336	15	70.362	7
全國	68.185	—	73.946	—	73.680	—	71.456	—	69.769	—

注：由於發佈單位未發佈 2014、2016 年相關指數，因此當年數據缺失。
資料來源：中國城市商業信用環境指數（CEI）課題組（2016）、陳貴等（2018）

表 2-7　2010—2015 年粵港澳大灣區廣東省九城市 CEI 排名

	2010	2011	2012	2013	2015	2017
廣州市	17	20	7	7	14	4
深圳市	6	5	3	3	6	3
珠海市	78	19	8	8	17	8
佛山市	29	78	5	5	28	4
惠州市	219	141	67	67	67	3
東莞市	124	71	49	49	49	16
中山市	167	189	115	115	119	27
江門市	195	238	145	145	106	29
肇慶市	138	106	95	95	132	70

注：廣州市和深圳市的排名為 36 個省會及以上「大城市」的位次，其餘城市為中等規模地級市
　　排名位次。
資料來源：中國城市商業信用環境指數（CEI）課題組（2012；2013；2016）、陳貴等（2018）

表 2-8　2011—2015 年各區域 CEI 得分及排名

	2011		2012		2013		2015		2017	
	得分	排名	得分	排名	得分	排名	得分	排名	得分	排名
環渤海	72.722	1	77.671	2	77.477	2	75.917	1	76.938	1
長三角	72.247	2	77.849	1	78.328	1	75.647	2	75.640	2
珠三角及東南沿海地區	68.272	4	73.844	4	74.428	3	71.499	3	71.234	3

注：由於發佈單位未發佈 2014、2016 年相關指數，因此當年數據缺失。評價區域包括環渤海、長三角、珠三角及東南沿海、中部、東北、西部和西南地區等七大區域。

資料來源：中國城市商業信用環境指數（CEI）課題組（2016）、陳貴等（2018）

深圳市排名波動幅度較小，商業信用環境在全國保持相對優良的水平；大灣區其他城市排名均有一定幅度的波動。珠三角及東南沿海地區的整體商業信用環境處於全國中上水平。在未來推進粵港澳大灣區市場一體化和區域合作的進程中，需要繼續優化區域內各城市的商業信用環境。

3.2　全球貿易和投資自由化便利化指數

3.2.1　世界銀行：營商環境便利度分數（Ease of Doing Business Score）

　　世界銀行營商環境便利度分數自 2001 年起由世界銀行成立的營商環境（Doing Business）小組編製，自 2003 年發佈首期《營商環境報告》以來，截至 2019 年累計發佈 16 期年度報告。世界銀行《2019 年營商環境報告》[1] 指出，營商環境便利度分數指標體系通過研究各時期不同經濟體商業監管中具有可競爭性、可對比性以及可改革性的且能夠進行量化的部分來衡量一國的商業監管環境，旨在向各國政府、研究者和公民提供詳細、全面和客觀的數據信息，幫助政府發現行政過程中存在的問題並加以修正，制定合理的商業

1　世界銀行：《2019 年營商環境報告》，2019 年。

監管政策。

營商環境便利度分數由 11 項一級指標、43 項二級指標構成（實際適用 41 項指標，其中勞動力市場監管的兩項二級指標未引入評價系統，不參與總指標計算過程），衡量了該經濟體與當時最佳監管績效的距離[1]。營商環境便利度分數的測算以經濟體的最大商業城市或前兩大商業城市為數據收集對象，中國內地的樣本城市為北京和上海。2018 年部分國家和地區評價結果（見表 2-9）。

表 2-9　2018 年各經濟體營商環境便利度分數

經濟體	分數	排名	營商便利度分數變化情況
新西蘭	86.59	1	0.00
新加坡	85.24	2	+0.27
丹麥	84.64	3	+0.59
中國香港特別行政區	84.22	4	+0.04
大韓民國	84.14	5	−0.01
美國	82.75	8	−0.01
中國台灣	80.90	13	+0.24
日本	75.65	39	+0.05
中國內地	73.64	46	+8.64
區域平均數（東亞及太平洋地區）	63.41	—	—

注：（1）自 2005 年來每個經濟體在每個指標上與《營商環境報告》所有的樣本經濟體中最佳監管表現的經濟體的差距。經濟體的營商環境便利度分數反映在 0 到 100 的範圍內。其中 0 代表最低，100 代表最佳表現。營商環境便利度排名範圍是從 1 到 190；（2）中國澳門沒有被列入該指標體系的數據收集範圍內，因此澳門的數據缺失。

資料來源：世界銀行（2019）

1　世界銀行：《2019 年營商環境報告》，2019 年。

從指標測算結果看，2018 年中國營商環境便利度排第 46 位，營商環境便利度分數為 73.64，增長 8.64 分。世界銀行《2019 年營商環境報告》指出，中國作為一個人口眾多的經濟體，展現了令人印象深刻的改革過程，政府採取了精心設計的改革方案，旨在數年內改善商業監管環境。

3.2.2 《華爾街日報》和美國傳統基金會：全球經濟自由度指數（Index of Economic Freedom）

全球經濟自由度指數（Index of Economic Freedom）自 1995 年起由《華爾街日報》和美國傳統基金會編製和發佈，是全球權威的經濟自由度評價指標之一，截至 2019 年已經發佈 25 期年度報告[1]。經濟自由度指數從法治、政府規模、監管效率和市場開放等四大類一級指標以及 12 個二級指標進行綜合評估，該指數在過去二十五年的調查結果中證實了一系列重要的政策效果，有利於為政府制定政策提供依據。2015—2019 年中國內地和港澳的全球經濟自由度指數[2]評價情況（見表 2-10、表 2-11）。

表 2-10 中國近五年經濟自由度指數得分與世界排名

地區	2015		2016		2017		2018		2019	
	得分	排名	得分	排名	得分	排名	得分	排名	得分	排名
內地	52.5	139	52.0	144	57.4	111	57.8	110	58.4	100
香港	89.6	1	88.6	1	89.8	1	90.2	1	90.2	1
澳門	70.3	34	70.1	37	70.7	32	70.9	34	71.0	34

資料來源：The Heritage Foundation（2019）

---

1 The Heritage Foundation, 2019 Index of Economic Freedom （25th Anniversary Edition）[R].2019.

2 The Heritage Foundation, 2019 Index of Economic Freedom （25th Anniversary Edition）[R].2019.

表 2-11　2019 年中國（內地）、香港和澳門的分項指標分數

地區	財產權	政府誠信	司法效力	稅收負擔	政府開支	財政健康	商業自由	勞動自由	貨幣自由	貿易自由	投資自由	財務自由
內地	49.9	49.1	75.2	70.4	70.1	76.0	56.2	64.2	71.9	73.0	25.0	20.0
香港	93.3	83.8	75.3	93.1	90.3	100.0	96.4	89.2	86.4	95.0	90.0	90.0
澳門	60.0	33.2	60.0	77.1	90.4	100.0	60.0	50.0	76.5	90.0	85.0	70.0

資料來源：The Heritage Foundation（2019）

全球經濟自由度指數從法治、政府規模、監管效率和市場開放等四個方面評估一個經濟體。從指標結果來看，香港已經連續 25 年名列榜首，澳門位於世界排名 32—37 名區間內，而中國內地則排在世界 100 名之後，但 2016—2019 年排名持續上升，表明我國整體經濟自由度不斷提高。

3.2.3　加拿大自由市場智庫菲莎研究所：世界經濟自由度（Economic Freedom of the World）

《世界經濟自由度》年度報告由加拿大公共政策智庫菲沙研究所（Fraser Institute）發佈，於 1996 年發佈了第一份《世界經濟自由度》報告，之後每年發佈一次，一般以前兩年的數據為依據 [1]。世界經濟自由度提供了一種測量經濟體的政策與制度和經濟自由之間的相關性的方法。該指標由五個方面一級指標、24 個二級分項指標以及 42 個三級分項指標構成，其反映的五個方面分別是：一是政府的規模、支出、稅收和國有企業，二是法律結構和產權保障，三是穩健的貨幣，四是對外貿易的自由度，五是對信貸、勞動力和商業的管制。指標原始數據均來自第三方；所有二級指標與三級指標取值均在 0—10 的範圍內，下級指標通過賦予權重匯總上一級指標，最終得出該經

1　FRASER INSTITUTE. Economic Freedom of the World 2017 Annual Report[R]. 2019.

濟體的世界經濟自由度指數[1]。2012—2017 年中國內地和香港的指標評價情況
（見表 2-12、表 2-13）。

表 2-12　2012—2017 年中國（內地）和香港世界經濟自由度指數得分與排名

地區	2012		2013		2014		2015		2016		2017	
	得分	排名	得分	排名	得分	排名	得分	排名	得分	排名	得分	排名
內地	6.37	111	6.39	111	6.38	116	6.39	113	6.46	107	8.91	113
香港	8.96	1	8.96	1	9.00	1	8.97	1	8.97	1	6.42	1

注：世界經濟自由度指數數據收集對象不包含中國澳門，因此中國澳門的數據缺失。

資料來源：FRASER INSTITUTE（2019）

表 2-13　2017 年中國（內地）與香港世界經濟自由度分項指標得分與排名

	政府規模	排名	法律制度和產權保障	排名	穩健的貨幣	排名	國際貿易資源	排名	規則	排名
內地	4.67	153	5.58	59	8.50	84	6.81	99	6.55	118
香港	8.19	12	7.93	11	9.63	15	9.33	1	9.44	1

注：世界經濟自由度指數數據收集對象不包含中國澳門，因此中國澳門的數據缺失。

資料來源：FRASER INSTITUTE（2019）

　　世界經濟自由度指數表明，為了促進經濟自由，政府需要提供貿易基礎
設施，完善法治體系以保護私人產權，同時避免干擾個人和市場的決策，放
寬准入限制等[2]。從指標結果看，香港的經濟自由度一直處於領先地位，而中
國內地的經濟自由度排名一直在 100 名以後，處於全球中等水平。這說明在
政府規模、法治體系和產權保護、貨幣堅挺度、貿易自由和管制規則等五個
方面，我國政府仍需進一步完善和優化政策，以建立全面的市場經濟體制。

1　FRASER INSTITUTE. Economic Freedom of the World 2017 Annual Report[R]. 2019.

2　FRASER INSTITUTE. Economic Freedom of the World 2017 Annual Report[R]. 2019.

3.3 粵港澳大灣區市場一體化與區域合作指標分析

3.3.1 粵港澳大灣區市場一體化與區域合作總體評價

對粵港澳大灣區的市場一體化和區域合作進行總體評價，採用營商環境便利度分數、全球經濟自由度、世界經濟自由度等三個指標進行分析（見表2-14）。從排名結果上看，中國香港的經濟自由和營商情況連續多年排在國際前列；中國澳門的經濟自由度排在國際中等靠前的位置，近五年來排名變化不大；而中國內地則排在中等偏後的位置，近年來排名上升，且上升幅度較大。其中，中國內地的世界銀行營商環境便利度分數在 2015 至 2019 年間從世界排名第 90 名上升至第 46 名，全球經濟自由度和世界經濟自由度排名均上升至第 100 名左右。由此可見，中國整體的市場營商環境和經濟自由度與港、澳有較大差距，與香港差距尤其顯著。未來隨着粵港澳大灣區市場一體化與區域合作的持續推進，廣東需要加快優化市場營商環境，建立高質量的市場經濟體系，提高經濟自由度，縮小區域之間的差距，為全面深化改革和開展內地與港澳全方位合作探索新途徑、積累新經驗。

表 2-14　2015—2019 年市場一體化與區域合作三大相關指數排名

評價指標	2015		2016		2017		2018		2019	
	經濟體	排名	經濟體	排名	經濟體	排名	經濟體	排名	經濟體	排名
世界銀行：營商環境便利度分數	新加坡	1	新加坡	1	新西蘭	1	新西蘭	1	新西蘭	1
	新西蘭	2	新西蘭	2	新加坡	2	新加坡	2	新加坡	2
	中國香港	3	丹麥	3	丹麥	3	丹麥	3	丹麥	3
	丹麥	4	大韓民國	4	中國香港	4	大韓民國	4	中國香港	4
	大韓民國	5	中國香港	5	大韓民國	5	中國香港	5	大韓民國	5
	中國澳門	—	中國澳門	—	中國澳門	—	中國澳門	—	中國澳門	—
	中國內地	90	中國	84	中國	78	中國	78	中國	46

（續表）

評價指標	2015		2016		2017		2018		2019	
	經濟體	排名	經濟體	排名	經濟體	排名	經濟體	排名	經濟體	排名
全球經濟自由度	中國香港	1	中國香港	1	中國香港	1	中國香港	1	中國香港	1
	新加坡	2	新加坡	2	新加坡	2	新加坡	2	新加坡	2
	新西蘭	3	新西蘭	3	新西蘭	3	新西蘭	3	新西蘭	3
	澳大利亞	4	瑞士	4	瑞士	4	瑞士	4	瑞士	4
	瑞士	5	澳大利亞	5	澳大利亞	5	澳大利亞	5	澳大利亞	5
	中國澳門	34	中國澳門	37	中國澳門	32	中國澳門	34	中國澳門	34
	中國內地	139	中國	144	中國	111	中國	110	中國	100
世界經濟自由度	中國香港	1	中國香港	1	中國香港	1	—	1	—	1
	新加坡	2	新加坡	2	新加坡	2	—	2	—	2
	新西蘭	3	新西蘭	3	新西蘭	3	—	3	—	3
	瑞士	4	瑞士	4	瑞士	4	—	4	—	4
	愛爾蘭	5	愛爾蘭	5	美國	5	—	5	—	5
	中國澳門	—	中國澳門	—	中國澳門	—	—	—	—	—
	中國內地	113	中國	107	中國	113	—	—	—	—

資料來源：世界銀行（2019）、The Heritage Foundation（2019）、FRASER INSTITUTE（2019）

3.3.2　粵港澳大灣區市場一體化發展評價

　　由於營商環境便利度分數、全球經濟自由度和世界經濟自由度三個指標在樣本選取上反映的是中國內地市場一體化和區域經濟合作的整體情況，指標體系上更加趨向於西方國家主導的自由經濟評價標準，不能準確反映我國的實際情況以及粵港澳大灣區跨境市場一體化發展程度，因此有必要針對粵港澳大灣區九個市、兩個特區重新採集樣本數據，採用更加客觀的方法進行分析。為了研究粵港澳大灣區市場一體化發展程度，本報告採用價格法，基於「一價原理」構造市場分割指數（Parsley and Wei, 1996, 2001a, 2001b；

桂琦寒等，2006；陸銘和陳釗，2009）。該指標的原始數據為粵港澳大灣區九個市、兩個特區1999年至2017年共19年八大類消費品的居民消費價格指數，取自《廣東統計年鑒》《香港統計年刊》《澳門統計年鑒》。八大類消費品分別是食品、煙酒、衣着、生活用品及服務、醫療保健、交通和通信、教育文化和娛樂、居住。本章構造的市場分割指數使用三維面板數據（t×m×k），其中t為時間，m為地區，k為商品。具體的構造方法如下。

第一步，根據楊林、陳喜強（2017）的研究，對粵港澳大灣區九個市、兩個特區進行配對，共得到55組不同的城市或地區配對。對配對組同一年份的同一商品種類的居民消費價格指數的價格比取對數後，取其一階差分的絕對值，由此得到8360個（=8×55×19）計算值。之所以對價格比的對數值進行一階差分，是因為可獲得的原始數據是環比消費價格指數；而相對價格取絕對值的原因是，避免取對數形式後i地與j地價格的分子分母位置調換引起正負號變化（陸銘和陳釗，2009）。具體計算見公式（1）。

第二步，去均值以消除商品的异質性。對給定年份t、給定商品種類k的在55組配對城市之間求均值，再用相對價格的絕對值減去該類商品在特定年份的平均值。其代表了價格變動的平均值，且僅與地區間市場分割因素和一些隨機因素相關。具體計算見公式（2）。

第三步，計算的方差記為，衡量兩地間商品價格的波動性。

第四步，構建市場分割指數。將城市之間配對的指數按照特定的城市或地區，以平均值的方式合併，得到每一個城市或地區和其他城市或地區的市場分割指數。由此得到209個（=11×19）市場分割的觀測值，分別顯示了粵港澳大灣區九個市、兩個特區在19年間與所有其他城市或地區的市場分割程度。

由於此處用方差平均值表示市場分割指數，其數值大小與市場一體化程度呈負相關，即某地的市場分割指數越低，表示該地與其他地區的相對價格差异越小，市場一體化水平越高。粵港澳大灣區具體市場分割指數（見表2-15）。

表 2-15　1999—2017 年間粵港澳大灣區九市二區市場分割指數

地區 \ 年份	1999	2000	2001	2002	2003	2004	2005
粵港澳大灣區	0.0012279	0.001013	0.000293	0.000443	0.00044	0.000399	0.00032
香港	0.0027949	0.001789	0.000298	0.000482	0.000486	0.000566	0.000331
澳門	0.0010879	0.000821	0.000322	0.000663	0.000706	0.000348	0.000295
廣州	0.0008897	0.000982	0.000209	0.000364	0.000289	0.000276	0.000359
深圳	0.0012802	0.000949	0.000336	0.000554	0.00037	0.000309	0.00043
惠州	0.0009822	0.000974	0.000358	0.000458	0.000389	0.000297	0.000256
東莞	0.0008939	0.001326	0.000272	0.000382	0.000488	0.00042	0.000492
肇慶	0.0006134	0.00092	0.000296	0.000403	0.000308	0.00044	0.000222
佛山	0.001145	0.000755	0.000228	0.000492	0.000391	0.000286	0.000243
中山	0.0010108	0.000913	0.0003	0.000263	0.000708	0.000767	0.000354
珠海	0.0010967	0.000907	0.000274	0.000276	0.000313	0.000387	0.000192
江門	0.0017124	0.000805	0.000335	0.000533	0.000393	0.000297	0.000348
珠三角九市（不包括港澳）	0.0008818	0.000833	0.000281	0.00038	0.000359	0.000362	0.00033
珠江西岸	0.0011111	0.000854	0.000293	0.000438	0.00047	0.000421	0.000276
珠江東岸	0.0013682	0.001204	0.000295	0.000448	0.000404	0.000374	0.000374

地區 \ 年份	2006	2007	2008	2009	2010	2011
粵港澳大灣區	0.0002784	0.000286	0.000511	0.000668	0.00025	0.000396
香港	0.0004213	0.000351	0.000474	0.001635	0.000208	0.001269
澳門	0.0004225	0.000404	0.001079	0.000711	0.000363	0.000456
廣州	0.0002244	0.000209	0.000433	0.000573	0.000355	0.000225
深圳	0.0002959	0.000288	0.000505	0.000485	0.000191	0.000176
惠州	0.0002396	0.000199	0.000422	0.000677	0.000223	0.000426
東莞	0.0002761	0.000252	0.000384	0.000613	0.00022	0.000314
肇慶	0.0003885	0.000211	0.000352	0.000537	0.000244	0.000309

（續表）

地區 \ 年份	2006	2007	2008	2009	2010	2011
佛山	0.000217	0.000284	0.000251	0.000462	0.000193	0.000356
中山	0.0001966	0.000476	0.00029	0.000596	0.000314	0.000196
珠海	0.0001958	0.000229	0.001012	0.000626	0.000219	0.000273
江門	0.0001844	0.000239	0.000416	0.00043	0.000219	0.00036
珠三角九市（不包括港澳）	0.000204	0.000237	0.000366	0.000378	0.000224	0.00018
珠江西岸	0.0002675	0.000307	0.000567	0.00056	0.000259	0.000325
珠江東岸	0.0002915	0.00026	0.000443	0.000797	0.000239	0.000482

地區 \ 年份	2012	2013	2014	2015	2016	2017
粵港澳大灣區	0.0011676	0.000165	0.000238	0.000473	0.000722	0.000193
香港	0.0008685	0.000158	0.000332	0.000532	0.000716	0.000234
澳門	0.0043898	0.000357	0.000467	0.001391	0.002507	0.000187
廣州	0.0008465	0.000138	0.000186	0.000385	0.000542	0.000157
深圳	0.0006291	0.000138	0.000183	0.000358	0.000454	0.000128
惠州	0.0010495	0.000216	0.00025	0.000231	0.000505	0.000183
東莞	0.0009057	0.000136	0.00024	0.00031	0.000546	0.000221
肇慶	0.0008627	0.000147	0.000221	0.000477	0.000589	0.000208
佛山	0.0007618	0.000129	0.000203	0.000305	0.000503	0.000208
中山	0.0008598	0.000169	0.0002	0.000308	0.000427	0.000124
珠海	0.0008164	0.000105	0.000125	0.000574	0.000653	0.00018
江門	0.0008536	0.000118	0.000211	0.000332	0.000499	0.000291
珠三角九市（不包括港澳）	0.0004503	0.000116	0.00015	0.000239	0.000285	0.000187
珠江西岸	0.001424	0.000171	0.000238	0.000564	0.000863	0.0002
珠江東岸	0.0008599	0.000157	0.000238	0.000363	0.000553	0.000185

數據來源：《廣東統計年鑑》《香港統計年刊》《澳門統計年鑑》

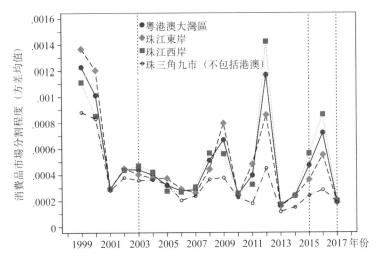

圖 2-1　粵港澳大灣區市場一體化發展進程和整體趨勢

注：珠江東岸指香港、廣州、深圳、東莞、惠州，珠江西岸指澳門、珠海、
　　佛山、中山、江門、肇慶。

數據來源：《廣東統計年鑒》《香港統計年刊》《澳門統計年鑒》

　　由數據和圖表分析可得：第一，自 1999 年以來，粵港澳大灣區市場分割
程度下降，整合程度提高，市場一體化程度逐漸加深；但 2007 年以來，灣
區的市場分割程度呈現波動收斂趨勢。第二，東西岸的市場整合與分割程度
不同。珠江西岸的市場分割程度的變化幅度突出，超出粵港澳大灣區的平均
水平，而東岸的變化幅度則相對較小。第三，港澳和珠三角九市之間存在較
為突出的市場分割。珠三角九市的市場分割指數較小，且波動幅度不顯著；
香港的指數水平處於灣區平均偏上的區間並圍繞均值小幅波動，澳門則與灣
區水平之間有着顯著的差異。總體而言，珠三角九市之間市場一體化程度較
高，而港澳與珠三角九市是市場之間存在較大的市場分割，其中澳門的分割
程度大於香港[1]。因此，粵港澳大灣區需要加大跨境市場一體化和區域合作力
度，通過推動灣區市場一體化促進區域資源優化配置。

1　由於澳門的消費物價水平較高，樣本期內部分年份的澳門消費價格指數（上年 =100）
　　顯著高於內地。

3.4 小結

本節對市場一體化和區域合作的相關指標進行分析，包括衡量市場一體化程度、營商環境、經濟自由度等指數，最後通過價格法構造的指標來考查粵港澳大灣區市場一體化的發展情況。中國經濟改革研究基金會國民經濟研究所發佈的市場化指數，是分析全國各省級行政單位市場化進展的客觀指標；中國城市商業信用環境指數在營商環境方面對各省市作出評價。世界銀行、美國傳統基金會和加拿大自由市場智庫菲莎研究所發佈的營商環境便利度分數與兩個經濟自由度指數，對全球範圍內的營商環境和經濟自由度進行了評價。在此基礎上，本章的第三節分析概括了已有評價體系可以得出的基本結論和評價指標的不足，並利用價格法，通過面板數據構造市場分割指數，測算灣區的市場分割程度，以此來衡量灣區市場一體化的進展。總體而言，灣區的市場一體化程度逐步提高，但在個別年份呈現出較為劇烈的波動，珠江東西兩岸的整合程度存在差異、珠三角九市與港澳之間存在一定程度的市場分割。

第四節　粵港澳大灣區市場一體化與區域合作全球經驗借鑒

4.1 跨國模式：歐盟漸進模式、APEC 多邊合作、北美自由貿易區常態化協調機制

4.1.1 歐盟漸進模式：關稅同盟、共同市場、經濟聯盟、完全經濟一體化

歐盟市場一體化與區域合作採取逐步推進的漸進模式，從貿易一體化起步分四個階段實現區內經濟一體化。根據王一帆（2018）的研究，歐盟作為國際市場一體化和區域合作的典範，其發展歷程經歷了四個階段：第一階段，

1948 年由荷蘭、比利時、盧森堡三國組成關稅聯盟；1851 年 4 月 18 日由法、意、聯邦德國、荷、盧、比六國簽署為期 50 年的《建立歐洲煤鋼共同體的條約》[1]，是推進區域一體化的初步嘗試，以共同市場為目標，實現了單一產品（煤炭、鋼鐵）的經濟一體化。第二階段，1957 年 3 月 25 日由六國外長簽訂《羅馬條約》[2]，即《歐洲經濟共同體條約》和《歐洲原子能共同體條約》，1958年開始生效，其間建立了歐洲經濟共同體的基礎，即關稅同盟。第三階段，1965 年六國簽訂《布魯塞爾條約》[3]，將三個共同體統一起來，統稱歐洲共同體，以實現經濟一體化並向政治聯盟方向邁進為目標，建立了統一大市場和歐洲貨幣體系。第四階段，1991 年通過了以建立歐洲經濟貨幣聯盟和歐洲政治聯盟為目的的《馬斯特里赫特條約》[4]，1993 年該條約生效，歐共體更名為歐盟，標誌着歐盟一體化組織從經濟實體向政治實體方向轉變，成員國把更多領域的管理權交給了歐盟，增強了超國家性質。同時，歐盟範圍不斷擴大，雖然經歷了英國脫歐挫折，但歐洲一體化趨勢不可阻擋，截至 2020 年 5 月歐盟共有 27 個成員國。

4.1.2　亞洲太平洋經濟合作組織（Asia-Pacific Economic Cooperation，APEC，簡稱亞太經合組織）：貿易、投資和經濟技術合作，金融穩定和改革、其他區域合作議題

亞太經合組織通過貿易和投資自由化便利化、經濟技術合作、金融改革創新等議題推動區域國家市場開放和經濟合作。陳建（1999）研究指出，亞太經合組織（APEC）的兩大支柱是貿易投資自由化與經濟技術合作：在貿易、投資自由化方面，APEC 的各成員降低關稅、減少和消除非關稅措施，在一

1　法國、聯邦德國、意大利、比利時、荷蘭、盧森堡：《歐洲煤鋼共同體條約》，1951 年4 月 18 日。

2　法國、聯邦德國、意大利、比利時、荷蘭、盧森堡：《羅馬條約》，1958 年 1 月 1 日。

3　法國、西德、意大利、比利時、荷蘭、盧森堡：《布魯塞爾條約》，1948 年 3 月 17 日。

4　比利時、丹麥、德意志聯邦共和國、希臘、西班牙、法蘭西共和國、愛爾蘭、意大利、盧森堡、荷蘭、葡萄牙、大不列顛及北愛爾蘭聯合王國：《馬斯特里赫特條約》，1992 年 2 月 7 日。

定期限內逐步削減並取消進出口數量限制、進出口許可證、出口補貼，不斷增加各種非關稅措施的透明度，盡力統一非關稅障礙的計量方法等等。在經濟技術合作方面，《大阪行動議程》規定，在 13 個領域進行經濟技術合作，並指定發展人力資源，發展穩定、安全和有效的資本市場等 6 個優先考慮的領域。亞太經合組織在提高地區金融效率和維護地區金融穩定方面起到了積極作用，例如 APEC 金融與發展項目 2004 年度論壇提出，應在以下幾個方面進行改革創新：積極發展區域債券市場，擴大發行人種類和安全品種，強化亞洲債券市場發展的外部環境，包括加強信用擔保機制、評級體系、信息披露機制、跨境交易結算，建立市場研究和政策支持項目等（何問陶和路志剛，2005）。此外，APEC 主要從制度驅動和路徑驅動兩個方面採取行動，為地區經濟發展構建更加自由、開放、便利和可預見的制度框架，進一步解決除傳統貿易限制措施以外的其他障礙，加強「跨邊界」的供應鏈連接，改善「邊界內」的商業環境，促進「下一代貿易與投資議題」合作（孟夏和陳立英，2014）。

4.1.3 北美自由貿易區：機構設置、運作機制、爭端解決

北美自由貿易區穩健的制度體系對區內市場開放與合作起到了關鍵作用。《北美自由貿易協定》[1] 明確表示，美、加、墨三國將根據自由貿易的基本精神、秉承國民待遇、最惠國待遇和透明度的原則，建立自由貿易區。北美自由貿易區的組織機構包括：自由貿易委員會、工作委員會和工作小組、祕書處、勞工合作委員會、環境合作委員會、北美發展銀行、諮詢機構、仲裁法庭和保護仲裁法庭程序特別委員會（周文貴，2004）。北美自由貿易區卓有成效的發展與其獨特的爭端解決機制分不開，一共包括 6 套爭端解決機制，包含投資者與東道國之間有關財產權利爭端解決機制、金融部門爭端解決程序、確定國內法庭作出的反傾銷和反補貼稅的最終決定是否與國內法一

1　美國、墨西哥、加拿大：《北美自由貿易協定》，1992 年 8 月 12 日。

致的審查機制、一般爭端解決機制，針對有關國內環境法和勞工法分別建立的國家間爭端解決機制（張露，2007）。

4.2　灣區模式：紐約灣區、舊金山灣區、東京灣區

4.2.1　紐約灣區：金融市場一體化、智庫規劃加政府協調

紐約灣區又稱為紐約大都市區，主要通過紐約金融中心的發展帶動周邊城市一體化，其中強大的金融市場、成熟的智庫規劃和完備的法律體系發揮了重要作用。根據薛亞菲（2012）的研究，紐約都市區的金融市場一體化通過建立區域性金融機構、金融的產業集群模式、金融兼併重組和構建區域金融市場四個方面，協調地區經濟運行的交易成本。在區域規劃方面，紐約灣區主要借助區域民間智庫——紐約區域規劃協會（Regional Plan Association of New York，RPA）完成；同時，紐約灣區區域委員會和大都市圈規劃組織（MPO）分別負責紐約灣區經濟發展和交通建設的規劃協調，紐約大都市交通委員會（NYMTC）負責評估灣區整體交通建設方案、統籌長期交通發展規劃、推動一體化交通基礎設施項目實施等（王力，2019）。在立法方面，美國政府通過頒佈《聯邦資助公路法》（1956），對公路建設進行政策傾斜；實施郊區住房發展擴張政策，刺激郊區建築業發展；州政府提供基金用於組織發展、專業和企業培訓、技術支持以及戰略規劃，以此鼓勵經濟戰略，同時提供具有競爭性的金融和監管措施，促進區域合作（唐藝彬，2011）。

4.2.2　舊金山灣區：產學研一體化、商界代表灣區發聲

舊金山灣區的成功與產學研一體化的高科技產業和發達的商業組織密不可分。舊金山灣區導向成功的要素包括：（1）舊金山港中心地帶的崛起和擴張，為市場一體化打下基礎；（2）科研院所和大企業起到了培育高技能勞動力的作用，體現出外部性，包括輸送人才和科研成果產學結合兩方面；（3）舊金山委員會發揮行政管理上的協調作用，降低了制度性交易成本；（4）通過跨海大橋、捷運系統等交通基礎設施的建設保證了要素流動。雖然舊金山灣

區沒有一個正式的區域政府和統一的規劃組織，但灣區依靠商業企業的發展帶來地區的繁榮。為了維護地區商界利益、提升其競爭力，舊金山商界成立了灣區委員會（Bay Area Council），並設立經濟研究所，後者類似於委員會下的智庫。灣區委員會是關注地區發展前景的強大民間組織，為地區利益發聲，承擔着灣區利益爭取、維護和協調的功能；灣區研究所則着眼於長期發展形勢，研判經濟政策對灣區未來競爭力的影響，為城市、州政府、企業和其他非盈利機構提供諮詢服務。

4.2.3 東京灣區：港口市場化運作、政府立法管理

東京灣區內的港口分工合作主要通過市場經濟手段實現，港口和港口之間通過市場化競爭形成了差別化發展路徑。日本政府在 1951 年頒佈的《港灣法》規定，日本中央政府的國土交通省在港口發展中起主導作用，負責大部分大規模公共基礎設施的建設；港口管理由地方政府或地方政府設立的港口管理局負責，可以涉及私營公司的共同投資，對外資參與也沒有限制；國土交通省負責制定全國港口開發、利用和保護的總體政策，而港口管理機構須為各港口制定具體規劃。為了避免港口間的惡性價格競爭，減少不必要的資源內耗，提升整個東京灣的國際競爭力，港灣區於 1967 年頒佈《東京灣港灣計劃的基本構想》，建議把東京灣沿岸各港口整合為一個分工不同的有機群體，形成一個「廣域港灣」，共同參與全球競爭。如今環東京灣地區已經實現了六大港口的有機整合，在保持獨立經營的同時，通過優勢互補來承擔不同職能，以此來有效應對外部競爭。

4.3 城市群模式：北美五大湖城市群、英倫城市群、歐洲西北部城市群

4.3.1 北美五大湖城市群：多中心共同發展、信息化推動區域合作

北美五大湖城市群市場一體化和區域合作的突出表現是多中心共同發展、要素市場一體化和區域合作信息化。北美五大湖城市群屬多中心共同發

展的模式，特點在於多個中心城市均衡發展，功能上各有所長、相互依存、協同發展：各城市依託具有低成本競爭優勢的水運、全國鐵路網絡等基礎設施，加快區域要素和產品流動，同時借助流域水運的紐帶作用，實現地區間內河航運管理及相關配套服務的一體化（周世鋒和王辰，2010）。在區域合作方面，主要實行以下幾個措施：第一，在統籌基礎設施互聯互通的基礎上，政府之間通過服務合同的方式進行協調管理，建立區域信息網絡協調機制，對信息基礎設施實行共享，提高信息設施的使用效率；第二，強化產業分工，利用信息經濟促進城市群經濟協調發展，再通過產業集聚，形成規模經濟、範圍經濟；第三，利用電子政務開展成員城市之間的溝通，提高溝通效率，統籌規劃區域發展（汪禮俊，2015）。

4.3.2　英倫城市群：金融市場一體化、行政架構協調模式

英倫城市群在市場一體化方面較為突出的是金融市場一體化，倫敦作為國際性金融中心，促進了該城市群乃至全球金融市場一體化。倫敦都市圈金融要素聯動、豐富的區域金融市場體系為其進行金融合作提供了肥沃土壤：倫敦都市圈擁有全球最大的外匯交易市場；在倫敦證券交易所上市的外國公司位居世界第一位；該都市圈涵蓋國際銀行業務、場外衍生金融產品交易，擁有有色金融交易市場、黃金交易市場、保險與再保險中心；倫敦都市圈是全球的主要貼現市場、銀行同業拆借市場、地方政府借貸市場和銀行英鎊定期存單市場等（薛亞菲，2012）。英倫城市群的一體化協調模式，主要是通過議會通過的法律以及新的行政架構來實現的。在跨區域協同立法方面，大倫敦市政府及相關地方政府不能隨意行事，議會通過的法律是基礎性的制度安排，必須遵照執行（邢琰和成子怡，2018）。在行政機構方面，都市圈直接運用高層次政府的行政力量，着眼於全域和長遠發展戰略規劃的一體化行政架構協調模式：「倫敦政府辦公室」作為中央政府在倫敦下派的辦事機構，專事倫敦地方層次的戰略規劃和綜合一體化協調發展，同時以倫敦規劃諮詢委員會，作為大倫敦地區協調發展的研究諮詢機構；2000 年，又進一步成立了「大倫敦市政權」，統轄整個大倫敦地區 32 個自治區和倫敦開發公司（鞠

立新，2010）。

4.3.3 歐洲西北部城市群：核心城市集聚網絡效應推動市場一體化、區域性組織協調合作模式

歐洲西北部城市群主要包括大巴黎地區城市群、荷蘭蘭斯台德城市群和德國萊茵—魯爾區城市群。歐洲一體化進程對歐洲西北部城市群正外部性起到了重要作用，通過自由貿易區、關稅同盟、統一大市場、經濟貨幣聯盟和政治聯盟等多個區域一體化進程，徹底解決了歐洲共同體成員國城市間的通達性、資本與勞動力的可自由流通性、技術標準的統一性及技術創新的網絡化等問題，使處於歐洲西北部地區的城市保持旺盛的經濟活力，形成巨大的密集城市帶（李娣，2015）。

4.4 小結

本節概述了全球範圍內市場一體化與區域合作的成功經驗，包括跨國模式、灣區模式和城市群模式三大類。在跨國模式方面，歐盟從關稅同盟向共同市場、經濟聯盟、完全經濟一體化逐步升級；亞洲太平洋經濟合作組織以貿易投資自由化與經濟技術合作為目標，加強區域金融合作和維持金融穩定，同時開展其他經濟合作；北美自由貿易區則通過簽訂《北美自由貿易協定》促進了區域市場一體化，並在爭端解決機制方面取得卓越的成效。在灣區模式方面，紐約灣區金融市場實現高度一體化，通過民間智庫規劃和政府支持實現區域合作；舊金山灣區實行產學研一體化，由商界成立灣區委員會，承擔了灣區利益爭取、維護和協調的功能；東京灣區通過港口市場化運作、政府立法管理和六大港口的有機整合，實現市場一體化與區域合作。在城市群模式方面，北美五大湖城市群通過基礎設備互聯互通實現要素市場一體化，利用信息化輔助區域合作；英倫城市群金融市場高度一體化，通過行政手段協調管理；歐洲西北部城市群主要依靠歐盟實現市場一體化。

第五節　結論與政策建議

5.1 完善市場法治規則，規範實施大灣區市場一體化與區域合作

5.1.1 立法規範市場一體化與區域合作，探索制度安排和政策規劃對接

國家部委和粵港澳三地加快研究通過立法破解市場一體化與區域合作的體制機制障礙，探索大灣區制度體系與政策規劃對接。一方面，「一國兩制」條件下的粵港澳大灣區需要在不同法域之間構建法政共同體（王萬里，2018），根據《中華人民共和國憲法》[1]《中華人民共和國香港特別行政區基本法》[2] 等國內法基礎，以及 WTO 的基本規則、《最惠國待遇》等國際法，制定大灣區自由經貿協定法律（李猛，2018），規定各方權利和義務，對違反有關法律規定的單位和個人依法追究法律責任。同時，中央部委或廣東省與港澳簽署的有關灣區合作的重大行政安排和協議，通過全國人大常委會批准、協議方各自履行本地相應法律程序的方式，確認安排或協議的合憲性、合法性。此外，推進粵港澳大灣區率先實現民商事司法判決的相互承認和執行，為跨境經貿合作提供更好的司法保障。另一方面，探索稅收、匯率、資金、商事等相關制度安排和基礎設施、產業政策等專項政策規劃與《粵港澳大灣區發展規劃綱要》對接。大灣區在縮小稅制差異（郭濱輝等，2018）、匯率聯合浮動制度、自由貿易賬戶管理體系、商事制度對接（毛艷華，2018）等方面出台相關制度安排，加快區域制度對接。其中，涉及到「一國兩制」及中央事權的敏感議題建議由國家牽頭，聯合相關部委與粵港澳三地政府調整。

1　全國人民代表大會：《中華人民共和國憲法》，1982 年 12 月 4 日。第十三屆全國人大一次會議第三次全體會議：《中華人民共和國憲法修正案》，2018 年 3 月 11 日。
2　全國人民代表大會：《中華人民共和國香港特別行政區基本法》，1990 年 4 月 4 日。

5.1.2 組建法律授權的高級別的政策協調委員會，立法支持灣區聯合公共支出運作

為協調粵港澳三地市場一體化建設和區域合作，建議組建高級別的政策協調委員會進行統籌規劃，並通過法制支持灣區聯合公共支出運作。在中央層面，建議成立由中央政府主導，粵港澳三地行政主要領導參與的灣區發展管理委員會，委員會下設若干行業委員會，負責規劃和協調區域發展，調動各級地方政府的積極性（陳廣漢，2018）。在省級層面，建議將粵港、粵澳聯席會議升級為粵港澳聯席會議，由粵港澳三地行政首長參加，定期召開會議協商解決建設中的問題（姚江春等，2018）。在城市層面，設置市場化的激勵和考核機制和領導幹部的容錯機制（張淑芹，2017），就大灣區城市群的利益分配和基礎設施功能等問題進行具體的協調，使大灣區各地優勢互補，形成合力，打破行政區劃所造成的壁壘。同時，立法支持灣區公共支出運作，包括設立市場一體化保障基金與投資基金、針對灣區公共物品供給建立協調合作機制等。

5.2 優化商事政務流程，構建精簡高效的政府管理服務體系

5.2.1 建立跨境商事監管協調機制，積極推動政府向市場簡政放權

通過構建省部分商事改革會商機制，加強跨境商事制度協同，積極推動政府向市場簡政放權。一是在現有粵港澳政府聯席會議協調機制框架下，構建省部委商事改革聯席會議制度，對跨境市場一體化商事制度改革和監管協調作出具體安排，加強有關政策對粵港澳的針對性。二是積極推動政府向市場簡政放權，優化政府行政流程。首先，推動粵港澳地區透明政府建設，促進營商環境國際化、市場化、法制化。其次，各級政府通過權限下放，給予地方政府和市場更大的自主權，以激發市場活力。再次，實行清單準則，建立權責明確、邊界清晰的政府管理體系：政府應完善「法無禁止皆可為」的「負面清單」管理模式，實行「法無授權不可為」的「權力清單」，建立「法

有規定必須為」的「責任清單」，推行「標準監管」的「監管清單」(張光南等，2018)。

5.2.2　構建共建共治共享社會治理格局，試點公共產品同城化

為解決行政治理分割造成的市場交易成本上升問題，加快構建粵港澳三地共建共治共享社會治理格局，探索灣區內公共產品跨區域衛接機制。在公共社會治理方面，建議以下三個方面着手：一是通過行政諮詢、公共參與，鼓勵商界、學界和基層等參與大灣區市場一體化建設與區域社會治理，鼓勵第三部門參與地區公共治理，例如鼓勵本地非政府組織參與提供社會公共服務（黎沛文，2019)。二是建設「國際化＋」法律服務新高地，提升司法國際公信力，完善多元化跨境糾紛解決機制。三是建立社會治安治理聯動機制，強化矛盾糾紛排查預警和案件應急處置合作，建立粵港澳大灣區應急協調平台，聯合制定事故災難、自然災害、公共衛生事件、公共安全事件等重大突發事件應急方案，提高應急合作能力[1]。在試點公共產品同城化方面，建議完善區域公共物品的需求表達機制，探索灣區內公共服務的跨區域衛接機制。在商事、教育、醫療、養老、住房、交通、社保等方面，試點提供統一標準的公共服務或跨境衛接機制。

5.3　完善配套營商環境，助推粵港澳大灣區市場一體化和區域合作

5.3.1　商品市場營商環境：營造規範、開放、競爭的市場環境

營造規範、開放、競爭的市場環境（謝俊等，2017），全面推進大灣區跨境貿易自由化，促進商品在大灣區內自由流通。在規範市場方面，建立公平開放透明的市場規則，提高法律透明度，明確法律制定依據、規律和原則，重視法律解釋工作；粵港澳大灣區各城市應在放寬市場准入、加強質量

1　中共中央、國務院：《粵港澳大灣區發展規劃綱要》，2019 年 2 月。

安全監管、維護市場競爭秩序等方面加強監管合作，建立粵港澳大灣區統一市場監管信息平台，實現監管信息可查詢、可追溯、可運用的目標（張光南等，2018）。在市場開放方面，提高市場國際化化水平，推動商品和要素自由流動，增加通關通道和口岸設施，推進粵港澳基礎設施建設和交通銜接，採用「自主報稅、自助通關、自動審放、重點稽核」[1]的口岸模式，減少灣區商品流通壁壘。在市場競爭方面，全面落實「准入前國民待遇＋負面清單」管理制度，減少行政干預，明確市場在資源配置中的主導作用，運用市場機制匯聚全球優質資源。此外，在規範市場的同時，營造誠信市場，減少市場中妨礙競爭的不公平做法，增強市場主體參與競爭的積極性。

5.3.2 要素市場營商環境：勞動力國民待遇、金融環境優化、信息和技術市場對接

加快灣區要素市場一體化進程，重點從勞動力流動、金融環境互通、信息技術標準對接三個方面突破。一是落實勞動力國民待遇，試行高標準和寬範圍的勞工保護規制（李猛，2018）、保證灣區內公民享有同等義務和權利並提供生活服務和配套保障平台（謝俊等，2017）。二是推進金融市場互聯互通。借鑒發達經濟體普遍採用的金融業的大監管模式，降低金融業運行的交易成本，從制度安排上鼓勵資本跨境和跨國流動，提振國際資本參與灣區金融市場建設的信心。三是加強粵港澳大灣區信息和技術市場對接，降低信息技術標準差異造成的隱形壁壘。在信息市場方面，通過降低通信成本、優化網絡環境[2]、建設高速互聯網基礎設施等措施，加強通信網絡市場對接，支持信息互聯共享大數據平台和數據庫建設（逯新紅，2017）。在技術市場方面，通過建立綜合的知識產權服務平台（張光南等，2018），促進產學研一體化以及相關產業發展，加強產權交易、研發技術、生產和管理運營技術的對接。

---

1 中華人民共和國上海海關：《上海海關關於在中國（上海）自由貿易試驗區開展「自主報稅、自助通關、自動審放、重點稽核」改革項目試點的公告》，2014 年 12 月 10 日。
2 中共中央、國務院：《粵港澳大灣區發展規劃綱要》，2019 年 2 月。

5.4　優化貿易投資政策措施，推動三地貿易投資模式轉型升級

5.4.1　試點國際行業標準對接，加快貿易投資市場一體化

加強灣區行業標準與國際行業標準對接，推動市場雙向開放，加快貿易投資市場一體化。在行業標準方面，一是遵循國際慣例擬定負面清單（李猛，2018），在粵港澳大灣區試點按聯合國 CPC 產業分類標準編製負面清單，推進我國與他國間的 BIT 投資談判。二是推行國際管理體系標準，例如運用新版 ISO9001 質量管理體系等國際先進標準，帶動企業質量管理全面升級[1]。三是建立大灣區人才一體化運行機制，實行職業資格互認，推動內地與港澳人員跨境便利執業，適度降低兩地醫師、律師、會計師和建築師的從業或投資准入限制。在加快貿易投資市場一體化方面，一是減少外商投資的資質要求、持股比例和准入限制，完善負面清單的管理模式，加大對港澳服務業的招商力度，重點吸引港澳資本進入物流、商貿、中介等專業服務行業（陳世棟，2018）。二是借鑒歐盟「單一通行證」制度[2]，放寬金融服務市場准入門檻，促進區內金融業務對接。

5.4.2　發揮專業化和資源稟賦優勢，推動橫向縱向產業合作

發揮大灣區不同城市專業化和資源稟賦優勢，通過橫向縱向產業合作推動灣區貿易和投資模式升級。一是挖掘粵港澳三地產業優勢和產業互補結構，共同培育產業鏈和價值鏈。珠三角地區製造業產業鏈比較完善，而現代服務業發展水平有待提高；香港的製造業佔比低，其支柱產業是現代生產性服務業，包括金融、貿易、物流和科技服務等產業，能帶動珠三角製造業的發展；澳門會展業則有利於其作為灣區城市和葡語系國家的連絡人。二是發

1　國務院：《國務院關於加強質量認證體系建設　促進全面質量管理的意見》，2018 年 1 月 26 日。

2　歐盟「單一通行證」制度是指，凡在某個成員國獲准從事金融交易的銀行、投資公司和證券交易所，將可以在全歐盟範圍內任何其他成員國從事跨境金融產品買賣（邢毓靜，2018）。「單一通行證」制度打破了成員國之間的界限，促進歐盟單一金融市場建設。

揮大灣區內部不同城市群的專業化和比較優勢，促進區域產業協同發展，包括以現代服務業、金融業、創新科技為主導的港深莞惠都市圈，以現代製造業和工商服務為主導的廣佛肇都市圈，以旅遊業、綠色經濟、現代製造業為主導的澳珠中江都市圈（陳昭和林濤，2018）。三是推動粵港澳大灣區橫向縱向產業合作，實現各城市產業間優勢互補和價值鏈分工優化（鄭宏星和魯藝，2015）。在橫向合作方面，加快製造業升級，鼓勵採用「互聯網＋製造」「信息化和工業化深度融合」等模式（向曉梅和楊娟，2018），深化製造業和服務業產業鏈的合作（郭向陽，2019；徐芳，2019）。在縱向合作方面，加強大灣區產學研一體化建設，共建科技成果轉化和轉讓平台，推進研發和生產對接。

5.5 依託粵港澳重大合作平台建設，深化 CEPA 與國際市場對接的改革開放

5.5.1 立足粵港澳合作發展平台，探索跨境市場一體化與區域合作制度創新

一是加快推進深圳前海、廣州南沙、珠海橫琴重大平台開發建設[1]。在深圳前海方面，探索市場規則與港澳銜接，探索對港澳「單邊開放」新模式；運營好知識密集型的第四代產業園區，為園區配備法律法規制度，編製產業發展和空間佈局規劃，設計可持續發展的盈利模式、投融資方案和完整的園區 50 年周期運營管理方案[2]。在廣州南沙方面，建設高水平對外開放門戶，深

---

1 中共中央、國務院：《粵港澳大灣區發展規劃綱要》，2019 年 2 月。
2 2019 年 8 月 2 日，「2019 前海合作論壇」在深舉辦，主題為「共建大灣區，共抓大機遇」。會上，中國（深圳）綜合開發研究院副院長曲建表示前海需要補充第四代產業園區的軟服務部分，前海需擁有建立幫助企業完成國際市場拓展的渠道、轉化科技成果轉化、幫助科創企業完成金融、上市及相應的融資服務和提供企業成長過程中的增值服務四項基本能力。實現上述目標需要構建「123」體系，即設計一套法規、兩個規劃和三個方案。一套法規是指為園區配套的法律法規制度；兩個規劃是指編制產業發展規劃和空間佈局規劃；三個報告是指可持續發展的盈利模式、投融資方案和完整的園區 50 年周期運營管理方案。

化營商環境改革，以「灣區通」工程為抓手，加強與港澳規則機制軟聯通。在珠海橫琴方面，建設粵港澳深度合作示範區，深化養老、居住、教育、醫療等民生領域合作；與澳門聯手打造中拉經貿合作平台[1]，推動跨境交付、境外消費、自然人流動、商業存在等服務貿易模式創新。二是加快港深創新及科技園、江門大廣海灣經濟區、中山澳門全面合作示範區、粵港澳青年創新創業合作示範基地等特色平台建設，推動內地與香港、內地與澳門在 CEPA 及其系列協議框架下在科技、金融、法律、航運、醫藥、建築、知識產權保護等領域合作創新。

5.5.2　確立深化改革容錯機制，鼓勵開創大灣區全面開放新格局

通過建立深化改革容錯機制，建議鼓勵粵港澳重大合作平台進行制度創新和產業創新。一是在自貿試驗區實施制度創新容錯機制，為自貿試驗區開展制度創新提供法律保障。二是為創新創業者建立充分的容錯機制，為科研創新、創業失敗者提供多層次援助和保障。三是深化 CEPA 與國際市場對接的改革開放，針對港澳實際精準制定的 CEPA 原產地規則，減少對港澳企業諸如持股比例、資本額度、內地網點等數量限制，實施短版負面清單（張光南等，2018）。

5.6　加強粵港澳大灣區市場一體化監管部門合作，緩衝國際市場衝擊

5.6.1　金融系統風險：資本市場穩定、金融產品監管、市場監管信息共享

加強粵港澳大灣區金融市場跨境監管合作，防範和化解系統性金融風險。在資本市場穩定方面，堅持金融審慎原則，加快資本市場改革開放進程，包括抓緊研究制定健全資本市場法治體系、完善多層次資本市場體系、

1　中共中央、國務院：《粵港澳大灣區發展規劃綱要》，2019 年 2 月。

建立統一管理和協調發展的債券市場、穩步推進資本市場對外開放等舉措[1]、完善跨境資金流動的監測分析機制，防止熱錢對我國的衝擊。在金融產品監管方面，從創新金融監管方式、行政手續、消費者權益方面着手，提高監管效率、維護金融穩定和安全；組建大灣區金融綜合監管合作理事會，開展金融綜合監管機制創新試點，推動大灣區內金融監管信息系統對接和數據交換，共享市場監管信息（逯新紅，2017）。

5.6.2　貿易摩擦風險：提供穩健的國際貿易和投資爭端解決方案

運用港澳成熟的國際自由港商貿法律體系，探索提供穩健的國際貿易和投資爭端解決方案。特別是，香港遭受經濟社會動亂，亟待恢復其司法公信力，從司法途徑重塑香港作為亞太地區爭端解決服務中心是可行途徑之一。一是打造香港成為亞太區主要國際法律及爭議解決服務中心。加強與國際組織，如聯合國國際貿易法委員會、海牙國際私法會議等合作，推廣香港作為亞太區國際法律及爭議解決服務中心，建設網上爭議解決平台 eBRAM（Electronic Business Related Arbitration and Mediation）。二是深化經貿領域合作，解決灣區經貿爭端。加強科技與法律業務相結合，例如運用雲端技術建立跨境和國際爭議調解平台等。在知識產權方面，鼓勵專利保護方面的香港專業人士在內地提供服務，協助內地初創企業獲得國際專利保護。三是香港作為爭端解決中心，應積極為「一帶一路」戰略背景下國際貿易爭端解決方案提供保障。

5.6.3　借鑒國際先進管理經驗，提升市場監督管理水平

通過引進國際先進管理經驗，提升大灣區市場一化監管水平。根據張光南等（2018）的研究，一是推行國際管理體系標準，完善市場管理監督體制：一方面，引進國際標準化組織（ISO）、國際電工委員會（IEC）、國際社會責任組織（SA8000）等國際先進管理標準和方法，在大灣區廣泛開展質量管

1　國務院金融穩定發展委員會：防範化解金融風險專題會議，2018 年 8 月。

理體系升級；另一方面，創新自願認證制度，發揮自願認證「拉高線」作用，優化其質量標準體系。二是提供質量管理的國際合格評定服務，包括質量評審、信息公示、增值服務，並將企業產品和服務質量評級查詢通道向社會公眾開放。三是完善市場監督管理體制，包括「准入前國民待遇＋負面清單管理」制度、事中事後監管制度、跨境跨部門監管協同、強制退出制度等（張光南等，2018）。其中，事中事後監管六項基本制度包括安全審查制度、反壟斷審查制度、社會信用體系、企業年度報告公示和經營異常名錄製度、信用共享和綜合執法制度、社會力量參與體系（李善民等，2016）。

5.7　本章小結

本章針對粵港澳大灣區市場一體化與區域合作，提出六個方面的政策建議。第一，完善法制規則，規範實施粵港澳大灣區市場一體化與區域合作。第二，優化政務流程，構建精簡高效的政府管理服務體系。第三，完善配套營商環境，助推粵港澳大灣區市場一體化和區域合作。第四，優化貿易投資政策措施，推動三地貿易投資模式轉型升級。第五，依託粵港澳重大合作平台建設，深化 CEPA 與國際市場對接的改革開放。第六，加強粵港澳大灣區市場一體化監管部門合作，緩衝國際市場衝擊，包括穩定資本市場、提供穩健的國際貿易和投資爭端解決方案、提升市場監督管理水平等三個方面內容。

第三章

粤港澳大灣區基礎設施互聯互通與城市空間結構研究[1]

1 本章由李郇負責，作者團隊成員：梁育填、黃耀福、羅璇。

內容提要

　　2019 年 2 月中共中央、國務院印發《粵港澳大灣區發展規劃綱要》（以下簡稱《規劃綱要》），《規劃綱要》提出要「構建極點帶動、軸帶支撐網絡化空間格局」，同時要「加強基礎設施建設，暢通對外聯繫通道，提升內部聯通水平，推動形成佈局合理、功能完善、銜接順暢、運作高效的基礎設施網絡，為粵港澳大灣區經濟社會發展提供有力支撐」。粵港澳大灣區具備很大的發展潛力，從陸地面積、人口規模、經濟總量等指標對比分析來看，粵港澳大灣區是國內最發達的經濟核心區之一，具備了建成國際一流灣區和世界級城市群的基礎條件；粵港澳大灣區是超政治（行政）邊界的功能性城市區域，具有「一國兩制」和三個獨立關稅區，為發展提供了靈活的制度安排；灣區具有多中心國際化特徵和產業結構高端化發展特徵。未來粵港澳大灣區將進一步發展成為世界級影響力的灣區；研究大灣區的基礎設施互聯互通與城市空間結構發展趨勢，為粵港澳大灣區未來的發展提供建議，具有深刻的意義。

　　回溯歷史，粵港澳大灣區自古以來就有環山抱海的穩固山水格局以及中軸對稱的城鎮分佈格局，珠江三角洲的發展為粵港澳大灣區實現區域經濟一體化發展奠定了自然基礎。在新中國成立之初以廣州為中心，向南單向輻射；改革開放後以「深港」地區與「廣佛」地區一起形成了「兩翼齊飛、雙向輻射」的格局。當前，則在自然力量、市場力量和政府力量的共同作用下，形成了廣佛超級城市與環灣區共同發展的粵港澳大灣區「一城一灣」空間發展格局。

　　但在空間規劃上，廣佛肇、珠中江、深莞惠三大都市圈成為規劃界對大灣區空間結構判斷的長期共識；在這一認知下，強化了行政區劃的分割，長遠看不利於區域一體化發展。圍繞三大都市圈開展的資源配置，不利於東西岸資源的整合與優勢互補，阻礙了珠三角的一體化發展。三大都市圈確定了廣州與深圳的核心定位，並把廣州與深圳置於競爭地位，帶來了廣州與深圳

在城市定位、城市職能的同質化，同時削弱了廣州與深圳的經濟聯繫。實際上，粵港澳大灣區應當以創新、共享為主體，在大灣區內部實現人口、信息、資本和商品等高密度要素的自由流動，形成具有雄厚產業基礎的一體化市場；為支撐上述目標，粵港澳大灣區需要有互聯互通的基礎設施和一體化發展空間。

伴隨各大城市的迅速發展，粵港澳大灣區越來越呈現去邊界化的趨勢，不同地市之間在產業合作、市際基礎設施建設、區域性樞紐設施共享等方面不斷提高共識。研究發現，粵港澳大灣區去邊界化趨勢明顯，區域協同發展促進了大灣區內部要素的集聚與流動，擴大了不斷增長的經濟密度所帶來的利益受惠範圍。在去邊界化的發展趨勢下，松山湖、翠亨新區、橫琴新區等主要功能平台陸續崛起，進一步重構了原有的空間秩序；在產業驅動、重大樞紐產城融合效應帶動、跨市地鐵高鐵的聯動下，城市之間邊界逐步模糊，尤其是深莞、廣佛、深惠等邊界地區成為機會空間，並得到迅速增長。

從國際經驗來看，世界級大灣區的核心建成區都沿海岸線分佈並擴散，灣區由面臨同一海域的多個港口和城市連綿分佈組成的具有較強功能協作關係的城市化區域所組成；人口高度密集，灣區內城市分工明確、組織有序；生態環境宜人，擁有一流的人居環境；普遍擁有覆蓋灣區的多層次軌道系統，同時擁有分工明確的世界級港口群和機場群。對比之下，粵港澳大灣區面積和人口規模最大，但人口密度低於東京灣區，內部城市仍存在同質化競爭；灣區大城市綠化率、空氣質量距離世界級灣區有很大差距；粵港澳大灣區港口和機場數量以及吞吐量雖然居各灣區之首、軌道線路密集，但交通樞紐與軌道線路之間缺乏整體性與協調性，對粵港澳大灣區建設國際性大灣區的支撐不足。

為了更好地將粵港澳大灣區建設成為世界一流灣區，當前國家頒佈了不同層次的規劃與空間政策，對粵港澳大灣區的發展提出新的要求，描繪了區域合作圖景。在國家層面，國家積極支持港澳在泛珠三角區域合作中發揮重要作用，提升港澳在國家經濟發展和對外開放中的地位與功能，在大灣區建

設世界級城市群。在粵港澳層面，則進一步推動粵港澳空間、產業、交通、生態、跨界地區等方面的協調，建設世界級新經濟區域，重點為規劃提出培育港深、澳珠、廣佛三大都會區。在廣東省層面，廣東省提出要建設世界級城市群，通過粵港澳三地分工合作、優勢互補，強化高端功能匯聚，形成緊密聯繫的灣區交通系統，加強重點領域合作。在港澳層面，港澳都提出要把握國家「一帶一路」建設和「粵港澳大灣區」發展的機遇，提升城市競爭力，與珠三角開展緊密合作，並且積極以南沙、前海、橫琴等自貿區為平台開展協作，在金融、人才培養、科研、住房等領域充分發揮制度優勢，推動跨界合作中基礎設施一體化、醫療及宜居社區社會服務合作、環境環保合作等。

本章經研究提出，當前核心需要把粵港澳大灣區視為統一的整體，在此基礎上對其作為「整體」所需要的空間結構與交通體系進行重新審視。全球化下要素的流動促使粵港澳大灣區越來越「平」；而資本、技術、創新等要素在城市集聚區和重要功能片區集聚，將讓大灣區呈現越來越「尖」的形態；以此共同構築以廣佛、港深為核心的網絡化、多功能區的城鎮空間格局，並通過三大樞紐群支撐國際性大灣區的建設。大灣區各城市通過共建共享世界級交通樞紐群、功能區平台，能夠獲得國家、全球等更高層面上的競爭優勢。

本研究提出三點建議。一是推動廣深雙城聯動，構建大灣區核心發展引擎。強化廣深雙核驅動輻射作用，推動區域協同聯動發展，打造大灣區核心發展引擎。發揮廣州核心城市功能，打造廣州都市圈；發揮深圳核心城市功能，打造深圳都市圈；推動廣州都市圈與深圳都市圈聯動發展。二是重點發展珠江口西岸都市圈，打造大灣區經濟發展第三極。以橫琴為平台，構建粵港澳深度融合發展模式；加快珠海中山江門陽江一體化建設；與深圳、廣州都市圈緊密融合，形成互補優勢。三是促進深港與珠澳「邊界地區」發展，加速港澳與灣區空間融合。重點建設新界北地區，加快香港與深圳為核心的珠江東岸城市群融合；加速開發大嶼山地區，構建香港輻射珠三角西岸城市的新節點；推動十字門海灣「一河兩岸」建設，打造珠三角西岸的「維多利亞灣」。

第一節　粵港澳大灣區社會經濟概況

1.1　粵港澳大灣區初步形成具有國際競爭力的城鎮群

　　粵港澳大灣區包括廣東省的廣州、深圳、珠海、佛山、惠州、東莞、中山、江門、肇慶九市和香港、澳門兩個特別行政區，總面積 5.6 萬平方公里。2019 年，粵港澳大灣區 GDP11.59 萬億元人民幣，以 0.6% 的全國土地面積創造了約佔全國 11.7% 的經濟總量，其中，深圳、廣州、佛山、東莞、珠海的經濟實際增速都超過了全國水平（即超過 6.1%）。

表 3-1　粵港澳大灣區與國際著名灣區的比較（2018）

灣區名稱	人口（萬人）	面積（萬 km²）	GDP（萬億美元）	人均 GDP（萬美元）
東京灣區	4400	3.69	1.8	4.09
舊金山灣區	765	1.79	0.8	10.46
紐約灣區	2020	2.15	1.7	8.41
粵港澳大灣區	7100	5.6	1.6	2.25

資料來源：https://www.statista.com/

　　與國際性大灣區相比，紐約灣區佔地面積 2.1 萬平方公里、舊金山灣區 1.8 萬平方公里、東京灣區 3.69 萬平方公里，粵港澳大灣區佔地面積最廣；從人口規模上來看，粵港澳大灣區城市群總人口為 7100 萬人，超過紐約、東京和倫敦三大城市群；在經濟水平上，2018 年 GDP 總量達 1.60 萬億美元，粵港澳大灣的經濟總量已緊近紐約灣區。延續當前的經濟增長速度，粵港澳大灣區有望在 5 年內超越東京灣區，成為世界經濟總量第一的灣區。從陸地面積、人口規模、經濟總量等指標對比分析來看，粵港澳大灣區具備了建成國際一流灣區和世界級城市群的基礎條件，具備很大的發展潛力。

1.2 粵港澳大灣區具有跨制度創新優勢

「一國兩制」和三個獨立關稅區為粵港澳大灣區發展提供靈活的制度安排。與京津冀、長三角相比，粵港澳大灣區的最大優勢是港澳兩個特別行政區，擁有「一國兩制」特殊制度優勢，國際化程度高，全球資源集聚能力強。

長期以來粵港澳地區各大城市之間相互學習、相互滲透，在貿易發展、資金、技術引進等方面優勢互補，形成跨邊界、跨制度、緊密聯繫的區域合作整體。目前大灣區不僅存在制度的優勢，還擁有深圳、珠海兩大經濟特區以及廣州南沙、深圳前海、珠海橫琴三大獨立關稅區，叠加了諸多的優勢政策。

1.3 粵港澳大灣區是國內最發達的經濟核心區之一

當前粵港澳大灣區已經成為國內最發達的經濟核心區之一。2019 年粵港澳灣區經濟增速（6.2%）高於全國平均增速（6.1%）。從經濟總量看，2018年粵港澳大灣區經濟規模 GDP 總量達到 1.64 萬億美元，超越舊金山灣區且僅次於紐約灣區。粵港澳大灣區港口集裝箱吞吐量是其他三大灣區總和的4.5 倍，2017 年港口集裝箱年吞吐量超過 8000 萬 TEU，貨郵吞吐量近 800 萬噸，機場旅客年吞吐量超過 2 億人次。港澳是世界發達經濟體，整體經濟實力已接近韓國，是亞太地區經濟最具活力、最具發展潛力的地區之一。

從資金流動角度看，粵港澳大灣區是全球投資最活躍的區域之一。香港近五年吸引外商直接投資年平均額超過 1000 億美元，澳門也成為外商特別是葡語系國家 / 地區投資的熱土。廣東九個大灣區地市在 2019 年新增投資金額1633.3 億元，同比增長 22.9%。灣區內地九市實際利用外商直接投資額佔內地實際利用外資總額的五分之一。粵港澳大灣區也是中國重要的對外直接投資輸出地，近三年非金融類對外直接投資平均存量超過 1900 億美元。第三產業增加值比重達到 65.6%，總體上處於港口經濟和工業經濟階段。香港、澳門、廣州、深圳、服務業佔比最高，其次為東莞、珠海，佔比均超過 50%。

1.4　粵港澳大灣具有以香港為首的多個全球城市

世界級灣區是一國經濟的核心，代表國家參與全球競爭。全球化和世界城市研究網絡（GaWC）使用「互鎖網絡模型」通過駐留城市中的跨國高端生產性服務業公司之間的關係描述個體城市與世界城市網絡連接的程度，該程度被稱為「全球網絡連通性」。2000—2018 年期間，GaWC 發佈了 7 份報告，反映了四大灣區城市在世界城市網絡體系中的地位。

紐約灣區的紐約是全球 2 座 Alpha++ 城市之一，具有絕對全球金融控制力。東京灣 GDP 佔全國的比重超過 35%，跨國企業總部集聚，對全國和全球經濟具有絕對控制力，集聚了 60 家世界 500 強企業總部，是全球經濟的中樞。舊金山灣區有舊金山、奧克蘭和聖荷西 3 個城市位於全球城市體系中。而粵港澳大灣區中，香港名次靠前且一直保持穩定，位於 Alpha+ 級別，屬全球第二梯度；澳門一直位於 sufficiency 級別；深圳和廣州的名次上升迅速，廣州從 2000 年的第 109 名上升到 2018 年的第 27 名，從 Gamma- 到 Alpha-；深圳從 2000 年的第 200 名上升到 2018 年的第 55 名，從排名全球 200 的五線小城，至今躍升成為一線城市，位次上升 145 名。

與國際的其他灣區對比，粵港澳大灣區具有的全球城市數量最多，其多中心、網絡化的城市群結構將更好融入全球經濟網絡中，這是粵港澳大灣區發展的優勢。

表 3-2　四大灣區核心城市在 GaWC 歷年世界城市名冊中的排名

灣區	核心城市	排名等級						
		2000	2004	2008	2010	2012	2016	2018
紐約灣區	紐約	Alpha++	Alpha++	Alpha++	Alpha++	Alpha++	Alpha++	Alpha++
東京灣區	東京	Alpha+	Alpha+	Alpha+	Alpha+	Alpha+	Alpha+	Alpha+

（續表）

灣區	核心城市	排名等級						
		2000	2004	2008	2010	2012	2016	2018
舊金山灣區	舊金山	Alpha	Alpha-	Beta+	Alpha	Alpha-	Alpha-	Alpha-
	奧克蘭	Beta+	Beta	Alpha-	Beta	Beta	Beta+	Beta+
	聖荷西	High sufficiency	Gamma-	Gamma+	Gamma+	Gamma	Gamma+	sufficiency
粵港澳大灣區	香港	Alpha+	Alpha+	Alpha+	Alpha+	Alpha+	Alpha+	Alpha+
	廣州	Gamma-	Gamma-	Beta-	Beta	Beta+	Alpha-	Alpha-
	深圳	sufficiency	sufficiency	Gamma	Beta-	Beta-	Beta	Alpha-
	澳門	—	sufficiency	sufficiency	sufficiency	sufficiency	sufficiency	sufficiency

資料來源：GaWC. https://www.lboro.ac.uk/gawc/

1.5 粵港澳大灣區具有創新集群優勢

粵港澳大灣區中，港澳地區以現代服務業佔主導，服務業增加值佔 GDP 比重均為 90% 左右，起到向外發展和向內融合的作用；珠三角九市的製造業基礎雄厚，並且正向先進製造業轉型升級，不斷提升產品科技含量。與此同時，粵港澳大灣區在金融、信息、物流、商務、科技等高端服務業方面也得到快速發展，形成了上下游完備、產業互補性強的格局。

粵港澳大灣區擁有目前國內規模最大、在世界具有重要影響的創新企業集群。粵港澳大灣區科技創新人才和資源位居全國前列，其中第五代移動通信、基因測序、超材料、新能源汽車等領域核心技術水平躋身世界前列，在科技創新領域正從「跟跑」向「領跑」轉變。從科技創新績效上看，大灣區發明專利數由 2013 年的 7.10 萬件增加至 2017 年的 25.8 萬件，呈現出不斷增長態勢。2013—2017 年間每年增幅依次為 15.01%、45.9%、49.7%、24.9%、33.2%。從增量視角觀察，2017 年粵港澳大灣區發明專利總數增加近 6.43 萬

件，以創新為驅動的產業結構正在形成，產業機構呈現高端化發展特徵。

表 3-3　粵港澳大灣區優勢產業分佈情況（2015—2018 年）

地區	GDP（萬億元人民幣）	名義增速	優勢產業（%）
廣州	22859.35	6.31	汽車、電子、石油化工、生物醫藥
深圳	24221.98	7.7	生物醫藥、通信設備、互聯網、新能源、新型材料
珠海	2914.74	8.95	家電、石油化工、能源、生物醫藥
佛山	9935.88	5.72	陶瓷、紡織、機械
惠州	4103.05	7.11	電子信息、石油化工、服裝鞋帽、汽車
東莞	8278.59	9.19	電子信息、電氣機械、紡織服裝、玩具、造紙、食品飲料
中山	3632.7	5.0	電氣機械、紡織服裝、運輸設備、食品飲料、塑料製品
江門	2900.41	7.81	機械、紡織服裝、電子信息、食品、造紙、建材
肇慶	2201.8	4.35	金屬、電子信息、汽車配件、食品飲料、化工製品
香港	24000.98	3	金融、旅遊、貿易

資料來源：各地市統計局。

第二節　粵港澳大灣區空間演變歷程與規劃反思

2.1　「一國兩制」影響粵港澳大灣區城鎮空間一體化歷程

2.1.1　環山抱海、中軸對稱的城鎮分佈格局

自然環境是人居環境建設的基礎。從區域大的環境來看，從古至今，粵港澳大灣區各古今城市所在的自然環境雖有變化，但依舊保留着良好的山水其空間格局，延續着「環山抱海、中軸對稱的城鎮分佈格局」依舊。其地「介於嶺海間，北負雄、韶，足以臨吳楚；東肩潮惠，可以制甌、閩；西固高、

廉，扼交、邕之噤吭；南環瓊島，控黎夷之門戶」。縱觀清代廣東全境形勢，廣州、南雄、韶州、肇慶四府正居嶺南，北有大庾嶺等南嶺弧形山帶，西為天露山、雲霧山所環繞，東面緊依羅浮山、九連山等，南面則環抱海域，正合「左青龍、右白虎、前朱雀、後玄武」的堪輿之勢。從大庾嶺至越秀山經廣州府出珠江，正是古珠三角地區的南北中軸線，肇慶府、高州府、惠州府、潮州府分居其東西兩側，呈現左右對稱的城鎮分佈格局。「負山阻水，濱際海域」，「籌度形勝，因地設險」，可謂古粵地區山水格局與城市建設之精要。

2.1.2 平原地帶孕育經濟一體發展雛形

西江、北江和東江三江之水挾帶泥沙，於平原和古海灣頭擺脫山丘約束，自由漫溢，流分勢緩，又受海潮頂托，遂淤落沙沉，海灘漸廣，陸地日伸，滄海桑田，由此出現。珠江三角洲由三江與南海合力造成，其地土壤肥沃，耕地連片集中，河網密集，水運方便，城鎮多傍水而建，便於農耕與商業交易，大面積的三角洲平原地帶以及良好的農商業基礎，為粵港澳地區的一體化發展提供了良好的自然與經濟地理基礎。

在對內聯繫上，珠三角地區上溯西江可通川黔，沿北江各支流，越南嶺各低矮山口可連接長江中下游和黃淮流域，東江則深入粵東內陸乃至閩贛，其腹地範圍甚為廣闊。而早在秦漢時期，珠江三角洲與南洋的對外貿易即在全國佔據重要地位。宋元時期海上交通日益發展，在北宋所設的廣州、杭州、明州市舶司中，「三方唯廣最盛」。廣州的發展有力地推動了三角洲經濟開發，各地村鎮大量出現；尤其是南海、番禺、順德一帶，田園阡陌、寺廟林立，成為三角洲最富庶的地區。到清中後期，珠三角形成了自身的水運體系，廣州為水運的中樞，佛山為其內港，澳門為其外港。而與國內外溝通，其他如江門、小欖、石龍等，皆為一方要港。外貿的繁盛與便利的交通對珠三角的商品生產和流通產生了巨大的催化作用，導致了珠江三角洲專業性農業區域和手工業中心的出現，同時推動了圩市城鎮數量的增加及其體系的形成，並初步出現了人口和勞動力由農村向城鎮的規模轉移，珠三角城鎮化與

經濟一體發展的趨勢初顯。

2.1.3 「一翼發展，單向輻射」

新中國成立後，珠江三角洲與世界的貿易聯繫被割斷，實行集中的指令性計劃經濟，着重發展生產，商品經濟衰落，珠江三角洲的對外開放優勢被抑制。1950—1981 年間，廣州工業建設投資佔全部基本建設投資總額的 75%，其重工業得到快速發展，其城市功能逐步由商業、消費城市轉變為生產城市。到 1978 年，珠三角地區僅剩 32 個建制鎮，許多圩鎮名存實亡，小城鎮作為地方經濟中心對周圍地區的輻射帶動作用被削弱到很低限度。同期，經過五六十年代製造業的高速發展，香港一改過去以貿易、運輸為主的較為單一的城市功能，轉變為多功能的中心城市，其人口規模、經濟實力和城鎮化水平都遠遠超過了廣州。澳門自六十年代始，出口工業與旅遊業先後興起，社會經濟面貌迅速改變。此時整個珠三角的空間格局以廣州為中心，向南單向輻射，經濟發展水平由廣州至沿海逐步降低，輻射力逐步減弱，到邊境形成一個「絕緣帶」，界限兩邊的城鎮儘管經濟發展水平差异巨大，但由於政治上的原因缺乏經濟交流與聯繫，整個市鎮體系呈現「一翼發展，單向輻射」的空間格局。

2.1.4 「兩翼齊飛，雙向輻射」

改革開放後，珠三角低廉的土地、人力成本與香港的製造業優勢相結合，催生的「前店後廠」模式實現了區域的崛起發展，珠三角的空間格局顯示出以香港為主導性的空間引力，並且表現出一種對小城鎮的偏向。在 1980 年末，珠三角的城鎮發展表現為點多、速度快、工業城鎮比重高和分佈漸均衡的特點。珠三角城市快速擴張的現象在珠江東岸發展走廊上十分明顯。「深港」地區與「廣佛」地區一起形成一種「兩翼齊飛，雙向輻射」的格局。在該階段，自下而上的農村發展為城鎮化提供了初始的動力，而對外開放政策促使大量外資尤其是港資進入珠三角，使珠三角的城鎮化進程加速。國家政策不僅直接推動珠三角的城鎮化進程，還通過在政策邊界之內的放權，調動珠三角各個地方政府的積極性。

2000 年後，中央加大了政府對經濟的干預，提出了積極的財政政策，政府直接擴大了基礎設施建設的投資，並有效的推動了經濟的增長。對於珠江三角洲而言，外商直接投資在全社會固定資產中的比重和佔 GDP 的比重出現持續的下降，隨着對國外資本的依賴性減少，國內資本的地位越來越重要。國家體制力量的強化推動了珠三角城市化模式的轉變，城市核心區和新區建設成為城市發展的主要空間承載空間，城市行政級別與特殊的職能定位則成為其獲取國家力量支持的重要砝碼。同期，珠三角部分城市通過戶籍制度改革、行政區劃與用地性質的調整，進一步擴張城市規模，非農人口快速增長。粵港澳經濟空間合作的重點區域從小城鎮向城市聚攏，區域空間格局逐漸呈現出新的特徵。

亞洲金融風暴以後，香港經濟轉入下行通道，粵港澳競爭加劇，香港作為內地對外橋梁和資金來源的唯一性和首要性逐步減退。香港經濟與內地的相互依存的程度顯著提升，粵港澳區域關係迫切需要重構。2015 年，「一帶一路」國家戰略提出「深化與港澳台合作，打造粵港澳大灣區」，以接力珠三角地方規劃。作為直接面向南方的國家級戰略，灣區建設對於粵港澳新一輪經濟關係的建構影響深遠。伴隨着珠三角地區經濟發展和城鎮化進程的加快，其在經濟聯繫、用地、交通方面的一體化趨勢日顯，成為全國三大城鎮連綿帶之一。在一體化發展的過程中，城市邊界地區成為增長的窪地，有利於打破市場分割，帶動區域要素的快速流動。由於要素流動具有追逐利益性，產業傾向於集中到某些特定地區，這些地區形成要素集聚地區，成為區域中具有競爭優勢的功能區塊。

2.2 既往規劃「三大都市圈」分割區域內市場

2.2.1 三大都市圈導致廣、深長期處於背對背的競爭發展狀態

1989 年廣東省建設委員會組織編製了《珠三角城鎮體系規劃（1991—2010 年）》，規劃提出重點培育廣佛、深圳、珠海等城鎮群的空間構想。珠

三角城鎮群規劃由此開啟，廣佛、深圳作為區域中心城市、區域副中心城市地位突顯。

為了解決廣東自下而上的村鎮工業化粗放發展所導致的耕地流失、環境污染擴散以及各自為政的「諸侯經濟」等問題，1994 年，廣東省正式設立「珠三角經濟區」，由省委、省政府統籌，制定了《珠江三角洲經濟區城鎮群規劃》（廣東省建設委員會，1996），規劃指出珠三角城市發展與港澳的緊密關係，將深圳與香港作為珠三角的一個核心，提出「三大都市區」的空間組織模式，在除了確立了廣州為珠三角的中心外，也將深圳、珠海作為核心城市。

2004 年，廣東省委、省政府與建設部共同組織編製《珠江三角洲城鎮群協調發展規劃（2004—2020 年）》，規劃首次提出將珠三角建設成為「世界級城鎮群」的目標，在「發展灣區計劃」章節中首次提出「灣區」概念，規劃基於「網絡型空間結構」提出打造「脊梁」強化珠三角東岸，而廣州、深圳成為區域中具有核心競爭力的兩大核心。

2008 年，廣東省委、省政府聯合國家發改委編製了《珠江三角洲地區改革發展規劃綱要（2008—2020 年）》，以差异化策略實現三大都市區的一體化。其中廣佛肇都市區以廣佛同城化為核心梯度發展；深莞惠都市區以深圳為核心，以發展廊道為依託的點軸發展格局；而珠中江都市區將形成多中心均衡分佈的空間格局。

《珠江三角洲全域規劃（2015—2020 年）》構築「一灣三核、兩帶六軸」空間格局，將深港、廣佛、珠澳作為三個組合性核心城市，提升三個核心城市的綜合服務能級成為功能組織和資源調配中心，但從規劃上看廣州和深圳的具有同樣核心地位，競爭明顯。

在 2017 年廣東省住房和城鄉建設廳和廣東省發展和改革委員會聯合發佈《廣東省新型城鎮化規劃（2016—2020 年）》，在城鎮化佈局和形態方面形成「廣佛肇＋清遠、雲浮、韶關」「深莞惠＋河源、汕尾」「珠中江＋陽江」三大新型都市區。

從《珠三角城鎮體系規劃（1991 — 2010）》、《珠江三角洲經濟區城市群規劃（1995 年）》、《珠三角城鎮群協調發展規劃（2004 — 2020）》到《珠三角全域規劃》逐漸形成以三大城市群為主導的規劃認識，但長期強調「廣佛肇」「深莞惠」「珠中江」3 個圈層的發展，將廣州、深圳置於競爭地位，使得深圳與廣州的核心地位競爭趨向白熱化。雖然《廣東省新型城鎮化規劃（2016—2020 年）》淡化三大核心城鎮概念，代之以都市區概念，但長期以來廣深的競爭發展，使得廣州與深圳在廣東省城市功能、中心地位、經濟資源等方面仍處於競爭狀態。

2.2.2　三大都市圈不利於東西岸的整合，阻礙了珠三角的一體化發展

通過採用遙感影像提取建成區，對珠三角東西側的用地發展緊湊度進行計算，結果表明，2009—2017 年，廣佛肇都市圈的緊湊度從 0.16 提高到 0.21，深莞惠從 0.13 提高到 0.21，珠中江從 0.07 提高到 0.12。從集聚效應看，深圳為首的東岸地區帶動效應比廣州帶動高，而珠中江的整合程度較低。但從珠三角整體上，過於強調「三大圈層」的規劃導致了珠三角城市連綿帶斷裂點的形成，在廣佛與珠中江、廣佛與深莞惠地區之間，形成了基礎設施、地價租金、城市公共服務的邊界地帶，成為發展的「窪地」，阻礙了珠三角的一體化發展。

2.2.3　三大都市圈使得廣深高鐵網絡未能整合

在「八縱八橫」高鐵網絡體系中，廣深兩座城市的交通網絡體系和服務範圍不同。廣州成為京哈－京港澳通道、蘭廣通道、廣昆通道三個幹線通道的交匯樞紐；而深圳直接接入了沿海通道與京九通道，未來還修建深茂高鐵直達粵西。從連接的城市來看，廣州主要通過京廣、蘭廣、廣昆等通道連接中西部城市，深圳則主要通過沿海通道與東部沿海地區相連。廣州與深圳長期的競爭狀態使得廣深高鐵網絡未能整合，廣州錯失了通過沿海高速與東部沿海主要城市對接機會，同樣深圳也難以便捷地聯繫中西部地區。

在粵港澳大灣區一體化建設下，廣深兩地正加快交通聯繫，促進交通運輸能力整合提升。目前正在積極建設廣汕高鐵、深茂鐵路廣佛連接線，彌補

廣州沒有直接接入沿海通道與京港台（京九）通道的不足，也加快深圳聯繫國內市場腹地能力。

表 3-4　八橫八縱通道

八縱通道	具體線路
沿海通道	大連 - 秦皇島 - 天津 - 東營 - 濰坊 - 青島 - 連雲港 - 鹽城 - 南通 - 上海 - 寧波 - 福州 - 廈門 - 深圳 - 湛江 - 北海
京滬通道	北京 - 天津 - 濟南 - 南京 - 上海
京港（台）通道	北京 - 衡水 - 菏澤 - 商丘 - 阜陽 - 合肥 - 九江 - 南昌 - 贛州 - 深圳 - 香港 / 合肥 - 福州 - 台北
京哈 - 京港澳通道	哈爾濱 - 長春 - 瀋陽 - 北京 - 石家莊 - 鄭州 - 武漢 - 長沙 - 廣州 - 深圳 - 香港
呼南通道	呼和浩特 - 大同 - 太原 - 鄭州 - 襄陽 - 常德 - 益陽 - 邵陽 - 永州 - 桂林 - 南寧
京昆通道	北京 - 石家莊 - 太原 - 西安 - 成都（重慶）- 昆明
包海通道	包頭 - 延安 - 西安 - 重慶 - 貴陽 - 南寧 - 湛江 - 海口（三亞）
蘭（西）廣通道	蘭州（西寧）- 成都（重慶）- 貴陽 - 廣州
八橫通道	
綏滿通道	綏芬河 - 牡丹江 - 哈爾濱 - 齊齊哈爾 - 海拉爾 - 滿洲里
京蘭通道	北京 - 呼和浩特 - 銀川 - 蘭州
青銀通道	青島 - 濟南 - 石家莊 - 太原 - 銀川
陸橋通道	連雲港 - 徐州 - 鄭州 - 西安 - 蘭州 - 西寧 - 烏魯木齊
沿江通道	上海 - 南京 - 合肥 - 武漢 - 重慶 - 成都
滬昆通道	上海 - 杭州 - 南昌 - 長沙 - 貴陽 - 昆明
廈瑜通道	廈門 - 龍岩 - 贛州 - 長沙 - 常德 - 張家界 - 黔江 - 重慶
廣昆通道	廣州 - 南寧 - 昆明

2.2.4 三大都市圈削弱了廣州與深圳的經濟聯繫，影響產業轉型與發展

通過深圳上市公司在對其他城市投資的公司數量可以看出，深圳在全國範圍內，上市公司的投資則主要去到上海（8.74%）、北京（6.68%）、蘇州（5.83%）等地。在珠三角內的投資分佈，以東莞（5.57%）最高，其次是惠州的公司（4.80%），廣州位於第三位。由於深莞惠都市圈和廣佛都市圈的規劃定位，在政策的引導下，深圳的投資分佈主要向東莞、惠州，廣州的企業也主要與佛山進行產業協作對接，這極大阻礙了廣深之間的產業協作，影響兩地的產業發展。

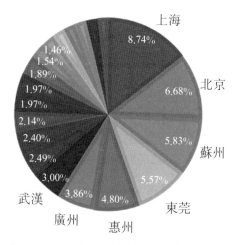

圖 3-1　深圳上市公司對全國其他城市投資的公司數量前十位圖

2.3　小結

粵港澳大灣區創新市場還存在市場」割裂」問題，創新要素無法高效流通。一是由於港澳的」一國兩制」的制度性因素導致一體化城鎮空間無法形成，港澳地區和大灣區內部地區的創新資源流動存在制度性障礙，包括資金、人員流動、合作項目限制、成果轉化等，制度性壁壘影響了粵港澳大灣區創新市場要素的最優配置；二是三大「都市圈」規劃阻礙資源整合。在規

劃上，長期將廣州與深圳置於競爭地位，削弱了廣州與深圳的經濟聯繫，使廣深錯失高速鐵路網絡整合、產業協作的機會；空間戰略方面，廣州為了加大廣佛肇都市圈的建設，重點將城市發展的方向放在向北、向西方向，使南拓的步伐減緩，城市副中心的發展建設相對滯後。因此三大都市圈之間形成邊界地區，成為了發展的窪地、斷點，不利於東西岸的整合，阻礙了珠三角的一體化發展。無論是「一國兩制」下的制度壁壘還是既往規劃阻礙資源整合，都影響了粵港澳大灣區創新要素的有效和高效運轉，抑制了創新的績效。

實際上，大灣區應當是以創新、共享為主體的一體化規劃，需要有自由流動的高密度要素，包括人口、信息、資本和商品等，因此需要有一體化的產業鏈、一體化的基礎設施、一體化的供應鏈和一體化的空間，建設一體化的創新市場。

第三節　粵港澳大灣區發展期望

3.1　相關規劃與空間政策對粵港澳大灣區的發展圖景

3.1.1　國家層面規劃和政策下的粵港澳大灣區

粵港澳大灣區已經上升為重要的國家戰略，國家多次出台了涉及粵港澳大灣區的規劃和政策。早在 2015 年 3 月，在《推動共建絲綢之路經濟帶和 21 世紀海上絲綢之路的願景與行動》中就提出，要充分發揮深圳前海、廣州南沙、珠海橫琴、福建平潭等開放合作區作用，深化與港澳台合作，打造粵港澳大灣區。這是國家出台的有關文件中首次提出粵港澳大灣區的概念。

在 2016 年 3 月，《國民經濟和社會發展第十三五個五年規劃綱要》提出要加大內地對港澳開放力度，推動內地與港澳關於建立更緊密經貿關係安排升級。深化內地與香港金融合作，加快兩地市場互聯互通。加深內地同港澳在社會、民生、文化、教育、環保等領域交流合作，支持內地與港澳開展創

新及科技合作，支持港澳中小微企業和青年人在內地發展創業。支持共建大珠三角優質生活圈，加快前海、南沙、橫琴等粵港澳合作平台建設。支持港澳在泛珠三角區域合作中發揮重要作用，推動粵港澳大灣區和跨省區重大合作平台建設。

隨後國家出台了《關於深化泛珠三角區域合作的指導意見》，提出要充分發揮廣州、深圳在管理創新、科技進步、產業升級、綠色發展等方面的輻射帶動和示範作用，攜手港澳共同打造粵港澳大灣區，建設世界級城市群。構建以粵港澳大灣區為龍頭，以珠江—西江經濟帶為腹地，帶動中南、西南地區發展，輻射東南亞、南亞的重要經濟支撐帶。

在 2017 年政府工作報告中，則明確提出要推動內地與港澳深化合作，研究制定粵港澳大灣區城市群發展規劃，發揮港澳獨特優勢，提升在國家經濟發展和對外開放中的地位與功能。

2019 年 2 月 18 日國家出台了《粵港澳大灣區發展規劃綱要》，標誌着粵港澳大灣區正式成為另一項全國性的區域發展戰略。規劃綱要明確提出了粵港澳大灣區要建設充滿活力的世界級城市群、具有全球影響力的國際科技創新中心、「一帶一路」建設的重要支撐、內地與港澳深度合作示範區和宜居宜業宜遊的優質生活圈的發展目標。在促進基礎設施互聯互通方面，《粵港澳大灣區發展規劃綱要》提出要構建以高速鐵路、城際鐵路和高等級公路為主體的城際快速交通網絡，力爭實現大灣區主要城市 1 小時通達。在空間格局方面，提出要發揮香港－深圳、廣州－佛山、澳門－珠海強強聯合的引領帶動作用，深化港深、澳珠合作，加快廣佛同城化建設，並且支持珠海、佛山、惠州、東莞、中山、江門、肇慶等城市充分發揮自身優勢，深化改革創新，增強城市綜合實力，形成特色鮮明、功能互補、具有競爭力的重要節點城市。

十九屆五中全會發佈的《中共中央關於制定國民經濟和社會發展第十四個五年規劃和二〇三五年遠景目標的建議》明確指出支持粵港澳大灣區形成國際科技創新中心、大力推進粵港澳大灣區綜合性國家科學中心的建設，以及支持香港、澳門更好融入國家發展大局，高質量建設粵港澳大灣區，完善

便利港澳居民在內地發展政策措施。國家支持粵港澳大灣區打造成為國際科技創新中心、促進港澳地區共同繁榮。

3.1.2　粵港澳層面規劃和政策下的粵港澳大灣區

在粵港澳層面，主要是提出了協調發展規劃與合作協議。在 2009 年，粵港澳三地政府有關部門在澳門聯合舉行《大珠江三角洲城鎮群協調發展規劃研究》成果發佈會。《大珠江三角洲城鎮群協調發展規劃研究》明確了三地合力建設充滿生機與活力、具有全國競爭力的協調可持續的世界級城鎮群的共同發展目標，並且提出三地在空間、產業、交通、生態、跨界地區等方面的協調對策。

2009 年 3 月，粵港、粵澳高層會晤達成了共同編製《共建優質生活圈專項規劃》的共識。《共建優質生活圈專項規劃》提出要發展成為具有示範意義的綠色宜居城市群區域，具有安全健康的生態環境、低碳可持續的經濟發展、集約有序的空間發展、舒適優美的城鄉景觀、綠色高效的交通聯繫、完善便利的公共服務以及良好的協調協作機制。在灣區合作上，優先保護自然資源和環境、加快轉變經濟發展方式、健全區域公共服務和民生治理架構、轉變空間發展模式以及提供便利、綠色、以人為本的交通運輸服務。提升環境生態、推進低碳發展、推進文化民生合作、推進空間協調發展、促進發展綠色交通和便利通關。

《環珠江口宜居灣區建設重點行動計劃》是香港、澳門及廣東省三方政府於 2009 年完成的《大珠江三角洲城鎮群協調發展規劃研究》的其中一項跟進工作。《環珠江口宜居灣區建設重點行動計劃》以建設「粵港澳共建優質生活圈的精華區」和「引領大珠三角轉變經濟發展方式的示範區」為目標，打造生態低碳灣、人文休閒灣、優質生活灣、內暢外通灣、高效服務灣和開放創新灣，達成三地共同建設宜居區域的美好願景。其主要內容包括圍繞三地共同關注的宜居訴求，確立了資源環境、公共空間、民生保障、交通出行、生產就業、社會創新等六大宜居區域關鍵要素，提出十大宜居專項行動和七大跨界宜居建設示範地區的內容。

隨後廣東與香港、澳門分別簽訂了合作框架協議。在《粵港合作框架協議》中進一步明確建立三地互利共贏的區域合作關係，提出要有效整合存量資源，創新發展增量資源，推動區域經濟一體化，促進社會、文化、生活等多方面共同發展，攜手打造亞太地區最具活力和國際競爭力的城市群，率先形成最具發展空間和增長潛力的世界級新經濟區域。在《粵澳合作框架協議》中則提出，粵澳的合作定位為建設世界著名旅遊休閑目的地、打造粵澳產業升級發展新平台、探索粵港澳合作新模式示範區、拓展澳門經濟適度多元發展新空間。

2020 年 12 月 14 日廣東省發佈《中共廣東省委關於制定廣東省國民經濟和社會發展第十四個五年規劃和二〇三五年遠景目標的建議》提出到二〇三五年基本實現社會主義現代化遠景目標，其中就有「關鍵核心技術實現重大突破，攜手港澳建成具有全球影響力的國際科技創新中心，在全面建設社會主義現代化國家新征程中走在全國前列、創造新的輝煌」。明確了粵港澳大灣區的定位是與港澳地區共同建成具有全球影響力的國際科技創新中心。

3.2　港澳對粵港澳大灣區的期許

3.2.1　香港的期待

3.2.1.1　各界評論

「粵港澳大灣區」戰略提法出台後，香港各界熱烈反響，香港社會各界輿論熱烈歡迎，並紛紛表示粵港澳三地最需要打破邊界，促進各要素互聯互通，香港要在國家所需中發揮香港所長，在融入國家發展大局中實現自身更好的發展。

　　香港中華總商會會長蔡冠深：希望中央能儘快促進粵港澳三地間基礎設施的無縫對接，鼓勵各地「人才、物流、資金流、資訊流」的互通互聯。

　　香港大學經濟學講座教授王于漸：香港是全球供應的諮詢樞紐，香港應根據自身經驗，在「一帶一路」的勢頭下，積極進取，為遠大的前景謀劃。

　　中銀財經：粵港澳大灣區城市群在制度優勢以及產業集群優勢具有獨特優勢，找到「國家所需、香港所長」的交匯點，在粵港澳大灣區城市區中發揮重要作用。

　　海通證券：珠三角一方面應利用自貿區放寬准入限制、簡化審批環節，推動港澳企業赴內地投資，其次雙方可實現人才流動，珠三角給港澳的年輕人提供就業機會，環節港澳地區部分青年對大陸的偏見和極端情緒，互利互補的基礎上，實現要素的自由流動和優化配置。

　　大公報：粵港澳大灣區規劃建設中，「去三化」尤為重要。一是「去邊界化」，灣區作為一種開放式的經濟模式，不應以嚴格的行政邊界作為範圍的劃分依據，應以「圈層」作為劃分方法；二是「去龍頭化」，各個城市間應分工合作、協調發展，摒棄「龍頭」思想。三是「去工程化」，需要每一屆政府官員的通力合作，促進灣區「軟件」建設，實現灣區內要素的自由流動。

3.2.1.2　香港政府的期待

　　在香港政府層面，希望香港在「粵港澳大灣區」戰略中，能更好發揮香港金融中心、航運中心、人才科技創新、專業服務等優勢，提升香港在世界城市網絡的地位作用，更好輻射帶動大灣區建設。

　　行政長官林鄭月娥：香港為粵港澳大灣區提供以下服務：①國際金融中心：加強與內地合作，促進金融服務和資金流動，並為「一帶一路「項目提供所需的金融服務支持。②航運中心：帶動其他城市共建世界級港口群和空港群，成為亞太區的高端航運服務業群。③貿易中心：發揮制度、人才優勢，成為內地企業對外投資、融資、併購和國際經營

的平台。④創新科技合作：依託高等教育優勢、寬鬆的環境等，協同珠三角地區的產業鏈優勢推動產學研合作，打造新硅谷。⑤專業服務合作：為內地企業提供多元化的專業法律及相關服務，協助內地企業有序穩定地開拓海外市場。

行政長官梁振英：香港應充分發揮《國家十三五規劃綱要》內《港澳專章》所明確的獨特定位，打造新的競爭優勢，並作為雙向開放的平台，與大灣區城市「拼船出海」，拓展國際領域，配合國家「一帶一路」建設。香港作為國際金融、航運和貿易中心，有着高度開放、高度國際化的優勢，可在大灣區擔當「超級連絡人」的角色，連接區內的內地城市和國際社會。

政制及內地事務局局長譚志源：大灣區發展規劃必須反映及鞏固香港在「十三五」規劃內《港澳專章》所明確的獨特定位，尤其包括支持香港鞏固和提升國際金融、航運、貿易三大中心地位，強化全球離岸人民幣業務樞紐地位和國際資產管理中心功能，推動融資、商貿、物流、專業服務等向高端高增值方向發展，並支持香港發展創新及科技事業，培育新興產業，以及建設亞太區國際法律及解決爭議服務中心。

財政司司長陳茂波：香港作為國家最國際化的大都會，在多方面和灣區城市協調作錯位發展，互補優勢，發揮協同效應，達到互利共贏。重點建設暢通無阻的人流、物流、資金流和信息流，推動港珠澳大橋、廣深港鐵路和蓮塘／香園圍口岸等跨境基建建設；通過科技創新區域合作，打造全球領先、充滿活力的創科生態系統和創科企業。

3.2.1.3 香港對粵港澳大灣區的規劃願景

在《深化粵港澳合作　推進大灣區建設框架協議》中，提出香港的定位：鞏固和提升香港國際金融、航運、貿易三大中心地位，強化全球離岸人民幣業務樞紐地位和國際資產管理中心功能，推動專業服務和創新及科技事業發展，建設亞太區國際法律及解決爭議服務中心。

在協議中提出的合作重點領域包括：發揮香港作為國際航運中心優勢，帶動大灣區其他城市共建世界級港口群和空港群，推進港珠澳大橋、廣深港高鐵等區域重點項目建設。落實 CEPA 及其系列協議，促進人貨往來便利化，打造具有全球競爭力的營商環境；推動擴大內地與港澳企業相互投資，鼓勵港澳人員赴粵投資及創業就業，為港澳居民發展提供更多機遇，並為港澳居民在內地生活提供更加便利條件。打造國際科技創新中心，優化跨區域合作創新發展模式。構建協同發展現代產業體系，建設產業合作發展平台。培育國際合作新優勢，深化與「一帶一路」沿線國家在基礎設施互聯互通、經貿、金融、生態環保及人文交流領域的合作，支持粵港澳共同開展國際產能合作和聯手「走出去」。推進深圳前海、廣州南沙、珠海橫琴等重大粵港澳合作平台開發建設。

在《香港 2030》，香港提出的願景與目標是成為中國主要城市之一、亞洲首要國際都會。未來發展需要提供優質生活環境；保育生態、地質、科學及其他價值的自然環境，保護文化遺產；預留充足的土地儲備，加強其國際與亞洲金融業中心、貿易運輸及物流中心、創新科技中心的地位，以提升香港作為經濟樞紐的功能；提供充足的土地及基建配套以滿足房屋社區需求；建立安全高效經濟的運輸系統；推動藝術、文化及旅遊業發展，打造世界級旅遊目的地；加強與內地的聯繫，配合增長迅速的跨界活動，推動泛珠三角區域合作。落實到空間中，通過新界北部開發適度規模的新發展區，為綜合房屋、就業、教育及高增值與無污染特殊工業等不同用途提供土地；合理利用目前建成區，挖掘土地潛力。

總結香港對粵港澳大灣區的規劃願景，香港對未來發展主要為三個方面：提供優質生活環境（營造地方感）；提升經濟競爭力（加強樞紐功能）；加強與內地的聯繫（交通聯繫、邊界地區、城市群發展）。

3.2.2　香港未來發展的情景分析

長期以來，香港、澳門在祖國內地改革開放和社會主義現代化建設進程中發揮了重要而獨特的作用。當前，香港經濟面臨轉型壓力，社會民生領域

積壓大量問題，經濟社會矛盾向政治領域傳導。對於香港未來的發展，如果
香港能抓住「粵港澳大灣區」「一帶一路」等重要國家戰略機遇，發揮自身優
勢，與祖國發展緊密結合，利用廣闊的珠三角區域資源，必將有更廣闊的發
展；如果香港不積極參與國家戰略，未來的發展空間必定受到限制；而如果
香港不能維持穩定的社會發展局面，經濟社會動盪，必將嚴重打擊香港經濟
地位，發展逐漸走向下坡路，其國際地位亦將逐漸被上海、深圳取代。

習近平主席在 2020 年新年賀詞中特別指出，「近幾個月來，香港局勢牽
動着大家的心。沒有和諧穩定的環境，怎會有安居樂業的家園！真誠希望
香港好、香港同胞好。香港繁榮穩定是香港同胞的心願，也是祖國人民
的期盼。」

香港、澳門只有更深入地融入內地發展大局，才能破解影響社會穩定和
長遠發展的深層次矛盾和問題，獲得廣闊發展空間，展現光明發展前景。在
新的歷史條件下，要通過完善香港、澳門融入國家發展大局、同內地優勢互
補、協同發展機制，支持香港、澳門在國家改革發展大局中找到自己合適的
角色定位，既繼續發揮各自的獨特重要作用，又搭乘國家發展的快車，突破
自身某些瓶頸制約，實現新的發展。

表 3-5　香港未來發展的情景分析

香港未來發展的三種情景	粵港澳大灣區
香港能充分利用「一國兩制」「一帶一路」「大灣區」帶來的機遇與福利，實現「亞洲的全球城市」的目標定位，將香港的國際地位推向一個新高度。	香港的國際金融中心、航運中心、貿易中心地位得到鞏固，香港作為「粵港澳」大灣區對外聯繫的重要發展平台，與廣東在金融、科技、專業服務等方面的合作將進一步加強，區域呈一體化發展。
香港社會經濟整體停滯不前，維持發展現狀，短期內仍將保持一定的領先地位，但在未來的發展中難以取得重大突破。	香港在「粵港澳」大灣區中的地位將逐漸弱化，廣州與深圳的地位逐步提升，短期內香港仍是發展的重心之一，而後將慢慢向內地轉移。
香港由於人口、創新、貨幣政策等劣勢，政治局勢不穩定等因素，發展逐漸走向下坡路，其國際地位亦將逐漸被上海、深圳取代。	「粵港澳」大灣區的發展將形成以廣東為主的格局，而廣東又將以廣州和深圳為主，香港地位將逐漸弱化。

3.2.3　香港與珠三角的協作

香港與珠三角的協作，由於制度和政策的不同，更多通過自貿區開展協作。港澳與自貿區的角色能否落實，是能發揮大灣區特殊優勢的關鍵。

目前來說，粵港澳合作的阻礙在於人員流動——交通的便利程度、簽證辦理、人才的薪酬福利等問題都對兩地人員流動產生影響。在營商環境上，兩地的法律、稅收政策不同，內地的許可證取得難度大，且整體服務水平較低；香港擁有高水平的專業服務業，但在粵開展業務難度較大。

為了發揮大灣區特殊制度優勢，釋放制度勢能，在珠三角自貿區要進一步發揮空間臨近優勢，擴大香港和澳門的發展腹地，讓灣區內部人員更加自由地流動，支持高端要素的自由流動。粵港澳大灣區融合發展政策更應該普惠灣區內部人員，在金融、科研、住房等領域充分發揮制度勢能優勢。在對接港澳上，自貿區須努力的方向包括：在法律環境方面，可用港澳法律，或在港澳仲裁；在稅率方面採用港澳的低稅率；在專業服務及金融業方面，加快制度創新和政策扶持。

3.2.3.1　以南沙為平台的香港廣州合作

與北京、上海相比，廣東在應用型技術研發方面比較強，但在基礎科學研究方面相對是弱的，從國家地區長遠發展來講，基礎科學研究是將來各種應用技術不斷產生的深厚根基。而基礎科學是香港的強項，香港與廣州的合作，應發揮兩地特長，將基礎科學研究與應用型技術研發結合，通過以南沙為平台，加強與香港大學、科研機構的合作，推動香港的科研成果來穗孵化。

在推動合作方面，廣州應發揮土地資源優勢，在南沙成立創新及科技研究轉化園，園內設置香港、國內及海外科技企業和大學的研發中心，以及其他相關配套如科研辦公室、檢測認證中心、測試開發中心、科技成果轉換中心等，專注發展生物醫藥、信息技術等，締造一個人才培育、知識科技交流和技術轉移區，為珠三角地區先進製造業提供研發平台。為了跟進大數據發展趨勢，研發平台可以引入建立獨立的數據中心，以儲存大量的科研數據、創業私人資料、創新文化產品、保稅物流資料等。通過以國家超算中心南沙

分中心為核心，建立為內地與香港兩地大數據採集、分析、服務的平台，為兩地科研發展和成果轉化提供數據支撐。還可以建設實驗車間、檢驗車間，完善生產產業鏈，為科研成果的產業化提供條件。

南沙研發平台需要學習、引入香港的高端服務業，包括孵化器與加速器的創業基地，提供「一站式」創業服務。南沙自貿區可以通過政策支持，申請辦公室租金優惠、創業基金及財務支持，協助兩地創業青年實踐創業理念，並引進風險投資，協助企業融資作進一步發展；基地同時為青年創業者提供創業培訓、創業輔導及創業交流機會，營造良好的交流空間。此外還需要為青年創業者提供可負擔的、舒適度較高的家居辦公兩用房，創建比香港更舒適便利的社區。

在人才交流方面，南沙要建成為穗港的人才中心。這就需要南沙通過舉辦科技交流活動，加強兩地高校合作；成立創新及科技研究轉化園，締造一個人才培育、知識科技交流和技術專業區，加強兩地人才交流與科技合作。此外需要減免區內的人才包括科研人員、商界精英、管理人才、專業人士等的流通阻滯，比如對於南沙免稅區工作的人士可考慮簽發大灣區單一簽證／旅遊證件，有利於兩地的人才流動、讓更多的港澳企業和專才進入南沙投資創業。在個稅方面提供更大的優惠，推動專項人才引進計劃，吸引香港優秀科研人員來穗辦公創業。

3.2.3.2 以前海自貿區支撐的港深金融與科技服務合作

深港都是金融中心，未來深港金融合作應借鑒倫敦金融中心與歐洲金融中心的關係，開展具有職能分工、協調共贏的合作。對歐洲來說，倫敦是聯繫歐洲大陸和美國的「對外平台」，歐洲內部的多個金融中心，具有各自職能，德國的法蘭克福是歐洲中央銀行的總部，阿姆斯特丹是歐洲投資門戶，盧森堡作為世界第二基金、信託中心，瑞士蘇黎世是世界離岸中心等。倫敦和歐洲各金融中心形成了對外平台和對內金融服務的職能分工關係，共同形成金融服務能力合力。

深港金融合作也應形成「對外平台」以及對內金融服務的職能分工。目

前倫敦是全球最大離岸人民幣外匯交易中心，香港是與倫敦、紐約金融中心聯繫的通道。英國當前超過 50% 的金融機構使用人民幣與中國和中國香港地區跨境支付。為了促進人民幣國際化，促進跨境貿易，提高粵港澳參與全球經濟競爭的地位，應該發揮香港「對外聯繫」的通道作用，前海、南沙自貿區做好區域內金融創新、金融服務、商務服務職責。

從深港兩地的資本合作與人貨流動來看，港深具有強大的金融合作基礎。2018 年，內地對香港貿易佔對外總貿易的 14%，僅次於美國 19%，排名第二，遠超過日本、韓國及德國之和。2018 年，中國內地實際利用外資 1350 億美金，其中香港投資 960 億美金，佔比 71.1%；同時，中國內地對外投資 1205 億元美金，其中對香港投資 701 億美金，佔比 58.1%。香港一直是內地與國際貨物流通和金融流通的通道。

香港是深圳最大貿易夥伴和最大外資來源地，近年來投資便利化成效顯著，利用外資繼續走高，港深資本合作不斷加速。僅 2019 年上半年，前海蛇口片區實際利用港資達到 18.93 億美元，佔總量的 96.9%。前海自貿區自 2013 年出讓土地至今，面向港資背景企業的土地出讓建築面積約有 294 萬平方米，截至 2019 年，已有超過 11000 家港資背景企業在前海蛇口自貿片區注冊，提前完成吸引 10000 家香港企業落戶的目標。

港深兩地人員往來頻繁，跨界上班人士、跨界學童大量流動，兩地居民的活動半徑更是彼此覆蓋。根據《香港 2017 跨界旅運調查》，在日均 666700 人次的往來香港及內地的跨界旅客行程中，48% 屬居於香港人士的行程，內地旅客的行程佔 32.5%，居於內地的香港居民佔 17.5%，及居於其他地方人士佔 2%。以深圳為起點行程佔近 7 成，進一步分析後發現，居於香港人士往來香港及內地的行程當中，有 45.7% 是休閑，其次是探望親友（28.8%）及公幹（14.4%），深圳仍然是在內地最普遍的起點，佔全部行程的 68.4%。居於內地的香港居民的行程，大部分來自深圳（90.8%），返港的主要目的是上學（45.4%）、上班（19.8%）及休閑（15.8%），其中跨界學生人數較 2015 年上升 1.8% 至 28280 人。車輛行程方面，在統計期間，平均每日有

4.61 萬輛汽車使用陸路過境通道，較 2015 年上升 6.8%。私家車行程數目在 2017 年上升至平均每日 20900 車次，貨車行程（包括貨櫃車行程）數目上升至 21300 車次，穿梭巴士行程數目急升至 800 車次，而過境巴士行程數目則微跌至 3200 車次。兩地間人流的互動帶動了香港旅遊與零售業的發展，並帶動了港深在產業、教育、民生等多方面的融合。

香港與深圳的金融合作，應發揮香港擁有國際金融中心優勢，結合深圳金融創新，構成金融聯合體，以金融促科技創新，促進港深成為全球金融中心和科技服務中心。香港是國際性的金融中心，具有自由兌換的貨幣、穩健而且高效率的金融體系、及時的信息流動、高效的金融監管，是「超級連絡人」，是粵港金融體系的「對外平台」。而前海自貿區是粵港澳內部中與香港在法律、語言、政策等方面最為接近的地區，正以體制機制創新為突破建設金融與科技創新服務中心，重點發展金融、現代物流、信息服務、科技服務和其他專業服務。

目前前海已經建設了「前海深港青年夢工場」「前海深港創新中心」「前海深港基金小鎮」等平台載體，推動深港人才交流。目前，深港人才常態交流機制逐步完善，已為香港大學生提供 1500 個工作實習崗位，接待近 2 萬名香港學生交流學習；放寬了港籍專業人士執業門檻，共有 28 名香港注冊稅務師通過考核獲得在前海執業資格，引進 20 餘名香港律師，有 146 名香港人士獲聘為深圳國際仲裁院仲裁員。香港特區政府配合深方，推進《前海深港現代服務業合作區促進深港合作工作方案》，提出在 2020 年前實現前海「萬千百十」的發展目標，為港人港企開拓更大的發展空間。

3.2.4　跨界合作的基礎設施一體化

3.2.4.1　機場合作與發展

當前大灣區擁有香港、廣州、深圳、澳門、珠海、佛山、惠州七大機場，密度位列全國之首。2018 年粵港澳機場群旅客吞吐量超過 2 億，貨物吞吐量超過 800 萬噸，已經超過了紐約灣區三大機場。過去各城市機場以競爭為主，日後為了提高大灣區機場服務能力，需要轉向以更多的合作為主，建

立機場群之間的合作機制，形成有機聯繫並具有更強競爭力的世界級機場群。

粵港澳各機場需要做好明確定位與功能，形成整體統一、分工明確、功能完善、發展聯動以及共贏共利的機場群。未來粵港澳機場群是以「香港－廣州」的雙核機場群，其中：香港機場是世界重要的國際樞紐機場，應發揮其國際樞紐港的優勢，發展更多的國際航點，鞏固國際航空中心地位。而廣州白雲機場近年來國際與國際中轉的旅客大幅度上升，成為香港最大的競合夥伴；白雲機場應發揮廣州作為全球採購中心與多樣化交通樞紐中心的功能，擴大佈局內地及輻射東南亞的亞洲航線和相關的國際航線航點，形成集民航、城軌、地鐵、高速公路等多種交通運輸方式於一體的立體式綜合交通樞紐。

為了加快機場合作，粵港澳大灣區各城市需要建立「融合為主－競爭為輔」的機場群融合機制。目前，各機場之間已取得多項合作成果，包括廣州和南珠三角終端管制區範圍的調整，使珠三角「空中塞車」現象大幅度減少；香港機場管理局託管珠海機場促使客貨量大幅攀升；深港機場啟動「深港飛、港深飛」客運合作項目、「深港西部快速軌道」項目等。但香港與廣州之間合作仍停留在航班備降等基礎事務上。未來港、廣機場之間應擴大雙向航線數量，建立機場與鐵路、城軌等多種交通方式的接駁，推動將香港作為國際進入廣州、廣州作為內地進入香港的重要中轉站點。此外，積極推進香港、廣州以及其他機場的航空教育合作，在共同培養航空人才、推動航空人才跨界流動、航空服務交流等方面共謀發展。還可探索資本運作、空域使用、開放口岸政策、機工作場運營要素配置方式等多方面的改革試點。

3.2.4.2　港珠澳大橋

港珠澳大橋直接連通了香港與澳門、珠江口西岸地區，將為粵港澳帶來新的發展動力，更好地將香港融入珠三角乃至廣東城鎮群一體化格局中來。

對香港而言，它有助於改善香港日益衰退的貨運業，便利貨物的轉口運輸；有利於香港的投資者到珠江西岸投資開廠；更方便粵港澳之間的交通，促進粵港融合交流，舒緩香港人口和發展的矛盾。對珠三角尤其是珠江口西岸而言，港珠澳大橋能吸引香港居民來大陸置業、香港的輕工業轉移到珠海

以及珠江口西岸其他地區，帶來新的城市增長點。目前香港對外的空間需求重點在於養老、住房、娛樂等，港珠澳大橋將香港的消費需求導向了西岸城市，促進了澳門－珠海－中山南娛樂業與房地產業的發展。

但由於大陸、港、澳在涉設計以及行政管理上的差异，大橋的使用仍存在諸多限制。一方面，大橋東岸僅連接香港，由於制度以及道路連接的原因，深、莞、惠等東岸城市很難通過港珠澳大橋與西岸城市發生聯繫。另一方面，受通關政策的影響，內地車輛無法進入香港，香港車輛可進入內地但需昂貴成本。因此，港珠澳大橋對於珠三角東西岸的交通聯繫與要素流動的作用較小，其影響力遠不如深中通道。

未來粵港澳三地應進一步開放通關政策，有效推動三地關於大橋發展的一致共識，構建珠三角西岸與香港的跨界交通聯繫，促使大橋在粵港澳格局中發揮更大影響力。

表 3-6　港珠澳大橋通關政策

粵港澳通行		香港車輛 →大陸	澳門車輛 →香港	大陸車輛 →香港
客運	掛香港／大陸雙車牌的長途大巴可來往；	方案一：通過「過境私家車一次性特別配額試驗計劃」，任意香港私家車主，均可以申請往來大陸的臨時許可，須經過深圳灣口岸出／入境，每天50個配額，費用昂貴。	外來私家車輛無法進入香港。	「過境私家車一次性特別配額試驗計劃」提出小規模向內地車輛發放進入香港的臨時許可，但香港反對聲太大被延後。
	三地政府計劃批出 300 個跨境巴士配額，每日可提供 600 對班次往來香港和澳門、大陸；香港計劃不限密度的巴士接駁各個口岸，以及 250 個跨境出租車的配額；			
	香港也計劃將香港機場 APM 系統延長至港方口岸人工島，旅客無須履行香港入境手續便可乘機。			
貨運	現有的 13000 輛有牌照跨境貨車可以直接使用港珠澳大橋。	方案二：珠海有意願放開香港單牌車入境的限制，香港人能便捷到珠海和珠江西岸地區。		有為數不少的大陸私家車輛懸掛香港牌照可進入香港。

3.2.4.3　廣深港高鐵

廣深港高鐵的建成意味着廣州將成為全國與香港連通的重要交通樞紐，通過廣州南站可實現與武廣高鐵、廣珠城際等高鐵、城際鐵路的無縫換乘，為北方及周邊城市的旅客前往香港提供中轉便利；還將進一步加強廣州在大灣區中與香港的產業合作與社會人口交流，提升城市競爭力。廣州應充分利用廣州南與香港西九龍僅 45 分鐘的時空優勢，吸引香港人才、企業、資本進入廣州市場，促進廣港在產業協作、服務共享、設施共建等多方面的合作機制，形成更具活力的市場環境。

對大灣區內其他地區，如東莞、南沙、佛山，廣深港高鐵的意義不僅是通往香港的交通方式，更是使得這些城市與廣州南、深圳北相連接，從而納入了全國高鐵網絡，有利於與香港快速連接，承接港深創新要素外溢，對增強內地與香港間的經濟協作和人員往來將發揮重要作用。

對香港而言，廣深港高鐵將香港連接到了整個國家的高鐵網絡，通過它香港不僅迅速連接到深圳、東莞、廣州等城市，還可經深圳北連通杭福深客運專線、贛深高鐵，經廣州南連接京廣高鐵，並與珠三角城際網將連成一

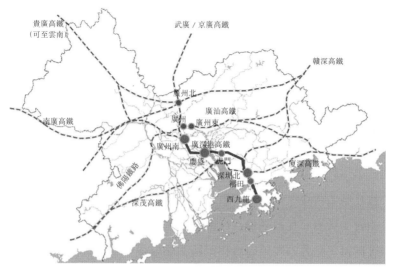

圖 3-2　廣深港高鐵

片。這些都使得香港與各個城市的時空距離大大縮短，來自全國各地的人口將通過高鐵直接抵達／離開香港，極大地擴大了香港的市場腹地，為香港貿易旅遊產業、與內地的信息流動等社會經濟帶來巨大的影響。同時香港居民也能快速進入內地，有效紓解香港人口與社會服務供給壓力。香港應加強與內地的跨境基礎設施建設合作，打造一個更為便捷的交通運輸網絡以發揮其作為「超級連絡人」的優勢，連接內地和香港、中國與世界。此外，香港應充分利用廣深港高鐵帶來的人流與信息流，推動香港經濟持續發展。

3.2.5　社會服務合作

隨着生育率的下降和平均壽命的延長，香港人口的平均年齡不斷增長，人口老齡化的趨勢明顯。2019 年，香港 65 歲以上人口佔比已經超過 16%，進入老齡化社會。預計 20 年後，香港 65 歲以上人口將超過 30%，成為一個深度老齡化社會。老年人口的增加帶來醫療服務、養老地產的需求增加，但香港有限的空間、公共服務設施及昂貴的生活費用導致許多香港老人紛紛前往內地養老，然而兩地的醫療保險、養老福利政策不同，在內地居住的香港老人想要領取福利津貼、享受醫療服務時往往要兩地奔波。

粵港澳大灣區的建設，為兩地的社會服務共建提供契機。港澳在面對城市發展空間局限，在繼續完善本身公共服務基礎上，應探討加強與珠三角地區的合作和協作，共同提升灣區的社會服務水平。在穗港兩地的社會福利和醫療方面，可以引導香港服務機構在珠三角開辦養老和殘疾人服務；深化兩地醫院之間的合作，優化香港醫療機構在內地開辦診所和醫院的手續，促進港資養老機構在珠三角落地；探討跨境運送住在內地的香港病人回港就醫的安排以及在粵香港老人享受醫療福利的可能；鼓勵香港醫生來內地行醫等，為兩地的老年人提供優美的居住環境和健全的醫療健康服務。此外通過完善跨界交通設施的對接，制定新政策便利通關，加快了香港與珠三角的聯繫，創建一小時生活圈，在此基礎上，以合作新區為重點，兩地共同建設宜居社區，優化房屋供應體系、社區居住環境和設施配套，提升社區現代化管理和服務水平。

3.2.6　跨界的環保合作

近年來粵港人口、產業和交通不斷增加，使區域在空氣質量和水質等方面面臨嚴峻挑戰。跨界的環境治理合作刻不容緩，包括深化粵港在大氣、水和固廢管理的防治以及生態保護的協作，加強兩地的環保互通與聯動機制建設及技術人員的交流，包括監測技術及質量保證、數據分析、計算排放清單、污染控制技術、空氣污染科研成果、在用車排氣治理方案等。

在現有環保合作基礎上，粵港兩地應合作開展跨界河流的綜合整治，改善灣區跨界水體水質。粵港澳大灣區需要加快識別重點污染源，強化兩地陸域、海域空氣污染物的減排和監管；加強區域空氣質量目標聯合管理，完善區域空氣質量監測網絡和建立空氣污染物數據共享平台。另外可以構建環境宣教合作機制，聯合開展粵港環境宣教、環保展覽等活動，促進多主體之間的互動。在政策方面，通過制度創新，利用資金籌措、排污交易、環境信貸市場准入、生態補償等環境經濟政策，構建粵港環保合作的長效機制。

3.3　對標世界級大灣區特徵

3.3.1　從空間結構角度，世界級灣區人口高度集聚，灣區內城市分工有序

世界級灣區普遍具有「江、城、灣」的地理格局，灣區發展多以河口地區為中心向外圍擴展。世界三大灣區的主要城區都延海岸線分佈並擴散，灣區由面臨同一海域的多個港口和城市連綿分佈組成的具有較強功能協作關係的城市化區域。

與三大灣區對比，粵港澳灣區的建設、人口密度分佈還遠離海岸線，尤其是珠江口西岸的中山、南沙地區，用地較為荒蕪，人口密度較低。

世界級灣區人口高度密集，灣區內城市分工明確，組織有序。灣區內城市均通過合理有序的職能分工，形成具有世界領先水平的產業集群。舊金山灣區是技術集群和企業地理集中地，舊金山的金融服務業、聖何塞的科技創新業、奧克蘭的港口工商業互相帶動以多元化的產業類型和合理的區域產業

結構促進灣區整體協作發展。東京灣在具有「製造業創新基地」的稱號，空間上京浜、京葉是以東京為中心的兩條沿海岸線工業帶，分別從環灣東西兩側自北向南抱灣延展，沿着兩條工業帶在東京和東京以南的東西兩側分佈着六大港口：東京港、橫濱港、千葉港、川崎港、木更津港、橫須賀港，城市職能上東京是經濟、文化、政治及金融中心，橫濱作為國際交往中心，築波市科技創新中心，千葉主導臨港工業，成田負責航空物流職能。

　　相比之下，粵港澳灣區面積和人口規模最大，但人口密度低於東京灣區，內部城市仍存在同質化競爭。通過與其他三大灣區實力對比來看，粵港澳大灣區雖然在 GDP、人口等總量指標上絕對值較大，但人均水平較低，人均 GDP 要遠遠落後於其他灣區；從三產佔比看，紐約灣區、舊金山灣區、東京灣區第三產業比重高達 80% 以上，尤其紐約灣區第三產業佔比接近 90%，位居全球價值鏈的高端，大灣區第三產業佔比在 65.6%，實力有待提升。

表 3-7　粵港澳大灣區與國際著名灣區的比較（2018）

灣區名稱	人口 （萬人）	面積 （萬 km^2）	GDP （萬億美元）	人均 GDP （萬美元）	2016 第三產業 佔比（%）
東京灣區	4400	3.69	1.8	4.09	82.3
舊金山灣區	765	1.79	0.8	10.46	82.8
紐約灣區	2020	2.15	1.7	8.41	89.4
粵港澳大灣區	7100	5.6	1.6	2.25	65.6

資料來源：https://www.statista.com/

3.3.2　從生態環境角度，世界級灣區氣候宜人，擁有一流的人居環境

　　世界級灣區普遍位於北緯 35°—40°，氣候宜人。三大世界級灣區均位於北緯 35°—40° 的黃金地帶，冬無嚴寒，夏無酷暑。在城市綠化方面，紐約、東京、舊金山的綠化率均在 60% 以上，但大灣區的廣州、深圳僅僅達到 40%。在空氣質量方面，紐約、東京、舊金山等核心城市空氣中二氧化硫濃度均不到 10μg/m，空氣質量優良，而大灣區的廣州、香港、深圳等核心城

市空氣中二氧化硫濃度均超過 10μg/m，尤其廣州達到 17μg/m。從氣候條件看粵港澳大灣區具有和世界級灣區同樣的條件，但是在綠化率、空氣質量方面，距離世界級灣區還有很大差距。

表 3-8　四大灣區特徵

四大灣區	年平均氣溫	氣候特點
東京灣區	6－22℃	四季分明，雨水充沛
舊金山灣區	10－23℃	夏秋乾燥，冬春多雨，四季如春
紐約灣區	1－23℃	四季分明，雨水充沛
粵港澳灣區	13－28℃	溫暖濕潤，冬無嚴寒，雨量充沛

3.3.3　從基礎設施角度，世界級灣區擁有分工明確的世界級港口群和機場群，一體化軌道系統發達

世界級灣區擁有區域分工明確的港口群和空港群，建立了一體化的軌道系統。以舊金山灣區為例，在港口方面，舊金山灣區主要有 5 個港口，奧克蘭港主要為集裝箱貨物，是國際集裝箱貨物運輸的主要海洋門戶；舊金山港以從事散雜、乾散貨物，船舶修理和渡輪服務為主要任務；紅杉城港以運輸建

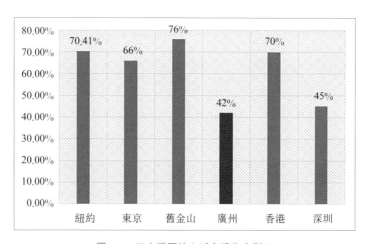

圖 3-3　四大灣區核心城市綠化率對比

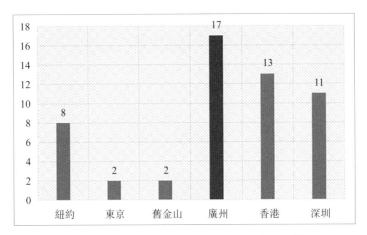

圖 3-4　四大灣區核心城市二氧化硫濃度（$\mu g/m^3$）

築材料為主；貝尼西亞港主要運輸汽車和石油焦；里士滿港則運輸汽油和石油。港口產業分工明確，按照各自優勢互相補充，成為一個優勢共享的整體。

在空港方面，舊金山灣區目前共有 3 個主要機場，舊金山國際機場作為灣區第一大機場以國際航班為主，兼營部分國內航班；奧克蘭國際機場以國內航班為主，服務於灣區休閒和商務旅客；聖何塞國際機場以國內航班為主，主要為數千家硅谷公司服務。空港群區分了國際國內不同目標客戶群體、不同定位的航班。

在軌道交通系統為例，舊金山灣區建立了不同運力、不同速度層次的軌道交通系統，主要包括灣區捷運系統（Bay Area Rapid Transit, BART）、半島通勤列車 Caltrain、舊金山市區的城市鐵路 Muni、灣南聖克拉拉縣的輕軌列車 Vallcy Transportation Authorit，另有跨越本區的省會走廊列車 Capitol Corridor、通勤列車 ACE（從斯托克頓市通往聖何塞）和全美鐵路客運公司（Amtrak）經營的由奧克蘭通往芝加哥、洛杉磯等地的旅客列車。

在公路方面，舊金山灣區公路已形成環路加放射線狀網絡結構，以 101 國道、80 號等州際公路和加州公路為骨幹，地方性道路為補充的環加放射網絡結構。2016 年舊金山灣區公路網規模 36182.4km，路網密度可達 2km/km²。

紐約灣區、東京灣區同樣具有分工明確的機場群、港口群，具有不同運

力、便捷換乘的軌道交通體系，具有網絡結構聯繫便捷的高速公路網。對比之下，粵港澳大灣區港口和機場數量以及吞吐量居各灣區之首，但尚未形成明確分工，廣州、深圳、香港、澳門、珠海城市之間的機場和港口存在同質化競爭、功能定位相似等問題，合作效益還未形成。另外在大灣區必須具備的軌道交通系統網絡方面，粵港澳大灣區雖然不斷加快建設軌道交通，但由於各城市進度不一，不同類型軌道交通管理分割，換乘通道未能一體化，因此還未形成覆蓋灣區的「通勤鐵路＋地鐵（輕軌）」構成的多層次軌道系統，難以滿足灣區內部城市間無縫隙、不間斷的交通需求。

表 3-9　四大灣區港口群和空港群對比

	紐約灣	舊金山灣	東京灣	粵港澳大灣區
機場群（數量及吞吐量）	2016 年旅客吞吐量 11200 萬人次；3 個通用機場，6 個商務機場。	3 大國際機場 2016 年旅客吞吐量 7100 萬人次；舊金山國際機場（SFO），奧克蘭國際機場（OAK）聖荷西國際機場（SJC）	2 個國際機場。2016 年旅客吞吐量 11200 萬人次；成田國際機場、羽田國際機場	5 個機場，2016 年旅客吞吐量 17500 萬人次（其中香港 6900，廣州 5973，深圳 4197，澳門 600，珠海 470）
港口（吞吐量）	紐約港 465 萬標箱	里士滿港，奧克蘭港，舊金山港，紅杉市港。227 萬標箱。	東京港。766 萬標箱，吞吐量 5.1 億噸。	2016 年 6520 萬標箱（其中深圳港 2422 萬，香港 2011 萬，廣州港 1858 萬，珠海港 133.77 萬）
軌道（km）	1. 城市地鐵：369km 2. 通勤鐵路	1. 灣區捷運：167km 2. 通勤鐵路：609.6km 3. 輕軌：141.5km	1. 地鐵 357.5km 2. 民鐵 1157.9km 3. JR 鐵道 887.2km 4. 有軌電車 17.2km	1. 2016 年各城市地鐵總長 815km。2. 尚沒有覆蓋灣區的軌道交通系統。
高速公路（km）	—	1000 以上（含州際公路系統、加州州道系統及 101 號美國國道。）	426.2（2016 年）	3000 以上（2016 年）

3.4　粵港澳大灣區發展目標

對標世界級大灣區特徵，2035 年粵港澳大灣區目標是趕超三大灣區，

正式晉身為世界級灣區，各項經濟及創新指標將達到或反超三大灣區現狀水平。GDP 總量從目前 1.38 萬億美元達到 1.86 萬億美元，實現反超人均 GDP 從目前的 2.04 萬美元達到 4.14 萬美元效益，地均 GDP 從 2485 萬美元／平方公里達到 50005 萬美元／平方公里，效益逐漸逼近其他三大灣區水平，實現大灣區人口高度集中，土地集約發展。

另外，粵港澳大灣區要建設具有全球影響力的國際科技創新中心，需要產業結構的知識集約化和經濟服務化。對標三大世界級灣區，到 2040 年大灣區第三產業比重將突破 80%，世界 500 強企業總部數量將翻 4 倍；創新產業不斷發展，到 2040 年各項創新指標接近其他三大灣區水平，以專利質量為例達到舊金山灣區 80%；在交通方面，需要將目前粵港澳大灣區的交通設施數量優勢轉換為質量優勢，建成成體系的「地鐵化運營」軌道交通網，以滿足灣區內部大規模人口日常通勤和商旅需要，促進創新要素高效。

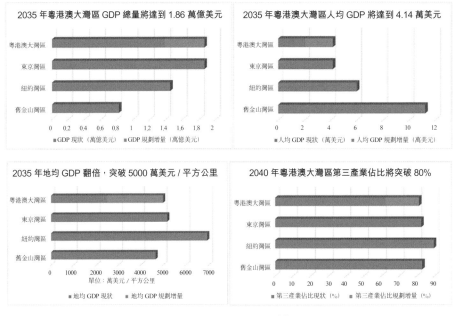

圖 3-5　四大灣區各項經濟及創新指標

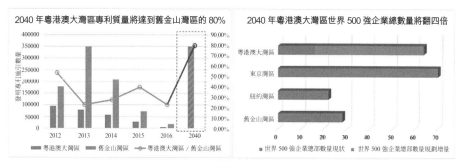

續圖 3-5

第四節　粵港澳大灣區基礎設施互聯互通 與軌道公交化

4.1　從物流為主的高速公路轉向人流為主的軌道交通

改革開放至 21 世紀初，交通基礎設施建設重在推進國家通道，粵港澳大灣區大規模建設高速公路。1980 年之前，主要建設幹線鐵路、國省幹線，屬相對均質、低效、扁平化的發展時期；1980 年—1990 年期間，為了供應珠三角東部交通短缺，通過鐵路幹線改造、建設國道、開闢沿海樞紐港等加強東部交通建設，在 1990—2000 時期，通過高速公路、沿海港口、樞紐機場、幹線機場的建設，初步形成了國家骨幹交通網。

21 世紀以來，交通建設進入到以區域網絡建設為主階段。2000 年後高速公路建設放緩，廣東的高鐵、城際／輕軌、地鐵等軌道網絡建設則從 2008 年開始加速，以粵港澳為主要增長區域。2015 年起廣東省已實現「縣縣通高速」，基礎設施方面粵港澳大灣區將重心轉移到軌道網絡建設，軌道站點分佈趨密，呈現公交化趨勢，聯結了區域內部流通和區域內外聯繫的公路、鐵路、港口和機場。

　　目前粵港澳大灣區貨運以公路運輸和水運為主，高速公路主要服務於物流，而客運以公路和鐵路為主，近年來鐵路的旅客周轉量逼近公路旅客周轉量。客運上，珠三角的公路客運比重日益減少，客運主要轉向軌道交通，軌道交通主要服務於客流。未來粵港澳大灣區軌道交通的客運比重將繼續增長。

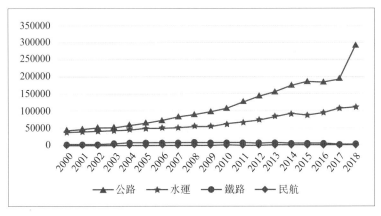

圖 3-6　港澳大灣區貨運（萬噸）

資料來源：廣東統計年鑒珠三角九市運輸統計

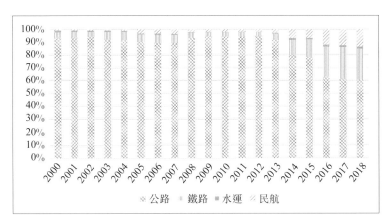

圖 3-7　珠三角客運比重

資料來源：廣東統計年鑒珠三角九市運輸統計

4.2　粵港澳大灣區未來的軌道網絡

為了滿足粵港澳大灣區以人流為主的軌道交通發展趨勢以及世界級大灣區必須具備一體化的軌道交通系統的要求，粵港澳大灣區需要加快構建起高速未來的軌道網絡以高速鐵路為核心，由城際軌道 / 市域快線交通、城市內部鐵路（地鐵）共同組成的大灣區軌道交通網絡。這個交通網絡格局使得粵港澳大灣區擺脫了傳統以高速公路為主體的貨流為構建的一體化空間，轉變成以人的出行為主構建的一體化空間，形成依託軌道交通的半小時圈、1 小時圈和 1.5 小時圈生活區。

4.2.1　高速鐵路網絡聯繫

國家高速鐵路是區域對外的交通體系，目前主要是以廣州為中心樞紐，通過武廣高鐵、貴廣高鐵、南廣高鐵、廣茂高鐵、廣汕鐵路、京九聯絡線等高鐵線路，實現與長三角地區、粵桂黔地區等區域的聯繫。近期粵港澳大灣區加快高鐵網絡建設，東部以汕漳高鐵、雙龍高鐵進入福建，促進廣州地區對接沿海大通道；北向新增贛深高鐵、廣清永高鐵、瑞金－梅州鐵路，讓珠三角東部以及粵北地區增加聯通省外通道；西向新增深南高鐵、柳廣鐵路、合湛高鐵，促進粵西地區深化對桂黔地區的聯繫。

除此以外，粵港澳大灣區構建了未來現代化的綜合交通運輸體系。中期規劃還將繼續建設廣中珠澳、江珠高鐵、肇慶東－高明鐵路，珠三角新幹線機場－玉林高鐵；遠期規劃深化深珠城際、深惠城際、廣河高鐵、柳廣鐵路、貴廣聯絡線。到 2030 年，新增沿海客專、佛山西至沿江鐵路等，讓鐵路軌道總數達到 4500km，鐵路線網密度達到 8.22 公里 / 百平方公里。

4.2.2　城市之間交通體系——城際軌道 / 市域快線交通

除了高鐵網絡聯繫省外地區，城際軌道和市域快線構成的城際軌道交通連接了大灣區內各個城市，呈現網絡化結構，實現了城市之間人員的快速流通，各城市聯繫緊密。

從城際軌道 / 市域快線交通規劃地圖上看，珠三角城軌將呈現以廣佛為

中心向外發散的格局。其中穗莞深、新塘經白雲機場至廣州北城軌將向北連通廣清城軌，向南延伸至香港，貫通珠江北部和珠江東岸；廣珠城際和廣佛江珠線兩條幾乎平行的軌道，將縱向打通珠江西岸，並與南部珠海市區至珠海機場城際形成閉環通道；橫向則由莞惠城際、佛莞城際、廣佛肇城際以及肇順南城際、中南虎城際形成半閉環通道，打通珠江口東西兩岸；而廣佛環線則形成閉環將廣州和佛山囊括其中。廣佛將作為串聯珠三角城軌網絡的中心，同時通過兩地地鐵網絡將城際軌道網絡聯繫得更為密集和完善。

目前這個網絡格局中，已經建成城際有：廣佛肇、穗深、莞惠、珠海－長隆城際，初步搭建成了三大都市圈內部的城市聯繫；而目前在建的廣清南延段、廣清北延段、穗深南延段、莞惠北延段、廣佛環線、佛莞城際、新白廣城際、琶洲支線、南沙港鐵路（兼顧客運）城際長隆－珠海機場等項目在2020年底即將建成，目的是讓白雲機場、琶洲、金融城、廣州火車站、前海、佛山新城這些極核儘快通行城際鐵路，建成後三大都市圈的圈層格局將被打破，形成一體化交通，促進灣區 11 城融合發展。

4.2.3　城市內部交通體系——地鐵

地鐵作為城市內部的快速軌道交通方式，支撐了一個城市內部要素的快速流動。根據規劃和已有線路，粵港澳大灣區地鐵網絡中，廣州總里程達到 513 公里，深圳總里程達到 419 公里，佛山總里程達到 135 公里東莞營運里程 38 公里，建設里程約 164 公里，中山市建設里程約 44 公里。而目前廣佛、廣清、穗莞、深莞正加快地鐵對接，促進地鐵交通同城化。例如正在謀劃和建設廣州地鐵 18 號線將接駁到廣清城際，清遠與大灣區城市群的時空距離也將大為縮短；廣州地鐵 5 號線五號線向東延伸後，將與東莞地鐵一號線二期在望江站實現換乘，還以廣州地鐵 21 號線實現與知識城線換乘，極大縮短穗莞之間邊界地區的交通距離；廣佛兩地更是加快同城交通建設，廣佛線、佛山地鐵 2 號線一期、佛山地鐵 3 號線、廣州地鐵 7 號線西延順德段等項目將逐步構建起兩市城市軌道交通的基礎網絡骨架，將禪城、南海和順德部分組團與廣州荔灣、海珠以及廣州南站地區串聯，通行更為便利。通過地鐵的

建設不僅加快城市內部要素流動，更是促進城市之間邊界地區的發展，成為邊界地區增長的驅動力。

4.3　粵港澳大灣區未來的高速路網

截至 2019 年底，粵港澳大灣區高速公路通車總里程達 4500 公里，核心區密度約 8.2 公里 / 百平方公里，高於紐約、東京都市圈。廣東高速公路出省通道達 26 條，高速公路總里程達 9495 公里，連續 6 年居全國第一。高速公路網絡佈局日益完善，對珠江三角洲優化發展與支撐作用日益增強，為促進區域協調發展奠定了堅實的基礎。

根據《廣東省高速公路網規劃（2020—2035 年）》（以下稱《規劃》）《規劃》對重點城市、重點發展軸、重點地區高速公路網進行了加密和完善，新增高速 47 條約 2185 公里，廣深港澳科技創新走廊合計新增 13 條高速公路，粵東粵西粵北地區新增 22 條高速公路。

為了打造廣深港澳科技走廊，廣州、深圳兩市將新增 11 條路線：廣州市新增惠州至肇慶高速惠城至增城段、惠州至肇慶高速白雲至三水段、廣昆高速東延線、佛山一環南段東延線、南沙至高明、獅子洋通道、增佛高速西延線（白雲至四會）、廣州東部高速、廣州南站快速通道（含海珠灣隧道）等 9 條對外輻射通道；深圳市新增深汕第二高速、惠州至坪山等 2 條對外輻射通道。這些通道建成後，廣深港科技走廊要素流動將更加便捷高效，對科技創新、人員流動具有極大支撐作用。

除廣深港澳科技創新走廊外，珠三角地區內還將新增清遠至高明、佛肇雲高速、江門至肇慶第二高速、南海至新會、惠州機場高速、河惠汕高速等 26 條路線，促進灣區內部城市之間的聯繫。

除了珠三角內部聯繫，還需要搭建珠三角地區與粵東西北地區的高速公路通道，到 2035 年，全省將實現珠江三角洲核心區通往粵東、粵西各有 5 條高速公路通道，通往粵北有 8 條高速公路通道。粵東粵西粵北之間，將新增

梅州平遠至福建武平、梅州至潮州、陸河至惠來、汕昆高速南澳聯絡線等 22 條路線。各陸路相鄰省區的聯繫方面，《規劃》明確廣東之間有 6 條以上高速公路通道。

通過珠三角內部、珠三角地區與粵東西北地區之間、粵東西北地區之間以及與各相鄰省份之間的高速公路通道建設，廣東將以「十二縱八橫兩環十六射」為主骨架，七十條加密線和聯絡線為補充，形成以珠江三角洲為核心，沿海城市、港口、機場和鐵路樞紐為重點，支撐粵港澳大灣區深度合作發展、引領東西兩翼及沿海經濟帶發展、快捷通達周邊省區的高速公路網絡，實現全省重要港口、民航機場、鐵路樞紐 15 分鐘左右進入高速公路，4A 級及以上旅遊景區 30 分鐘左右進入高速公路，90% 以上鄉鎮 30 分鐘左右進入高速公路。到 2035 年，廣東高速公路達到 1.5 萬公里，形成佈局科學、覆蓋全面、功能完善、安全可靠的高速公路網絡。

4.4　協同共建共享國際級樞紐群

在粵港澳大灣區的機場群中，粵港澳大灣區航空市場規模領先全球。廣州和深圳並列為珠三角世界級機場群建設的核心，與珠三角新幹線機場、珠海金灣機場、惠州平潭機場一道，構建成為珠三角世界級機場群。但同時粵港澳灣區雖然航空客貨總量大，但與倫敦、東京、紐約等世界級灣區相比，人均航空出行次數依然較低，依然有較大的提升空間，這就需要通過機場、港口、軌道交通建設協同共建共享國際樞紐群。

由於廣佛地區、深莞地區的機場、港口、軌道交通、公路等基礎設施建設較為完善，市場廣闊、產業結構較為高端，粵港澳大灣區未來要佈局建設主要樞紐群，應在此基礎上完善，形成三大主要樞紐群，包括廣佛樞紐群、港深樞紐群、南沙樞紐群和其他外圍樞紐等。每個樞紐群將整合機場、港口、推進鐵路、公路與港口及機場的對接，建成海空航線與快速公交網的綜合交通運輸網絡，構建灣區多層次的綜合交通樞紐體系。

在機場方面，未來將不僅擴改建廣州白雲機場、深圳寶安機場等珠三角地區現有機場，還將新建廣州第二機場、南沙通用機場、惠州機場二期等，從而優化珠三角機場群的佈局，同時推進珠三角地區機場與港澳機場的合作，提升灣區機場群信息、金融、諮詢等配套服務保障能力，拓展航空配套服務市場，構建大灣區內多層次的航空運輸體系。

在航運港口方面，以廣州港、深圳港為主，主動聯合香港港；西江流域港口、虎門港等整合，加強珠江口灣區港口群的合作。通過高鐵、高速公路、軌道交通體系建設，不斷加強完善集疏運體系，鏈接三大主要樞紐群，打造灣區內立體綜合交通運輸體系。

高鐵、軌道公交、高速公路體系促使粵港澳大灣區從原來廣深雙中心結構走向網絡結構。高鐵—市域快線—地鐵的新制式體系正在形成。高快速路網、城市軌道網、城際軌道網的規劃建設加強城市間的銜接與協調，促進大灣區高三大主要樞紐群的形成，獲得區域競爭優勢。

4.5　大灣區軌道公交化

鑒於粵港澳大灣區內部交通的巨大體量和一體化發展的要求，灣區內部必須構建一個便捷、高速度的世界一流的軌道交通網絡，即自成體系＋地鐵化運營＋高速度的軌道交通網，以滿足灣區內部大規模人口日常通勤和商旅需要。

而其中軌道交通系統內的高鐵網絡，需要發揮快速連接外省以及粵東西北的作用。目前需要建設高鐵 2 小時圈聯結長株潭、粵東、粵西等時圈。基於廣州為中心的高鐵網絡，從廣州出發，在 2 小時左右，向北可達衡陽，向東可達贛州、鷹潭，向西可達恭城、桂平、觀珠。通過高鐵連接了粵港澳大灣區與長株潭、粵東、粵西等區域。

城際軌道需要快速串聯大灣區內部的大部分城區。按照生產要素流動便捷的需求，基於廣州為中心的城際軌道網絡（含市域快線），從廣州出發，在 1 小時左右，覆蓋了珠三角大部分的主城區，通過城際軌道 1 小時圈串聯

粵港澳大灣區大部分城區。

在高鐵、城際軌道、城內地鐵軌道交通網絡建成後，將要做到「軌道站點+15分鐘汽車車程」基本覆蓋大灣區主要活動區域。對珠三角地區規劃及現狀的高鐵、城軌、市域快線站點建立15分鐘汽車車程（汽車車速按50km/h計算）的緩衝區，其覆蓋範圍約佔珠三角總面積的35.59%；根據經驗閾值的方法，燈光數據閾值超過15的地區為建設用地，從軌道站點15分鐘汽車車程覆蓋的珠三角建設用地的範圍可以看出，珠三角規劃的軌道網絡通過「高鐵／城軌／市域快線＋汽車」的出行方式，覆蓋燈光閾值超過15的地區達91.11%，可以服務到大部分人類活動活躍的區域；利用第三次經濟普查的數據確定就業人口的分佈情況，從軌道站點15分鐘汽車車程覆蓋範圍與就業人口密度的分佈關係可以看出，珠三角規劃的軌道網絡通過「高鐵／城軌／市域快線＋汽車」的出行方式，服務到的就業人口佔總就業人口的90.44%，可以服務到大部分經濟活動活躍的區域；利用第六次人口普查數據確定各鎮街的建設用地上的人口密度，通過疊加，可以看出軌道站點15分鐘汽車車程覆蓋範圍涵蓋了絕大部分高人口密度的鎮街，同時也反映出，軌道沿線部分鎮街的、環灣區的鎮街人口密度較低，在未來有很大的發展潛力。

可見，隨着軌道快速建設，粵港澳大灣區各個城市戮力共建，推動軌道互聯互通、網絡化發展，軌道站點密集設置，呈現軌道公交化趨勢，未來人流可經由軌道網絡快速便捷地中轉流通。在軌道公交化趨勢下，大灣區各個地方政府共建的設施包括高鐵樞紐、動車、城軌／輕軌、市域快線、地鐵等所構成的交通網絡串聯整個大灣區，各個地方政府共享粵港澳大灣區的國際機場、深水海港，以此獲得國家、全球等更高層面上的競爭優勢。

第五節　粵港澳大灣區空間結構展望

5.1　嵌入式供應鏈在重塑粵港澳大灣區經濟地理格局

5.1.1　發展優勢的轉變

粵港澳大灣區的供應鏈網絡源於前店後廠模式。改革開放初期，珠三角有接近於無限供應的勞動力，而香港擁有發達的生產性服務業。珠三角的勞動力優勢成為核心的比較優勢，促進了前店後廠發展模式的形式。從香港的服裝產業轉移，到電子信息產業轉移，再到台灣計算機的轉移，產業轉移使珠三角成為了世界工廠。在這個世界工廠中我們能找到全球 93% 的計算機硬件。前店後廠的模式下，粵港澳大灣區空間結構從單中心走向雙中心，並形成一體化的空間形態。許學強教授在《珠三角城鎮化三十年（1978—2008）的回顧與啟迪》中最早提出珠三角的雙中心結構——廣佛北翼與港深——珠澳南翼。這一空間結構在上世紀 90 年代以後開始出現持續的蔓延發展，在主幹道網絡、信息網絡等強大的基礎設施網絡支撐下，至 2013 年，已經形成了建成區面積約 6782 平方公里的高度城鎮化地區。

隨着經濟全球化的發展，中國的製造業成本已高於泰國、印尼等東南亞國家，部分勞動力高度密集產業轉移到東南亞和中國內地，但大部分將運營主體留在珠三角。珠三角擁有一個充滿彈性的地區性生產網絡，這些生態系統依賴由供應商、中間商和熟練工人組成的複雜網絡，為大灣區提供了新的全球競爭優勢——供應鏈優勢。大灣區產業集群可以在物料供應、設計製造、技術支援和解決方案提供等方面，為集群內外下游生產客戶提供全面服務，從而產生更具效益的產品。

5.1.2　粵港澳大灣區的供應鏈網絡

在基礎設施互聯互通與空間一體化的推動下，大灣區進一步產生了強大的產業供應鏈生態系統。根據 2013 年經濟普查數據，珠三角製造業從業人員（暫無港澳從業人員數據，下同）規模高達約 2000 萬人，企業數達 24 萬家，

共涉及行業 479 個。高度的規模化發展，實現了更低的原型開發時間和開發成本，龐大產業鏈和製造業從業人員形成的規模化生產，吞吐量巨大的國際港口和國際機場，構成了大灣區強大的製造業生態系統優勢。

在企業空間佈局上，一是形成以深莞為核心的東岸簇狀產業集群。電子設備製造業集中在深圳和東莞，實現了行業空間與企業空間集聚的匹配。2016 年計算機、通信和其他電子設備製造業工業增加值為 6499.71 億元，佔全省製造業 22% 以上。二是形成的是廣州、佛山環狀的以汽車零配件為主體的集聚地帶。2016 年汽車製造業工業增加值為 1354.42 億元，佔全省製造業 5%，其中 70% 產值來自廣州。三是形成了遍在性產業節點。電氣機械和器材製造業作為核心的供應鏈零配件，在珠三角多處地方具有較高產值，分散相對均勻，包括北滘、獅山、寮步等地。從行業、區位、創新三個方面可以發現，供應鏈的優勢正成為珠三角的主要優勢。供應鏈孵化出了本地的品牌，孵化出了本地的競爭力，從服裝到計算機，再到智能手機，是由於供應鏈之間的相互作用和相互衍生而產生的。

大灣區的供應鏈已經根植在粵港澳大灣區的各個城市，例如廣州、佛山、深圳、東莞、香港、澳門可以通過機場、港口、站點串聯起各城市的教育科研、生產製造、產品金融、產品展貿、金融服務等產業鏈上不同的環節，按照需要組織產業鏈條合作。在這個供應鏈的優勢下，原來的前店後廠逐漸走向一體化、扁平化的產業鏈佈局結構。這種供應鏈正在構築粵港澳大灣區新的優勢，並且不斷強化大灣區的集聚效應。粵港澳大灣區在行業上具有相似性，可以通過共同發展降低發展成本以及獲得更強的溢出。大灣區的企業在空間上具有鄰近性，能夠共享知識溢出。創新空間的鄰近讓大灣區的企業可以實現更加快速的迭代與衍生，進一步促使大灣區成為緊密聯繫的有機整體。

供應鏈網絡與一體化的基礎設施相輔相成，不斷打破粵港澳大灣區的邊界隔閡。粵港澳大灣區在空間上也呈現了去邊界化的趨勢。

5.2　粵港澳大灣區去邊界化趨勢

5.2.1　去邊界化趨勢顯現，區域協同發展促進全球要素集聚與流動

5.2.1.1　邊界發展趨勢判斷

在粵港澳大灣區，既往「三大都市圈」規劃及發展思想，以行政區為主的城市競爭，使得連綿的珠三角城市區域同樣存在邊界、斷裂點。以往因為行政區劃分割，行政約束和地方利益導致兩市之間在交通運輸、財政稅收、地方政策等方面的措施難以統一，邊界地區存在交通銜接不上、管理覆蓋不到位等情況，嚴重阻礙兩市間物流、人流、信息流和技術流的暢通。因此邊界地區成為了發展窪地，成為了「邊緣混雜區」「郊區化」地區，城市空間品質低下。伴隨粵港澳大灣區城市化的迅速發展，不同地市之間在產業合作、連接性基礎設施的建設、區域性樞紐設施的共享等方面不斷提高共識。研究發現，粵港澳大灣區去邊界化趨勢顯現，區域協同發展促進大灣區內部要素的集聚與流動，擴大了不斷增長的經濟密度所帶來利益的受惠範圍。

粵港澳大灣區未來不斷呈現去邊界化的發展趨勢，主要功能平台陸續崛起，將原本破碎空間重組，在產業驅動、重大樞紐產城融合效應帶動、跨市地鐵聯動下，城市之間邊界逐步模糊，邊界地區成為機會空間得到增長。由於建設用地相對充足、低價便宜，往往衍生成為重要的功能平台，共同為兩市提供服務。伴隨這一過程，邊界地區不再是主要城市外圍的價值窪地，而成為了具有了特定複合功能的價值高地，從而促進地區一體化發展。

5.2.1.2　大灣區邊界增長特徵

邊界地區發展潛力較大。從網上公佈的 2013—2017 年燈光增長變化看出，部分城市中心城區由於經濟發展水平較高，增長速度明顯放緩（如廣州中心城區、深圳中心城區）。邊界地區、灣區（東岸）地區得到快速增長，在廣佛邊界地區、穗莞惠邊界地區、深莞邊界地區、珠中江三地交界地區的燈光增長明顯，這些邊界地區佈局了眾多發展平台，例如深莞之間的松山湖

產業平台、廣佛邊界地區的南沙—順德」、「荔灣—南海」、「白雲—南海」、「花都—三水」試驗區等。以產業園區為代表的窪地區域正在成為新的機會空間，呈現出去邊界化的趨勢。

5.2.2 邊界地區合作加強，去邊界化趨勢明顯

珠三角各市的邊界地區，鎮街往來頻繁，以鎮街為單位的跨市合作時有發生。例如肇慶市借助廣佛肇邊界地區區位毗鄰廣佛的特點，依託肇慶高新區、廣佛肇經濟合作區等平台積極承接廣佛的產業外溢，2013—2017 年，肇慶累計承接產業項目 412 個，企業大部分來自廣州、佛山。東莞松山湖、惠州環大亞灣石化區等緊鄰深圳的跨界地區重點平台與深圳的企業開展合作，形成深圳高端服務＋東莞製造＋惠州生活服務的產業體系；中山與江門、廣州交界地區，由於地緣接近、交通便捷，形成了以製造業企業集聚為主的產業空間集聚，小欖、古鎮、坦洲等邊界地區工業鎮擴張帶動了邊界的合作發展。

根據邊界地區區位條件、合作的主要方向與內容可以分為口岸合作區、生態河流保護合作區、產業合作區、職住協作區、自貿區、樞紐設施合作區。口岸合作區包括珠澳口岸、深港口岸，在口岸合作區中促進跨境合作。生態河流保護合作區包括佛山肇慶生態合作、順德中山生態合作，以流域、山脈生態環境共同管理提升區域間共建共管共享。產業合作區數量最多，包括佛山肇慶產業合作、廣佛產業合作、廣莞產業合作、順德中山產業合作、莞惠產業合作、深莞產業合作、深惠產業合作，通過產業外溢、產業鏈互補等方式促進產業合作。職住區為廣佛職住區，包括沿廣佛交界線金沙洲、千燈湖、三山新城。自貿區有南沙自貿區、前海自貿區、橫琴自貿區三個，前海自貿區主要開展港深合作，橫琴自貿區開展珠澳合作，而南沙自貿區位於粵港澳大灣區幾何中心，應作為平台促進三地交流與合作。樞紐設施合作區有中珠輕軌合作區，以交通優勢促進中山、珠海產業合作並對接珠三角東岸地區。不同區位條件、不同方向的邊界地區促進加強合作，讓粵港澳大灣區去邊界化趨勢明顯。

5.2.3　邊界地區增長的驅動力：產業外溢及基礎設施帶動

5.2.3.1　產業外溢

邊界地區的合作主要還是以產業合作為主，佔比達到 43.7%。從邊界地區的產業合作區類型佔比最高可以得知產業外溢是促進粵港澳大灣區邊界增長最主要的類型。以深圳與東莞、惠州之間的邊界地區發展為例，深圳製造業產業外溢，製造業企業向周邊城市轉移，帶動深莞、深惠邊界地區增長。東莞松山湖、惠州環大亞灣石化區等緊鄰深圳的跨界地區重點平台以及華為、比亞迪、華大基因等龍頭企業周邊地區已經成為區域創新網絡中的重要支點。從網上公佈的 2013—2017 年的燈光變化圖也可以看出，近幾年來深莞、深惠邊界快速增長，邊界地區的增長速度要快於中心地區，經濟活動活躍度更高。

除了深圳之外，東莞、惠州也存在明顯的邊界地區，如東莞石龍鎮與惠州石灣鎮。惠州博羅縣石灣鎮距離惠州中心城區約 60km，但與東莞石龍鎮僅有 8km 距離；東莞製造業發達，惠州的地價、人力資源相比東莞更具有比較優勢，許多東莞製業轉移，像惠州的石灣鎮享受產業外溢，主導產品與東莞相似，主要為電子製品、電子設備製造等。

5.2.3.2　港（口）城一體

港城一體化發展是邊界地區的一個重要的驅動力。港（口）城一體主要是通過港口、碼頭、作業區等基礎設施建設，在疏港鐵路、貨運專線等的連通下，圍繞港口供應鏈，形成加工－運輸－出口－維修等一體化的產業鏈條。廣州與東莞的穗莞邊界便是通過港城一體帶動的邊界增長。廣州的夏港街、南崗街、新塘鎮以及東莞的麻涌鎮、中堂鎮地理臨近，僅一江之隔，過去以地理為界形成兩市邊界地區。而在交通條件改善下，兩地以黃埔港碼頭為核心，通過廣深鐵路支線作為疏港鐵路，連接起黃埔碼頭作業區、涌口圍臨港工業區、廣州開發區、廣州保稅區，在產業上，形成以航運代理、批發為主，製造業主要包括船舶維修、零配件加工等一體化的加工－運輸－出口－維修港口產業鏈條。東莞的麻涌將集聚港口，大力發展裝備製造、港

口物流、環保新能源、電子商務等產業，加快工業化產業發展，而廣州開發區、保稅區也可以通過東莞相對寬裕、低價的建設用地比較優勢擴大港口容量，加快產業轉型升級，開發區、保稅區內可以集中資源發展金融、商業等服務產業。麻涌和黃埔港之間通過優勢互補形成產業協作合力，也帶動兩地港城一體化發展。

5.2.3.3 高鐵帶動

高鐵是邊界地區發展的重要驅動力。高鐵對邊界地區最大的影響來自於高鐵的建設以及配套設施的完善，通過地鐵、高快速等設施建設，有力支撐了人員、貨物等跨邊界的流動，同時也會吸引其他地區與高鐵再進一步的積極對接。

廣州南站位於番禺區，西側即為南海區；而順德北部片區抓住機遇，積極與廣州南站片區展開對接。「廣州南站－佛山三龍灣－廣州荔灣海龍」片區

圖 3-8　港城一體帶動的穗莞邊界增長

作為廣佛高質量發展融合先導試驗區，先行啟動開展建設。南站地區的裕和東路、佛陳路東沿線、文革路對接到南站地區，增強了兩地跨江聯繫，促進客貨運流通。沿路的村級工業園打造成為高端製造、智能製造、非標定制等生產性產業集聚的製造產業帶。

此外通過高鐵還優化廣佛之間軌道交通，通過廣州 7 號線延伸線、佛山 2 號線、佛山 11 號線等與廣州南站片區銜接，沿着地鐵 7 號線串聯佛山北滘新城－廣州南站－蘿崗沿線，極大激發高新技術產業的發展。以北滘為例，北滘作為三龍灣的智能製造中心，三龍灣多個項目重點項目落戶北滘。如，美的庫卡智能製造產業基地項目部分正在進行試產；佛山順德機器人谷首開區 105 萬平方米全面動工，實驗中心、智能工廠、總部大樓已交付使用，聚集了近 2500 名國內外優秀研發人才。

未來北滘地區的屏山村組團、石壁村組團分別定位為發展新一代信息技術產業、人工智能產業，在高鐵與地鐵聯通的條件下，還將會帶動更多人才和產業流入，串聯起南站和北滘「智造」發展之路。

5.3　兩大超級「城市」

在軌道公交化、城市去邊界化、供應鏈一體化下，粵港澳大灣區的空間將出現兩大趨勢，一是出現更加集聚的超級城市，二是出現更加分散的專業城鎮。更加集聚，是指超級城市將會出現，創新人才、金融資本將在這裏集聚，形成更加高密度的地區與城市綜合服務區，也是知識交流創新的地方。更加分散，是指生產空間標準化生產環節分散發展，出現更加低密度的專業化城鎮，以交通距離最優、製造成本最低原則，分佈於交通幹道鄰近地區。

當我們把廣佛、深港視為兩大超級城市時，其人口規模、土地規模可與國際性大都市區相媲美，但經濟實力偏弱，存在較大的提升空間。2019 年廣佛超級城市人口規模約為 2321 萬人，深港超級城市為 2051 萬人，與上海（2428 萬人）、東京（3584 萬人）、紐約（2009 萬人）規模基本一致。

但廣佛的人均 GDP 僅為 14.8 萬元，深港人均 GDP 為 25.8 萬元，與東京（36.6 萬元）、倫敦（37.0 萬元）、紐約（46.7 萬元）、巴黎（43.1 萬元）仍具有一定差距。作為粵港澳大灣區的兩大超級城市，其發展演變與空間結構具有差异性。

第一個是廣佛超級「城市」。在自然、市場、經濟力量的共同促使下，廣州和佛山實際上形成了一個完整的城市形態體系，作為一個完整的超級城市。廣佛核心區主要為各種生產性及生活性服務業集聚區，外部為先進製造業集聚區，各種功能呈圈層式分佈狀態。廣佛超級城市具有理想的山水空間格局。廣佛最開始沿水系生長，經過形態演變，最終形成廣佛超級城市明顯的中心區和外圍區，中心區基本位於廣州北二環高速、佛一環高速、廣明高速、廣州環城高速以內，包含越秀、荔灣、天河、海珠、芳村、禪城、西城、番禺北部、白雲南部等，集聚了大量高端服務要素。廣佛超級城市的外圍區包含花都、增城、南沙、順德、三水、高明等產城融合的組團，中心區和外圍區之間由山體串成環狀綠廊，包括白雲山、蓮花山、西樵山等。

廣佛超級城市也構建了完整的國際化綜合交通體系，集國際機場——高鐵樞紐站——國際貿易港口於一體。廣佛超級城市擁有了齊備的產業鏈與生產要素。兩個城市產業互補發展，關聯性強，廣州基礎產業為佛山輕型工業提供原材料，佛山輕工業又以廣州為巨大消費市場。除此之外，廣州有豐富的高校資源、人才資源，但房價高，交通擁堵；佛山生態環境良好，房價較低，交通順暢，二者能通過便捷的基礎設施，進一步釋放一體化的潛力。

第二個是深港超級「城市」。在一國兩制框架下，深港雙城在協商共贏的發展中，將形成雙城手掌狀的空間結構，將集聚超過 2000 萬人的城市。港深超級呈現香港中環－九龍、深圳羅湖－福田－前海的雙城中心結構，雙城中心由環狀道路和過關通道聯結，以連綿山地為隔離綠地，與綠地構成「掌」，道路向外放射狀發散，建成區呈指狀伸展，形成沿海城市典型的指狀空間結構。港深產業關聯性強，已初步形成「香港研發、深圳孵化＋中試」合作模式，同時金融產業具備成為聯合體的潛力。2017 年全球創新指數報告（GII）

中，港深聯合體位居全球科創聚落第二名。香港 2017 跨界旅運調查顯示，深港兩地人口流動頻繁，當中有 45.7% 是休閑，其次是探望親友（28.8%）及公幹（14.4%），深圳仍然是在內地最普遍的起點，佔全部行程的 68.4%。跨城居住方面，自改革開放以來深圳一直是香港人移居內地的首選城市，居於內地的香港居民的行程，大部分來自深圳（90.8%），返港的主要目的是上學（45.4%）、上班（19.8%）及休閑（15.8%），其中跨界學生人數至 28280 人。

經濟發展方面，粵港澳金融合作已成為第三階段經濟關係的關鍵所在。香港是粵港澳金融體系的「對外平台」，具有自由兌換的貨幣、穩健而且高效率的金融體系、及時的信息流動、高效的金融監管。前海積極探索金融創新，是粵港澳內部與香港在法律、語言、政策等方面最為接近的地區，兩者應形成聯合金融地區，共同成為粵港澳對外的金融平台。同時借鑒倫敦金融城帶動科技城發展案例，深港金融聯合體將帶動金融科技發展，促進創新要素集聚。深港已經成為世界級的金融中心和科技創新中心。「香港知識創新＋深圳技術創新」模式，兩地的產、研、學、金、政能夠得到有效的互通互補。大灣區將形成深港為主、廣州為輔的創新結構，並形成「全球科技＋深圳孵化＋深圳中試＋東莞製造＋全球市場」的供應鏈體系。

5.4　環灣區產業空間

環灣區的生產性空間，由各種創新平台、各類開發區和產業集聚區組成，具有顯著的集聚效應，吸納大量就業人口，憑藉特定主導產業成為功能性城市區域，這一環灣區空間是粵港澳大灣區各城市建設的重點地區。這些功能性城市區域是巨型城市區域功能化網絡上的功能區塊，功能區塊在全球產業鏈中具備競爭優勢，代替城市參與全球競爭。

5.4.1　粵港澳大灣區將形成以功能區塊為單位的空間格局

在經濟全球化背景下，珠三角既往「三大都市圈規劃和建設以城市為競爭單位，市場的分割限制了城市間要素流動。然而在珠三角的投資背景下，

政府之間尋求合作，城市的邊界逐漸弱化，市場分割逐漸消除，要素快速流動並在某些條件好的地區集聚。目前粵港澳大灣區已形成大量的產業集聚區，製造業圍繞通信設備、電氣機械及器材製造、金屬製品、紡織業、交通運輸五大核心產業形成功能網絡，具有顯著的集聚效應，吸納大量就業人口，憑藉特定主導產業成為功能性城市區域。其中通信設備等電子製造業集中在深圳龍華、觀瀾、厚街以及惠州等地區；汽車製造業集中在廣州花都、佛山南海等地區；電氣機械及器材製造業集中在順德、南海等地區；紡織業等集中在廣州增城、東莞等地區。

經過相關規劃的解讀與數理，未來的功能平台結合自身資源稟賦與發展定位，形成各具特色的主導功能。整體上可以分為綜合樞紐交通平台、教育研發平台、科技創新平台、生產製造平台、金融商務平台和文化平台等。在粵港澳大灣區眾多功能平台中，生產製造平台類型最多，達到 13 個，其次為金融商務服務平台類型，具有 9 個，而綜合樞紐交通平台類型有 8 個。在眾多平台中，廣州科學城、東部樞紐、佛山西站、順德北部、南沙新區、濱海灣新區、翠亨新區、前海新區、橫琴新區等為新湧現的重要發展平台。資本、技術、創新等要素進一步在超級城市和重要功能片區集聚，建設用地進入減量增長模式，進一步提升人口集聚程度。在綜合樞紐交通平台方面，廣州空港經濟區、佛山西站、南沙港鐵樞紐等在航空物流、工業服務、商貿會展、航運物流等方面具有顯著優勢。在研發、募資、貿易運輸等現代服務方面，有廣州空港經濟區、虎門長安、南沙新區、深圳前海、香港、澳門等重大平台；在生產製造方面，佛山中德工業服務區、松山湖、中山翠亨、南沙新區、江門大港灣經濟區等平台發展機器人產業、電子信息產業、裝備製造也、海洋產業、新能源、先進製造業等具有顯著優勢；而香港、前海和南沙自貿區可以提供對外對內的金融服務。因此粵港澳大灣區可以形成從研發、募資、製造、產業化到貿易運輸的創新鏈和產業鏈，打造出一個層次更立體、覆蓋鏈條更全面的科技灣區形態：科技＋製造＋金融，這是粵港澳大灣區獨特的優勢。

表 3-10　粵港澳大灣區功能平台及其發展定位、主導功能

平台類型	平台名稱	主導功能
綜合樞紐交通平台	廣州空港經濟區	航空物流
	佛山西站	工業服務、商貿會展
	南沙港鐵樞紐	航運物流
	大空港經濟區	航空物流、商務會展
	深圳北站	商業商務
	鹽田	航運物流
	香港機場	航空物流、商業
	高欄港	石油化工、航運物流
教育研發平台	獅山大學城	教育、大數據
	廣州大學城	教育研發
	深圳大學城	教育研發
	珠海唐家灣地區	教育
科技創新平台	廣州中新知識城	生物醫藥、節能環保
	廣州科學城	信息技術、平板顯示、新材料、生物健康
	琶洲	互聯網創新
	松山湖	電子信息、研發孵化
	潼湖生態智慧區	物聯網
	南山科技園	互聯網創新
生產製造平台	肇慶開發區	電子信息、金屬新材料
	肇慶新區	電子信息、節能環保
	佛山高新區	新能源汽車、機器人
	順德北部	機器人、工業會展
	順德南 - 中山北	家電、機械裝備
	花都	汽車整車

（續表）

平台類型	平台名稱	主導功能
生產製造平台	三山＋廣州南站	高端服務
	東部樞紐＋增城開發區	汽車整車
	南沙新區	汽車整車、航運金融
	光明新區	平板顯示
	翠亨新區	生物醫藥、光電產業
	江門開發區	零部件、電子信息、光機電
	環大亞灣新區	石化、電子信息、新能源汽車
金融商務服務平台	珠江新城	金融
	廣州金融城	金融
	黃埔開發區	航運物流、商務、金融
	千燈湖	金融後台
	前海新區	金融創新、金融科技
	福田 - 羅湖	商業商務
	九龍灣	金融、商業
	中環	金融
	香洲	商業商務
文化平台	水鄉新城	文化創意
	澳門	文化旅遊
	橫琴新區	文化旅遊
	新界	商業、文化娛樂

5.4.2 灣區功能區平台成為重要的要素流動集聚區域

從基礎設施、空間結構、地區功能、創新要素等方面看，粵港澳環灣區有條件發展成為珠三角的「硅谷」。舊金山大灣區中，具有舊金山、奧克蘭兩大核心城市，聖何塞作為中心位置連接灣區左右兩翼以及國內其他地區。

類比舊金山大灣區，在粵港澳大灣區發展中，深圳和香港構成雙城超級大城市，珠海和澳門形成中心城市；南沙作為廣州市的副中心，處在環灣區的中心位置，將是環灣區與外圍地區聯繫的重要節點；中山、虎門－長安形成高科技產業集聚區。這些都將作為重要區域。

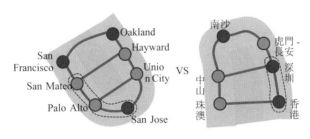

圖 3-9　硅谷與粵港澳大灣區結構

　　粵港澳大灣區擁有世界級港口群和廣闊經濟腹地，眼下，粵港澳大灣區世界級城市群已現雛形，成為全球最重要的資本集聚中心之一。但大灣區內三個關稅區、兩大超級城市的發展格局，既是粵港澳大灣區的特色和優勢，也是粵港澳大灣區建設的難點所在。特別是粵港澳三地經濟制度、法律體系、行政體系以及社會文化的差異導致協調成本較高，使得灣區內的人才、資本、技術、信息、貨物等產業發展要素的流通還不夠順暢。但如何破除粵港澳大灣區產業要素流動不暢的桎梏、解決產業要素自由流通的問題，是推進粵港澳大灣區建設的關鍵所在。

　　粵港澳大灣區眾多發展良好的功能區平台將作為要素流動、集聚的空間載體。眾多生產製造平台與周圍科技創新平台、教育研發平台、金融商務平台、綜合樞紐交通平台，可以圍繞生產製造業基礎，結合研發設計、科技成果轉化、物流、信息技術、金融保險、知識產權及相關法律服務等生產性服務業，通過先進製造業與現代生產性服務業融合發展，激發創新要素流動與集聚，發展創新型經濟。例如在教育研發平台、科技創新平台引導灣區內的企業、高校、科研院所合作共建一批技術創新中心、新興產業創新中心、技術轉移機構，允許香港、澳門符合條件的高校、科研機構申請內地科技項

目，並按規定在內地及港澳使用相關資金等等。

功能區平台可以作為試點，實施促進粵港澳大灣區出入境、工作、居住、物流等更加便利化的政策措施，促進大灣區人才要素流動與集聚。在功能區內建設粵港澳公共就業綜合服務平台，為灣區內的人才流動提供「一站式」服務；建設粵港澳大灣區青年公寓，吸引人才集聚。

通過粵港澳大灣區內的金融商務平台推進跨境資金自由流動，有序打通粵港澳三地金融體系。在南沙、前海功能區平台推進灣區金融基礎設施建設和跨境金融資產交易平台建設，為跨境資金自由流動提供硬件支撐，試行並完善灣區跨境金融合作機制，引導灣區金融機構不斷創新金融產品、金融服務和投資渠道，在依法合規前提下，有序推動大灣區內基金、保險等金融產品跨境交易；創新金融監管機制，做好事前、事中、事後監管，保障灣區不發生系統性金融風險。

通過加強灣區的城際軌道、高鐵、港口、機場等基礎設施建設，聯通各個功能區平台，將有利於促使要素快速流動，加快環灣區一體化。深中通道、港珠澳大橋與廣中珠澳城際、肇順南城際、中南虎城際、深珠城際等道路與城軌的開通，將會進一步密切環灣區的南沙新區、濱海灣新區、大空港經濟區、前海、翠亨新區、香港中環九龍灣、唐家灣、香洲、橫琴新區等平台之間的聯繫，促進環灣區在學、研、產、金、物流和旅遊等方面的合作，與香港、澳門進一步加強產業協作，以命運共同體方式共同參與到全球的市場競爭中。

通過交通基礎設施建設、制度創新、促進彎曲功能區平台成為重要的要素流動集聚區域，這些功能平台未來將是粵港澳大灣區特色產業集群的一張亮眼的名片，也是粵港澳大灣區躋身世界級灣區的有力抓手。

5.5 粵港澳大灣區的空間結構

大灣區一體化是在全球化下的必然趨勢，並且顯著的重構了大灣區的經

濟地理格局。在經濟全球化的背景下，資本、勞動力、技術等生產要素的流通加快，在地理空間上不斷地集聚和分散，形成空間流，促使大量跨界經濟活動發生，產業集聚形成，承載空間流的區域基礎設施呈現互聯互通的一體化態勢。生產要素的集聚和分散過程是城市區域空間結構的形成和演變過程，空間流促使城市區域的空間結構進行再組織。不同階段要素的集聚與分散的相互作用關係也形成了大灣區在不同階段的空間結構。

粵港澳大灣區的一體化最早體現在廣佛同城、深港雙城上，從而形成南北兩翼的空間結構。南北兩翼的空間結構有效促進了廣佛之間、深港之間要素的流動。當前廣深科技走廊串聯了諸多創新節點，穗莞深一體正成為推動灣區一體化的重要動力。而深中通道、港珠澳大橋的建成與通車則促進了深圳與中山、珠海等地聯繫，密切珠江兩岸的聯繫，讓深圳繞開廣州主城區，擁有珠江西岸更廣闊的市場腹地。即便如此，廣州市能夠依託南沙在大灣區的顯著地位，避免在大灣區中主城區被邊緣化。南沙樞紐以建設環灣區門戶樞紐體系中心為目標，也成為廣州大都市區、深圳大都市區兩大都市區腹地重疊區域，與廣州主城、深圳都具有便捷的交通聯繫，未來是否能夠從地理中心走向實至名歸的灣區核心，成為當前重要的命題。

伴隨未來大灣區基礎設施互聯互通與軌道公交化的發展趨勢，我們對粵港澳大灣區的空間結構進行展望。結合我們的分析，我們認為未來粵港澳大灣區將出現灣區北部（以廣佛都市區為核心）、灣區南部（以深港都市區為核心）兩大發展區協同發展的空間結構（圖3-11），以此共同構築網格化、多節點的城鎮格局。其中灣區北部發展區以廣佛超級城市為核心，因為廣佛超級城市特別是廣佛超級城市的中心城區，對於帶動區域協作具有交通區位、經濟實力等方面的優勢。在東西方向上，可以通過廣佛超級城市中心區與肇慶、增城等地區聯繫，進一步帶動西江流域發展；在南北方向，可以強化清遠、南沙的軸線。在灣區南部發展帶，深圳、香港兩大節點城市具有舉重輕足的輻射帶動作用；特別是深中通道、港珠澳大橋等進一步密切了深港與中山、江門、珠海、澳門等地區聯繫。

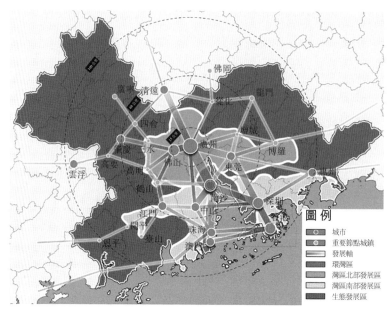

圖 3-10　粵港澳大灣區空間結構格局

　　一體化的區域基礎設施為大灣區網絡化的城鎮空間格局提供了有力支撐。通過高鐵、城際軌道和城市軌道以及高速公路網鏈接各大中小城市、港口、機場，粵港澳大灣區將形成廣佛樞紐群、深港樞紐群、南沙樞紐群三大重要交通樞紐區，推動粵港澳大灣區從原來廣深雙中心結構進一步走向網絡結構。交通基礎設施互聯互通進一步促進了國內統一市場的建設，以東莞松山湖、惠州潼湖生態智慧園區、中山翠亨新區等為代表的功能區進一步崛起。通過區域整合，粵港澳大灣區形成充滿活力的世界級經濟區、具有全球影響力的國際科技創新中心、重要的國際開放合作樞紐門戶、內地與港澳深度合作示範區、宜居宜業宜遊的優質生活圈。

　　此外，通過大灣區各城市協力合作，共同構築顯山露水、品質優良的生態體系。大灣區具有良好的山水格局基礎，外圍為羅殼山、青雲山、九連山、雲霧山、天露山等山體環抱，與珠江水系共同向灣區延伸，灣區內部形成了白雲山、西樵山、大夫山、大嶺山等山體公園，以及海珠濕地、南沙濕

地、東莞水鄉等農業遺產公園。在這種山水格局下，生態資源從外圍向珠三角內核滲透，不僅進一步穩固生態根基，同時改善了城市發展的環境質量；尤其是在灣區，城市與綠廊相間，生態資源真正實現為城鄉居民所享用。

第六節　結論與建議

6.1　推動廣深雙城聯動，構建大灣區核心發展引擎

強化廣深雙核驅動輻射作用，推動區域協同聯動發展，打造大灣區核心發展引擎。

6.1.1　發揮廣州核心城市功能，打造廣州都市圈

發揮廣州輻射帶動作用，與佛山、清遠、肇慶等周邊城市深度協同，形成高度融合的廣州都市圈。第一，深度推進「廣佛」同城化。構建「廣州研發孵化＋佛山加速＋清肇落地」的聯動創新和轉化體系，推動科研資源共享和技術市場一體化，形成梯度發展、優勢互補的產業協作體系。第二，推動廣佛全域同城化實現新跨越，消除阻礙生產要素自由流動的行政壁壘和體制機制障礙，「廣州創新＋佛山轉化」的產業分工合作取得新突破，充分發揮廣佛在粵港澳大灣區建設中的極點功能。第三，加快「廣清」一體化，提高基礎設施一體化程度，以深化廣佛肇清的經濟和社會一體化。

6.1.2　發揮深圳核心城市功能，打造深圳都市圈

發揮深圳輻射帶動作用，以深莞惠大都市區為主中心，以深汕特別合作區、河源都市區、汕尾都市區為副中心，打造深圳都市圈。第一，強化深圳產業帶動能力，探索「園中園」和「飛地經濟」等產業協作新模式，創新利益分享新機制，形成中心引領、軸帶支撐、圈層聯動的發展格局。第二，協同深莞惠產業發展佈局，共同打造具有全球競爭力的電子信息、人工智能等世界級先進製造業產業集群。第三，全面清理和打破妨礙人才流動的制度障礙，增

強都市圈人才政策協同，探索跨區域教育、醫療、養老、環保等政策銜接。

6.1.3　推動廣州都市圈與深圳都市圈聯動發展

第一，推進廣州都市圈和深圳都市圈通過產業協同化、交通網絡化、服務高端化，引領珠江口東西兩岸融合互動發展，加強對環珠三角和泛珠三角地區的輻射帶動。第二，發揮廣深港澳科技創新走廊核心節點城市作用，攜手打造具有國際競爭力的政策環境，協同港澳共建廣深港澳科技創新走廊和打造「中國硅谷」。第三，共同打造廣深「半小時交通圈」，推動廣深都市圈綜合交通基礎設施規劃銜接，實現地鐵、城軌等多種交通方式直達互通。以廣州港、深圳港為龍頭，加快對珠三角港口資源整合，聯合打造世界級樞紐港區。

6.2　重點發展珠江口西岸都市圈，打造大灣區經濟發展第三極

珠江口西岸都市圈發展潛力巨大，依託橫琴自貿區，構建對外開放新平台，未來粵港澳大灣區建設發展機遇，利用珠三角城市群完善的產業體系彌補自身不足，力爭成為珠三角後發優勢最足、發展空間最大、發展環境最好、發展政策最優的城市圈。

6.2.1　以橫琴為平台，構建粵港澳深度融合發展模式

橫琴與澳門一河之隔，澳門大學位於橫琴。通過港珠澳大橋，橫琴直接可以連接香港。落實「一線放寬、二線管住、人貨分離、分類管理」的原則，探索橫琴實施分線管理，使橫琴與港澳深度融合，構建粵港澳深度融合發展示範區。

6.2.3　加快珠海中山江門陽江一體化建設

規劃中的珠江口西岸都市圈面積將接近廣州的 3 倍、深圳的 10 倍。未來應加快珠江西岸基礎設施建設逐漸完善，珠中江三地帶入半小時生活圈，將有效引導或推動人口、產業、資金便捷流動，珠江西岸地區一體化發展，以橫琴一體化為發展龍頭迎來快速發展。

6.2.2　與深圳、廣州都市圈緊密融合，形成互補優勢

珠三角西岸城市產業基礎強，擁有大型製造空間以及科教資源等，有利於同珠江東西兩岸共同探索建立一個新產業生態。對於珠江口西岸都市圈而言，與深圳都市圈、廣州都市圈抱團發展，通過優勢互補，實現共同發展。

6.3　促進深港與珠澳「邊界地區」發展，加速港澳與灣區空間融合

港澳與內地融合發展，應儘量實現灣區內部「去邊界化」，利用港澳與內地交界處，匯聚人流、物流、資金流和信息流，建設重要功能平台，實現產城融合效應帶動效應。

6.3.1　重點建設新界北地區，加快香港與深圳為核心的珠江東岸城市群融合

新界北毗鄰深圳，具有很大發展空間，是香港未來發展的策略區。新界北的開發首先可以拓展香港發展空間，增加就業和發展潛力；其次，增加土地供給，解決香港居民住房困難；第三，推進香港與深圳經濟和社會融合發展，加快香港與以深圳為核心的珠江東岸城市群加速融合，更好地發揮輻射和帶動作用，促進大灣區均衡發展。

6.3.2　加速開發大嶼山地區，構建香港輻射珠三角西岸城市的新節點

港珠澳大橋與香港大嶼山國際機場、廣深港高鐵香港段以及海天碼頭等基建聯運，打通了粵港澳大灣區的交通大動脈，因此大嶼山是香港的新窗口，發展「橋頭經濟」有助於連通珠海等珠江西岸城市群西岸，形成新的經濟脈絡框架，增加發展新動能，提升整體格局。

6.3.3　推動十字門海灣「一河兩岸」建設，打造珠三角西岸的「維多利亞灣」

十字門地處琴澳融城的最前沿，是中國內地唯一與港澳陸橋相連的中央商務區，享受國家賦予橫琴發展的各種政策資源、利好，未來應利用區位及政策優勢，重點為澳門產業多元發展提供配套，打造「珠澳國際創新創業港」、「珠澳產業多元發展基地」，成為珠三角西岸的「維多利亞灣」。

第四章

粵港澳大灣區現代產業體系構建與城市功能定位[1]

1　本章由符正平教授負責，作者團隊成員：彭曦、林晨雨、汪洋、肖曦、馬咏琪、成林峰。

內容摘要

建設粵港澳大灣區已經上升為黨中央的宏偉戰略部署，當前不僅需要解決灣區內傳統產業的轉型升級問題，還需要打破產業發展壁壘，進一步合理佈局各城市的產業分工，充分發揮「一國兩制」的制度優勢，才能面對更為激烈的全球產業競爭格局，從而完成打造世界級城市群，引領中國參與新一輪國際競爭，助推國家「雙向」開放和「一帶一路」建設，逐步形成以國內大循環為主體、國內國際雙循環相互促進的新發展格局，實現中華民族偉大復興中國夢的歷史使命。

基於文獻分析法、實證研究法、案例分析法和現場調查，本章首先指出了粵港澳大灣區產業協同發展中存在的六個問題，包括一國兩制的特殊體制導致三地決策和執行面臨較大的差異，製造業轉型升級緩慢，各城市產業規劃重疊使得各自面臨同質化競爭，產業合作平台遇到發展「瓶頸」以及各城市協同有待進一步加強，廣東地區產業集群發達但港澳新興產業集群尚未形成，港澳地區缺乏發展新興產業的創新創業生態系統。為將粵港澳大灣區建設成為世界級經濟區，當前需要明確各城市功能定位，進一步提升灣區內各城市的協同發展水平，建構灣區現代產業體系，提升該地區的國際競爭力，從跟跑並跑發展為領跑式發展。

根據存在問題，本章提出了七項建議措施，一是在法律、規則和操作層面破除三地間產業發展要素流動的制度性障礙；二是通過出台實施細則，拓寬開放領域，建立與國際接軌的政府服務體系進一步落實 CEPA 協議，深化粵港澳三地的合作；三是通過探索區域統一立法機制和加強民間機構協調完善大灣區產業發展協同機制；四是通過精準實施港澳地區產業政策，建立港澳創新科技園區並加強粵港澳三地產業合作實現優勢互補，打造大灣區新興產業集群；五是大力發展港澳地區新興科研產業機構，創新人才「引、留、用」機制，構建多層次、多元化、國際化的科技金融體系以及打造「引進來」與「走出去」良性互動的開放式創新平台加快建設港澳創新創業生態系統；

六是以「核心」城市圈為中心，根據要素稟賦完善各城市產業空間佈局；七是以各類平台合作為落腳點，構建產業落地機制。

在以往的發展中，粵港澳合作大致分為三個階段：粵港澳合作 1.0 版（基於前店後廠為形式的製造業垂直分工），2.0 版（基於 CEPA，以服務經濟為特徵的產業合作），3.0 版（基於自貿區的制度合作、前海深港現代服務業合作區）。灣區「9+2」城市產業規劃各自為政，產業同構現象較為嚴重，港澳與內地之間的產業關聯度也經歷了由高到低的過程，從早期的緊密聯繫、分工協作，到香港「脫實向虛」，港澳與內地之間產業聯繫漸行漸遠，這是市場機制的作用結果，有其合理性的因素，但也因為粵港澳三地沒有找到合作產業和共同利益點，缺乏產業鏈契合度。當前不僅需要解決傳統產業轉型升級的問題，還需要搶佔產業和高端服務業發展的制高點，而以粵港澳大灣區為整體，城市之間合理的產業分工佈局就至關重要，只有形成合力，才能面對更為激烈的全球產業競爭格局。一方面，需要打破要素流動、市場准入、產業關聯和區域空間聯動等產業發展壁壘，另一方面，還應寄希望於粵港澳大灣區能充分發揮「一國兩制」的制度優勢，利用好香港對歐美市場「超級連絡人」的角色和澳門葡語國家「門戶」的功能，結合各地區經濟發展特點和資源稟賦優勢，增強要素互補效應。

第一節　研究的背景和意義

首先，灣區經濟作為當今全球經濟版圖的突出亮點，開放性、創新性和協同性是國際發展灣區經濟的共同特徵港澳珠三角地區是我國經濟最具活力和對外開放水平最高的地區，在全球化新格局、國家「雙向」開放和粵港加快融入國家發展大局的背景下，粵港澳大灣區要承擔更為重大的使命：打造粵港澳大灣區，建設世界級城市群，重塑區域發展新優勢，引領中國參與新一輪國際競爭，助推中國經濟由大到強，配合實現中華民族偉大復興的中國

夢。要進一步落實粵港澳大灣區發展規劃，就要繼續發揮好粵港澳大灣區在國家經濟發展和對外開放中的獨特優勢，使該區域成為高水平開放的引領者、新經濟發展的策源地和合作機制創新示範區。以開放促改革、促發展、促創新是廣東改革不斷取得成功的重要經驗。內陸地區也有制度和政策優勢，粵港澳大灣區上升為國家戰略，大灣區包含經濟特區、自貿試驗區、國家級新區、開放型經濟新體制試點試驗區等眾多平台，政策優勢明顯。新時代將賦予粵港澳大灣區戰略新的使命。2008 年金融危機爆發後，經濟全球化步入「十字」路口，全球價值鏈貿易與分工方式出現新變化，國內經濟發展進入新常態。因此，十八屆三中全會提出了加快實施新一輪高水平對外開放，加快培育引領國際經濟合作競爭新優勢，加快實施創新驅動發展戰略，推動經濟發展方式轉變，實現由增長速度向質量效益轉變。在國家「雙向」開放、「一帶一路」建設和實現經濟發展方式轉變的戰略背景下，重新定位港澳珠三角地區的功能角色具有重要的戰略意義。十九大報告提出，「要支持香港、澳門融入國家發展大局，以粵港澳大灣區建設、粵港澳合作、泛珠三角區域合作等為重點，全面推進內地同香港、澳門互利合作」。

第二，回顧過去，在內地加入全球分工體系中，港澳珠三角地區因其獨特的優勢扮演着重要角色，港澳與內地的發展逐漸緊密相聯，成為內地連接世界的重要樞紐。

改革開放以來，港澳與珠三角地區建立的「前店後廠」製造業分工合作模式，一方面推動了珠三角地區的工業化、城市化和現代化，珠三角地區因此成為「世界工廠」與全球製造業基地，成為中國經濟增長的引擎，成為中國改革開放的先鋒，也成就了特區建設的「深圳奇跡」；另一方面，香港和澳門在與珠三角地區優勢互補的分工合作中，逐漸向服務業經濟轉型，香港成為國際金融中心、國際貿易中心和國際航運中心，澳門成為國際旅遊休閒中心。從區域整體上看，珠三角地區在過去近 40 年中成為全球都市化最快的區域之一，在港澳珠三角地區因此出現了規模巨大的城市群。從發展趨勢來看，在結構調整的內生驅動和外部區域的低端競爭的雙重壓力下，這個

以粵港澳大灣區為核心的城市群內部正尋求新空間結構與新分工協作體系的建立，以便朝向全球最具活力的新經濟區域和最具競爭力的世界級城市群演進。近年來，隨着中美貿易摩擦的升級，突破「卡脖子」技術與鍛造「殺手鐧」技術越來越成為我國高質量發展面臨的嚴重挑戰，粵港澳灣區在促進科技革命、產業升級、數字化轉型的過程中佔據先機。《2020 年全球創新指數報告》顯示，粵港澳地區的創新指數位列世界第二。區域內科教資源豐富，人才儲備充足，聚集了 170 多所高校、40 多個國家重點實驗室，還有 20 家世界 500 強企業和約 4.3 萬家國家級高新技術企業，推進了科技的研發和成果的轉化運用。具體來說，深圳、東莞、廣州和佛山經濟活躍度高，外向型經濟發展較好，也已經擁有了小米、華為、大疆、vivo 等一批具有國際影響力的品牌，在一些行業已經開始向產業價值鏈的上游延伸。作為國際交通樞紐，粵港澳大灣區擁有世界最大的港口群，年集裝箱吞吐量為 6520 萬 TEU，機場旅客吞吐量 1.75 億人次，遠遠高於其他幾個灣區，多種運輸方式組成的跨界交通基礎設施體系得以完善，灣區內通達率進一步提高。航運物流體系的建立，在物理要素上能夠更好的實現流動與配置。港澳高端服務業發展較好，內地具有一定的制度優勢。香港是全球排名第 4 的國際金融中心，其服務業發展優勢明顯，並且擁有遍及全球的貿易代表處，同時世界銀行發表的 2018 年營商環境報告中，香港在便利營商排名榜位列全球第五，長期位列前列。

第三，近年來，雖然香港作為內地市場的轉口港角色有所弱化，但作為全球重要的集融資中心，香港仍然是外資進入內地和內地資金「走出去」的首要平台。2016 年香港佔外商對內地直接投資的比重達到破歷史紀錄的69%，超越了改革開放初期的比重，香港佔內地對外直接投資的比重也高達 60%。廣東的對外貿易額多年來一直佔到內地對外貿易總額的四分之一左右，珠三角地區也是內地吸引外商直接投資最活躍的地區之一。通過加入全球分工體系，發揮自身的比較優勢，中國經濟發展獲得了巨大成功，成為全球第二大經濟體和第一大對外貿易國，珠三角地區也是中國經濟增長速度和

數量規模優勢的典型代表。在服務業和服務貿易合作方面，2003 年簽署和實施的 CEPA 安排，一方面旨在通過內地服務市場率先對港澳開放解決港澳優勢服務業市場空間不足的問題，另一方面也是通過全面深化與港澳的經貿投資合作探索內地服務業管理體制創新問題。CEPA 系列補充協議、CEPA 廣東協議、CEPA 服務貿易協議、CEPA 投資協議以及 CEPA 的經濟技術合作協議等逐步構成了內地與港澳經貿合作的較為完整的規則體系，為深化港澳與內地的交流合作提供了制度框架。CEPA 框架下港澳與內地的服務業合作仍然受制於宏觀管理政策、法律制度、服務貿易規則、稅收制度、審批管理、人員跨境流動等方面的障礙與難題。因此，規劃建設粵港澳大灣區，重點要探索在「一國兩制、三個獨立關稅區域和三種法律制度」條件下促進人流、物流、資金流和信息流等跨境便捷流通的體制機制創新，推動區域市場一體化發展，為港澳與內地深化交流合作提供示範作用。

第二節　現狀分析與主要問題

2.1　從制度層面上面臨不同體制、司法制度、發展理念等難題

不同行政體制。港澳特別行政區的政治體制是在「一國兩制」框架下實施的地方政治體制，其特點是「行政主導，行政與立法既相互制約又相互配合，司法獨立」，與內地省級地方政治體制相比因其「一國兩制」和「高度自治」存有一定區別，尤其在重大事項的決策與執行方面存在較大的差異。

不同法律司法體系。香港和澳門擁有獨立的司法體制，其運作模式與內地司法體制有相當大的差異，導致三地居民甚至是司法人員，對司法判決和法規的性質在理解上都存在差异。法律語言的不同也為溝通設置了障礙。

不同參與主體。港澳的政治體制是行政長官負責制，而廣東省由國務院統一領導，地方各級政府實行省長、市長、縣長、區長、鄉長、鎮長負責

制，在粵港澳開展合作的過程中，實際參與主體之間不對等概率非常高，此外還有各類非政府組織的參與方式也有諸多不同。

不同發展理念。香港特區政府實行「積極不干預政策」，政府對經濟的宏觀調控相對較少。內地市場經濟日漸成熟，各級政府以「有為政府」姿態參與經濟活動。故此在推動經濟融合發展的過程中，內地政府的主動權大，行動力強而限制較少，港澳政府的制掣較多，效率較低，很多合作決策無法快速有效落實。

不同利益訴求。共同的利益訴求能夠為區域合作提供強大動力，一直以來中央政府以制度供給推動粵港澳區域合作。在過去，港澳地區為了實現產業轉移，與廣東最大限度發揮人口紅利及生產力的利益相符合，三地具有共同的利益訴求。然而，隨着廣東的經濟、科研、文化等領域的發展，三地發展水平相比過去已不相同，且管理模式和經濟運行方式也存在着較大的差異，導致合作過程中各方的利益訴求已不再一致，對合作效率的提升產生了一定影響。

2.2　製造業轉型升級緩慢，產業結構尚存優化空間

珠三角發展之初，主要是利用廉價的勞動力、低廉的土地成本等優勢，主動承接來自港澳和其他國家與地區的產業轉移。許多港澳企業家也看准中國改革開放帶來的機會，開始在珠三角地區投資設廠，通過「三來一補」、「前店後廠」等模式，將相關產業的生產基地轉移到珠三角地區。這一時期，珠三角地區承接的主要是勞動密集型產業，如紡織服裝製造業等。

近些年，粵港澳灣區在製造業轉型升級過程中尚存一些問題。其一，製造業轉型升級速度放緩，產業結構尚存優化空間。一方面，港澳地區幾乎放棄製造業，主要發展服務業，面臨製造業「空心化」的問題。香港以地產業和金融業為主，2018 年香港服務業增加值佔 GDP 比例為 88.8%，而製造業佔 GDP 比例僅有 1.0%。澳門則以博彩業、旅遊業和會展業為主。另一方

面，內地九市雖已初步形成規模較龐大、結構較完整的產業體系，但整體處於全球價值鏈中低端，對標世界一流灣區來看尚未充分實現產業結構的合理化、高級化。灣區內大部分企業仍以加工貿易為主，產品附加值低，國際競爭力不強。同時，港澳科研技術創新成果轉化率低，灣區產學研之間協同不足也削弱了產業的創新能力，從「2018 年湯森路透全球百強創新企業排名」看，粵港澳大灣區僅有華為和比亞迪兩家企業入選，同期，東京灣區、舊金山灣區、紐約灣區分別入選 20 家、8 家、5 家。其二，製造業發展不平衡問題加劇，城市分化態勢明顯。近年來，廣州、深圳和東莞等城市製造業快速發展，但對周邊城市輻射帶動效應不明顯。2019 年廣州高技術製造業增加值同比增長 21.0%，對全市規模以上工業增長的貢獻率為 57.2%，佔規模以上工業增加值的比重為 13.71%；2019 年深圳高新技術產業實現產值增加值9200 多億元，佔深圳規模以上工業比重超過 66%；2019 年東莞、惠州高技術製造業佔其工業產值的比重分別接近和超過 40%。但肇慶、江門和佛山等地則面臨高技術製造業佔比不高，增速緩慢的問題。尤其是珠三角地區的要素成本優勢不再的情況下，進一步削弱了珠三角地區對勞動密集型製造業的吸引力，灣區產業轉型升級刻不容緩。

2.3 產業規劃重叠，面臨城市之間同質化競爭

粵港澳大灣區雖然是全球的製造業中心，但產業合理分工一方面面臨體制機制的障礙，包括人才、科技資源、資本和信息等自由流動仍然存在一定障礙，三地之間更多的合作機制和模式需要探索。另一方面各城市規劃產業相互重叠，面臨與港澳之間的同質競爭。比如內陸城市都在向高端服務業轉型升級，規劃發展金融、航運等現代服務業，沒有與港澳地區形成差异化，不利於三地之間形成互利共贏的合作機制。灣區九市內部在產業發展規劃方面也存在重叠。各個城市都在推動信息技術、生物技術、高端裝備製造、新材料、文化創意等產業發展，沒有找到城市發展真正定位。以港口為例，

在大灣區內集聚世界吞吐量前十位港口中的三大港口，他們相互之間競爭激烈，不符合現代港口整合的發展趨勢。「9+2」城市產業發展定位如表 4-1 所示。

表 4-1 「9+2」城市產業發展定位

城市	規劃定位
香港	鞏固和提升國際金融、航運、貿易三大中心地位；強化全球離岸人民幣業務樞紐地位和國際資產管理中心功能；推動專業服務和創新及科技事業發展，建設亞太區國際法律及解決爭議服務中心。
澳門	推進建設世界旅遊休閒中心；打造中國與葡語國家商貿合作服務平台；建設以中華文化為主流、多元文化共存合作交流基地，促進澳門經濟適度多元可持續發展
廣州	打造建設國際航運樞紐、國際航空樞紐、國際科技創新樞紐；打造高水平對外開放門戶樞紐、成為粵港澳大灣區城市群核心門戶城市
深圳	加快建設國際科技、產業創新中心；協同構建創新生態鏈；全球高端金融產業綜合體和金融綜合生態圈
佛山	突出打造製造業創新中心
東莞	國際製造中心
惠州	新定位瞄準「綠色化現代山水城市」，生態擔當；全面對標深圳東進戰略、對接廣州東擴發展態勢、加快創新平台建設
中山	珠江西岸區域科技創新研發中心；承接珠江東、西兩岸區域性交通樞紐
肇慶	珠三角連接大西南樞紐門戶城市；灣區通往大西南以及東盟的「西部通道」
江門	全球華僑華人雙創之城；溝通粵西與珠三角一「傳」一「接」的「中衛」角色
珠海	全國唯一與港澳陸地相連的灣區城市，建設粵港澳大灣區的橋頭堡和創新高地；開闢「港澳市場及創新資源＋珠海空間與平台」的合作路徑，國際創新資源進入內地的「中轉站」

數據來源：根據各個城市規劃整理所得。

2.4　產業協同有待進一步加強，產業合作平台遇到發展「瓶頸」

當前，粵港澳大灣區核心城市各自形成了明顯的專業化職能與優勢產

業。香港是全球服務業主導程度最高的經濟體，金融、旅遊、貿易及物流產業具有全球重要性。澳門是國際文化休閒旅遊城市，博彩業、酒店業、娛樂業和零售業興旺發展。廣州是國家中心城市，具有明顯的功能綜合性，商貿、旅遊、文化、教育都比較發達，交通樞紐地位凸顯。深圳是最為成功的特區城市，近年來在科技創新、金融服務等方面發展顯著。四大核心城市集聚了雄厚的科教資源、擁有發達的基礎設施與社會服務設施系統，形成了優越的營商環境與創新環境。香港 3 所大學位列《泰晤士報》2017 年「全球頂尖大學排行榜」前 100 名，廣州擁有 2 所國家雙一流建設大學和大量重要的科研機構，深圳是首個以城市為基本單元的國家自主創新示範區、三次位居福布斯中國大陸創新城市榜首。內地灣區城市也形成了各自的優勢產業，統計數據如表 4-2 所示。

表 4-2　灣區內地九市產業發展現狀

城市	規模以上大中型工業企業 / 家	工業總產值 / 億元	資產總計 / 億元	先進製造業增加值 / 億元	先進製造業增加值佔規模以上工業比重 /%	高技術製造業增加值 / 億元	高技術製造業佔規模以上工業比重 /%
廣州	5802	4324.08	20519.8	2466.21	57.03	592.87	13.71
深圳	10337	8893.21	41854.65	6272.56	70.53	5896.79	66.31
珠海	1388	1206.38	7551.24	722.22	59.87	346.33	28.71
佛山	7902	4874.23	15186.75	2351.73	48.25	302.18	6.2
惠州	2764	1654.17	6561.09	1040.44	62.9	705.64	42.66
東莞	10658	4192.78	16200.46	2241.94	53.47	1667.52	39.77
中山	3635	1140.09	4696.69	528.92	46.39	176.01	15.44
江門	2458	1008.60	4733.68	362.86	35.98	98.37	9.75
肇慶	1269	668.90	2092.03	204.32	30.55	64.44	9.63

數據來源：《2020 廣東統計年鑒》

但在快速發展的過程中，粵港澳大灣區在產業協同上仍然面臨不少問題，概括來說，就是產業一體化程度較低，三地各自為政，產業間相互競爭問題突出。比如，珠三角城市群產業協同發展激勵機制尚不健全，沒有形成「產業聯盟」等穩定的協調機制和激勵機制，城市群內部存在相互競爭、爭奪資源、產業同構和產業分工格局分散等現象。同時，大灣區各城市發展差異大，導致人口、資源等要素單向流動，加劇地區差異，形成不良循環，最終向兩極發展，不利於大灣區產業協同發展。在區域經濟管理機構方面，存在多頭管理、協調困難、職能重疊、管理資源浪費等問題，全要素自由流通和信息共享的效率較低，行政邊界約束仍較為嚴重。另外，大灣區內頂尖高校數量有限、分佈不均、受高等教育人才佔常住人口比例較低，與經濟發展地位不匹配。

以上這些問題的存在使得三地各自的要素稟賦沒有得到最大化的發揮和利用，導致產業合作遭遇發展瓶頸。具體來說，以下幾個產業的案例展現了這種協同中存在的問題。

2.4.1　生物醫藥產業

廣東省非常重視大灣區生物醫藥產業發展。2020 年印發實施了《關於促進生物醫藥創新發展的若干政策措施的通知》，提出要統籌生物醫藥創新發展佈局，以廣州、深圳為核心，打造佈局合理、錯位發展、協同聯動、資源集聚的廣深港、廣珠澳生物醫藥科技創新集聚區和全球生物醫藥創新發展策源地。

目前，廣州現有生物醫藥企業 3700 多家，包括 175 家藥品生產企業、1110 家醫療器械生產企業，以及超過 1000 家生物醫藥與健康領域國家高新技術企業，擁有省內全部 5 家 GLP 機構，36 家 GCP 機構、12 個國家工程中心和實驗室，已經構建了上游技術研發、臨床試驗，中游轉化中試、生產製造，下游上市應用、流通銷售的完整生物醫藥產業鏈，目標是打造全國新藥創新策源地、全球新藥臨床試驗集聚地、全球生物醫藥產業新高地。深圳擁有良好的生物醫藥產業生態鏈，主要發展醫療器械生產、基因檢測和醫藥

生產等細分領域，國家高性能醫療器械創新中心落戶深圳，醫療器械生產總值、藥械上市公司市值和利潤均位居全國大中城市第一。香港是全新藥物的主要臨床試驗中心，擁有生物醫藥領域相關企業近 8000 家，7 家生物醫藥領域國家重點實驗室落戶香港，香港各大學在生物科技研究方面屢見突破，每年發表約 250 篇具高影響力的生物醫學論文。澳門在中醫藥領域較為突出，落戶了中醫藥國家重點實驗室。

粵港澳三地目前在生物醫藥產業的發展上仍存痛點，制度仍需完善，具體的問題包括：

（1）國際新藥注冊審批過程漫長。按照《藥品注冊管理辦法》，進口藥品需要在我國重新完成三期臨床試驗，這意味着任何一種新藥，無論擁有多麼充足的全球數據，或是已經在國外安全使用了多年，要想進口到中國就必須在國內重新進行臨床試驗。這個時間一般需要 2—3 年甚至更長，再加上申報審批的時間，一種進口藥從開始申請到最終被中國患者用上平均需要 5 年。如果再算上納入醫保目錄所需時間的話，國際新藥平均需要等 6—8 年，即使最終在國內上市新藥也已經成為舊藥。同時，我國的藥品增值稅率為 17%，歐洲各國平均為 8.8%，美國、澳大利亞等國家為 0，稅率的差異還在一定程度上推高了藥品的價格。因此進口藥上市慢、價格貴一直是涉及到民生的大難題。

（2）國際藥品通關業務流程繁瑣。國際藥品委託檢驗業務樣品、國際（包括港澳地區）科研合作項目樣品及國際能力驗證樣品等，主要進境通關方式包括國際快件郵寄、陸路通關。上述樣品在通關過程中存在的主要政策困難是：《藥品進口管理辦法》（衛生部海關總署第 86 號令）第六條規定「進口單位持《進口藥品通關單》向海關申報，海關憑口岸藥品監督管理局出具的《進口藥品通關單》，辦理進口藥品的報關驗放手續」。但檢驗檢測用藥品不同於市場銷售的進口藥品，無法提供辦理《進口藥品通關單》的「進口藥品注冊證」「原產地證明」等相關證明性文件，導致藥品通關受阻。

（3）中醫藥行業國際標準參差不齊。據統計，中醫藥已傳播至全球 183

個國家和地區，但發展水平參差不齊，中藥的不規範使用也在損害中醫藥的聲譽，藥品的劑量、農殘量、質量控制等亟需規範和統一，產品質量安全、技術專利和國際貿易壁壘一直是困擾着中醫藥走出去的問題。同時，港澳對中藥臨床試驗要求比內地低，對中藥管理理念和管理制度與內地也有較大差异。

（4）人才資源要素流動不暢。在生物醫藥專門人才培養和基礎研究等領域，粵港澳大灣區目前仍存在較大落差，需要一批一流的高等學府促進生物醫藥創新資源的流動與匯聚，為灣區高質量發展培養多層次人才。但目前粵港澳三地在人才對接工作上仍有障礙。比如，在制定人才政策時，受限於法律體系，在勞動關係認定、專業人士資格互認、申報年齡限制和職稱互認上存在限制，使得生物醫藥方面專業人才流動不能達到最優。

2.4.2　金融科技產業

粵港澳大灣區內的香港、深圳和廣州金融業發展優勢明顯，擁有港交所和深交所兩大證券交易所，眾多的銀行、保險、證券、風投基金機構集聚灣區。根據各地市（地區）統計局資料統計，2019 年（澳門 2020 年資料未出，故全部採用 2019 年數據）粵港澳大灣區 GDP 總量約為 11.5 萬億元（人民幣，下同），佔全國 GDP 總量（98.65 萬億元）的 11.32%。2019 年粵港澳大灣區金融業 GDP 合計 1.32 萬億元（澳門沒有金融業 GDP 數據，按照銀行、保險和退休基金計算），較 2010 年增長了 133.72%，金融業 GDP 佔總 GDP 的比重從 2010 年的 9.98% 提升至 2019 年的 11.38%，略有提升，超過全國水平（2019 年為 7.73%），金融業在粵港澳大灣區的經濟地位相對較高。

根據全球金融中心 GFCI 最新數據顯示，2020 全球金融中心指數排名中香港排名第 6 位，深圳排名第 11 位，廣州排名第 19 位。截至 2019 年末，香港銀行業總資產高達 24.5 萬億港元，資本充足率達 20.7%。作為全球最大的離岸人民幣市場，香港的人民幣存款達 6580 億元，超過 70% 的人民幣離岸交易是在香港完成。2019 年，廣東金融業增加值佔全省 GDP 比重達 8.25%，對 GDP 增長貢獻率達 11.9%，同比增長 9.3%。截至 2019 年末，廣

東全省本外幣存款餘額、貸款餘額分別為 23.2 萬億元和 16.8 萬億元，分別同比增長 11.7%、15.7%，增量佔全國的 1/9，展示了粵港澳大灣區雄厚的金融實力。尤其是近年來，大灣區內的金融合作逐步深化，2020 年 5 月頒佈的《關於金融支持粵港澳大灣區建設的意見》，針對加強金融基礎設施與金融市場互聯互通、提升金融服務行業對外開放水平、提高灣區跨境投融資和貿易便利化、切實規避跨境金融風險等方面提出相應措施，進一步為金融支持科技創新營造一個良好的業務環境。表 4-3 是粵港澳大灣區城市金融業發展情況對比。

表 4-3　粵港澳大灣區城市金融業情況

城市	2019 年			2010 年		
	金融業 GDP（億元）	總 GDP（億元）	佔比	金融業 GDP（億元）	總 GDP（億元）	佔比
香港	4840.93	25250.73	19.20%	2981.76	17129.26	17.4%
澳門	241.22	3715.54	6.49%	76.12	1900.73	4.0%
深圳	3667.63	26927.09	13.6%	1300.58	9510.91	13.7%
廣州	2234.08	23628.60	13.6%	670.53	10640.67	6.3%
東莞	551.65	9482.5	5.8%	175.23	4339.8	4.0%
佛山	499.1	10751.02	4.6%	187.27	5665.45	3.3%
珠海	369.16	3435.89	10.7%	55.93	1241.74	4.5%
中山	241.19	3101.10	7.8%	70.19	1808.48	3.9%
惠州	238.84	4171.41	5.7%	51.63	1723.56	3.0%
江門	213.94	3146.64	6.8%	44.86	1574.73	2.8%
肇慶	89.85	2248.80	4.0%	28.26	965.12	2.9%
總計	13187.59	115858.72	11.38%	5642.36	56500.45	9.98%

數據來源：Wind 金融數據庫，澳門未查詢到金融業 GDP 數據，按照銀行、保險和退休基金產值替代，澳門、香港 GDP 按照當年平均匯率折算

　　粵港澳大灣區金融科技協同發展具有良好的基礎，但粵港澳三地存在制度差異、規則差異，在資金互通、機構互設、產品互認、監管規則等方面仍存障礙，金融科技協同發展面臨較多的制約因素，具體問題包括：

　　（1）金融產品跨境運營存在難題。粵港澳三地在科技、金融、經濟與國際交流合作的體制政策上存在較大的差异，給大灣區金融科技的協同發展與金融市場的互聯互通帶來了很大的挑戰。具體來說，跨境金融活動的法律適用範圍和依據都有所不同，特別是三地的稅收政策、資金流通制度、對外經濟政策等方面有實質性差別，跨境的金融基礎設施和溝通機制還不完善，跨境業務監管協作和信息共享需要進一步完善，使得金融產品跨境運行存在難題。另外，資本項目開放是粵港澳金融合作的核心問題，但由於港澳金融市場與境外聯通，不可測的風險預期導致資本項目開放推進緩慢。比如，跨境人民幣貸款業務存在「回流難」等問題，影響了跨境人民幣業務的擴大。

　　（2）灣區內部科技金融水平存在明顯差异。粵港澳三地尚未實現差异化、互補性發展，內部發展差距依然較大，核心城市之外的其他各市金融資源存在同質化競爭，金融合作的整體效率不高，協同性、包容性不強。廣州和深圳作為灣區的技術創新中心，創新資源豐富、產業基礎雄厚，科技創新能力、吸引資本能力、輻射能力最強，可為大灣區的科技、金融、產業深度融合提供強有力的支撐。佛山、東莞、珠海、中山等城市雖然製造業優勢明顯，但是科技創新能力處於第二梯隊；惠州、江門、肇慶目前無論是產業發展實力方面，還是科技創新水平、金融發展水平方面的基礎都較薄弱。從資金投入來看，省內創投資源依舊分佈不均，深圳、廣州兩地投資金額佔全省的比重始終在 90% 以上，佛山、中山、珠海有部分創投資金流入，其他城市近乎於無。

　　（3）科技和金融資源不能有效對接。粵港澳三地在跨境金融及科技創新協同合作方面已經有所突破，但仍缺乏有效的信息交流和共享機制，金融基礎設施互聯互通建設不足，導致科技創新成果與資金流通的通道不暢通，港澳創新金融資源與珠三角的科技成果轉化不能有效對接。科技金融創新方

面，香港教育資源和人才資源與灣區城市之間互動還有所不足，對大灣區的科技創新企業支撐作用有待提升。在科技產業上，灣區雖然已初步形成規模較為龐大的產業體系，但與全球灣區經濟體量存在差距，產業結構有待進一步優化，頭部企業規模有待突破，發明專利質量不足。新興的物聯網、數碼身份認證和跨境電子支付等相關產業的應用亟待加強。

（4）金融監管機制建設有待加強。金融監管的地區合作機制尚不健全，缺乏統一的粵港澳金融監管和風險處置機制，導致大灣區內金融融合發展面臨諸多問題及挑戰。舉例來説，跨境金融產品和金融活動存在監管主體不明、金融消費者權益保護缺失、異常資金通過港澳跨境轉移渠道更加隱蔽等問題，加大了跨境資金流動管理難度。各自為政的監管方式使得大灣區內金融交易中存在諸多約束與限制，導致市場主體在開戶、兑換、支付、理財、融資等基礎金融服務的需求難以得到有效滿足。

2.4.3 會展業

《2019 年廣東省展覽業發展白皮書》顯示全年廣東省共舉辦展覽會 681 個，同比增長 1.79%，展覽面積 2189.63 萬平方米，同比增長 0.24%。截至 2019 年底，廣東省共有 33 個展館，室內展覽面積共 187.74 萬平方米。就展覽數量而言，廣州、深圳和香港處於大灣區第一集團。2019 年，廣州市展覽數量為 690 個、深圳 121 個，香港超過了 100 個，而澳門、中山為第二集團，展覽數量為 50—100 個，東莞、佛山、珠海、惠州等為第三集團，年辦展數量為 20 個—50 個。表 4-4 是粵港澳大灣區部分城市重要展覽的總結表。

表 4-4　粵港澳大灣區部分城市展覽

城市	優勢／新興產業	代表性展會
香港	貿易及物流業 金融服務業 專業及工商業支援服務業 旅遊業	香港國際電子展覽會；ITE- 香港國際旅遊展；亞太區美容展；香港國際戶外及科技照明展；香港國際美酒展；亞洲國際食品及飲料、酒店、餐廳及餐飲設備、供應及服務展覽會；
澳門	出口加工業 博彩旅遊業 金融業	中國（澳門）國際遊艇進出口博覽會；中國澳門國際汽車博覽會；澳門國際環保合作發展論壇；澳門國際貿易投資洽談會；澳門公務航空展；MSG 澳門娛樂展；

（續表）

城市	優勢／新興產業	代表性展會
廣州	石油化工產業 汽車製造業 電子產品製造業	中國進出口商品交易會（廣交會）；國際橡膠展；華南國際口腔展；國際表面處理、電鍍、塗裝展覽會；中國國際中小企業博覽會；廣州編織品、禮品及家居裝飾品展覽會；中國製冷展；廣州陶瓷工業展；
深圳	高新技術產業 物流業 金融業 文化產業	中國國際高新技術成果交易會；中國國際文化產業博覽交易會；中國（深圳）國際禮品、工藝品、鐘錶及家庭用品展覽會；中國國際光電博覽會；深圳時尚家居設計周暨深圳國際家具博覽會；深圳國際機械製造工業展覽會；
佛山	裝備製造業 陶瓷、家電、紡織服裝、家居製品、塑料製品等消費領域的工業	中國（廣東）國際「互聯網＋」博覽會；中國順德國際家用電器博覽會；華南不銹鋼．金屬材料展覽會；廣東機床展覽會；珠江西岸先進裝備製造業投資貿易洽談會；中國（佛山）機械裝備展覽會；
東莞	電子信息、電氣機械及設備、紡織服裝鞋帽、食品飲料加工、玩具及文體用品、化工、包裝印刷製造業	中國加工貿易產品博覽會（東莞加博會）；廣東21世紀海上絲綢之路國際博覽會；中國（東莞）國際鞋機鞋材工業技術展；國際（東莞）鑄業展；DMP東莞國際模具及金屬加工、橡塑膠及包裝展；中國（廣東）國際家具機械及材料展；中國（虎門）國際服裝交易會；東莞國際佛事用品展覽會；
珠海	電子信息、生物製藥、家電電氣、電力石油、石油化工和精密機械製造	中國國際航空航天博覽會；中國（珠海）國際打印耗材展覽會；中國（珠海）國際海洋高新科技展覽會；

目前大灣區的會展業仍存在部分問題，具體而言：

（1）粵港澳三地會展產業定位及規劃功能重疊比較明顯。比如，展館重複建設多，產業發展目標雷同度高，造成資源浪費，沒有形成自身的特點。尤其是粵港澳三地缺乏會展產業的專門協調機制，尚未形成三地的會展業協會或發展聯盟，導致各自為政現象比較突出，無法使粵港澳作為一個整體規劃發展會展產業，難以有效進行合理分工、功能互補和錯位發展。

（2）粵港澳三地會展企業管理水平參差不齊，市場化水平差距明顯。廣東省雖然會展硬件條件優越，擁有直接從事會展的企業有1500多家，從業人員超過5萬人，但是因發展時間短、管理水平低等原因，整體處於較低水

平。具體來說，廣東會展利用外資較少，國際知名的展覽公司在廣東落戶的很少；展覽過程中政府補貼較多，市場化程度不高；會展經濟中展覽與會議有機融合不足。另一方面，廣東會展業數字化轉型較為滯後，線上線下融合不足，對互聯網、大數據等優勢未能充分應用，在面對疫情等突發危機時，傳統會展業容易遭到嚴重的衝擊。

（3）粵港澳三地制度差异較大，制約會展業進一步發展。一方面，我國會展業沒有具體的行業主管部門，管理職能分散，導致會展業是分散在不同產業當中的一部分，難以統一協調。另一方面，受制於粵港澳三地不同的貨幣體系、資本管制政策和金融體制等，導致會展業參展過程中資金融通、貨物流動以及人員通關等障礙，降低了行業效率。

2.4.4　航運業

粵港澳大灣區城市地理位置優越，沿海順河，港口資源豐富。自「一帶一路」倡議提出以來，粵港澳大灣區圍繞國際航運中心和國際航運樞紐建設，整合優化區域內公路、水路、民航、鐵路等基礎設施資源，打造重要樞紐港口與鐵路連接的多式聯運中心，以及向海上和陸上輻射的物流通道建設，將粵港澳大灣區打造成為連接「一帶一路」的全球門戶和全球樞紐。

目前，粵港澳港口群是目前世界上通過能力最大、水深條件最好的區域性港口群，據英國勞氏 2019 全球港口百強排名中粵港澳大灣區佔據 3 席，港口行業的高速發展為航運業的不斷壯大提供了基本的先決條件。表 4-5 是粵港澳主要城市航運業發展情況。

表 4-5　粵港澳主要城市航運業發展情況

城市	泊位數量	貨物總吞吐量	運送旅客數量	集裝箱吞吐量	世界排名（按集裝箱吞吐量計算）	建設定位
廣州	558 個	6.27 億噸	78.1 萬人次	2283 萬 TEU	5	國際門戶樞紐港
深圳	157 個	2.57 億噸	722 萬人次	2576 萬 TEU	4	國際門戶樞紐港
香港	73 個	2.63 億噸	1441.2 萬人次	1959 萬 TEU	7	國際航運中心

數據來源：《2019 年香港港口統計年報》《2020 廣東統計年鑒》，以上數據截止 2019 年

　　儘管廣東省對大灣區港口的發展進行了總體規劃，強調港口群資源的整合，形成分工合理的港口體系，但從實踐效果上看，以規劃為主的港口群治理因缺乏足夠的剛性和地方政府的抵制而趨於無效。總的來説，粵港澳大灣區的港口治理仍處於起步階段，並未形成較為系統全面的治理策略體系。首先，灣區內港口間的競爭較為激烈，經濟腹地高度重疊，甚至出現針對集裝箱的貨運補貼，扭曲市場價格機制，給港口群的協調發展帶來挑戰。其次，不同港口管理與運營制度差異較大，缺乏有效的協調機制。比如香港並無港務局，由私人企業負責經營管理；深圳市政府設港務局，港口運營由私人企業負責；廣州市政府設港務局，港口運營由國企廣州港股份有限公司負責。因此，粵港澳三地本應通過合理分工，發揮香港國際航運中心高端航運服務業聚集優勢，使大灣區港口群實現功能互補與錯位發展，以共享發展成果、提升通航效率，提升大灣區航運業的整體競爭力。但目前三地協同發展機制不僅沒有建立，還因為相互競爭和衝突的政策損害了市場主體的利益。

　　一個較為典型的案例是大鵬灣「二次引航」問題。該案例的起因是香港方面以 2012 年「南丫四號」沉船事件為直接原因重新檢討香港航運方面的法律漏洞，並提出修訂《領港條例》。2018 年 6 月 25 日，香港運輸與房屋局向香港立法會提交了關於大鵬灣水域實施強制引航的立法建議，並經立法會經濟發展事物委員會討論初步通過。2019 年 11 月 21 日，相關提案經香港立法會公示後生效，並於 2020 年 1 月 1 日起開始實施。該條例實施後，進出深圳港東部港區的所有船舶（包括進出鹽田港的集裝箱船舶），必須經由港、深兩次引航。從安全的角度看，儘管這種解決方法可以給香港引航主體（香港領港會有限公司）每年增加 3—4 億元人民幣收入，給香港官方額外增加 5—6 千萬利得税，但對香港和內地的相關企業均帶來不小的額外成本和風險。第一，大鵬灣水域實施「二次引航」給香港和內地相關企業增加了財務負擔和引航作業的安全風險，降低了大鵬灣水域的航行效率，並導致了運輸成本上升，每年到鹽田港船舶將多付出給港方人民幣 3 至 4 億元。第二，「二次引

航」對港深兩地港口地位產生不利的影響。按照香港《領港條例》規定「凡領港被要求在大鵬灣擬設的三個領港元登船區之中的任何一個登船區登上或離開船隻，需支付介乎 10350 港幣以及 12150 港幣不等的額外領港費」，此費用遠高於原深圳一方的引航費用。每年掛靠在鹽田港的船舶有 4000 多航次，由此這算每年會新增數億元的額外引航費用，將極大影響鹽田港對國際船公司的吸引力。因此，該條例有悖於國家推進粵港澳大灣區建設，推動大灣區內各地實現高度協調發展，消除壁壘，暢通要素流動的發展理念。在當前「雙循環」新發展格局背景下，「二次引航」帶來的港口通行效率下降以及給上游製造業轉嫁的物流成本無疑帶來極大的不良影響，同時也損害了香港國際金融、貿易和航運中心的國際形象。

2.4.5　郵輪業

粵港澳大灣區是我國郵輪遊客規模最大、郵輪碼頭分佈最緊密的區域之一。經過 20 餘年的發展，灣區內目前共有香港海運碼頭、香港啟德碼頭、廣州南沙國際郵輪碼頭、深圳太子灣郵輪碼頭共 4 個郵輪碼頭。2018 年，大灣區郵輪總人數達到 257.88 萬人次（含公海遊），同比增長 13.6%，實現了較快增長。2019 年國務院印發《粵港澳大灣區發展規劃綱要》，明確依託大灣區特色優勢及香港國際航運中心的地位，構建郵輪遊艇等多元旅遊產品體系等利好政策。表 4-6 是粵港澳大灣區郵輪母港發展情況。

表 4-6　粵港澳大灣區郵輪母港發展情況

城市	名稱	泊位數量	泊位岸線長度	接待能力	發展現狀
香港	海港城海運碼頭	2 個	381 米	同時接待 2 艘 5 萬噸級的中型郵輪	2018 年共接待郵輪旅客 173.3 萬人次，郵輪品牌 17 家，總航次為 171 艘次，航線的國際化程度較高，航行目的地遍及各大洲，目前是亞太地區郵輪樞紐母港；
	啟德郵輪碼頭	2 個	850 米	最大可停靠 22 萬噸級超大型郵輪	

（續表）

城市	名稱	泊位數量	泊位岸線長度	接待能力	發展現狀
廣州	南沙國際郵輪碼頭	2 個	770 米	最大可停靠 22 萬噸級超大型郵輪	2018 年共接待郵輪旅客 48.12 萬人次，郵輪航次 94 艘次，是全國單體規模最大的郵輪母港；未來將繼續建設 2 個 10 萬噸級以上泊位，建成後將成為年通過能力不低於 150 萬人次的國內規模最大的郵輪母港；
深圳	深圳太子灣郵輪碼頭	2 個	1509 米	最大可停靠 22.5 萬噸級超大型郵輪	項目於 2016 年正式開港並批准設立中國郵輪旅遊發展實驗區；2018 年共接待郵輪旅客 36.46 萬人次，國際郵輪 89 艘次，是全國第四大郵輪母港；

資料來源：作者搜集，數據截至 2018 年

　　儘管粵港澳大灣區一體化戰略大大有利於粵港澳大灣區郵輪產業的競合發展，但目前大灣區郵輪產業依然存在一些問題，主要包括：

　　（1）缺乏郵輪產業鏈總體規劃。我國郵輪產業目前正進入優化調整期，粵港澳大灣區的郵輪市場相對比上海、天津等地發展的晚些，從近年來的郵輪市場均衡性來看是處於增長期，但大灣區內郵輪母港群的配套設施以及產業鏈建設、資源開發等方面仍然存在短板。郵輪母港需要為停靠的郵輪提供維修與補給等後續服務，但也應該有更多的複合功能，比如歐美郵輪港口都是具有多功能的複合型港口，可利用港區周邊資源拉動目的地旅遊二次消費，但我國的郵輪港口功能單一，配套設施缺乏，郵輪母港建設與所在城市旅遊資源的聯動不緊密，產品認知度低。同時，雖然大灣區的郵輪母港硬件建設情況良好，但其有限的年均郵輪掛靠量和基礎設施配套不足仍然是港口後續發展中的重要瓶頸。此外，政府、企業、郵輪公司等未能聯動起來形成合力，雖然近年來國家頒佈各項政策來推動灣區郵輪產業的發展，但真正落地實施的項目不夠，就郵輪設計與製造而言，即使廣州是全國三大造船中心之一，擁有雄厚的製造業實力，仍然難以帶動處於產業鏈上游的郵輪製造業

的發展，實現大灣區郵輪經濟全產業鏈的規劃與建設。各方單位還需做好對大灣區郵輪母港建設的總體規劃，全面落地產業鏈的構想，徹底打通大灣區郵輪產業鏈，實現全產業鏈共贏發展。

（2）郵輪客源市場局限。目前大灣區郵輪出入境遊客量在整個旅遊業逆勢增長，但郵輪旅遊主要客源市場空間過於集中化，客源市場明顯重疊。近幾年的發展中，三大母港的客源市場有了差异化的發展，據統計，至 2019 年 11 月，深圳招商蛇口國際郵輪母港和廣州港國際郵輪母港的出入境旅客人次雖然不多，但其增長率却高於上海吳淞口郵輪母港，分別達到了 88.7% 和 89.5%，出入境船舶數量的同期增長率也遠超上海吳淞口郵輪母港，其中深圳蛇口太子灣郵輪母港更是達到了 104.8% 的同期增長率。但這種遊客量的增長仍然是基於集中化的主要客源市場空間，主要客戶群體仍然面向華南與西南地區，對粵東西北地區和泛珠三角地區延伸度不夠。同時，雖然香港、廣州和深圳三地相隔不到 50 海里，但目前三地往來有不少局限，多點挂靠業務尚未完全開放，旅客出入境手續繁瑣，內地旅客從香港乘郵輪出境遊需要港澳通行證、香港簽注、護照等很多證件，非常不便。此外，正如國內郵輪市場普遍存在的問題一樣，大灣區的郵輪旅遊業還是以出境遊為主，外國遊客佔比少且規模小，入境旅遊市場相對比較低迷。雖然港澳兩區因國際化程度比較高以及對外開放程度的加大，外國遊客市場處於擴張地步。但其他九市在入境旅遊方面市場尚未成熟，其主要客源市場以周邊國家為主，傳統的比較成熟的入境遊外國遊客市場像美國、日本、韓國等隱隱有萎縮的趨勢。因此，大灣區九市二區在整體客源市場上存在不平衡現象，入境旅遊的客源市場局限於近程國家，未能開拓遠程國家的遊客市場，導致國際化市場競爭力不足，入境遊發展相對停滯，對灣區區域旅遊經濟效益拉動有限。

（3）郵輪航線與產品同質化。單一的母港航線和產品同質化的問題，一方面限制了遊客對航線與旅遊產品的多樣性選擇，另一方面也阻礙了郵輪旅遊市場的發展。在灣區郵輪市場上，香港郵輪行業興起較早，航線國際化程度較高，目的地比較廣泛。而廣州、深圳郵輪發展史較短，母港航線仍以公

海遊和東南亞、日本航線為主，總體上三大郵輪母港始發航線相似度高，缺乏對母港間航線和到周邊海島遊航線開發，船舶和航線的豐富性不夠，同質化競爭在所難免。而新型郵輪市場對多樣化郵輪航線和特色旅遊產品有着更大的需求，這就極大地影響了灣區郵輪旅遊對回頭客的吸引力。隨着母港間競爭白熱化，為了降低運營風險，許多郵輪公司更是設置相同的航線並不停的投入新的郵輪，使得郵輪產品的效益不高，航線逐漸同質化。就大灣區郵輪未來發展而言，如何調節港口間資源形成差异化航線產品，推動灣區郵輪市場健康可持續性發展也是值得重視的問題。

2.4.6　文體產業

粵港澳大灣區屬全國經濟最發達地區之一，2019 年整體人均 GDP 為 16.15 萬元，折合超過 2 萬美元。根據國際經驗，當人均 GDP 達到 9000—10000 美元時，人們消費方式會逐漸從實物型消費向參與型消費轉變，此時文體產業將快速發展。《粵港澳大灣區發展規劃綱要》把構建粵港澳文化創意產業合作、共同推進粵港澳大灣區體育事業和體育產業發展作為構建具有國際競爭力的現代產業體系的重要部分。在一系列政策的推動下，近年大灣區文化體育產業發展態勢良好，產值規模、從業人數呈上升趨勢。

以文化創意產業為例，2018 年大灣區文化及相關產業增加值規模達 5458 億元，同比增長 8.5%，佔大灣區整體 GDP 的 4.97%，10 年間增長超過一倍。其中深圳佔比最高，擁有近 5 萬家文化企業，超過 90 萬從業人員，其中規模以上企業 3155 家，上市企業文創企業 40 多家，2018 年深圳市文化創意產業實現增加值 2621.77 億元，佔 GDP 的比重超過 10%。廣州 2018 年文化產業增加值超過 1200 億元，佔全市 GDP 比重超過 6%。港澳的文化產業發展各具特色。其中，香港文化創意產業發展較為成熟，形成了包括藝術品、古董及工藝品，文化教育及圖書館、檔案保存和博物館服務，電影及錄像和音樂等 11 個門類體系，產業配套設施較為完善；2018 年香港文化創意產業增加值為 1106 億港元，佔 GDP 比重達 4.5%。澳門文化創意產業主要由創意設計、文化展演、藝術收藏和數碼媒體四個領域組成，並涵蓋多個門類；因

其自身產業結構的獨特性，澳門文化產業基本屬文化服務業，且發展規模相對較小。

不過，整體來看，大灣區文化體育產業協同發展存在不少挑戰，具體問題包括：

（1）粵港澳三地文體交流合作制度性障礙突出。大灣區涉及兩種制度、三個關稅區，珠三角與港澳社會制度不同，法律制度差异較大，文體市場互聯互通存在障礙，比如在文體產業的融資與版權評估等方面雙方各有體系，文體專業資格目前還無法互認。由於三地貿易法規、市場機制存在差異，灣區內還不能有效實現文體要素順暢流動、文體資源優化配置，生產供給和市場需求還不能實現有效對接。

（2）文體產業結構佈局有待優化，缺乏大灣區層面的文體產業合作平台。珠三角九市文體產業發展不平衡不充分的問題比較突出，結構佈局尚不科學，質量效益有待提升。低端產業仍佔較大比重，主要集中在文化產品和設備製造業，以內容創意為主的文化服務業佔比甚至低於全國平均水平。媒體、音樂、影視、出版等領域有紮實的基礎優勢，但是未能有效拓展上下游產業。科技創新的驅動力作用亟待加強，新型文化業態一時還無法挑起大梁。珠三角與港澳文體產業深度融合不夠，資源未能有效整合，聯動發展機制還不健全。

（3）缺乏具有國際影響力的文體品牌。國際一流灣區均培育了一批世界知名的文體企業和品牌，相比之下，粵港澳大灣區缺乏具有引領地位的品牌產品和標杆地位的龍頭企業。

（4）文體產業人才普遍匱乏，人才培養與需求錯位，引才聚才氛圍不濃。大灣區文體產業人才總量較大，但大多集中在附加值較低的產業鏈中低端，高層次人才尤其是產業尖端人才嚴重缺乏，專業化人才存在結構性短缺，懂文體專業和經營管理的複合型人才嚴重不足。港澳文體從業人員能力素質與內地市場需求有一定差异，文體產業人才培養體系建設滯後，專業化培訓跟不上，與市場需求嚴重錯位，不能較好地適應產業發展的需要。此

外，大灣區內地九市文體企業集聚效應低，人才流動機制不暢，無法對高素質人才形成有效的吸引力和聚合力。

2.5　廣東產業集群發達，港澳新興產業集群尚未形成

2.5.1　廣東新興產業集群發展迅速

產業集群能夠反映地區專業化集中的程度，根據科技部火炬中心 2020 年頒佈的最新的創新型產業集群評價指標體系進行測算，廣東各市新興產業目前已形成各具特色的產業集群。

表 4-7　創新型產業集群評價指標體系

一級指標	權重 (%)	二級指標	權重 (%)	三級指標	權重 (%)
發展環境	20	位勢	8	1. 納入省級政府或部門產業發展規劃	6
				2. 納入地市級政府或高新區年度工作計劃	2
		政策	8	3. 支持集群建設的政策措施	3.2
				4. 支持集群建設的工作推進體系	4.8
		社會	4	5. 公共服務能力	2
				6. 創新創業活動	2
集群產業	50	規模	17.5	7. 營業收入 *	7
				8. 實際上繳稅費總額 *	3.5
				9. 集群企業總數 *	3.5
				10. 集群人員總數 *	3.5
		效益	15	11. 營業收入淨利潤率	7.5
				12. 營業收入平均增長率	7.5
		創新	17.5	13. 高新技術企業佔比	3.5
				14. 企業研發經費支出佔比	5.25
				15. 萬人擁有有效發明專利數	5.25
				16. 當年形成標準數	3.5

（續表）

一級 指標	權重 (%)	二級 指標	權重 (%)	三級 指標	權重 (%)
創新 服務	30	培育	10.5	17. 國家級孵化器和國家備案眾創空間數 *	6.3
				18. 在孵企業數 *	4.2
		技術	12	19. 研發機構數 *	4.8
				20. 創新服務機構數 *	3.6
				21. 產業聯盟組織數 *	3.6
		金融	7.5	22. 金融服務機構數 *	4.5
				23. 當年獲得的風險投資額 *	3

數據來源：科技部火炬中心

專業化集中越高的行業表明該行業在本地區的比較優勢越明顯，其集群效應的發揮與協同發展對灣區產業優勢的維持至關重要。根據 2020 年《廣東省人民政府關於培育發展戰略性支柱產業集群和戰略性新興產業集群的意見》（粵府函〔2020〕82 號）的精神，新一代電子信息、綠色石化、智能家電、汽車產業、先進材料、現代輕工紡織、軟件與信息服務、超高清視頻顯示、生物醫藥與健康、現代農業與食品等產業被確定為十大戰略支柱產業，半導體與集成電路、高端裝備製造、智能機器人、區塊鏈與量子信息、前沿新材料、新能源、激光與增材製造、數字創意、安全應急與環保、精密儀器設備等被確定為十大戰略性新興產業。廣東省將進一步基於以上行業打造世界級先進製造業產業集群。表 4-8 是廣東省 20 大產業基本情況。

表 4-8　廣東省 20 大產業基本情況

規劃類別	產業類型	基於科學或技術	對標產業類型	基於科學傾向得分	2019 年的產值
戰略支柱產業	新一代電子信息	基於科學	電子	17.65667416	4.16 萬億
	綠色石化	基於科學	有機化學	52.19728074	不詳
	智能家電	基於技術	無		1.49 萬億
	汽車產業	基於技術	汽車	−37.97181378	7813.46 億元
	先進材料	基於科學	納米相關產業	35.00139335	2500 億元（2018 年）
	現代輕工紡織	基於技術	紡織	−19.78034463	不詳
	軟件與信息服務	基於技術	無		1 萬億元（2018 年）
	超高清視頻顯示	基於技術	電通信	19.80406603	6000 億元
	生物醫藥與健康	基於科學	生物化學	67.57541723	4000 億元（預計目標值）
	現代農業與食品	基於科學	食品工程	37.5878855	1300 億元
戰略新興產業	半導體與集成電路	基於科學	半導體	−24.99815479	主要靠進口
	高端裝備製造	基於技術	機械工程	−36.62011126	不詳
	智能機器人	基於技術	無		1000 億元
	區塊鏈與量子信息	基於科學	電通信	19.80406603	200 億元
	前沿新材料	基於科學	無		2500 億元（2018 年）
	新能源	基於科學／技術	電力	−31.48385198	2900 億元

（續表）

規劃類別	產業類型	基於科學或技術	對標產業類型	基於科學傾向得分	2019 年的產值
戰略新興產業	激光與增材製造	基於技術	印刷 / 建築物	−37.84170126/ −39.59074435	30 億元 （2015 年）
	數字創意	基於技術	運動； 遊戲； 娛樂活動	−38.37866674	632.2 億元 （2018 動漫產業） 1811. 億元 （2018 手遊產業）
	精密儀器設備	基於技術	機床	−34.06939848	不詳

　　這其中，廣東省在人工智能和大數據等數字經濟產業的發展上取得了較大的成就，產業發展形成了數據資源豐富、信息產業基礎雄厚、產業數字化進程加快、骨幹企業實力強勁、基礎設施較為完善五大特點。根據中國信通院發佈的《粵港澳大灣區數字經濟發展與就業報告（2020 年）》顯示，2019年廣東省數字經濟規模達 4.9 萬億元，增長率為 13.3%，佔廣東省 GDP 比重達 45.3%，佔全國數字經濟產值超過 1/8，提供了 2642 萬個就業崗位，佔廣東省總就業人數的比重為 37.0%。具體來看，華為、中興、TCL 等 27 家企業進入 2019 年中國電子信息百強；騰訊、網易和唯品會等 13 家企業入圍 2019年中國互聯網企業 100 強；華為、廣東通信產業服務有限公司等 18 家企業入選 2019 年全國軟件業務收入前百家企業；與數字經濟相關的上市企業達 198家；在硬件方面截至目前已累計建成的 5G 基站突破 12.4 萬座，產業規模、用戶數和基站數均為全國第一。同時，廣東還擁有海量的數據資源，目前廣東數據存儲量超過 2300EB，約佔全國的 20%；2018 年總體網民規模在 8800萬人左右，網民普及率達到 77%，這些資源成為了廣東數字經濟尤其是大數據產業發展的重要基礎。

　　分城市來看，大灣區內地九個城市數字經濟發展表現出明顯的梯級分佈特徵，數字經濟發展地區集聚效應顯著。深圳和廣州作為粵港澳大灣區數字

經濟發展的第一梯隊，規模均超過 10000 億元，是廣東省數字經濟發展核心引擎。東莞、惠州、佛山、珠海均以超 1000 億元的規模位列粵港澳大灣區數字經濟發展的第二梯隊，數字經濟正處於蓬勃快速發展時期，並且具備良好經濟條件與產業基礎，是大灣區數字經濟發展強大的生力軍。中山、江門、肇慶等城市數字經濟為第三梯隊，其發展規模介於 80—900 億元之間，仍處於發展起步與追趕階段，數字經濟發展潛能仍需進一步挖掘。

2.5.2　廣東高新技術產業快速崛起

首先，在戰略新興產業和戰略支柱產業中，高新技術企業是產業發展的生力軍，其數量體現了省域企業創新的活力與成效，對產業發展起到巨大的推動作用。

表 4-9　三地高新技術企業認定數量對比

年份	廣東	年度累計	北京	年度累計	上海	年度累計
2013	790	790	1641	1641	925	925
2014	1504	2294	3645	5286	1936	2861
2015	1896	4190	4224	9510	1467	4328
2016	7475	11665	6167	15677	2306	6634
2017	12146	23811	8747	24424	3247	9881
2018	11431	35242	9789	34213	3653	13534
2019	10525	45767	3520	37733	6124	19658
總計	45767		37733		19658	

自 2013 年國家統一開始認定高新技術企業以來，廣東省從 2013 年開始的 790 家認定企業，到 2019 年的 10525 家，實現了認定數量的突飛猛進。在與北京、上海兩地的對比中，認定數量的起點低後勁足（見表 4-9），2013 年三地總共認定數量中，廣東一省佔比略超 20%，2019 年時這一比例已超 40%，實現了反超京滬的飛躍。從研發經費支出佔 GDP 比重倆看，當前粵港

澳大灣區的研發經費支出佔 GDP 比重達 2.7%，和美國、德國處於同一水平線，但是企業自主研發的經費投入尚顯不足，同東京大灣區相比仍有 80% 的差距。

其次，在促進戰略新興產業發展的知識經濟活躍度上，廣東省當前的表現可以概括為「大而不壯」。一方面，全省發明專利申請數量屢創新高，2018 年已達到 113201 件，另一方面，在技術合同成交方面，總金額多而不強。例如，北京在專利發明申請總量上與廣東基本持平，但是技術合同成交總額是廣東的三倍有餘；而上海在專利發明申請總量只佔廣東省大約一半的情況下，技術合同成交總額卻與廣東接近（見表 4-10）。「躺在專利上的技術沒有發揮市場價值」，使得廣東在技術轉化方面的努力仍有空間。同時，港澳地區 2018 年專利申請數量僅有 2226 件，體現出港澳兩地在科技創新方面與內地的巨大差距，也表明缺乏產業集群轉化和應用相關技術使得港澳地區的研發動力不足。

表 4-10　京滬粵三地的發明專利與技術合同成交情況對比

地區	技術合同成交總額（單位：億元）	發明專利申請量
北京	4957.8	117664
上海	1303.2	62755
廣東	1387.0	113201

數據來源：京滬粵三地 2019 年統計年鑒

再次，國家級高新區是當前最高級別的科技企業聚集平台，也是促進產業集群發展的重要載體。多年來廣東省利用國家級高新區平台吸納了大量高科技企業入駐，創新生態氛圍逐步形成。截至 2019 年，廣東地區已經獲批 14 個國家高新區，屬全國各地區最多。但廣東省所有國家級高新區的入駐企業總數不及北京市中關村一家高新區入統的企業數量，其中高新技術類入駐企業數量與北京市差距明顯（見表 4-11）。廣東省國家級高新區工業總產值相當於北京市和上海市的三倍，甚至高於北京與上海之和，但在單個高新區

的工業產值方面遠遠落後於上述兩個地區。因此提升高新區的產值與效率是廣東省高新區工作的重中之重。同時，廣東省佈局了東莞散裂中子源項目、江門中微子試驗站、國家超級計算深圳中心、深圳國家基因庫、大亞灣中微子實驗、國家超級計算廣州中心、惠州強流重離子加速器和加速器驅動嬗變研究裝置等 8 個大科學裝置。這 8 個大科學裝置項目雖然落戶於粵港澳大灣區之內，但這些大科學裝置在關於粵港澳大灣區科技創新的現有研究中，尚未得到足夠的重視。

表 4-11　京滬粵三地國家級高新區統計對比

地區	國家高新區 個數	高新區工業 總產值（億元）	高新區入統 企業個數	高新區入統高新技術 企業個數
北京	1	11129.1	22110	14330
上海	2	11703.4	6190	4417
廣東	14	33191.8	14878	10343

注：統計數據截至 2018 年

2.5.3　港澳地區未形成新興產業集群

對香港而言，數據顯示一方面 2019 年其四大支柱行業金融服務行業、旅遊行業、貿易及物流行業和專業服務及其他工商業支援服務行業的產業增加值分別為 5801 億港元、986 億港元、5412 億港元和 3251 億港元，上述四個主要行業累計增加價值達 15450 億港元，佔 2019 年香港 GDP 的 53.9%，進一步凸顯了其國際金融、航運、貿易三大中心的地位。另一方面，其六大優勢產業（文創產業、醫療產業、教育產業、檢測和認證產業、環保產業以及創新科技產業）自 2009 年以來發展一直停滯不前，根據香港政府統計處公佈的 2019 年數據，六大產業增加值為 2448.47 億港元，不及四大傳統支柱產業的零頭，發展較為緩慢。在傳統支柱產業的發展上，香港政府制定了大量的產業政策和提升政策，促進支柱產業集群的發展和轉型，但在優勢產業的發展上，香港政府沒有促進產業集群的形成，主要原因是香港政府過度強調

其資金、技術、人才、基建、自由市場和國際標準等優勢，卻忽略了香港本身影響產業發展的重要因素，包括高生產成本、科研和技術的缺乏、高准入門檻以及同內地相比競爭力不足。缺乏對內地產業集群成功經驗的學習和評估，缺乏同內地科研創新機構的合作與交流，使得香港在優勢產業發展上成功的可能性有所降低。

澳門作為特殊的微型經濟體，基本沒有第一產業，2019 年其二三產業的比值為 4.7：95.3，博彩及博彩中介業佔 GDP 的比重達到了 50.9%，是其國民經濟的主要支撐。其他重要支柱產業如建築地產業佔比為 12.2%，金融服務業佔比為 6.8%，其產業結構高度集中在某幾個行業。衡量經濟多元化的熵指數顯示澳門自 2002 年以來多元化程度持續降低，從 2.15 下降到了 2019 年的 1.83，在新興產業集群的發展上澳門可以説幾乎沒有任何進展。

2.6 港澳發展新興產業缺乏創新創業生態系統

在新一輪科技革命和產業變革的浪潮和國家大力實施創新驅動發展戰略的大背景下，廣東着力解決了區域創新生態中存在的四個方面問題：一是發展不平衡。發展載體兩極分化，包括舊園區基礎配套差和承載產業層次低等短板，難以滿足日益增長的創新創業者需求。二是缺少協同交互。高校院所科技成果轄內轉化較少，尚未建立起以企業為主體的技術創新體系。三是缺少專業服務。科技金融短板突出，科技中介服務模式單一。四是缺少創新氛圍。

存在對傳統發展方式的路徑依賴，雙創氛圍較低，對人才、技術、資本等創新要素的吸引力較弱。廣東通過構建以創新主體、產業體系、孵化體系、科技金融體系、服務體系五個圈層為核心的創新生態系統（見圖 4-1），形成了創新人才、創新主體、創新產業聚集的集群效應，以政府的引導和投入為支點，撬動區域轉型升級的槓桿效應和技術創新和模式革新的引領效應，使得廣東地區的科技創新氛圍濃厚，科研成果商品轉化率較高。

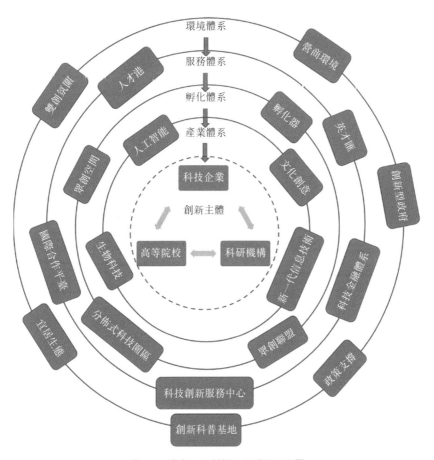

圖 4-1 廣東地區創新生態系統示意圖

　　與之相反的是，港澳地區發展創新科技產業中心的根本性障礙就在於缺乏地區創新生態系統和創業文化。

　　一、長期以來，港澳地區固化的企業家隊伍和產業結構使得本地經濟主體追求短期利潤，社會和年輕人也更推崇金融行業，投資高科技行業反而被視為非理性的行為，導致難以產生創新和創業的文化。

　　二、香港政府與業界一直以來的共識是香港高企的土地和要素價格影響了香港科技的產業化，降低創新和創業的成本就可以自然發揮香港的科研和人才優勢。但眾多世界級科技創新創業高低的發展歷史表明：高科技未必能變成創

新經濟，大學和基礎科研是創新科技產業發展的充分而非必要條件。無論是美國的硅谷、以色列的特拉維夫還是中國的深圳在創業初期寂寂無名，但這些地方都擁有活躍的風險投資機構和創業文化，他們所形成的獨特的創新生態系統和網絡效應才是深遠的影響當地創業文化和產業發展的決定性因素。缺乏創業文化和創業精神自然導致創業活動的缺失，也就難以產生具有影響力的風險投資機構，而創業文化和精神、風險投資機構、基礎與應用研究和資本市場化等因素的互動是決定科技成果產業化的重要基礎。因此缺乏新興產業的生態系統使得港澳地區在科技成果轉化上與世界灣區相比差距較大。

第三節　解決思路與政策建議

3.1　解決思路

3.1.1　破除三地間產業發展要素流動的制度性障礙

（1）尋找城市間融合發展制度層面的「最大公約數」。建立區域一體化產業融合發展政策體系，借鑒世界三大灣區的產業一體化做法，包括紐約和舊金山灣區通過合理的區域規劃，匯聚產業發展的港口優勢、技術優勢、政策優勢，使區內製造業和金融業集聚，降低勞動力的搜尋成本和輔助生產成本，勞動生產率上升，形成良性循環的規模經濟。借鑒東京灣區向產業鏈中高端延伸的做法，在高地價和勞工成本高企情況下，發揮產業的專業化優勢，汲取全球製造業中心的經驗。借鑒歐盟、東盟實現要素自由流動，打破貨幣、法律、規則等制度障礙實現一體化發展的做法。參考雄安和海南的規劃，探索創新發展和綠色發展路徑。結合產業集聚理論，產業佈局一體化理論等相關理論，實現粵港澳大灣區產業一體化體制機制的創新。

努力實現粵港澳大灣區融合發展的制度保障，打通粵港澳三地「最大公約數」制度聯結通道。在一國兩制、三個關稅區，三地政治制度、

法律體系、行政體系的差异背景下，除了共同面臨的一些核心問題需要上升到國家層面，需要中央來進行統籌安排，找準「最大公約數」是協調化（harmonization）解決機制最好的辦法。包括如何更好的發揮各自制度的優勢，港澳與英美及葡語國家「窗口」功能仍然存在，對內助推「珠三角」高質量發展，成為中國經濟增長的「引擎」，對外可以成為中國堅持全面開放的最大「名片」。從國外經驗來看，協調化應用在涉及審慎監管的關鍵領域，以最低限度的協調為基礎，以母國控制為手段，在法律、規則層面難以解決的問題則通過此方法。

（2）政策規則制定從「單向認定」到「共同制定」。粵港澳三地資質互認現狀尚需積極推進。當前存在港澳專業服務標準和資質被內地認可，但反向認可不存在的局面，形成實質上的「單向認定」。而「單向認定」多出現於發展中國家面向更高的國際標準實行的開放舉措，例如我國加入 WTO 組織後的做法。對港澳「單向認定」一方面表現出內地市場對港澳企業的開放利好，另一方面也激發出內地行業標準尋求港澳認可的需求，「雙向互認」期望取代「單向認定」激發雙方交流活力。例如，在中醫、中草藥等領域，內地的中醫行醫資格渴望在澳門獲得認可。在一些特定領域，可借鑒歐盟的做法，在規劃與政策制定、個人與企業權益保障、知識產權保護、糾紛解決機制、市場准入標準以及行業規範等方面，請專業的第三方機構制定標準和規則，實現三方「共同制定」，實現制度融合完善。粵港澳大灣區經濟要成為共同市場的基礎是產業一體化，而產業一體化的前提是產業標準、行業標準的統一。理清粵港澳三地行業標準方面的最大公約數，儘快實現三地行業標準的統一，是目前大灣區可操作性最高、見效最快的路徑之一。

（3）相互認可（mutual recognition）推動市場統一。相互認可是推動粵港澳大灣區體制機制創新的重要手段，它起源於歐共體相互認可制度（mutual recognition），在歐共體各國法律差异較大的背景下，對於服務貿易和其他領域的發展至關重要。我國在 2003 年，內地與香港、澳門特區政府分別簽署了內地與香港、澳門《關於建立更緊密經貿關係的安排》（CEPA）協議中第 15

條提出的職業資格互認制度，在《中國與東盟全面經濟合作框架協議》中也有體現，是借鑒歐盟與其他區域性經貿合作實踐經驗的產物。相互認可職業資格從一般生活服務到專業服務領域逐步放開，最終相互認可在金融服務業領域得到應用。

在傳統貨物貿易領域，歐盟 1985 年制定的《關於技術協調和標準化的新方法》，在貨物貿易領域非強制性的推動標準統一，是相互認可制度的重要突破。粵港澳大灣區可在「關檢互認」「系統、標準統一」「簡化手續」等方面借鑒應用。外貿大企業通關成本較為容易被分擔，也有能力參與 AEO 認證制度，受不同標準影響較小。相互認可則顯著減少中心企業因遵循不同的規則所帶來的成本，也大幅提升了海關通關效率，減少海關繁瑣程序。在服務貿易領域，根據 CEPA 協定相互認可執業資格證，但不等於獲得工作，而只是在另一國獲得工作的非常具有競爭力的條件之一。可在此基礎之上，在某些領域合格評定程序上相互認可，規則制定相互認可。特別是在金融領域，粵港澳大灣區可借鑒歐美 1985 年發佈的《投資信託指令》（UCITS），在可控範圍內可實施，粵港澳三地任意一方所認可的投資信託、財富管理等產品，均可在其他地區自由開展銷售等交易業務，類似金融產品「單一護照」制度。

3.1.2　進一步落 CEPA 協議，深化粵港澳三地的合作

由於兩地制度的不同，政府運作模式和工作效率的較大差異，使得粵港澳三地合作中存在「大門已開，小門不通」或「玻璃門檻」的問題，使 CEPA 協議難以進一步落到實處。

（1）降低某些領域投資門檻較高，便利港澳服務業提供者進入。比如，港澳金融機構准入內地條件還比較高，例如：港資保險公司進入內地必須受政府監管部門規定的經營年限（30 年，廣東 10 年）、總資產（50 億美元，廣東 50 萬港元）和設立代表處時間（2 年，廣東 1 年）等條件限制，這些限制削弱了香港企業來深投資的信心和熱情。因此，有必要適當降低投資門檻，為港澳服務業提供者進入內地灣區創造條件。

（2）儘快出台實施細則，落實協議條款。CEPA 及其補充協議都比較原

則、粗線條，需要地方層面細化，制定具體實施細則。例如，CEPA 允許港澳公司以獨資形式在內地提供相關的物流服務，但却未明確相關的審批流程和具體要求，港澳企業不知應如何辦理。但制定這些實施細則，需要層層上報，經國家及有關部委審批之後才能執行，這種由上至下，再又由下至上的運作程序，周期長，費時費力，往往使部分條款遲遲無法落實，影響改革效率。因此應儘快出台實施細則。

（3）拓寬開放領域。目前，在 CEPA 的框架下，港澳企業參與內地經濟領域有限，例如電信業、保險業和文體產業等。這種對開放領域及程度的嚴格限制，導致粵港澳三地產業合作難以深入。因此應該進一步拓寬開放領域，放寬市場准入條件，推進知識產權保護和商事糾紛解決機制建設，推動粵港澳仲裁規則深度對接與更新，為灣區服務業發展營造法治化營商環境。

（4）降低體制差异影響，消除隱形障礙。由於兩地行政體制不同，法律法規差异，審批程序繁雜，服務標準存在較大差別，降低了港澳企業參與積極性。應該細化協議內容，對港澳企業給與國民待遇。

3.1.3　構建大灣區產業發展協同機制

在以往的發展中，灣區「9+2」城市產業規劃存在一定的本位主義，產業同構現象明顯，因此需要在產業發展層面構建協調溝通機制。

（1）在產業發展層面，三地需探索區域統一立法機制。考慮成立由法律人士組成的，常設性、權威性並專門負責協商的法協調委員會，並針對性探索面向戰略性新興產業的規則協調機制。如在港口資源優化方面借鑒日本相應的法律來規定各個港口所承擔的職能，並共同制定發展規劃。

（2）需加強民間機構的協調溝通機制，探索包括民間智庫、非政府組織等機構之間的溝通方式，探索對行業協會下放一部分行規、行約和行業技術標準的制定權，引導設立跨區域行業協調議事機構，為行業協會開展粵港澳三地交流合作提供條件。

（3）發揮好跨境公司溝通、協調的功能。市場是最有效傳遞消費者需求信息的手段，發揮連接港澳地區的跨境公司的「窗口」功能，不僅能夠了解

灣區內部的需求信息，還可以了解歐美地區的需求信息，也便於各類數據以及先進的技術和產品更便捷的進入內地。

3.1.4 優勢互補，打造大灣區新興產業集群

（1）加強粵港澳三地產業合作。珠三角地區是傳統的製造業重鎮，廣州、深圳、東莞和佛山等地形成了技術和知識密集型產業帶，香港和澳門的生產型服務業較為發達，工業設計、技術研發具有良好的基礎，通過加強粵港澳三地的產業合作，可以提升該地區產業的核心競爭力，促進產業集群的轉型升級。

（2）發展港澳地區新興產業集群。港澳地區都是服務型的大都會型經濟體系，服務業發達而製造業衰落，面臨產業的空心化。為抓住世界科技中心向亞洲轉移的趨勢，推動港澳地區的再工業化，本地政府應該實施更加精準的產業政策，重點佈局相關產業或發展優勢產業，針對當前需要重點突破的領域，尤其是缺乏市場動力、市場失靈或是「卡脖子」的產業予以重點的政策支持，打造新興產業的產業集群，重點促進新興產業發展的集群化。

（3）以發展龍頭企業為重點，促進產業聚集。港澳地區的產業復興不是扶持某個單一優勢產業，而應該建立完整的產業鏈條，將產業集群作為產業政策的主導性抓手。在培育發展優勢產業集群的過程中，學習廣東省的成功經驗，重視龍頭企業的帶動作用，發揮港澳技術創新優勢，完善的綜合服務配套，加強品牌建設，最終利用產業集群實現港澳的製造業復興。

3.1.5 加快建設港澳創新創業生態系統

由世界知識產權組織披露的《2020年全球創新指數》顯示，中國香港在全球創新投入次級指數排名中位列第8；在全球科技集群的排名中，東京－橫濱再次位居榜首，深圳－香港位居第2位。可見，港澳擁有相當好的創新基礎。但地區創新生態的建立不能僅靠捏合各自優勢資源。簡單地把科學園區、科研機構、高等學府組合在某個區域是難以複製出下一個「硅谷」的。硅谷的優勢不僅表現為領先的技術和經濟優勢，還表現為促進大學、企業、科技、市場緊密結合，哺育創新型企業持續成長、繁榮共生的創新生態系

統。實現從經濟中心向科技創新中心的轉型，關鍵在於能否形成適於結構轉型和創新創業的生態系統。因此必須強調創新環境的制度設計，為港澳地區產業的發展營造融洽、高效、協調的創新生態，調動產、學、研及風險投資類社會金融服務行業的共同力量，加快技術、資本、信息、人才、設備設施等資源要素的互動與融合共享，推動科技協同創新體系形成與深度融合發展。

（1）構建創新合作網絡。凝聚粵港澳三地創新資源優勢，構建全方位、高層次的產學研用創新合作網絡，促進不同創新主體在互惠共生的合作環境中優勢互補，形成「創新驅動—應用牽引」的科技創新產業體系。

（2）創新人才「引、留、用」機制。創新人才「引、留、用」機制，就是加大招才引智力度，強化對科技人員的激勵，讓一批有市場頭腦的科學家和一批有科學頭腦的企業家緊密結合，實現人盡其才、才盡其用、各得其所。

（3）建設「科技＋金融」生態圈。構建多層次、多元化、國際化的科技金融體系，加強港澳與灣區其他城市及世界其他地區金融市場互聯互通，大力發展創業風險投資，形成創業、創新、創投「鐵三角」，實現技術創新與金融創新「雙輪驅動」。

（4）打造開放式創新平台。打造「引進來」與「走出去」良性互動的開放式創新平台，推進跨區域技術創新治理的交流合作，提升港澳地區在國際創新體系中的影響力與競爭力。

3.1.6　以「核心」城市圈為中心，優化產業空間佈局

從日本東京灣區發展經驗來看，以城市圈中心區域佈局高端服務業、金融產業等，為首要的核心圈層。向外進一步拓展可以佈局包括科創、研發等，包括一些較為集聚的工廠。在圈層的外層，則形成包括製造業和衛星城市為主的產城融合的功能區域。對於粵港澳大灣區建設而言，一是需要打破區域內各個城市追求大而一統的產業佈局規劃。以珠江口的「小灣區」為粵港澳城市建設的核心區域，包括香港、深圳、廣州和珠海為粵港澳建設的核心圈層，佈局包括高端服務業、金融產業等為實體經濟與之配套服務的產業，成為粵港澳城市群的網絡「節點」，形成與世界交流的「門戶城市」。

二是以佛山、中山、東莞、惠州等城市為第二圈層，發揮這些地區的產業優勢，建立特色產業集群，推動傳統產業的升級改造，形成完整產業鏈條，形成具有世界級競爭力的品牌集聚區域。三是優化外圈層的發展模式，統一規劃，以點帶線的網絡佈局。重視環境保護和生態建設，建設世界級的特色小鎮，和優質生活圈，並通過快速交通系統與城區鏈接，並承接內部核心圈的產業外溢效應。

粵港澳大灣區內要進一步優化發展佈局，打通城市與城市之間發展的阻隔和通道，真正實現一體化的城市群。一是珠江東岸應通過廣深科技走廊的建設，實現珠江東岸核心區的互聯互通。延伸科技珠江東岸科技走廊，並與香港實現聯通，成立「廣深港」科技走廊，利用香港的科技資源和自由港的優勢，建設世界級的科技創新走廊，吸引全球科技資源集聚，並爭取上升到國家戰略。二是珠江西岸要以「強南沙」為建設的中心。南沙對於廣州和粵港澳大灣區的建設都是重中之重，地理位置上處於粵港澳大灣區的幾何中心，也是粵港澳核心極點的短板，面臨來自東莞的競爭。南沙發展應當以配套「廣深港」科技創新走廊為重點，發展與科技創新配套的服務產業。同時利用其物流和地理位置的優勢，成為要素流動的分撥中心和網絡的節點，降低物流和運營成本，發展與物流相配套的臨港產業，實現港城融合和聯通國內外的貨物貿易節點，利用已有的條件舉辦進口商品展銷會等措施。三是提升南沙自貿區建設的戰略決策高度，爭取獲得省級政策支持，強化 700 多平方公里的自貿區開發力度，提升園區建設的定位格局，着力打造為大灣區發展的心臟地帶。

3.1.7　以各類平台合作為落腳點，構建產業落地機制

當前粵港澳三地的合作平台包括港澳園區、3 個自由貿易試驗區、河套港深創新科技園以及橫琴・澳門青年創業谷等。

（1）河套港深創新科技園以及橫琴・澳門青年創業谷擁有良好的區位優勢，可在體制機制上有大的突破，培育科技創新產業的發展。

（2）在自由貿易試驗區、產業園區、「飛地」等產業發展平台內，結合各

地區經濟發展特點和資源稟賦優勢，增強要素互補效應，利用港澳向產業鏈上游延伸，並打破地區間無序競爭和壟斷，實現產業融合發展機制體制新突破。

（3）粵港澳三地可以進一步共建產業集聚區，包括增加建立海洋科技產業園、大數據產業園和新一代信息技術及人工智能產業園等園區，實現「無中生有」發展產業，搶佔新興產業發展的新高地。通過放活體制機制，實驗「飛地」「法定機構」和「管理公司」等模式，建立港澳高科技產業園，打破跨區域行政壁壘，劃歸香港灣區管轄，從而解決香港科技資金過境和科技成果轉化障礙等問題。

3.2　政策建議

3.2.1　破除三地間產業發展要素自由流動所存在的障礙

在法律層面，在「最大公約數」的前提之下，為保障企業權益和保護知識產權等，可加強三地立法機關協同立法、完善三地司法機關互助互認機制、協調統一三地在各方面的法律規定。

在規則層面，為了實現要素自由流動與市場化配置，還應進一步基於市場主體實施「同等待遇」原則，尤其應以方便跨境企業要素流動措施為切入點，構建更為自由的政策措施，減少各類要素在企業內部跨境流動的限制，通過落實規則和標準的對接，通過「軟聯通」來推動資金、人員、服務、技術與數據等要素自由流動。首先，需要確保的就是有效的市場准入。在企業方面，雖然港澳企業享受着大灣區內地政府補貼優惠措施以及內地銀行的貸款發放，但是在很多領域仍然沒有對港澳企業開放。其次，就資質獲取上仍然需要「同等待遇」。類似港澳企業獲得軍工資質，參與北斗項目等都存在一定的限制。再次，在要素自由流動方面也需要「同等待遇」。在貨物流方面，以自由貿易試驗區為基礎，優化珠三角港口群的競爭合作格局，加快區域性國際航空樞紐的建設，進一步推行通關便利化的政策措施，包括「關檢互認」「信息共享」等措施。在資金流方面，在自貿區內爭取實施 FT 賬戶

（即自由貿易賬戶），資金賬戶分類監管、信用監管等模式，在風險可控的範圍內進一步擴大兩地的金融開放。在知識流方面，可以對股權、技術、信息、知識產權等知識資產實行自由流動或備案制。在人才流方面，短期內的稅收優惠等措施能夠吸引一部分港澳人才到內地就業，但仍然沒解決關鍵性問題，如港澳人才能否考取大灣區內地政府的公務員，粵港澳大灣區內訪問學者、科技人才交流基金缺乏、簽注不夠靈活等。提升港澳同胞在內地生活便利與社會權益保障的水平加強制度供給。隨着粵港澳大灣區建設的不斷推進，勢必會有越來越多的港澳同胞到內地生活，尋求更好的升學、創業與就業機會。

在操作層面，建立粵港澳灣區聯席會議制度，強化全球視野，主動融入全球創新網絡，結合區內創新鏈優勢，加快打造開放、協同、覆蓋全過程的創新生態；通過推動技術、產業、金融、管理和商業模式等融合創新，構建各具特色、相互銜接、協同搭配的組合型政策體系，為粵港澳科技灣區發展提供強有力的政策支撐；以市場為導向設立聯合研發機構，鼓勵企業和研發機構掌握關鍵核心技術。提升核心企業科研能力，破除科研人員流動障礙，提高科研人員待遇。

3.2.2　推動 CEPA 落實，深化粵港澳合作

加快出台 CEPA 協議的有關實施細則，切實推動 CEPA 系列協議落地。加快實施細則出台，為初步擬定好的實施細則設立綠色通道，減少中間環節、優化審批程序、縮短批准周期。加快實施細則的出台，使想進入內地的港澳企有法可依、有章可循，增強進入內地灣區的信心；使政府執行部門按照細則指引辦事，積極開展工作，儘快推動 CEPA 落實。

進一步加大金融等領域的開放力度，實現全面服務貿易自由化。要敢於大膽嘗試，在不損害國家利益的前提下，對一些目前還沒有開放或者開放程度不夠的領域，進行認真研究。金融、保險業是香港優勢產業，「深港通」已開通，珠三角地區毗鄰香港，在金融和交通航運服務方面有着得天獨厚的地理優勢，要充分利用這一優勢，加大對香港的開放力度，實現全面服務貿易

自由化。

建立與國際接軌的政府服務體系，為香港服務業提供者消除隱形障礙。要探索兩種制度的融合協調，建立與國際接軌的政府服務體系，加強法制建設和知識產權保護，推進與香港服務業法律接軌，建立符合國際慣例的行業標準。同時，要加強內部管理，優化審批程序，取消不必要的程序，提高服務質量，為香港服務業提供者進入深圳消除隱形障礙。

3.2.3　形成大灣區產業協同機制，促進大灣區產業發展

成立「大灣區發展協調委員會」。委員會要承擔跨市協調工作，統籌負責大灣區的整體規劃、產業佈局、環境治理、生態保護等宏觀發展問題。具體工作包括協調灣區各城市共同制定發展戰略，編製總體規劃，完善三地合作機制。在法律上，灣區各城市通過協調委員會可共同制定地方性的法律法規並在三地生效，特別是針對戰略新興產業方面的規則規定，可以通過立法來解決當前面臨的實際問題。

成立民間智庫、非政府組織等，加強民間溝通協調機制。從其他灣區來看，一些政府不好協調解決的問題，通過政府資助或支持的民間機構來協調，能起到更好的效果。比如通過民間協商，發揮各城市間的特長，對接澳門與珠海之間的旅遊、休閒、會展產業，發展澳門與內地的中醫藥產業，支持澳門發展特色金融，深圳金融企業在澳門發行巨災債券等。

進一步實施粵港澳大灣區 11 個市「自貿區」的政策。在國家層面上通過將現有的廣州南沙、深圳前海、珠海橫琴自貿區擴大到整個大灣區 11 個市破解「三個關稅區」的壁壘問題。升級後的大灣區自貿區在金融、產業、知識產權、環境、能源等領域的合作水平將進一步提升，有助於加強一體化的基礎設施建設和實行更加統一的貿易自由、金融自由、投資自由和物流自由的政策。

3.2.4　打造港澳新興產業集群

做好港澳地區在科學產業方面的定位。站在基於科學的產業劃分的視角，當前港澳尤其是香港的產業定位的重心有待進一步凝聚，應該將重要資源與財力繼續向難以模仿、難以複製、稀缺性、不易流動的產業類型聚集，

打造「我有他無」「我強他弱」「我引領他跟隨」的獨特產業類型，搶佔產業鏈「微笑曲線」的制高點。香港政府在 2009 年確定了 6 大優勢產業，有必要在這些基於科學的產業中加大投入，實現從 0 到 1 的創造式進步，再通過這些產業的孕育成長成熟。

港澳政府牽頭制定優勢產業發展規劃。港澳地區製造業轉型需要因地制宜，灣區內的製造業要做到互相協同、避免衝突，整體製造業的發展需要有完善體制機制，這些都離不開政府協調。港澳兩地需要設立專門的產業發展協調和政策制定機構，尤其是香港優勢產業的發展，應該學習借鑒新加坡的工業園模式，其優勢產業的發展離不開政府的引導，通過產業政策的扶持，港澳的新興產業集群才能快速發展。

建立創新科技園區，提供給優勢產業的相關企業入駐。通過提供樓宇供科技企業租用，可以降低企業的成本，促進企業的研發工作，同時還便於港澳政府統一管理，創造有利的環境，培育世界級的產業集群。同時還要吸納高科技企業總部落戶香港地區，促進優勢產業集群的進一步形成。紐約、舊金山和東京灣區都是世界 500 強企業佈局總部或者地區總部的重點區域。其中落戶紐約的全美 500 強企業接近總數的 1/3。建設香港優勢產業集群，也需要重視大型高科技企業落戶帶來的總部經濟利好。當前港澳地區尚需培育更多本地企業爭取世界 500 強的排名，也需要吸引更多國外 500 強企業將總部、地區總部或者研發機構落戶，借助頂尖企業的龍頭帶動作用，升級地區創新氛圍，藉以吸納更多外部創新資源服務本地科學產業的發展。

3.2.5 多措並舉打造港澳創新創業生態系統

學習廣深成功經驗，大力發展新興科研產業機構。學習廣深成功的經驗，建立創新創業系統發展的評價體系，進一步打造廣深港澳科技創新走廊及其「基礎研究＋技術開發＋成果轉化」的創新鏈，設立各類科技創新服務平台，改造升級承接技術成果孵化、轉移和轉化應用基地，促進科技與經濟良性互動。

重視政府引導、市場主導、平台搭建、環境營造、協同創新，構建區域

創新創業生態系統。以創新主體為核心，實現人才和技術等科研要素聚集。以產業體系為支持、企業為主體、市場為導向，形成良好的創業文化。創新始於技術，成於資本，培育一批多樣化、專業化、協同化的風投機構，利用好港澳地區既有的技術創新先發優勢以及本土金融服務的良好支撐，構建「科技＋金融」生態圈。同時，應該進一步放開內地企業赴港澳進行投資的渠道，允許南下企業設立孵化系統，幫助港澳地區的創新企業實現科技與資本的有效對接，擴大對創新型科技企業的包容性、適應性，為更多類型的優質企業拓寬融資渠道，精準、高效地支持灣區優質的創新型科技企業發展，其核心實現創新鏈、產業鏈、資金鏈、服務鏈、環境鏈的「五鏈融合」。

實施各類稅收優惠政策，降低創業成本和風險。港澳地區創業成本較高，減稅有利於營造良好的創新創業創造環境。要針對港澳創新型企業所處不同成長階段、不同環節設計稅收減免制度，擴展稅收優惠政策條件與適用範圍，完善相關稅收體系，進一步激發創新創業創造活力。

深化國際創新創業交流合作，營造自由高效的創新創業環境，推動港澳地區融入全球創新創業網絡。全面對接國際成熟市場支持創新創業規則體系，形成一套成熟的技術標準、檢驗檢測認證和政府管理服務標準。探索創新創業治理的新模式、新路徑、新體制，加強對技術創新治理的基礎理論和應用決策研究。

3.2.6　根據要素稟賦完善各城市產業空間佈局

在相對成熟的市場機制下，要素稟賦往往決定了產業的選址，產業發展的要素條件包括了自然條件、自然資源、基礎設施、區位、人口和文化等基礎因素以及全球化和國際化、信息化和網絡化、生態環境等新型因素。不同城市具備的要素稟賦不同，因此需要根據不同城市資源稟賦的優勢，選擇不同的發展模式。同時，產業的發展要分層級，即不同城市具備的產業基礎不同，相關產業的佈局應該共同考慮要素稟賦和區域協同，分層佈局，最終以核心城市為支點促進整個灣區產業的優化佈局。

要素完整型城市產業空間佈局。廣州、深圳和香港：粵港澳大灣區中廣

州、深圳和香港都屬要素完整形城市，無論在科技資源還是市場機制建設方面都領先於大灣區其他城市，擁有良好的產業基礎和較強的創新能力。因此，首先應該加強廣深港科技創新走廊的建設，利用三地高校及科研機構集中、人才儲備充分、創新能力強、技術更新快的優勢，重點發展戰略新興產業和新興支柱產業。比如進一步發展數字經濟產業，構建人工智能產業集群、大數據產業集群以及電子信息產業帶。發展新能源汽車等高端裝備製造業，發展生物醫藥研發和醫療器械製造業集群，加強本地區製造業的國際競爭力。其次，提升三地的科研原創水平和產品設計水平，優化高端服務業。同時，還要利用香港特別行政區的獨特的市場環境以及作為國際金融貿易中心和國際創新科技中心的優勢，加強三地的合作，形成香港構思，廣深孵化的格局，進而強化廣深港軸心的輻射能力，隨着新興產業的周期發展，逐步將已經成熟的企業向要素條件略低的城市轉移。

要素支撐型城市產業空間佈局。佛山、東莞、珠海、中山、惠州和澳門等市場支撐型城市：以上城市具備較好的要素稟賦和產品市場，東莞、佛山、惠州等城市擁有較為發達的出口導向型加工製造業，能夠滿足一些新興產業最基本的科技資源需求，具備發展高科技產業條件。以上城市應該進一步做大做強已有的陶瓷、能源、物流、石化、裝備製造和臨港工業等產業，發展世界級產業集群。尤其是惠州和東莞的先進製造業和高技術製造業基礎較好，有能力承接廣深港科技走廊的產業外溢，可以利用先進技術促進本地區產業升級，推動高端製造業、信息技術產業和新能源產業的發展。珠海是我國最早設立的經濟特區，與澳門毗鄰，珠海與中山兩地都擁有一定的高技術製造業基礎和完善的基礎設施建設，具備進一步發展高端製造業的能力。雖然這兩個城市在科技資源方面不具有明顯優勢，但是較高的經濟市場化程度也能夠為戰略性新興產業的發展提供有力支持。因此一方面兩地可以在當地建設小型科創園區，扶持部分科技資源需求相對較低的初創新興產業；同時接收已經發展得較為成熟的企業，發展如先進輕紡製造業，為其提供低廉的土地、充足的勞動力以及平穩的資金和技術支持。並利用澳門的中醫資

源，發展中醫醫藥產業集聚區。最終佛山、東莞、惠州、珠海和中山等地分別成為廣深港科技創新走廊的一體兩翼，即走廊地區與兩翼地區組合成為「研發—生產—營銷」的平台。

條件不足型城市產業空間佈局。肇慶和江門：這兩個城市位於大灣區西部，現有產業基礎尤其是高新科技相關產業基礎比較薄弱，人才、技術等科技資源不足，尚未形成良好的創業創新氛圍，同時這些地區的經濟市場化程度不高，所以與其他城市相比，在戰略性新興產業佈局所需的科技資源和市場機制供給方面存在明顯不足。一方面，這兩個城市應該主要打造珠江口配套產業集聚區，即利用廣深東莞等地產業轉型升級、企業外遷的機會，形成當地傳統特色的低端（即低成本、低附加值、低技術含量）製造基地，既為核心地區贏得了騰籠換鳥的空間，又進一步發展了本地的製造業，創造了就業崗位，提升了經濟水平。在產業上，兩地可以發展傳統勞動密集型產業，如服裝、五金、玩具、製鞋、包裝等，或是資本密集型產業中的加工製造環節，如 IT 產品製造、家電製造等產業。另一方面，兩個城市應該積極融入灣區核心地帶交通基礎設施建設，以交通基礎設施建設作為一體化的重要突破口和切入點，打造灣區的後花園。即利用好江門的海洋資源和肇慶的山水資源，出台相關政策措施，建設與大灣區配套的世界級居住區，並保證環境的美化和街區的景觀，吸引全球頂級的創新人才入住，同時起到改善灣區內部居住環境的作用。

3.2.7　打造高水平產業發展平台

建立粵港澳國家級產業發展平台，利用粵港澳尤其是香港的科教資源，以及珠三角完整的產業鏈，對接全球資源，推動傳統的優勢產業做大做強。粵港澳三地也可聯合申請，共同建設國家產業創新中心等平台載體，支持實體產業發展。比如深圳可依託澳門的優勢中醫藥產業，共建深澳中醫藥科技產業園，這也有利於澳門未來產業多元發展的重點方向。目前珠海橫琴新區的粵澳合作中醫藥科技產業園發展較好，註冊了 159 家企業，澳門企業 39 家，涉及中醫藥、保健品、醫療器械、醫療服務及生物醫藥等領域。深圳寶

安明確發展中醫藥產業，可參考粵澳合作中醫藥科技產業園合作模式，在深圳寶安共建深澳中醫藥科技產業園。

進一步完善現有產業平台的落地方案。建設粵港澳大灣區，離不開重大合作平台的打造。目前在粵港澳灣區設立了深圳前海、珠海橫琴和廣州南沙三個自貿區，並設立了江門大廣海灣經濟區、中山粵澳全面合作示範區等平台。粵港澳三地利用這些重大合作平台在深化內地與港澳合作方面開展了積極探索，但還應該進一步發揮三大平台在深化改革、擴大開放、促進合作中的試點示範作用，同時利用好其他重點地區的合作對接，妥善利用大陸搭建的合作渠道，實現產業合作的探索與對接資源的充分利用。比如可以利用橫琴在灣區內經濟門戶的特殊地位，借橫琴制度創新的東風，積極配合試行合作優惠政策。利用廣州南沙作為粵內面積最大自貿區的特殊地位，積極推進臨港產業和遊艇旅遊業的拓展前伸，尋求航運物流合作。利用深圳前海在金融、港口服務方面的優勢，努力向葡語國家和地區推動「一帶一路」合作模式，完善灣區葡系經濟的金融引流和物流促通機制。利用江門和中山地處珠江西岸，擁有大批港澳同胞和海外僑胞的優勢，撬動其豐富的人力、資金等資源。

利用產業園區集群優勢引導產業發展。園區應該緊緊扭住建設粵港澳大灣區這個「綱」，主動對接大灣區創新資源，加快聚集全球高端創新資源要素，全力打造粵港澳大灣區創新高地。各類產業園區可以依託大科學裝置，打造特色突出的科技創新群簇。園區還應依靠多個科技創新平台，集聚一批新型研發機構、高端科研團隊，力爭在行業共性技術、關鍵核心技術、新興產業技術的應用研發方面實現突破。

粵港澳三地還可共同設立高科技產業基金。澳門政府財政資金較為充裕，希望與內地灣區合作設立產業基金，目前已與廣東省設立了100億規模的粵澳合作基金。深圳可參考粵澳合作基金模式，與澳門共同設立深澳高科技產業基金，進一步發揮澳門基礎研發能力與深圳產業化能力相結合的優勢，通過產業基金帶動集成電路、智慧城市等領域技術進步，發展戰略新興產業，從而形成粵港澳大灣區行的國際競爭力。

第五章

粵港澳大灣區打造全球創新中心研究 [1]

1 本章由陳廣漢負責，作者團隊成員：吳鵬、奚美君、李小瑛。

內容摘要

《粵港澳大灣區發展規劃綱要》明確提出，將粵港澳大灣區定位為「具有全球影響力的國際科技創新中心」。目前，粵港澳大灣區擁有高度開放的經濟、完備的產業體系，集聚大量的創新要素和資源。粵港澳大灣區打造國際科技創新中心，對於推動粵港澳大灣區率先實現創新驅動轉型，加快建設創新型國家和世界科技強國，具有重要的戰略意義與價值。

本章基於內生增長理論和熊彼特創新理論，從創新要素、創新環境和創新績效等維度，梳理全球科技創新中心發展的理論依據。借鑒已有全球科技創新中心形成和發展，比較分析營造生態環境模式、政府市場雙輪驅動模式、市場主導模式、政府主導模式四種不同發展模式的特色。這些理論依據與世界灣區的發展經驗的梳理，為粵港澳大灣區建成國際科技創新中心提供了依據與借鑒，也為打造全球科技創新中心指明了發展方向。在此基礎上，借鑒國內外創新指數體系的構建思路，同時考慮大灣區科技創新與產業發展的優勢和問題，從投入、環境（軟＋硬）、產出四個層面，構建包含 4 個一級指標、12 個二級指標、44 個三級指標的科技創新指標體系，評估粵港澳大灣區的科技創新能力。運用逐級等權法，利用廣東九市、香港、澳門的數據，測算粵港澳大灣區的科技創新能力。

測算結果表明：第一，粵港澳大灣區內部科技創新能力差異較大，科技創新能力最強的是深圳，其科技創新能力是最弱地區的十倍多，其次是廣州和香港；第二，在溢出效應的影響下，與科技創新能力較強的地區越近，該地的科技創新能力也較強，如廣深港右側的惠州和東莞、廣深港左側的珠海、佛山、中山；相反，與科技創新能力較強的地區越遠，該地的科技創新能力較弱，如廣深港左側較遠地區的肇慶和江門；第三，粵港澳大灣區的科技創新能力以深圳為核心、北接廣州南連香港，形成以深圳—廣州—香港為科技創新軸線、向外階梯型遞減的創新科技圈。其中，廣州的創新要素最強，其次是深圳和香港；香港的創新環境最強，其次是廣州、深圳、澳門；深圳

的基礎設施最強，其次是廣州和香港；深圳的創新績效最強，其次是廣州。

　　依據粵港澳大灣區科技創新能力的評估結果，要想打造成國際科技創新中心，就要構建科技和產業協同發展的創新體系，實現創新鏈與產業鏈融合發展。依據各城市在創新鏈和產業鏈的優勢，構建「科學研究—成果轉化—產品開發運用」三位一體的創新分工體系。堅持促進創新鏈與產業鏈的深度融合，促進科技與產業相互支撐和協同發展。圍繞創新鏈的關鍵領域構建創新平台，集聚國際高端創新要素。另一方面，要搭建國際科技創新中心平台。依據各城市的科技創新能力的評估結果，發揮各城市的優勢和科技創新的外溢效應，尤其是廣州和香港在創新要素和創新環境方面的顯著優勢、深圳在基礎設施和創新績效中居領先地位，打造以港深和廣佛國際創新科技中心為雙核心、廣深港澳創新科技走廊為一廊、環大灣區科技創新產業圈為一圈的「雙核一廊一圈」的國際科技創新中心。最後，從高校聯盟、人才培養、科研成果轉化、創新平台、創新機制等五個方面，提出建設大灣區國際科技創新中心的政策建議。

第一節　全球創新科技中心發展的理論依據

　　創新要素的投入和創新環境的建設是全球科技創新中心發展的基本條件，而創新績效則是全球科技創新中心發展的基本表現。基於內生增長理論和熊彼特創新理論，從創新要素、創新環境和創新績效視角出發，總結全球科技創新中心發展的理論依據。

1.1　從內生增長理論到創新要素

1.1.1　內生增長理論與創新要素

新古典增長理論認為地區經濟增長的動力來源於外生的資本、勞動、

以及技術進步。其中以索羅（Solow）的新古典增長理論模型最具代表性。Solow（1956）在柯布道格拉斯函數的基礎上，選取可替代的資本和勞動力作為經濟增長的核心變量，假設技術進步是外生的，並假設投資的邊際收益率遞減，來分析影響經濟增長的因素。研究發現儲蓄率只能暫時提高經濟增長率，技術進步才是促進經濟永久性增長的核心要素。然而當時的模型假設技術進步是外生的，且沒有說明哪些因素決定了技術進步[1]。

以羅默為代表的內生增長理論強調內生的技術進步是推動經濟增長的決定因素，而知識溢出和人力資本是實現技術進步的重要因素。Romer（1986）用知識總水平對產出的貢獻來衡量技術的外部性，研究發現，一方面知識是廠商進行投資決策的產物，使得知識成為內生變量，另一方面由於知識不能得到完全專利保護或保密，它是具有溢出效應的，新知識的出現會使整個社會受益。[2] Romer（1987）進一步假定經濟是不完全競爭的，強調技術進步是經濟主體有意追求的目標，其在該文中將研究和開發（R&D）引入到經濟系統之中，該模型成為內生技術進步的微觀基礎。[3] Lucas（1988）構建了人力資本的溢出模型，強調外部性是由人力資本的溢出效應造成，這種外部性的大小以全社會人力資本的平均水平來衡量。[4] Romer（1990）構建了私人研發支出對經濟增長的影響模型，發現基於私人利益追求的研發支出對科技進步和創新具有重要推動作用。[5] 由上可知，研發支出（R&D）和人力資本這兩種創新要素能顯著促進技術進步，從而助推經濟的增長。

1　Solow R. M.. A Contribution to the Theory of Economic Growth[J]. The Quarterly Journal of Economics, 1956, 70（1）：65-94.

2　Romer P. M.. Increasing returns and long-run growth [J]. Journal of Political Economy, 1986, 94（5）：1002-1037.

3　Romer P. M.. Crazy Explanations for the Productivity Slowdown[J]. Nber Macroeconomics Annual, 1987, 2（2）：163-202.

4　Lucas R.. On the mechanics of economic development [J]. Journal of Monetary Economics, 1988（22）：3-42.

5　Romer P M. Endogenous technological change[J]. Journal of political Economy, 1990, 98（5）：71-102.

1.1.2　創新要素是創新科技中心發展的重要因素

人才和資本等創新要素的投入能顯著促進創新能力的提高，特別是科技人才和研發資本的投入，是地區和企業創新能力提高的源泉（Mahlich 和 Roediger，2006），也是推動創新科技中心建設和發展的重要因素。[1]

高素質人才的流入是地區創新能力提高的關鍵要素（毛豐付等，2019）[2]。Glaser 和 Resseger（2010）構建了人均產出構成模型，研究發現在美國高人力資本城市中，人口規模與生產力間存在顯著的正相關關係，這來源於人力資本帶來的學習和創新效應。[3] 張海峰（2016）基於浙江省縣級區域數據，分析了人力資本集聚對區域創新能力的影響，結果顯示專業技術人員就業密度每增加 1，區域創新能力將提高 5.6%。[4] 毛豐付等（2019）分析了 2001—2006 年「以房搶人」政策對城市創新能力的影響，研究發現「以房搶人」政策通過提高人力資本水平助推了城市創新能力的提高。事實上，科技人才的投入對創新能力有更大的促進作用（Mueller，1996）。[5] Demirel.P（2010）基於 1950—2003 年美國醫藥行業企業的成長，發現科技人才的投入，對醫藥企業創新產出具有顯著正向影響[6]。

研發資本的投入是促進創新能力提高的直接手段，包括政府 R&D 投入和企業 R&D 投入等。多數學者認為政府研發資本投入與地區創新能力間存

1　Mahlich J C , Roediger-Schluga T . The Determinants of Pharmaceutical R&D Expenditures: Evidence from Japan[J]. Review of Industrial Organization, 2006, 28（2）: 145-164.

2　毛豐付 , 鄭芳 , 何惠竹「以房搶人」提高了城市創新能力嗎 [J]. 財經科學 ,2019（7）: 108-121.

3　Glaeser E.L., Resseger M.G., The complementarity between cities and skills[J]. Journal of Regional Science, 2010, 50（1）: 221-244.

4　張海峰 . 人力資本集聚與區域創新績效——基於浙江的實證研究 [J]. 浙江社會科學 ,2016（2）: 103-108.

5　Mueller D C. Patents, Research and Development, and the Measurement of Inventive Activity[J]. Journal of Industrial Economics, 1966, 15（1）: 26

6　Demirel P, Mazzucato M. Does market selection reward innovators? [J]. FINNOV Discussion Paper, 2010.

在正相關關係（陳春輝和曾德明，2009）。[1] 劉和東（2007）基於中國 1991—2004 年數據，運用協整與因果檢驗方法，分析了財政科技投入與自主創新能力的關係，研究發現財政科技投入是地區創新能力提升的原因。[2] 事實上，政府研發資本投入的增加，會促進企業增加 R&D 投入（Georghiou，1998[3]；Dominique 等，200）。而企業作為創新的主體，企業 R&D 投入的增加能促進企業創新能力的提高（Acs 等,1988）。[4] Yam 等（2011）基於香港製造業行業企業數據，研究發現企業自身研發投入對企業創新有顯著正向影響，是企業創新能力提高的重要源泉。[5]

此外，企業研發投入也是衡量企業創新行為的一個重要指標（Jaffe，1989[6]；王永進和張國峰，2015[7]；趙西亮和李建強，2016[8]）。蔡曉慧和茹玉驄（2016）在分析地方基礎設施投資對企業創新行為的影響時，採用企業研發投入佔營業收入的比重作為企業創新行為的代理變量。[9]

1　陳春輝，曾德明 . 我國自主創新投入產出實證研究 [J]. 研究與發展管理 , 2009, 21（1）：18-23.

2　劉和東 . 財政科技投入與自主創新關係的實證研究 [J]. 科學學與科學技術管理 , 2007（1）：20-24.

3　Georghiou L. Issues in the Evaluation of Innovation and Technology Policy [J].Evaluation: The International Journal of Hieory, Research and Practice, 1998,4（1）：37-51.

4　Acs, ZJ and Audretsch, DB. Innovation in large and small firms: An empidcal analysis [J]. American Economic Review, 1988,78（4）,678-690.

5　Yam R C M, Lo W, Tang E P Y, et al. Analysis of sources of innovation, technological innovation capabilities, and performance: An empirical study of Hong Kong manufacturing industries[J]. Research Policy, 2011, 40（3）：391-402.

6　Jaffe A B. Real Effects of Academic Research[J]. American Economic Review, 1989, 79（5）：957-970.

7　王永進，張國峰，等 . 人口集聚、溝通外部性與企業自主創新 [J]. 財貿經濟 , 2015, 36（5）：132-146.

8　趙西亮，李建強 . 勞動力成本與企業創新——基於中國工業企業數據的實證分析 [J]. 經濟學家 , 2016（7）：41-49.

9　蔡曉慧，茹玉驄 . 地方政府基礎設施投資會抑制企業技術創新嗎？——基於中國製造業企業數據的經驗研究 [J]. 管理世界 , 2016（11）：32-52.

1.2　從熊彼特創新理論到創新環境

1.2.1　熊彼特創新理論與創新環境

熊彼特創新理論的代表人物是約瑟夫・熊彼特，他早在 1912 年的《經濟發展理論》一書中就提出了「創新理論」，並在隨後的《資本主義、社會主義和民主》一書中強調企業研發部門的重要作用，進一步完善了「創新理論」。[1] 熊彼特創新理論認為創新是生產要素的重新組合，即將一種新的生產要素和生產條件的組合引入到生產體系中（熊彼特，1990）[2]。熊彼特認為經濟增長是一種打破舊有均衡後的新均衡，是一種「創造性的毀滅」過程（Aghion 和 Howitt，1992）[3]，是在對原有產品的破壞過程中，使得創新不斷被創造出來（Lee 和 Malerba，2017）[4]。

熊彼特創新理論關注企業家和企業家精神在創新中的重要作用。企業家是創新的主體，其能實現生產要素的重新組合，以及新產品的研發，繼而促進生產力的提升。企業家的創新精神是創新活動發生和創新產品實現的動力和源泉，是經濟走創新驅動發展戰略的人為動因（Drucker，1985[5]）。而企業家和企業家精神的發揮需要當地良好的產業、市場、基礎設施、生態等創新環境的配合（柳卸林等，2017[6]）。產業的集聚能通過共享、匹配和學習效應

1　顏鵬飛，湯正仁 . 新熊彼特理論述評 [J]. 當代財經，2009（7）：116-122.

2　熊彼特著，何畏等譯 . 經濟發展理論：對於利潤、資本、信貸、利息和經濟周期的考察 [M]. 北京：商務印刷館，1990.

3　Aghion P，Howitt P . A Model of Growth Through Creative Destruction[J]. Econometrica, 1992, 60（2）：323.

4　Lee K, Malerba F. Catch-up cycles and changes in industrial leadership: Windows of opportunity and responses of firms and countries in the evolution of sectoral systems [J]. Research Policy, 2017, 46（2）：338-351.

5　Drucker, Peter F. Innovation and Entrepreneurship: Practice and Principles[J]. Social Science Electronic Publishing, 1985, 4（1）：85-86.

6　柳卸林，高雨辰，丁雪辰 . 尋找創新驅動發展的新理論思維——基於新熊彼特增長理論的思考 [J]. 管理世界，2017, 291（12）：8-19.

促進企業間知識的溢出和技術的傳播，從而提高企業和區域創新水平（Sultan
和 Dijk，2017[1]；Lin，2011[2]）；營商環境的優化可以改善企業生產經營的外部
環境，提升企業技術水平和產品質量，從而增強企業創新能力和活力（劉軍
和付見棟，2019）。[3]

　　熊彼特認為技術擴散也是地區創新能力提升的重要手段，他將技術進步
分為發明、創新和擴散三個階段，即新技術成果可以通過市場傳播和擴散，
從而帶動創新能力的提高。在技術的選擇和引進方面，需要與當地的生產性
基礎設備（包括交通、運輸、通訊等）、生活性基礎設施，以及生產服務設
施相匹配，這些將直接影響引進技術的效益的發揮（崔功豪等，2006）。[4]

1.2.2　創新環境是創新科技中心發展的基本保障

　　創新環境包括地區產業發展情況、營商環境、市場化程度等創新軟環
境，以及交通物流、信息通訊、生態環境等創新硬環境。創新環境為地區科
技能力提升提供基礎（蔡曉慧和茹玉驄，2016），也是推動創新科技中心建
設和發展的基本保障。

　　產業、市場等創新軟環境的發展，為科技創新提供基礎。一方面，產業
的集聚有利於地區創新能力的提升。產業的集聚縮短了企業間的地理距離，
便於技術人員間的交流以及知識的傳播，有利於降低創新成本（Kerr 等，
2012）。[5] 此外，產業集聚通過知識溢出外部性促進區域創新，包括產業內的

1　Sultan S S .Dijk M P. Palestinian clusters: from agglomeration to innovation [J]. European Scientific
　　Journal, 2017, 13（13）：323-336.
2　Lin J . Technological Adaptation, Cities, and New Work[J]. Review of Economics & Statistics, 2011,
　　93（2）：554-574.
3　劉軍和付見棟，營商環境優化、雙重關係與企業產能利用率 [J]. 上海財經大學學報，
　　2019, 21（4）：70-89.
4　崔功豪，魏清泉，劉科偉 . 區域分析與區域規劃 [M]. 高等教育出版社，2006.
5　Kerr, William R, Kominers, Scott Duke. Agglomerative Forces and Cluster Shapes[J]. Social
　　Science Electronic Publishing, 2012, 97（3）.

專業化外部性和產業間的多樣化外部性（Chung 和 Alcacer，2002）。[1] 產業內的專業化外部性是指同一產業的集聚有利於專業化生產，從而促進地區創新（彭向和蔣傳海，2011）。產業間的多樣化外部性是指多樣化和差异化產業的集聚，將促進不同產業間知識的交流和思想的碰撞，並通過競爭推動地區產業創新（Feldman 和 Audretsch，1999）。彭向和蔣傳海（2011）基於 1999—2007 年各省份工業行業的數據，研究發現產業集聚對地區創新產生顯著正向影響，產業間外部性對創新的推動作用大於產業內外部性。[2] 另一方面，營商環境、市場化程度等創新環境對區域創新具有重要影響。盧萬青和陳萬靈（2018）基於營商環境對技術創新的門檻效應分析，發現良好的營商環境會降低企業的創新門檻，促進國家整體創新水平的提高。[3] 王海兵和楊蕙馨（2016）基於 1978—2012 年的中國省際面板數據，分析了影響創新驅動的因素，研究發現地區對外開放程度（進出口總額 /GDP）與創新能力呈正相關關係，非市場化程度（國有企業工業產值 / 工業總產值）與創新能力呈負相關關係。[4]

　　基礎設施、生態環境等創新硬環境的發展，為科技創新提供基本保障。地區良好的基礎設施建設能為企業提供一個優良的創新環境，交通物流、信息通訊等城市基礎設施的完善，有利於降低最終產品和中間投入品的交易成本，促進企業規模的擴張和成本的降低，進而不僅企業創新行為（蔡曉慧和茹玉驄，2016）。此外，良好的基礎設施建設，能為先進技術的引進提供保障，有利於技術的擴散和傳播（崔功豪等，2006）。王海兵和楊蕙馨（2016）以公路里程代表基礎設施建設情況，實證研究發現地區基礎設施建設水平有

1　Chung W，Alcacer, J. Knowledge Seeking and Location Choice of Foreign Direct Investment in the United States[J]. Management Science, 2002, 48（12）：1534-1554.

2　彭向，蔣傳海 . 產業集聚、知識溢出與地區創新 - 基於中國工業行業的實證檢驗 [J]. 經濟學（季刊），2011, 10（3）：913-934.

3　盧萬青，陳萬靈 . 營商環境、技術創新與比較優勢的動態變化 [J]. 國際經貿探索，2018, 34（11）：62-78.

4　王海兵，楊蕙馨 . 創新驅動與現代產業發展體系——基於我國省際面板數據的實證分析 [J]. 經濟學（季刊），2016, 15（4）：1351-1386.

利於促進創新。良好的生態環境可持續性是一個地區經濟實現可持續增長的重要條件（楊振山等，2016）[1]，也對創新科技中心的建設具有重要作用。此外，良好的生態環境也有利於吸引更多的創新型人才和創新型企業，從而為區域創新提供基礎和保障（杜德斌，2015）。[2]

1.3 從創新科技中心到創新績效

1.3.1 全球創新科技中心與創新績效

全球創新科技中心是指全球創新科技資源密集、創新科技成果豐富、創新科技實力居領導地位的地區或城市，也是全球新知識、新產品和新技術的高地和增長極（杜德斌，2015）。事實上，「全球創新科技中心」概念的提出可以追溯到 2000 年，當時《連線》雜誌提出了「全球科技創新中心」的概念，並評選出 46 個全球技術創新中心，包括硅谷、波士頓、舊金山、中國台灣、中國香港等（周振華等，2016）。[3]2006 年，世界經濟論壇與麥肯錫公司提出全球創新中心在三個方面具有優勢，即創新產出規模（專利總量）、創新動能（專利增長）和產業多樣性。

全球創新科技中心是新知識、新產品和新技術的高地，具有以下幾個方面特徵：第一，全球創新科技中心聚集了眾多世界著名的科技企業、大學和研究機構。企業是科技創新的主體和實現者，而大學和研究機構則為科技創新提供知識輸出、創新人才培養等功能（杜德斌和何舜輝，2016）。[4]第二，全球創新科技中心匯聚了眾多高端的創新人才，包括頂尖的科研人員、優秀

1　楊振山，丁悅，李娟. 城市可持續發展研究的國際動態評述 [J]. 經濟地理，2016, 36（7）：9-18.

2　杜德斌著，全球科技創新中心：動力與模式 [M]. 上海人民出版社，2015.

3　周振華. 上海建設全球科技創新中心：戰略前瞻與行動策略 [M]. 格致出版社：上海人民出版社，2016.

4　杜德斌，何舜輝. 全球科技創新中心的內涵、功能與組織結構 [J]. 中國科技論壇，2016（2）：10-15.

的專業技術人才和管理人才等。創新人才是創新活動的重要執行人，將直接參與新技術、新知識和新產品的創造環節，因而高端人才，特別是科技創新人才的集聚是全球科技創新中心的一個典型特徵（王可達，2017）。[1] 第三，全球創新科技中心擁有優良的創新創業環境，包括良好的創新文化、基礎設施、專業服務等。創新環境通過影響創新主體而影響創新中心的建設和發展。第四，全球創新科技中心均表現為擁有較高的創新投入（研發經費、研發人員等），更重要的是，都擁有較高的創新績效，包括專利數量、科技論文量、新產品產值、高新技術產業產值等（杜德斌和何舜輝，2016）。

全球科技創新中心的發展均表現為較高的專利、新產品等創新績效。熊彼特認為經濟有五種創新模式，分別是生產新產品、採用新生產方式、開闢新市場、掠奪或控制新供應來源、實現一種新的工業組織（熊彼特，1990）。而這些創新的新方式分別對應着產品創新、技術創新、市場創新、資源配置創新、組織創新。創新的績效主要表現在產品創新、技術創新和市場創新方面。

1.3.2　創新績效是創新科技中心發展的主要標誌

創新績效包括專利數量、新產品產值、注冊商標數量、科技論文數量等，其是衡量地區和企業創新能力的常用指標（張可，2018[2]），也是創新科技中心建設和發展的主要標誌。

全球科技創新中心發展的關鍵是需要有較高的科技活動產出，因而創新績效也成為衡量其發展的主要標誌。硅谷、舊金山、東京等全球科技創新中心均具有較強的科技實力，和雄厚的創新成果（聶永有等，2015[3]）。對於正打造全球科技中心的上海，其創新成果在國內也較為突出，其中有效發明專

1　王可達. 借鑒硅谷科技創新經驗建設國際科技創新樞紐 [J]. 探求, 2017（4）：92-100.

2　張可，毛金祥. 產業共聚、區域創新與空間溢出——基於長三角地區的實證分析 [J]. 華中科技大學學報（社會科學版）, 2018, 152（04）：80-92.

3　聶永有，殷鳳，尹應凱. 科創引領未來——科技創新中心的國際經驗與啟示 城市篇 [M]. 上海：上海大學出版社, 2015.

利擁有量和國際論文引用量均高居全國第二位（杜德斌，2015）。

創新績效的衡量指標多為專利數量、新產品產值、商標數量、科技論文數等。專利數量是常用的衡量地區和企業創新能力的指標（Bettencourt 等，2007；[1] 劉和東，2006），專利數量指標的優勢在於能直接表徵創新過程中新技術、新方法等新知識的產出，且各地具有統一的專利申請和授權的規章制度，也使得該數據具有較好的可比性（白俊紅和蔣伏心，2015[2]）。專利分為發明專利、使用新型專利和外觀專利三種類型，以及專利申請數量和專利授權數量兩種指標，專利授權數能更準確反映當地的技術創新水平，然而由於專利從申請到授權的時間較長，通常需要 1—2 年，因而專利申請數也具有更真實反映當期創新產出的優勢（陳雯，2019）。[3] 新產品產值或新產品銷售收入也是一個常用的衡量創新能力的指標（Pellegrino 等，2012[4]；林煒，2013[5]）。與專利數量指標相比，新產品產值指標雖然忽視了研發創新過程中的知識創造功能，但是可以更好反映研發創新成果的商業化水平和應用能力（白俊紅和蔣伏心，2015）。在此基礎上，學者們也用新產品產值佔 GDP 的比重、新產品銷售收入佔總銷售收入的比重來反映地區和企業創新能力（彭向，2011；黃志勇，2013[6]）。注冊商標數量能衡量創新的商業化程度和創新的最終價值，也能反映區域創新水平。張可（2018）運用商標注冊量、專利授權量和新產品銷售收入這三個指標，以更全面反映地區創新水平。

---

1 Bettencourt L M A , Jose Lobo, Strumsky D . Invention in the city: Increasing returns to patenting as a scaling function of metropolitan size[J]. Research Policy, 2007, 36（1）：100-120.

2 白俊紅，蔣伏心 . 協同創新、空間關聯與區域創新績效 [J]. 經濟研究 , 2015（7）：174-187.

3 陳雯，陳鳴，施加明 . 勞動力成本、進口替代與出口企業創新行為 [J]. 國際貿易問題 , 2019（7）：19-32.

4 Pellegrino G , Piva M , Vivarelli M . Young firms and innovation: A microeconometric analysis[J]. Structural Change and Economic Dynamics, 2012, 23（4）：329-340.

5 林煒 . 企業創新激勵：來自中國勞動力成本上升的解釋 [J]. 管理世界 , 2013（10）：95-105.

6 黃志勇 . 研發、FDI 和國際貿易對創新能力的影響——基於中國行業數據的實證分析 [J]. 產業經濟研究 , 2013（3）：84-90.

第二節　全球科技創新中心的經驗與啟示

　　全球科技創新中心的形成和發展有不同的模式，而不同的模式下又發展成各具特色的全球科技創新中心。系統的梳理全球科技創新中心的發展模式，從政策、環境、要素和基礎等方面歸納全球科技創新中心的經驗，形成粵港澳大灣區打造全球科技創新中心的啟示。

2.1　全球科技創新中心的發展模式

　　依據國內外的相關研究，全球科技創新中心的發展模式主要有四種，分別為營造生態環境模式（以美國硅谷為例）、政府市場雙輪驅動模式（以日本東京為例）、市場主導模式（以美國紐約和英國倫敦為例）、政府主導模式（以印度班加羅爾和德國為例）。

2.1.1　營造生態環境模式

2.1.1.1　美國硅谷（舊金山灣區）

　　舊金山灣區（見圖 5-1）位於美國西海岸，面積共 1.8 萬平方公里，人口約 760 萬，擁有斯坦福大學等名校，是世界上最重要的高科技研發中心之一，被稱作「最靠近夢想」的地方。灣區分為北灣、舊金山城、東灣和南灣，其中，南灣是硅谷的中心地帶，重點發展高新技術產業，舊金山城重點發展金融業、濱海旅遊等現代服務業，奧克蘭市以港口經濟為主，其他地區以農業旅遊為主，形成以高新技術產業為主導，科技金融緊密結合，其他服務業配套發展的產業體系。

　　從歷史來看，舊金山灣區經歷了三次重要轉型。1848 年到 19 世紀 70 年代，發展灣區製造業中心同時發展金融業；19 世紀 80 年代到二戰，金融業成為主導；二戰至今，主打以硅谷為特色的高科技研發，發展「科技灣區」。目前，硅谷是美國重要的電子工業基地，也是世界知名的電子工業集中地。硅谷早期以硅芯片的設計與製造著稱，已是美國高科技的聖地。硅谷集聚着

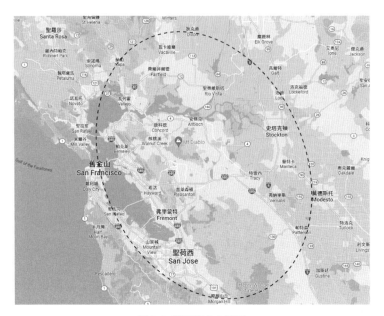

圖 5-1 美國舊金山灣區

上千家高科技公司和 100 萬以上美國各地和世界各國的科技人員。

以硅谷為特色的舊金山灣區在建設國家創新中心的過程中，憑藉自身優勢，充分利用市場，營造了良好的創新生態環境。主要體現在以下幾點：

第一，政府與市場分工明確。舊金山灣區的創新生態體系自下而上自發形成，市場很少受到管制，資源優化配置的能力得到最大發揮，政府更多的充當環境創造者和培育者，致力於推動知識產權等相關法律制定與實施、努力消除貿易壁壘、提升對外來文化的包容度等。硅谷的發展很大程度上得益於政府為高技術發展營造的法律環境，特別是，知識產權保護體系的不斷完善對促進和保護科技創新發揮了重要作用，如《專利商標法》、《謝爾法》、《小企業投資法》、《拜杜法案》等。

第二，良好的創新環境。創新環境主要包括創新文化、風險投資及專業服務。首先，包容開放的創新文化，形成了以民主自由、求真務實、鼓勵冒險、包容失敗為特質的文化氛圍，其價值觀是允許失敗，但不允許不創新，要獎勵敢於冒風險的人。其次，完善的資本投入和退出機制、創新投資回饋機

制。風險投資是硅谷高科技企業成長的發動機，許多重要技術創新都是在風險投資的支持下實現產業化。硅谷的風險投資佔全球總金額的 20%，其創能力強勁，高技術創新活動更活躍。最後，完善的專業服務體系，如人力資源、技術轉移、金融資本、財務和法律等服務機構，在提高科技創新能力、推動技術轉移、降低交易成本、整合創新資源、促進創新發展等方面發揮巨大作用。

第三，豐富的創新人才。人才是硅谷科技創新的根本。目前，硅谷有近 1/4 諾貝爾獎金獲得者，7000 名博士，佔加州博士總數的 1/6，而加州是美國受過高等教育國民密度最大的州，有 20 多萬來自世界各地的優秀工程師。舊金山灣區在吸引和培育創新人才方面的措施有：建立寬鬆的移民政策，所有科技初創企業的創始團隊有 50% 外來移民；充分發揮頂尖學府的人才吸引力，培養世界一流的人才，並催生出從實驗室走向硅谷進而擴展至全球的商業成功模式；構建富有創造力的人才環境，廢止了競業禁止條例，使人才的跨企業流動更加順暢；舒適的生活環境和協同創新的互動氛圍。

第四，世界一流的大學。舊金山灣區集聚了斯坦福大學、加州大學伯克利分校等具有雄厚科研力量的頂尖大學，擁有 5 個國家級研究實驗室。世界一流大學既是創新人才的培育搖籃，又是科學研究的重要陣地，還是創新創業公司的重要來源。以大學和實驗室作為知識生產中心，輸送最新的研究成果，並積極參與科技成果的轉化與應用、技術轉讓、科技服務、國際科技交流與合作等活動，通過孵化育成、吸收引進等方式，發展培育創新企業達上萬家，形成融合科學、研發、生產於一體高新技術產業集群。

第五，創新「引擎」企業。創新「引擎」企業是創新投入的主體力量，是創新產出的主要貢獻者，是區域創新集群的引領者。「引擎」企業實力雄厚，是世界著名創新中心創新投入的主要來源。對企業來說，創新產出的主要成果是專利，但創新的最終目的是技術的商業化應用和創新產品在市場上獲得成功。從 20 世紀 50 年代開始，硅谷每次技術變革都孕育新的「引擎」企業，成為創新集群發展的引領者，如 50 年代惠普、瓦里安、60 年代仙童公司、70—80 年代蘋果公司，90 年代思科、雅虎、谷歌等。21 世紀以來，

硅谷致力於打造「綠色之谷」，特斯拉成為世界綠色能源汽車行業的風向標。

2.1.1.2 以色列特拉維夫

特拉維夫是以色列第二大城市，位於以色列西海岸，市區面積約 51.76 平方千米，人口大約為 40 萬人，不到以色列總人口的 1/20，是以色列的金融、科技、經濟中心。特拉維夫被譽為「歐洲創新領導者」和「僅次於硅谷的創業聖地」。特拉維夫的創新生態系統包含了全球領先的高科技企業和跨國研發中心，世界一流的人才，一流的程序員和工程師，以及一群經驗豐富的企業家和投資者，擁有頂尖的技術人才和世界上最高的人均風險資本投資。

特拉維夫科技創新中心的成功經驗可以概括為以鼓勵創業推動企業自主創新，定位全球科技創新市場的需求，專注於創新產品的設計，從而吸引全球跨國公司研發部門的加入，形成良性的城市科技創新循環。

2.1.2 政府市場雙輪驅動模式

東京科技創新中心建設屬政府和市場雙輪驅動模式。東京灣（見圖 5-2）

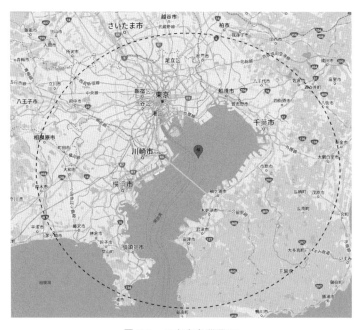

圖 5-2　日本東京灣灣區

以東京為中心，以關東平原為腹地，由東京都、神奈川縣、千葉縣和琦玉縣等「一都三縣」組成，面積 13562 平方公里，常住人口為 3800 萬人，是日本最大的工業城市群和最大的國際金融中心、交通中心、商貿中心和消費中心和重要的能源基地、國際貿易和物流中心，形成京濱、京葉兩大工業地帶，鋼鐵、石油化工、現代物流、裝備製造和高新技術等產業十分發達。其中，東京都是國際重要的金融、經濟和科技中心之一。

1970 年代，日本提出「技術立國」的政策，大力支持本國的科技創新研發，同時大量引進國外先進技術，走「引進—消化—吸收—創新」的技術進步之路。21 世紀，日本政府提出了支持科技創新的發展戰略，繼續加大科技創新投入，重視基礎研發，爭取創造領先世界的科技成果。東京科技創新中心取得成功的關鍵在於東京政府的支持和引導，政府通過制定科技創新計劃、扶持新興產業發展，提供支持創新的外部環境，完善創新基礎設施，為東京營造良好的科技創新環境。在政府的支持和引導下，東京擁有充沛的科技創新資源、強大的研發能力、良好的科技創新環境、高端的科技創新服務、豐富的科技創新成果。政府通過綜合運用各種財政、金融、稅收等手段，促進企業技術創新。

以京濱、京葉工業區為核心的東京灣沿岸是日本經濟最發達、工業最密集的區域，以傳統製造業轉移起步，發展至今最重要的原因是高度重視科技創新，重點體現在三個方面：一是以高校院所集聚營造良好創新氛圍，高校院所有東京大學、慶應大學、豐田研究所等。二是確立企業科研主體地位，引導企業加強研發經費投入，培育技術創新能力，日本每年企業研發經費投入佔日本 R&D 經費的 80%。目前，東京灣區已培育出一大批具有技術研發功能的大型企業，如 NEC、佳能、三菱電機、三菱重工等。三是加強產學研協同創新環境建設，建立了專業的產學研協作平台，並促進各大學與企業的合作，加強大學科研成果的產業化。

東京是服務行業創新型城市，是亞洲地區最有活力的城市之一。日本政府對高科技企業提供金融支持，實現高技術產業稅費減免，保證專利交易的公

平公正，積極扶植高科技企業發展，使東京形成以服務業為主導的創新中心城市。首先，高科技企業金融支持與上市支持。東京為高新技術企業提供完善的金融服務。對高科技企業的貸款開放了眾多便利，專門成立小企業金融公庫，高科技小企業通過金融公庫可進行低年息的特別貸款。東京對高科技中小企業的上市做出了強有力的支持，頒發了許多對中小企業發展有利的政策，降低門檻，開通融資渠道，提供特殊的股票交易市場，對信息化程度不高的中小企業，政府還組織專業的培訓，輔助中小企業建立專業的網絡採購平台，促進中小企業的交易更加方便快捷。其次，高技術產業稅費減免。擁有自主知識產權和創新能力的高科技企業，可在東京擁有很多優惠便利的財稅優惠政策，實現技術產業的稅費減免。企業設備稅和技術開發資產稅的減免以及企業設備的特別折舊等政策，大大節約了高技術產業企業的創新成本，從而促使企業不停地進行自主創新，形成良性循環。最後，專利交易保障。加大對科技創新的支持力度，強調校研企協作的創新體系；積極鼓勵個人及團體申請專利，並由專門部門撥款補貼科學研究；鼓勵高校、科研機構各專業人員的交流研究，吸引國外精英人才加入，更好地吸收學習先進的科研技術理念。

2.1.3 市場主導模式：紐約和倫敦

科技創新中心建設有很多種模式，以紐約和倫敦為代表的西方發達國家建設世界科技創新中心是強化國際化因素和市場力量的一種「自然發育模式」，屬市場主導型。

2.1.3.1 美國紐約灣區

紐約灣區（見圖 5-3）由「一核心三軸點」組成，核心是紐約市，三軸點分別是費城、華盛頓和波士頓，面積約 3.35 萬平方公里，人口約 1983 萬人，有近 60 家全球五百強企業總部彙集於此，有世界著名大學紐約大學等58 所。2900 多家世界金融、證券等機構設於華爾街，對外貿易周轉額佔全美的 1/5，製造業產值佔全美的 1/3，是世界金融的核心樞紐與商業中心。

紐約灣區高度重視科技創新，波士頓大學、哈佛大學以及麻省理工學院等國際著名學府形成規模集聚，為灣區源源不斷引進培育頂尖創新人才的同

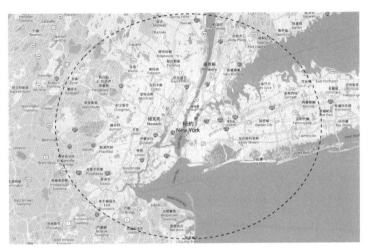

圖 5-3　美國紐約灣區

時，實現知識創新溢出，形成技術創新的良好氛圍；林立的技術孵化器、先進技術中心、實驗室等推動技術項目從研發走向產業化；高新技術產業快速發展，美國無線電公司、阿杰克公司、波納羅伊德公司等一大批微電子、生物等領域的科技企業集聚，規模效應凸顯，成為紐約灣區支柱產業；大數據、互聯網等在金融領域的應用，推動金融創新的不斷出現，紐約金融中樞的資金輻射力度不斷增強，為周邊產業尤其高新技術企業的投融資暢通渠道。因此，紐約灣區建立科技創新中心以市場主導為主，市場機制在創新資源的配置中發揮了重要作用。

紐約區域規劃協會將紐約致力於發展高科技經濟，打造成「新一代的科技中心」，建設美國東部「硅巷」，稱為美國「東部硅谷」。硅谷稱為「西岸模式」，而「硅巷」稱為「東岸模式」。「東岸模式」的業務大多集中在互聯網應用技術、社交網絡、智能手機及移動應用軟件上，把技術與時尚、傳媒、商業、服務業結合在一起，挖掘出互聯網新增長點。

良好的創新環境。建立非政府組織，如麻省技術領導委員會等，是彌補政府職能和市場失靈的有益途徑，對高新技術產業發展起到促進作用。建立高度完善的法律保護體系，保護個人或團體的創新權利及知識產權的自主擁

有權，為創新主體提供了良好的法律環境。實施風險投資稅收抵扣，對風險投資所得 60% 免稅，其餘 40% 減半徵收所得稅，為風險資本的蓬勃發展創造了良好的環境。大力鼓勵科技研發，提高 R&D 費用扣除標準和設備折舊率，加速了高新技術企業收回投資。着力培育創新文化，形成鼓勵創新和自由思考的創新文化和社會氛圍。

紐約城市群科技創新中心的形成在很大程度上得益於紐約的金融力量，使紐約成為美國和國際大型創新公司總部的集中地，全美 500 家最大的公司，約有 30% 的研發總部與紐約的金融服務相聯繫，吸引了各種專業管理機構和服務部門，形成了一個控制國內、影響世界的創新服務和管理中心。紐約城市群強大的科技實力與其以資本市場為主導、多種融資方式並存的科技創新金融支撐體系密不可分。除了紐交所和納斯達克市場、全國性的場外交易市場和私募股票交易市場之外，紐約在擔保體系和資本市場的基礎上建立了比較完善的間接融資風險分擔體系，為間接融資的開展提供了便利條件。

創新產業集群建設。眾創空間與企業孵化。紐約政府與多家公司合作，打造開拓性的搜索網站，實時為高科技企業提供職位及創業活動等方面的信息，同時為小企業提供孵化器、辦公地點、培訓機構等專業信息，有效便捷地實現了投資者、企業及精英人才之間的信息共享和便捷溝通。紐約建立了多個低租金的共享辦公地點供創業者使用，還建立了幾十個政府資助的創業孵化中心，提供多種類型的可支付孵化空間，包括時尚孵化中心、藝術孵化中心、技術孵化中心和商務辦公孵化中心。孵化園內提供各種專業服務以吸引企業入駐。美國以外的公司，如果擁有好的創業想法和創新能力，也有機會進入孵化園。孵化園只對企業提供辦公設施和貸款支持，而不為其提供股權投資。

紐約積極推動高科技人才的輸送項目，帶動高科技產業企業的發展，有效改善了紐約的創新創業環境，降低企業的創業創新成本。紐約州的大學（或學院）有 51% 的研發支出投給紐約。紐約擁有廣闊的人才市場，吸引了來自國外的大量移民以及美國其他地區的高素質人才。紐約引進全球知名的應用科學和理工類大學，重點放在環境科學、物理、化學、計算機等專業系

統研究上，在適合地區選址並配備先進專業的實驗室，以促進紐約的創新研發水平，推動當地經濟的大力發展。

2.1.3.2　英國倫敦

倫敦位於英格蘭東南部，是英國經濟、政治、金融、文化中心。市場經濟主導下，倫敦實行自由的經濟金融政策，營造開放包容的國際化環境，促使倫敦建成全球科技創新中心。倫敦逐漸形成有較強的研究創新實力、高度開放的環境、規範有效的科技創新體系。

首先，倫敦擁有英國近 1/3 的高等院校及科研機構，使倫敦擁有無與倫比的科研創新實力。加快學研產一體化發展，大力提升高校、科研機構的直接合作，大力促進知識密集型產業的培育和發展。其次，新產品研發出現，需要資金投資將其商業化，才能獲得預期回報和價值。而倫敦作為國際金融中心，使擁有創新能力的中小企業可以得到風險投資的支持，保障中小型高科技企業的初始發展。同時，利用中小企業間競爭激烈的特點，利用激勵中小企業進行科研創新。最後，倫敦擁有數量眾多新興技術行業的中小企業，形成具有規模效應的企業集群。但由於同質化競爭激烈，各企業不斷提升自身的產品創新能力，不斷提升創新工藝，增強創新型企業的協作，加快新產品的投放和新市場的開發，帶動企業發展。

除市場外，倫敦政府制定了一系列創新發展規劃，如《倫敦創新戰略與行動計劃（2003—2006）》、《倫敦科學、知識與創新戰略規劃》等，有效的規範了科技創新活動，營造了良好的創新環境；提供完善的政策支持，構建「知識天使」網絡，普及創新經驗、架設企業與科研機構的聯繫通道，幫助企業順利進行研發活動；制定知識產權等法律法規，保障企業的發明專利。

2.1.4　政府引導模式

2.1.4.1　班加羅爾的政府引導模式

班加羅爾是印度南部卡納塔克邦的首府，面積約 174.7 平方公里，都市區人口約 650 萬人，是印度第五大都會和南部經濟文化中心之一。

印度政府和班加羅爾政府制定了軟件產業發展戰略，包括對軟件產業的

扶持政策、科學的人才戰略和人才政策等，使班加羅爾發展成為科技創新中心。人才培養方面，根據軟件行業各層次人才需求數量，形成層次合理的軟件人才隊伍；人才政策方面，出台雙重國籍政策，吸引海外印度人才回國，促進軟件業發展。在政府的支持和引導下，班加羅爾匯聚大量的創新人才和創新資本，集聚大量研發創新企業，特別是全球頂尖資質軟件公司，包括微軟、甲骨文、西門子、索尼、飛利浦、思科和蘋果等眾多全球頂級信息產業巨頭，形成以企業為創新主體的科技創新體系。班加羅爾的軟件出口佔總體的一半，成為印度的軟件之都。

2.1.4.2 德國北萊茵－威斯特法倫州：

德國北萊茵－威斯特法倫州（簡稱北威州）以發展煤鋼產業為主，產業結構單一。但最近三十年來，德國政府制定創新發展政策，對北威州進行了產業結構改革，提升區域創新水平。當地政府制定區域長期規劃，實施了《魯爾地區結構改造計劃》，引進新產業，改造舊產業，同時綜合利用稅收、補貼等多種財政手段支持區域內高技術企業發展。政府編製了多特蒙德計劃，在多特蒙德技術中心與多特蒙德科技園的基礎上，建立起技術、金融、生活共享平台，保障區域內高科技企業創立發展和人才的安家落戶，打造成多特蒙德科技之城。北威州利用工業轉型前的工業建築打造文化景點，突出文化的工業屬性、科技屬性、創新屬性，不僅帶動旅遊業的創新發展，還發揮本地文化吸引人才的作用。

2.1.4.3 韓國大田

韓國大田以科學城創建亞洲新硅谷，經濟得到突飛猛進的發展，成為韓國城市創新驅動發展的典範。大田設立了綜合大學城。科學城獲得了韓國高等科學技術學院的加入，帶來了充足的發展動力，吸引並集聚了大量的高科技人才和發展資金，實現科研成果與創業企業的無縫對接。眾多高科技企業都集中在科學城，與高校和科研機構一起形成具有現代化規模、擁有先進科研設施的專業化科學研究基地。高等教育、科研單位的開發研究、科技企業的開發運用等形成了完整的產業鏈，實現產學研緊密合作，大力促進科研成

果轉化。

政府還頒佈各種政策來鼓勵高校、科研機構的科研成果進行資源共享，從而極大地提升了科技競爭力。政府為具有創新能力的科技型中小企業的發展提供資金支持和財政稅收優惠，在法律條例方面，也嚴格保護了企業的創新成果和知識產權。

2.2　全球科技創新中心的發展經驗

2.2.1　合理的創新政策

定期制定政策規劃。世界三大灣區由政府部門定期出台發展規劃，推動其健康發展。紐約灣區政府以公共利益為導向，充分鼓勵公眾參與，以超前理念及可持續發展方針對大灣區進行合理的規劃。舊金山灣區五年做一次城市規劃，以優質的自然、文化環境吸引高端人才及一流企業。東京灣區從1959年起先後五次制定基本規劃，明確城市功能定位和灣區發展。

組建跨城市創新聯盟，以提升區域創新協作能力。紐約創新特別區是半官方性質的地方政府聯合組織，隨着創新管理目標的變化，協調範圍得以適當調整，以提升各區域創新管理與協作水平。巴黎市鎮聯合體創新協調機構以政府主導、規模小，但以法律形式確定了該機構的法律地位和社會職責，有效促進了一體化協調發展。柏林構建了政府直接介入並引導展開創新研發活動的支持體系，在促進大學與企業的合作、支持產學研結合、建立科技園和技術孵化中心等方面發揮重要作用。

2.2.2　良好的創新環境

制度環境與創新文化是創新發展的保障。一方面，三大灣區高度重視基礎制度環境建設，着重在知識產權保護、科技研發等方面加強投入，為產業健康發展營造公平的市場環境。着力推動科技機制體制創新，進一步加強知識產權保護、企業研發扶持等政策的建設，營造可持續發展的制度環境。另一方面，包容開放的創新文化環境和充滿競爭性的工作機會，吸引了大量移

民人口集聚，來自世界各地的多元文化不斷碰撞融合，進一步促進了創新發展。容許失敗成為主流理念，促使人們敢於嘗試、敢於創新，有效激發了區域創新的活力。

金融中心是創新發展的驅動輪。三大灣區均是金融樞紐，紐約是世界三大金融中心之一，舊金山是重要的區域金融中心，東京是亞洲金融中心。金融中心對資本產生虹吸效應，吸引國內外資金流入，構建起龐大的金融機構集群。這些金融機構實施投融資模式創新，不斷開發新型服務模式，以推動經濟產業發展。隨着科技創新的發展，灣區出現大批的科技金融公司，與高新技術產業發展相適應，利用新技術和金融知識為中小型科技公司提供融資資金和設計資金管理，加快創新科技產業的發展。

集聚全球創新資源，實現國際化的創新網絡。三大灣區通過集聚全球創新人才和創新企業，形成連接全球資源的創新網絡。三大灣區國際著名學府集聚，吸引和培養大量頂尖創新人才，實現創新知識溢出，為科技創新發展提供大批國際化高端人才。同時，大量技術移民湧入，讓不同母語、不同文化背景的工程師、科學家和企業家成為聯結企業與國科技中心的紐帶。而一批具有國際影響力的企業能夠有效吸引全球創新資源。如蘋果、谷歌、三菱、索尼等巨頭企業，在全球各地佈局分支機構，總部經濟效益下形成強大的全球創新產業鏈。建設跨區域數據中心，支撐創新服務平台，以提升創新資源的整合。

2.2.3　集聚的創新要素

三大灣區依託研究型大學和科研機構，以人才為紐帶，大學、科研機構與企業之間開展緊密合作，創新能力得到極大提高，並推動知識生產、技術商業化和創新擴散。

研究型大學雲集。舊金山灣區作為典型的知識驅動型灣區，擁有斯坦福大學、加州大學伯克利分校及舊金山分校等 20 餘所高等院校。其中，斯坦福大學通過制定產業聯盟計劃，鼓勵科研人員校外創業以加速科研成果商業化。紐約灣區擁有紐約大學與哥倫比亞大學等 58 所大學，教育體系十分健

全，制定了適應市場要求的教育培訓政策。東京灣區擁有大批知名高校，充分調動多元投資主體的辦學理念，重視理工科教育，培養適用性人才。

高度重視發揮研發機構的原始創新能力。舊金山灣區各大高校內設有一批重點實驗室，包括斯坦福大學的直線加速器中心、加州大學伯克利分校的勞倫斯實驗室、加州大學的勞倫斯利弗莫實驗室和洛斯阿拉莫斯實驗室等。研發機構不僅提高了國家科技創新的實力和推動了高校在相關技術領域的創新，還積極促進了研究成果向科技生產力轉換。

產學研合作機制的形成。大部分高校院所與主導產業集聚區相鄰，是產業鏈和知識鏈的始發端口，加強科技成果與企業對接。高校院所使灣區核心地帶形成虹吸效應，吸引人才、資金、技術等創新要素集聚核心區，推動技術項目從實驗室走向技術孵化器進而實現產業化，引導企業在科技革命中明晰前沿技術動態、搶佔發展先機，是實現以創新驅動促進產業發展的源泉地。許多創新孵化器與科研機構佈局通常並不獨立設置，而是依附著名大學構建產學研創新機制，不僅有利於大學科技創新成果的直接轉化，還促進了高新技術企業的成長。

2.2.4　優越的經濟基礎

港口經濟助推創新融入全球化。三大灣區地處海岸邊，擁有優越的區位優勢，連接區內各城交通網絡，形成對外物流樞紐，推動灣區港口經濟的建設。充分運用國內和國外兩個市場、兩種資源，通過全球化網絡的佈局，促進跨國資源優化配置，在全球化科技和產業變革中搶佔優勢，實現科技創新中心，以促進產業結構調整升級。

開放的經濟結構。開放是灣區經濟發展的先決條件和根本優勢，三大灣區依託港口作為連接內陸和國際市場的重要節點，吸納外商投資、引進國外先進技術和生產方式，率先接軌世界經濟。同時，對周邊區域產生巨大的產業外溢效應。灣區的周邊區域為謀求自身發展，主動承接產業轉移，建立了雙向開放經濟空間，有效地促進了創新要素的流動。

國際競爭力的產業體系。科技創新發展的過程中，三大灣區通過打造特

色產業，集聚了產業創新資源，形成以自身優勢產業為主導的產業體系。紐約灣區重點發展金融、證券、期貨及保險等產業，是世界金融的心臟。紐約以金融為主導、波士頓以高科技業為主導、華盛頓以文化為主導，各城市的不同優勢產業互相調整和協作，形成多元化的創新產業群落。舊金山灣區率先發展信息技術產業，推動信息服務業、新興商業模式發展，依靠科技創新引領全球產業發展。東京灣區擁有京浜、京葉兩大工業帶，集聚了眾多世界頂級跨國企業，以能源戰略為突破提升創新競爭力。

2.3　對粵港澳大灣區打造全球科技創新中心的啟示

世界灣區和重點創新地區在創新政策、創新環境、創新要素和創新基礎等方面的實踐探索，推動了全球科技創新中心的建設與發展，這些發展經驗對粵港澳大灣區打造全球科技創新中心具有重要的啟示。

第一，市場與政府各司其職是建設全球科技創新中心的重要保障。主要全球科技創新中心的實踐經驗表明，市場在資源優化配置方面發揮決定性作用，而政府更多的是充當環境創造者和培育者，如知識產權等相關法律的制定、貿易壁壘的消除等。市場與政府作為調節經濟的兩隻手，只有市場與政府各司其職，才會為科技創新的發展提供良好的環境，是建設成全球科技創新中心的重要保障。粵港澳大灣區擁有兩種制度、三種關稅，內部經濟制度和政治體制不同，受到中央政府和粵港澳三地政府的高度重視。因此，粵港澳大灣區應強化頂層設計，同時通過政府的「有形之手」，積極引導市場和社會各方力量積極參與，使政府和市場各司其職；加強與粵港澳創新資源的對接和合作，逐步建立粵港澳大灣區常態化科技合作機制，探索突破創新要素跨境流動的限制，加強珠三角各地區的創新資源優化配置，構建更具有競爭力的總體發展格局。

第二，營造良好的創新環境是建設全球科技創新中心的關鍵前提。主要全球科技創新中心的實踐經驗表明，營造良好的制度環境與寬鬆的創新文化

環境，如知識產權保護制度和容許失敗的文化等，是建設全球科技創新中心的保障；金融投資與國際化的創新網絡是科技創新實現商業化和產業化的重要方式。粵港澳大灣區擁有務實、開放、兼容、創新的嶺南文化，擁有兩大金融交易中心，其中，香港為國際金融交易中心。因此，粵港澳大灣區應繼續完善知識產權制度，建立國際化的服務機制，如知識產權信息大數據公共服務平台、知識產權投融資服務平台、國際知識產權交易平台等，營造可持續發展的制度環境；以嶺南文化為基礎，不斷吸收其他先進文化的精髓，培育鼓勵創新、寬容失敗的文化環境；加快推動粵港金融資源對接與整合，探索風險投資機制創新，逐步擴大風險補償範圍，激發風險資金的積極性，形成良好的風險投資發展環境，以加強金融對科技創新的支撐力度；加強創新要素資源的集聚，將創新要素資源形成網絡，實現創新網絡的國際化。繼續堅持開放式創新理念，積極擁抱全球創新網絡，努力在全球範圍配置科技創新資源。特別是要發揮好珠三角地區及時高效的製造業生態優勢，繼續強化與全球領先科技的無縫對接，進一步提升粵港澳大灣區整體創新能級。

　　第三，高端創新要素的流通與集聚是建設全球科技創新中心的核心條件。主要全球科技創新中心的實踐經驗表明，創新型企業與創新型人才作為創新的關鍵要素，向創新區域流動與聚集。而創新區域聚集了研發機構、高校、創業企業、大企業、孵化器及金融輔助機構等，提供更加便利完善的公共服務，大大增加了科技創新的密度，激發了創新區域的活躍生命力，成為各種創新企業成長的沃土。粵港澳大灣區擁有超過 200 所普通高校和 200 萬在校大學生，特別是香港擁有世界知名院校，培養大量創新型人才；同時，粵港澳大灣區擁有大量初創新型企業。因此，粵港澳大灣區應集聚全球頂尖科學家，積極引導灣區內高校院所的聯繫與合作，形成引領科技發展方向的原創性成果；應加強科研機構與企業的聯繫，構建產學研合作平台，為實現科技成果的轉化創造條件；進一步加強產學研合作，逐步暢通高校院所技術成果到企業轉化的通道，引導企業強化與高校院所的聯合技術攻關，提升高校院所對企業創新發展的支撐能力。加強高校院所與孵化器的合作，將與高

校院所緊密合作納入孵化器建設發展的制度範疇，暢通科研項目從實驗室走向孵化器進而產業化的通道，推動高校院所成為孵化器可持續發展的源動力。

第四，港口經濟與產業體系是建設全球科技創新中心的先決條件。主要全球科技創新中心的實踐經驗表明，依據港口的區位優勢，連接區內各城交通網絡，形成對外物流樞紐，推動灣區港口經濟的發展，充分運用國內和國外兩個市場、兩種資源，促進跨國資源優化配置，通過全球化網絡的佈局，在全球化科技和產業變革中搶佔優勢，實現產業結構的優化升級。灣區通過打造科技創新中心，充分發揮對全球創新要素的集聚功能、全球創新資源的配置功能、全球科技創新策源地功能、創新驅動轉型發展的引領功能，積極搶佔產業發展的制高點。因此，粵港澳大灣區應積極發揮港口優勢，構建面向國際的交通及物流網絡體系，打造特色創新產業，實現多元化和互補性的產業結構，形成良好的配套產業體系，為粵港澳大灣區充分運用國內和國外兩個市場、兩種資源，強化國際科技合作，推動企業走向國際進而實現生產和銷售的全球佈局提供支撐。

第三節　粵港澳大灣區創新能力的評估

3.1 粵港澳大灣區科技創新與產業發展的優勢和問題

粵港澳大灣區製造業發達，產業門類齊全，產業配套能力比較強，參與國際分工的程度比較高。在信息技術、人工智能、大數據等領域產業發展具有優勢，推動產業信息化和信息產業化融合發展。在新一代信息技術的某些領域及其應用方面具有領先優勢。但是，大灣區的科技創新與產業發展也存在一些問題。

第一，基礎研究實力仍顯薄弱，關鍵技術受制於人。一方面，傳統的外源性創新面臨巨大的風險和不確定性。隨着中美對抗升級和美國不斷加強對

我國的科技封鎖，一些科技產業缺乏核心技術，關鍵部件或環節受制於人。另一方面，和京津冀、長三角相比大灣區缺乏頂尖科研力量。粵港澳大灣區的「雙一流」高校、國家大科學裝置、國家級實驗室和國家工程技術中心的數量、頂尖科研團隊和京津冀、長三角城市群存在差距，理工類高校缺乏，基礎科研力量相對薄弱。

　　第二，產業鏈環節存在成果轉化難、轉化效率低的短板。一是高校科技成果轉化效率偏低。不少科研成果仍停留在實驗室和論文階段，目前難以轉化為生產力和產業化，沒有帶來相應的經濟效益。與日本的高科技成果轉化率相比，大灣區低於 10% 的成果轉化率還是有很大的上升空間。高校對人才的評價體系仍以論文和基金項目為主、有效激勵不足和缺乏科技成果轉化長效機制等問題導致高校科研人員對成果轉化投入精力不足。二是專業化技術轉移機構能力不足、技術轉移人才缺乏。技術轉移機構仍存在「規模小、服務少、能力弱」現象，缺乏功能全面、專業性強的科技成果轉移轉化服務平台，創新源頭和企業主體對接不暢，產學研協同創新能力不強。技術經紀人、技術經理人專業人才嚴重缺乏，專業服務水平難以滿足技術轉移需求。

　　第三，港澳與珠三角科技合作存在體制障礙。粵港澳三地科研資源、產業和體制等方面各有優勢，需要建立區域協調創新體系，發揮三地高校和科研機構的優勢，建立有利於推動大灣區創新合作的利益分享機制和促進合作的政策體制，促進三地創新要素包括人才、資金、科研信息等合理流動，科研管理體制、知識產權保護制度、科研創新激勵機制等體制機制對接。

3.2　粵港澳大灣區科技創新指標體系的構建與測算

3.2.1　科技創新指標體系的構建

國外創新指數主要包括「全球創新指數（GII）」、「歐洲創新記分牌（EIS）」等；國內的創新指數包括「國家創新指數」、「中國創新指數（CII）」

和「中國區域創新能力評價報告」等，如表 5-1 所示。國內外有眾多權威機構發佈的創新指數，為粵港澳大灣區科技創新指數的構建提供了經驗借鑒。

表 5-1　國內外創新指數的比較

創新指數	測算單位	測算對象	指標數量	一級指標	指標權重
全球創新指數（GII）2018 年	世界知識產權組織等	126 個國家和經濟體	一級指標：2 二級指標：7（80 項）	創新投入（制度、人力資本和研究、基礎設施、市場程度、商業成熟度）；創新產出（知識和技術產出、創意產出）	離差賦權法
歐洲創新記分牌（EIS）2016 年	歐盟委員會	歐盟 22 個成員國及中美日韓等	一級指標：3 二級指標：8（25 項）	創新推動、企業活動、創新產出	打分
國家創新指數 2016—2017 年	中國科學技術發展戰略研究院	40 個科技創新活躍的國家	一級指標：5（30 項）	創新資源、知識創造、企業創新、創新績效、創新環境	等權重法
中國創新指數（CII）2016 年	國家統計局社科文司	中國	一級指標：4（21 項）	創新環境、創新投入、創新產出、創新成效	等權重法
中國區域創新能力評價報告 2018 年	中國科學技術發展戰略研究院	中國 31 個省及直轄市	一級指標：5 二級指標：12（39 項）	科技創新環境、科技活動投入、科技活動產出、高新技術產業化、科技促進經濟社會發展	等權重法

科技創新指標體系設計的關鍵核心是指標的科學設定，關係到指標體系設計的合理性和科學性，更關係到研究結論的真實性和可靠性。因此，為建立科學合理的創新指標體系，本研究在遵循全面性原則、科學性原則、可比性原則以及可操作性原則的基礎上，構建粵港澳大灣區創新指標體系。

　　借鑒國內外創新指數的構建，從投入、軟環境、硬環境、產出四個維度，構建包括 4 個一級指標、12 個二級指標、44 個三級指標的創新指標體系，運用 GII 的測算方法和逐級等權法，就粵港澳大灣區創新指數進行測算，並從創新要素、創新環境、基礎設施及創新績效四個方面系統且全面的評估粵港澳大灣區的科技創新能力。粵港澳大灣區科技創新指標體系如圖 5-4 所示。

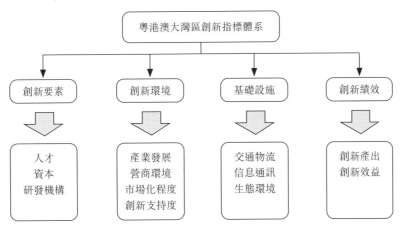

圖 5-4　粵港澳大灣區科技創新指標體系

　　粵港澳大灣區科技創新指標體系包括 4 個一級指標、12 個二級指標、44 個三級指標，具體見表 5-2。

表 5-2　科技創新指標體系的各級指標及具體測算

一級指標	二級指標	三級指標	具體測算	正負項
創新要素 A1	人才 B1	普通高等教育情況	普通高校在校生人數	+
		工業企業研究與開發人員情況	工業企業研究與開發人員數 / 萬人年末常住人口	+
		科研機構中科技活動人員投入比例	科技活動人員數 / 研發機構就業人員數	+

（續表）

一級指標	二級指標	三級指標	具體測算	正負項
創新要素 A1	資本 B2	固定資本形成總額	固定資本形成總額 / GDP	+
		R&D 經費強度	R&D 經費支出 / GDP	+
		企業 R&D 經費支出強度	企業 R&D 經費支出 / R&D 經費支出	+
		高校 R&D 經費支出強度	高校 R&D 經費支出 / R&D 經費支出	+
		政府屬科研機構 R&D 經 費支出強度	政府屬科研機構 R&D 經費支出 /R&D 經費支出	+
	研發 機構 B3	國際高水平高校情況	ARWU 排行榜前 1000 名高校 個數	+
		國家重點實驗室情況	國家重點實驗室數量	+
		高新技術企業情況	高新技術企業數 / 企業總數	+
創新環境 A2	產業 發展 B4	經濟發展水平	地區 GDP	+
		製造業的產業集聚	製造業的區位熵	+
		服務業的產業集聚	服務業的區位熵	+
	營商 環境 B5	企業所得稅稅率	地區平均企業所得稅率	−
		政府網上辦事績效	參考商務部 - 中國政府網站績效 評估結果：http://www.mofcom. gov.cn/ article/zt_jxpg2017/lanmutwo/	+
		財政透明度	參考清華大學 2017 年中國市級 政府財政透明度研究報告	+
	市場化 程度 B6	非國有經濟的發展	非國有經濟就業人數 / 總就業 人數	+
		對外開放程度	進出口貿易總額 / GDP	+
		勞動力流動性	外來勞動力（常住人口 - 戶籍人 口）/ 總就業人員	+
	創新 支持度 B7	創新創業服務平台	國家級科技企業孵化器數	+
		政府科技支出比重	政府科技支出 / 政府財政支出	+

（續表）

一級指標	二級指標	三級指標	具體測算	正負項
基礎設施 A3	交通物流 B8	公路通達程度	公路密度	+
		城市公共交通情況	城市公共交通車輛標準運營數 / 常住人口數	+
		陸地運輸貨運量	公路貨運量＋鐵路貨運量	+
		港口吞吐量	港口貨物吞吐量	+
		航空吞吐量	航空貨物吞吐量	+
	信息通訊 B9	百人移動電話用戶數	移動電話使用人數 / 常住人口 人數 *100	+
		4G 基站	4G 基站數量	+
		互聯網寬帶普及率	互聯網寬帶接入用戶數	+
	生態環境 B10	單位 GDP 能耗	能源消費總量 /GDP 總量	+
		城市環境空氣質量	城市環境空氣質量綜合指數	+
		城市綠化情況	建成區綠化覆蓋率	+
創新績效 A4	創新產出 B11	專利授權	專利授權數量	+
		發明專利授權	發明專利授權量	+
		商標數量	商標註冊申請量	+
		科技論文	科技論文數 / 科研人員數量	+
		新產品產值	新產品產值	+
		高技術產業競爭力	高技術產品產值	+
	創新效益 B12	獨角獸企業	獨角獸企業數	+
		新產品銷售收入比	新產品銷售收入 / 主營業務收入	+
		新產品出口效益	新產品出口額 / 新產品銷售收入	+
		高技術產品出口比	高技術產品出口額 / 商品出口 貿易總額	+
		技術市場交易狀況	技術市場交易總額 /GDP	+

3.2.2 科技創新指標體系的測算方法

借鑑國內外已有創新指標的測算方法，選用逐級等權法，對各級指標進行測算，進而測算出粵港澳大灣區創新指標。各級指標的具體測算步驟：

第一，標準化處理。為提高指標數據的可比性，消除各指標的數量級、量綱及正負向指標屬性等因素對測算結果的影響，需對各指標數據進行標準化處理。指標有正向指標和負向指標之分，其中，正向指標越大，創新能力越高；負向指標越大，創新能力越低。因此，不同類型的指標應選擇不同的標準化處理方法。

關於正向評價指標的處理方式為：$X_{ij} = \dfrac{x_{ij} - x_j^{min}}{x_j^{max} - x_j^{min}} * 100$

關於負向評價指標的處理方式為：$X_{ij} = \dfrac{x_j^{max} - x_{ij}}{x_j^{max} - x_j^{min}} * 100$

其中，x_{ij} 表示第 i 個地區第 j 個評價指標的標準化數據，x_{ij} 示第 i 個地區第 j 個評價指標的原始數據，x_j^{min} 表示第 i 個地區第 j 個評價指標原始數據中最小值，x_j^{max} 表示第 i 個地區第 j 個評價指標原始數據中最大值。

第二，採用逐級等權法和離差賦權法確定二級指標權重。其中，離差賦權法確定權重的方式為：$w_j = \dfrac{\sigma_j}{\sum_{j=1}^{m} \sigma_j}$。

第三，採用等權法測算一級指標得分。

第四，計算創新指數總得分：創新指數總得分 =（創新要素＋創新環境＋基礎設施＋創新績效）／4。

3.2.3 科技創新指標體系的測算結果

運用 GII 方法和逐級等權法兩種方法，利用 2016 年的廣東九市、香港、澳門的數據，測算創新指標的總得分，進而對粵港澳大灣區的創新能力進行評估。數據來源於《中國統計年鑑》、《廣東省統計年鑑》、《廣東科技統計》、《香港統計年鑑》、《香港科技統計》、《澳門統計年鑑》等數據庫。

粵港澳大灣區科技創新指標體系的總得分見表 5-3，各一級指標的得分和排序分別見表 5-4 和表 5-5。

表 5-3 粵港澳大灣區科技創新指標體系的總得分

得分	廣州	深圳	珠海	佛山	中山	東莞	肇慶	江門	惠州	香港	澳門
GII 方法											
創新指數	51.01	63.26	32.70	32.45	29.07	32.67	14.09	18.33	26.69	41.97	−8.62
排序	2	1	4	6	7	5	10	9	8	3	11
逐級等權											
創新指數	52.09	63.57	32.24	31.73	28.55	31.91	12.60	17.66	25.01	39.42	5.59
排序	2	1	4	6	7	5	10	9	8	3	11

表 5-4 各一級指標的得分

得分	廣州	深圳	珠海	佛山	中山	東莞	肇慶	江門	惠州	香港	澳門
GII 方法											
創新要素	56.44	44.31	29.67	23.87	25.11	18.43	22.77	15.47	25.04	42.63	−114.48
創新環境	55.88	54.62	36.99	48.43	32.40	36.25	16.10	24.67	23.34	62.33	49.50
基礎設施	50.89	62.78	38.85	35.43	32.85	39.62	13.86	19.95	25.60	48.46	35.04
創新績效	40.85	91.33	25.30	22.07	25.92	36.38	3.63	13.22	32.76	14.46	−4.53
逐級等權											
創新要素	61.23	47.80	29.16	22.51	23.62	17.62	15.81	12.96	20.67	32.24	−57.81
創新環境	54.99	54.77	38.21	48.39	33.71	36.53	17.12	25.14	24.01	61.56	49.31
逐級等權											
基礎設施	51.85	60.69	36.99	34.69	31.49	38.76	13.92	19.98	24.59	50.78	35.24
創新績效	40.29	91.02	24.60	21.33	25.40	34.74	3.57	12.57	30.77	13.12	−4.37

表 5-5　各一級指標得分的排序

排序	廣州	深圳	珠海	佛山	中山	東莞	肇慶	江門	惠州	香港	澳門
GII 方法											
創新要素	1	2	4	7	5	9	8	10	6	3	11
創新環境	2	3	6	5	8	7	11	9	10	1	4
基礎設施	2	1	5	6	8	4	11	10	9	3	7
創新績效	2	1	6	7	5	3	10	9	4	8	11
逐級等權法											
創新要素	1	2	4	6	5	8	9	10	7	3	11
創新環境	2	3	6	5	8	7	11	9	10	1	4
基礎設施	2	1	5	7	8	4	11	10	9	3	6
創新績效	2	1	6	7	5	3	10	9	4	8	11

3.3　粵港澳大灣區科技創新指標體系的評估

依據粵港澳大灣區創新指標的測算結果，從總指標和一級指標兩個層面，系統地評估粵港澳大灣區的總體創新能力及內部差異性，並具體從創新要素、創新環境、基礎設施及創新績效四個方面給予全面的分析及解釋，以探究粵港澳大灣區內各地區的總體創新能力及差異的原因。

3.3.1　科技創新能力評估

由粵港澳大灣區創新指標總得分發現，粵港澳大灣區內部創新能力差異較大，創新能力最強的深圳是創新能力最弱地區的十倍多，創新能力以深圳—廣州—香港為抽線向外階梯型遞減。

將 GII 方法和逐級等權法測算的創新指標總得分繪製成圖 5-5，發現兩種測算方法的結果基本一致，總得分的排序完全一致，説明所選的指標較為合理，測算結果具有較好的穩健性。

創新指標總得分由四個一級指標構建，分別為創新要素、創新環境、基

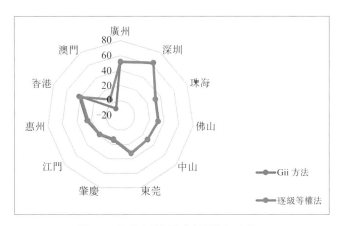

圖 5-5　兩種方法測算的創新指標總得分

礎設施及創新績效。利用逐級等權法的測算結果，繪製出粵港澳大灣區各地區的創新指標總得分（見圖 5-6 和圖 5-7），從一級指標層面，深入分析大灣區內部各地區的創新能力。

深圳的創新指標總得分為 63.57，在粵港澳大灣區內創新指標總得分最高，説明深圳在粵港澳大灣區內的創新能力最強。從創新指標體系的一級指標看，深圳在創新績效和基礎設施方面得分最高，創新要素得分排序第二，創新環境得分排序第三。在創新績效方面，深圳的得分最高，是廣州的兩倍多，遠高於其他地區；在其他三個方面，有的指標深圳高，有的指標深圳低，但相差均不大。因深圳在創新績效方面的優勢顯著，故使深圳的創新指標總得分最高。

廣州的創新指標總得分為 52.09，在粵港澳大灣區內創新能力僅次於深圳。從創新指標體系的一級指標看，在創新要素方面，廣州明顯優於其他地區；在創新環境、基礎設施、創新績效方面，廣州得分的排序均為第二。整體上，廣州在四個方面並沒有明顯優勢，但每個指標的得分均較高，進而使廣州的創新指標總得分僅次於深圳。

香港的創新指標總得分為 39.42，在粵港澳大灣區內創新能力僅次於深圳和廣州。從創新指標體系的一級指標看，在創新環境方面，香港明顯優於其

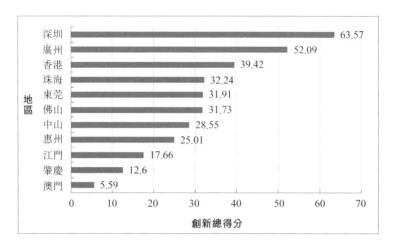

圖 5-6　創新指標總得分

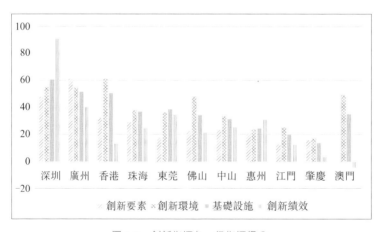

圖 5-7　創新指標各一級指標得分

他地區；在創新要素和基礎設施方面，香港第三，次於廣州和深圳；在創新
績效方面，因香港的統計數據與中國內地的統計數據不一致，香港尚未對新
產品、高技術產品及技術市場交易方面的數據進行統計，存在較為嚴重的缺
失數據，導致香港的創新績效得分很低。整體上，香港的創新指標總得分可
能會被低估，但並不影響創新指標總得分的排序。

　　澳門的創新指標總得分為 5.59，在粵港澳大灣區內創新能力最差，主要

因數據統計口徑不一致和缺失數據嚴重而導致。從創新指標體系的一級指標看，澳門的創新環境較好；在創新要素和創新績效方面，澳門統計的數據較少，數據缺失嚴重；在基礎設施方面，澳門的數據也有缺失，但並不嚴重。因借鑒 GII 針對缺失數據的處理方法，並未對缺失數據進行填補，故導致澳門創新要素和創新績效的得分為負，基礎設施的得分可能存在低估。因此，整體上澳門的創新指標總得分存在被低估，可能影響到總得分的排序。

創新能力軸線右側的主要城市有東莞和惠州，其中，東莞的創新指標總得分為 31.91，惠州的創新指標總得分為 25.01。從創新指標體系的一級指標看，受深圳的影響，東莞和惠州在創新績效方面的得分較高，僅次於深圳和廣州；在創新要素方面，惠州略優於東莞；而在創新環境和基礎設施方面，東莞明顯優於惠州，主要受深圳的影響較大。因此，東莞的創新指標總得分明顯優於惠州。

創新能力軸線左側的主要城市有珠海、佛山、中山、江門、肇慶，按離軸線的遠近又可分為兩類，臨近地區與偏遠地區。臨近地區有珠海、佛山、中山，創新指標總得分分別為 32.24、31.73、28.55。從創新指標體系的一級指標看，珠海在創新要素和基礎設施方面得分較高，佛山在創新環境方面的得分較高，中山在創新績效方面的得分較高，其他指標得分相差不大。但整體上，珠海的創新指標總得分優於佛山和中山。偏遠地區有江門、肇慶，創新指標總得分分別為 17.66、12.6。江門、肇慶地處粵西的邊緣地帶，與創新軸線的距離最遠，導致其各一級指標的得分均較低，進而使創新指標總得分較低。

依據測算結果，將灣區內各地區的創新指標總得分繪製成「圈圈圖」（見圖 5-8），以分析創新能力的空間分佈特徵。「圈圈圖」的圈越大，說明創新指標的總得分越高；相反，圈越小，說明創新指標的總得分越低。由「圈圈圖」發現，深圳的圈圈最大，其次是廣州和香港，說明深圳在粵港澳大灣區內的創新能力最強，其次是廣州和香港。其他地區的圈圈較小，說明其創新能力較弱。但在溢出效應的影響下，與創新能力較強的地區越近，該地區的創新能力也較強；相反，與創新能力較強的地區越遠，該地區的創新能力較

弱。整體上看，粵港澳大灣區的創新能力以深圳為核心、北接廣州南連香港，形成以深圳—廣州—香港為創新軸線、向外階梯型遞減的創新科技圈。

粵港澳大灣區創新指數

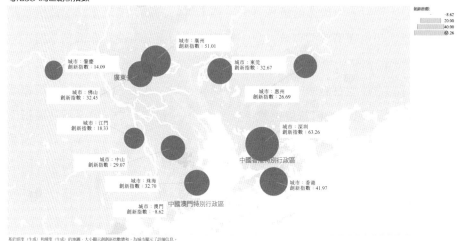

基於經度（生成）和緯度（生成）的地圖。大小顯示創新指數總和。為城市顯示了詳細信息。

圖 5-8　創新指標總得分的圈圈圖

3.3.2　創新要素評估

由粵港澳大灣區創新要素指標得分（表 5-6 和表 5-7）發現，大灣區內部創新要素的差異較大，廣州的創新要素得分最高，是江門創新要素得分的差不多五倍。

表 5-6　創新要素指標的得分

得分	廣州	深圳	珠海	佛山	中山	東莞	肇慶	江門	惠州	香港	澳門
GII 方法											
創新要素	56.44	44.31	29.67	23.87	25.11	18.43	22.77	15.47	25.04	42.63	−114.48
人才	38.03	18.70	19.06	16.89	22.83	8.17	35.75	1.04	23.58	71.84	−316.95
資本	48.53	50.39	58.51	46.86	46.54	41.73	29.29	45.37	49.68	26.35	−25.76
研究機構	82.74	63.85	11.43	7.85	5.96	5.39	3.28	0.00	1.86	29.70	−0.74

（續表）

得分	廣州	深圳	珠海	佛山	中山	東莞	肇慶	江門	惠州	香港	澳門
逐級等權法											
創新要素	61.23	47.80	29.16	22.51	23.62	17.62	15.81	12.96	20.67	32.24	−57.81
人才	49.88	36.03	24.51	21.26	27.87	14.90	18.49	2.16	19.30	37.89	−156.80
資本	50.36	43.43	51.80	37.95	37.14	32.78	25.72	36.74	40.91	30.35	−15.56
研究機構	83.44	63.96	11.16	8.31	5.85	5.17	3.22	0.00	1.79	28.47	−1.07

表 5-7　各創新要素指標得分的排序

排序	廣州	深圳	珠海	佛山	中山	東莞	肇慶	江門	惠州	香港	澳門
GII 方法											
創新要素	1	2	4	7	5	9	8	10	6	3	11
人才	2	7	6	8	5	9	3	10	4	1	11
資本	4	2	1	5	6	8	9	7	3	10	11
研究機構	1	2	4	5	6	7	8	10	9	3	11
逐級等權法											
創新要素	1	2	4	6	5	8	9	10	7	3	11
人才	1	3	5	6	5	9	8	10	7	2	11
逐級等權法											
資本	2	3	1	5	6	8	10	7	4	9	11
研究機構	1	2	4	5	6	7	8	10	9	3	11

　　將 GII 方法和逐級等權法測算的創新要素指標得分繪製成圖 5-9，發現兩種測算方法的結果基本一致，得分的排序略有差別，但並不大，説明所選的指標較為合理，測算結果具有較好的穩健性。

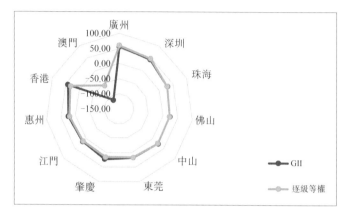

圖 5-9　創新要素得分

　　創新要素由 3 個二級指標、11 個三級指標構成，二級指標分別為人才、資本及研發機構。利用逐級等權法的測算結果，繪製出粵港澳大灣區各地區的創新要素指標得分（見圖 5-10 和圖 5-11），從創新要素的二級指標和三級指標層面，具體分析灣區內創新要素的發展狀況與差异。

　　廣州的創新要素指標得分為 61.23，大灣區內創新要素指標得分最高，説明廣州在創新要素方面表現最好。廣州擁有較多高等院校和研究所，高等教

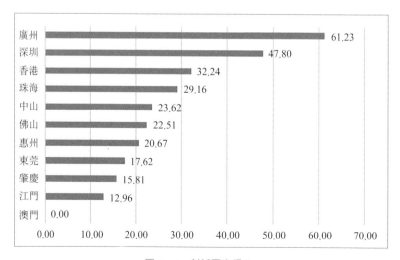

圖 5-10　創新要素得分

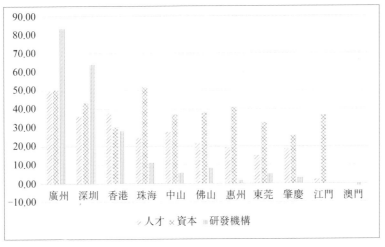

圖 5-11　創新要素各二級指標得分

育普及率較高，使廣州在人才和研究機構方面表現最好。其中，人才方面，廣州的普通高校在校生人數明顯高於其他地區，科研機構中科技人員的比重也相對較高；研究機構方面，ARWU 排行榜位居前 1000 名的高校擁有 6 所，國家重點實驗室有 85 所。而廣州在資本方面的表現較好，其中，政府所屬科研機構與高校 R&D 經費支出強度較高，而企業 R&D 經費與總 R&D 經費支出強度較低。整體上看，廣州的 R&D 經費主要來源於政府和高校，而非企業，說明廣州的基礎研究水平相對較高、而應用開發水平較弱，一定程度上反映出廣州的科技創新轉化能力較差。

深圳的創新要素指標得分為 47.8，大灣區內創新要素狀況僅次於廣州，位居第二。在人才方面，深圳的工業企業研究開發人員佔比最高；在資本方面，深圳的總 R&D 經費支出強度最高，企業 R&D 經費支出強度也相對較高，但政府所屬科研機構與高校 R&D 經費支出強度較低；在研究機構方面，高新技術企業的數量最多，國家重點實驗室有 51 所，僅次於廣州。整體上看，深圳在企業方面的創新要素投入相對較好，而在高校、科研機構及人才培育方面相對較弱，說明深圳的應用開發水平較高、而基礎研究水平較低，進而使深圳的科技創新轉化能力較強。

香港的創新要素指標得分為 32.24，大灣區內位居第三。在人才方面，香港在科研機構中科研人數佔比最高，普通高校在校生人數較高；在資本方面，高校 R&D 經費支出強度最高，政府所屬科研機構經費支出強度較高，而企業 R&D 經費支出強度最低；在研究機構方面，ARWU 排行榜位居前 1000 名的高校擁有 6 所，國家重點實驗室有 22 所，因香港尚未統計高新技術企業數，故該指標為缺失值。整體上看，香港高校和科研機構的基礎研究水平較高，企業的應用開發水平相對較弱。因研究機構方面存在缺失值，故造成研究機構的測算結果可能會偏低，但整體看並不影響創新要素的排序。

澳門的創新要素指標得分為 -57.81，因澳門在創新要素方面的統計數據較少，造成缺失數據較多，進而導致創新要素指標得分為負。在研究機構方面，澳門擁有 2 所高水平的高等院校和 4 所國家重點實驗室，但澳門的 R&D 經費支出強度很低，且尚未具體區分經費支出的主體單位。整體上看，澳門在基礎研究方面有一定的優勢，但因人才和資本方面缺失數據較多，導致澳門創新要素指標被低估。

創新能力軸線右側：惠州的創新要素指標得分為 20.67，東莞的創新要素指標得分為 17.62。在創新要素方面，惠州略優於東莞，惠州在人才和資本方面表現較好，而東莞在研發機構方面表現較好。在人才方面，惠州的科研機構中科研人員相對較多，東莞的普通高校在校生人數相對較多，工業企業研發人員的差別不大；在資本方面，惠州在固定資本形成總額、企業和政府所屬科研機構 R&D 經費支出強度方面較多，東莞在總 R&D 經費和高校 R&D 經費支出強度方面相對較多；在科研機構方面，東莞的高新技術企業數明顯高於惠州。整體上看，惠州與東莞在創新要素方面存在明顯差异，但整體創新要素相差不大，惠州略優於東莞。

創新能力軸線左側：臨近地區，珠海的創新要素指標得分為 29.16，佛山的創新要素指標得分為 22.51，中山的創新要素指標得分為 23.62。在人才方面，中山得分較好，其次是珠海和佛山。雖然中山在普通高校在校生低於珠海，但在工業企業和科研機構中研發人員佔比明顯高於珠海，進而使中山在

人才方面表現較好。在資本方面，珠海在資本方面的得分最高，中山和佛山差別不大。珠海的固定資本形成總額得分最高，其高校 R&D 經費支出強度相對較高，而佛山在政府所屬科研機構 R&D 經費支出強度較高，中山則是企業 R&D 經費支出強度較高。在研發機構方面，珠海優於佛山，佛山優於中山。珠海的高新技術企業數明顯高於中山和佛山，中山略優於佛山，但在國家重點實驗室方面，佛山有 15 所，珠海有 6 所，中山有 5 所。整體上看，珠海的創新要素表現較好，中山略優於佛山但差別不大，而珠海、佛山、中山在創新要素方面存在差异性，可優勢互補、錯位發展。

創新能力軸線左側：偏遠地區，江門的創新要素指標得分為 12.96，肇慶的創新要素指標得分為 15.81。在人才方面，肇慶擁有較多的普通高校在校生，且研發機構中科研人員較多，而江門工業企業的研發人員較多；在資本方面，江門的 R&D 經費支出強度較高。不論是企業還是高校和政府所屬科研機構，江門均較高。在研發機構方面，肇慶有國家重點實驗室 4 所，江門有 3 所，且肇慶的高新技術企業數明顯高於江門。整體上，肇慶的創新要素略優於江門，肇慶的人才和研究機構較好，而江門的資本較好。

依據測算結果，將大灣區內各地區的創新要素指標得分繪製成「圈圈圖」（見圖 5-12），以分析創新要素的空間分佈特徵。由「圈圈圖」發現，廣州的圈圈最大，其次深圳是和香港，説明廣州在粵港澳大灣區內的創新要素最強，其次是深圳和香港。其他地區的圈圈較小，説明其創新要素較弱。但在溢出效應的影響下，廣深港左側的珠海、佛山、中山的創新要素較好，其次是廣深港右側的惠州和東莞，而廣深港左側較遠地區的肇慶和江門創新要素表現較差。

3.3.3　創新環境評估

由粵港澳大灣區創新環境指標得分（表 5-8 和表 5-9）發現，地區間創新環境的差异較大，香港擁有最好的創新環境，其次是廣州和深圳，澳門、佛山、珠海、東莞、中山緊隨其後，創新環境相對較弱的是江門、惠州和肇慶。創新環境較好的香港是創新環境較弱的肇慶的四倍，創新環境以深圳—廣州—香港為軸線向外階梯型遞減。

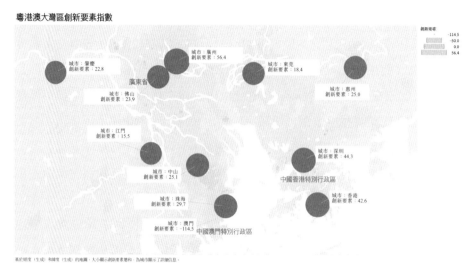

圖 5-12　創新要素指標得分的圈圈圖

表 5-8　創新環境指標的得分

得分	廣州	深圳	珠海	佛山	中山	東莞	肇慶	江門	惠州	香港	澳門
GII 方法											
創新環境	55.88	54.62	36.99	48.43	32.40	36.25	16.10	24.67	23.34	62.33	49.50
產業發展	67.23	67.39	32.84	44.85	34.45	42.67	28.83	32.39	34.87	67.05	36.72
營商環境	44.07	26.51	27.44	26.68	23.84	5.80	20.26	28.27	3.91	88.67	100.00
市場化程度	30.11	34.96	31.98	62.02	27.51	45.84	0.00	24.75	21.27	73.34	61.29
創新支持度	82.09	89.62	55.69	60.19	43.81	50.68	15.32	13.27	33.33	20.26	0.00
逐級等權法											
創新環境	54.99	54.77	38.21	48.39	33.71	36.53	17.12	25.14	24.01	61.56	49.31
產業發展	65.87	66.18	34.85	45.79	36.31	43.85	30.77	34.37	36.75	64.87	38.18

（續表）

得分	廣州	深圳	珠海	佛山	中山	東莞	肇慶	江門	惠州	香港	澳門
營商環境	44.02	27.12	28.07	25.66	23.97	6.02	20.85	28.67	3.70	88.46	100.00
市場化程度	29.75	35.32	31.57	62.57	27.84	45.75	0.00	23.90	21.33	70.63	59.07
創新支持度	80.32	90.48	58.36	59.55	46.72	50.52	16.83	13.63	34.27	22.26	0.00

表 5-9　各創新環境指標得分的排序

排序	廣州	深圳	珠海	佛山	中山	東莞	肇慶	江門	惠州	香港	澳門
GII 方法											
創新環境	2	3	6	5	8	7	11	9	10	1	4
產業發展	2	1	9	4	8	5	11	10	7	3	6
GII 方法											
營商環境	3	7	5	6	8	10	9	4	11	2	1
市場化程度	7	5	6	2	8	4	11	9	10	1	3
創新支持度	2	1	4	3	6	5	9	10	7	8	11
逐級等權法											
創新環境	2	3	6	5	8	7	11	9	10	1	4
產業發展	2	1	9	4	8	5	11	10	7	3	6
營商環境	3	6	5	7	8	10	9	4	11	2	1
市場化程度	7	5	6	2	8	4	11	9	10	1	3
創新支持度	2	1	4	3	6	5	9	10	7	8	11

　　將 GII 方法和逐級等權法測算的創新環境指標得分繪製成圖 5-13，發現兩種測算方法的結果和對應的排序均基本一致，驗證了指標選取的穩健性。

　　利用逐級等權法的測算結果，繪製出粵港澳大灣區各地區的創新環境指標得分，見圖 5-14 和圖 5-15，具體分析每個地區的創新環境狀況。

　　香港的創新環境指標得分為 61.56，是粵港澳大灣區內部創新環境最好的地區。從創新環境指標的二級指標看，香港在市場化程度方面居領先地位，在營商環境和產業發展方面也具有較高的得分，分別排序第二和第三。在市場化程度方面，香港的自由經濟市場和出口導向型的開放經濟均為地區創新提供了良好的環境；在營商環境方面，香港政府擁有較高的辦事效率、對工業企業採取更低的所得稅；在產業發展方面，香港具有較高的經濟發展水平，並且聚集了金融、物流、法律等眾多高端服務業。

　　廣州的創新環境指標得分為 54.99，僅次於香港，成為粵港澳大灣區內創新環境第二的地區。從創新環境指標的二級指標看，廣州在產業發展和創新支持度方面得分較高，均排於第二位。在產業發展方面，廣州集聚了大量的製造業和服務業；在創新支持度方面，廣州擁有最多的國家級科技企業孵化器，並且政府科技支出佔政府財政支出的比例較高。

　　深圳的創新環境指標得分為 54.77，略低於廣州，成為粵港澳大灣區內創新環境第三的地區。從創新環境指標的二級指標看，深圳在產業發展和

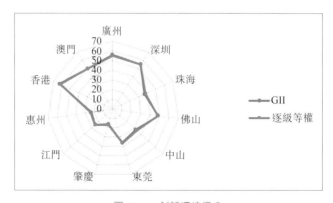

圖 5-13　創新環境得分

創新支持度方面均居首位，而在營商環境方面卻處於中等水平，位居第六位。在產業發展方面，深圳製造業和服務業的集聚水平均較高；在創新支持度方面，深圳政府科技支出比重最高，且國家級孵化器數居於第二位；在營商環境方面，深圳在政府網上辦事效率和財政透明度方面均遠低於廣州、香港和澳門。

澳門的創新環境指標得分為 49.31，是繼香港、廣州、深圳後的創新環境最好的地區。從創新環境指標的二級指標看，澳門在營商環境和市場化程度方面居第一和第三位，而在創新支持度方面居末位，這與澳門沒有政府科技支出的統計數據有關。在營商環境方面，澳門在企業所得稅率、政府網上辦事效率和財政透明度方面均有絕對優勢；在市場化程度方面，澳門是一個自由市場經濟；在創新支持度方面，由於澳門沒有國家級孵化器和政府科技支出的數據，因而使其處於末位，低估了澳門的創新環境指標。

創新環境軸線右側：惠州的創新環境指標得分為 24.01，東莞的創新環境指標得分為 36.53。從創新環境指標的二級指標看，東莞和惠州在營商環境上均處於劣勢。在產業發展上，受鄰近深圳的影響，東莞和惠州產業發展分別位於第五和第七；在營商環境上，東莞和惠州由於具有較低的網上辦事效率和財政透明度得分，使其分別位於第十位和第十一位；在市場化程度上，東莞由於具有較好的對外開放程度和勞動力流動性，其得分遠高於惠州；在創新支持度上，東莞具有更多的國家級孵化器數量。

創新能力軸線左側：臨近地區，佛山的創新環境指標得分為 48.39，珠海的創新環境指標得分為 38.21，中山的創新環境指標得分為 33.71。從創新環境指標的二級指標看，佛山在市場化程度方面的得分較高，得益於較高的政府網上辦事效率；珠海在創新支持度方面的得分較高，得益於政府科技支出的比重較高；中山在創新支持度方面的得分較高，但仍低於佛山和珠海。偏遠地區，江門的創新環境指標得分為 25.14，肇慶的創新環境指標得分為 17.12。江門和肇慶低於邊緣地帶，產業發展和市場化程度均較弱，因而創新環境的得分較低。

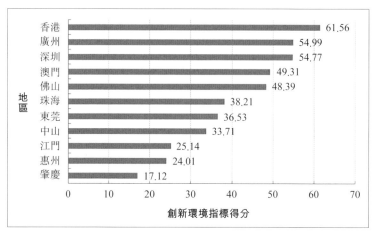

圖 5-14　創新環境得分

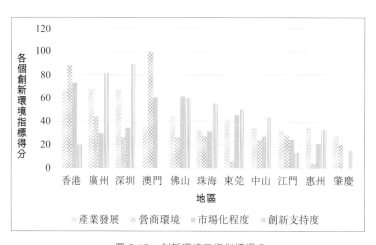

圖 5-15　創新環境三級指標得分

　　依據測算結果，將粵港澳大灣區內各地區的創新指標總得分繪製成「圈圈圖」（見圖 5-16），以分析創新能力的空間分佈特徵。由「圈圈圖」發現，圈圈最大的地區是香港、廣州、深圳、澳門，其次是周邊的佛山、珠海、東莞、中山，而最遠的江門和肇慶的圈圈最小。因此，粵港澳大灣區的創新環境以廣深港澳為核心，呈現出沿深圳—廣州—香港為軸線向外階梯型遞減。

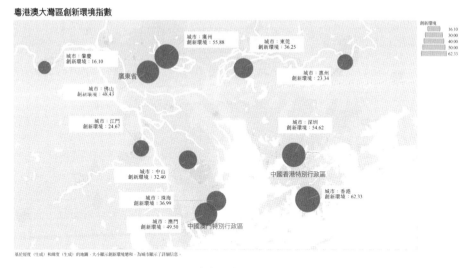

粵港澳大灣區創新環境指數

圖 5-16　創新環境指標得分的圈圈圖

3.3.4　基礎設施評估

由粵港澳大灣區的基礎設施指標得分（表 5-10 和表 5-11）發現，區域間的基礎設施差异較大，深圳基礎設施最好，其次是廣州和香港，東莞、珠海、澳門、佛山、中山緊隨其後，基礎設施相對較弱的是惠州、江門和肇慶。基礎設施較好的香港是基礎設施較弱的肇慶的四倍多，基礎設施以深圳—廣州—香港為軸線向外階梯型遞減。

表 5-10　各基礎設施要素指標的得分

得分	廣州	深圳	珠海	佛山	中山	東莞	肇慶	江門	惠州	香港	澳門
GII 方法											
基礎設施	50.89	62.78	38.85	35.43	32.85	39.62	13.86	19.95	25.60	48.46	35.04
交通物流	64.72	42.44	29.21	21.65	16.62	18.24	1.91	7.78	14.91	26.49	14.26
信息通訊	60.16	76.73	27.57	50.39	38.54	65.11	7.87	24.53	10.97	25.93	23.92

（續表）

得分	廣州	深圳	珠海	佛山	中山	東莞	肇慶	江門	惠州	香港	澳門
生態環境	27.80	69.17	59.77	34.26	43.38	35.52	31.79	27.55	50.93	92.95	66.94
逐級等權法											
基礎設施	51.85	60.69	36.99	34.69	31.49	38.76	13.92	19.98	24.59	50.78	35.24
交通物流	64.82	38.31	24.81	19.69	14.70	17.17	2.13	7.68	14.38	28.31	16.59
信息通訊	60.38	77.27	28.23	47.95	37.80	61.98	7.41	23.27	11.98	30.03	28.49
生態環境	30.37	66.49	57.91	36.43	41.95	37.13	32.22	28.97	47.43	94.01	60.66

表 5-11　各基礎設施要素指標得分的排序

排序	廣州	深圳	珠海	佛山	中山	東莞	肇慶	江門	惠州	香港	澳門
GII 方法											
基礎設施	2	1	5	6	8	4	11	10	9	3	7
交通物流	1	2	3	5	7	6	11	10	8	4	9
信息通訊	3	1	6	4	5	2	11	8	10	7	9
生態環境	10	2	4	8	6	7	9	11	5	1	3
逐級等權法											
基礎設施	2	1	5	7	8	4	11	10	9	3	6
交通物流	1	2	4	5	8	6	11	10	9	3	7
信息通訊	3	1	8	4	5	2	11	9	10	6	7
生態環境	10	2	4	8	6	7	9	11	5	1	3

　　將 GII 方法和逐級等權法測算的基礎設施指標得分繪製成圖 5-17，發現兩種測算方法的結果和對應的排序均基本一致，佐證了指標選取的穩健性。

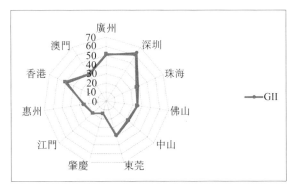

圖 5-17　基礎設施得分

　　利用逐級等權法的測算結果，繪製出粵港澳大灣區各地區的基礎設施指標得分，見圖 5-18 和圖 5-19，具體分析每個地區的基礎設施狀況。

　　深圳的基礎設施指標得分為 60.69，是粵港澳大灣區基礎設施最好的地區。從創新環境指標的二級指標看，深圳在信息通訊方面居首位，在交通物流和生態環境方面均居第二位。在信息通訊方面，深圳的互聯網寬帶普及率是最高的；在交通物流方面，深圳的交通物流指標僅次於廣州，但遠遠高於其他地區；在生態環境方面，深圳位於第二，在單位 GDP 能耗、城市環境空氣質量和城市綠化情況方面均有較突出表現。

　　廣州的基礎設施指標得分為 51.85，在粵港澳大灣區中僅次於深圳的基礎設施水平。從創新環境指標的二級指標看，廣州在交通物流方面具有絕對優勢，信息通訊方面優於大部分地區，而在生態環境方面却明顯弱於其他地區。在交通物流方面，廣州具有更好的運輸條件，得分遠遠高於其他地區；在信息通訊方面，廣州的移動電話用戶數和互聯網寬帶普及率低於深圳和香港，位於第三位；在生態環境方面，由於其空氣質量在粵港澳大灣區處於劣勢，且城市綠化情況弱於部分地區，生態環境得分僅位於第十位。

　　香港的基礎設施指標得分為 50.79，在粵港澳大灣區中位於第三位，但由

於部分指標數據的缺失，存在低估的現象。從創新環境指標的二級指標看，香港在生態環境方面具有絕對優勢，交通物流和信息通訊方面，由於部分數據的缺失，僅位於第四位和第七位。在生態環境方面，香港具有很好的綠化和空氣質量，且單位 GDP 能耗較低；在交通物流和信息通訊方面，香港在運輸貨運量及移動電話用戶等指標上的得分較高，但由於城市公共交通情況和 4G 基站數據的丟失，存在低估的現象。

澳門的基礎設施指標得分為 35.24，在粵港澳大灣區基礎設施中位於中下水平，這也受到部分指標缺失的影響。從創新環境指標的二級指標看，澳門在生態環境方面的得分較好，位於第三位。但是，澳門在信息通訊和交通物流方面的得分較低，在 GII 算法下排序第九位，在逐步等級法下排序第七位。究其原因，一方面是由於交通和綠化情況弱於其他部分地區，另一方面來源於大量數據指標的缺失，導致澳門基礎設施指標出現偏低的現象。

基礎設施軸線右側：東莞的基礎設施指標得分為 38.76，惠州的基礎設施指標得分為 24.59，分別位於第四和第九位。從創新環境指標的二級指標看，東莞的信息通信指標得分遠好於惠州，約為惠州得分的兩倍；東莞的交通物流指標也比惠州高，東莞擁有更好的運輸條件和公共交通系統；東莞的生態環境略低於惠州，惠州具有優良的空氣環境以及較大的綠化面積，東莞由於擁有大量的製造業，在空氣質量上低於惠州，但單位 GDP 能耗和綠化面積均較高。

基礎設施軸線左側：臨近地區，珠海的基礎設施指標得分為 36.99，佛山的基礎設施指標得分為 34.69，中山的基礎設施指標得分為 31.49，分別位於第五位、第七位和第八位。從創新環境指標的二級指標看，珠海在交通物流和生態環境方面得分較高，佛山在交通物流和信息通訊方面得分較高，中山在信息通訊和生態環境方面得分較高。偏遠地區，江門的基礎設施指標得分為 19.98，肇慶的基礎設施指標得分為 13.92，分別位於第十和第十一位。江門和肇慶在交通物流、信息通訊和生態環境方面得分均較低，其中，江門在信息通訊方面得分高於肇慶，而肇慶在生態環境方面得分高於江門。

依據測算結果，將灣區內各地區的基礎設施總得分繪製成「圈圈圖」（見

圖 5-20），以分析基礎設施的空間分佈特徵。由「圈圈圖」發現，圈圈最大的地區是深圳、廣州和香港，說明這三個地區在粵港澳大灣區內的基礎設施最好，其次是周邊的東莞、澳門、佛山、中山，基礎設施建設情況良好，而最遠的江門和肇慶的基礎設施建設情況最為劣勢，其圈圈最小。因此，粵港澳大灣區的基礎設施是以廣州、深圳和香港為核心，呈現出以深圳—廣州—香港為軸線向外階梯型遞減的特徵。

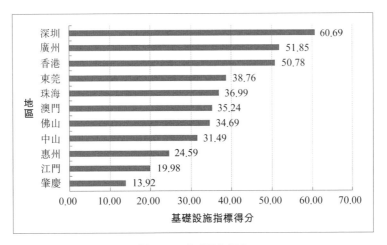

圖 5-18　基礎設施得分

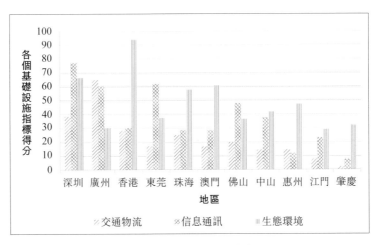

圖 5-19　基礎設施三級指標得分

粵港澳大灣區基礎設施指數

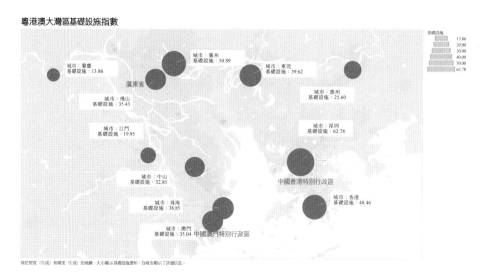

圖 5-20　基礎設施指標得分的圈圈圖

3.3.5　創新績效評估

由粵港澳大灣區創新績效指標得分（表 5-12 和表 5-13）發現，粵港澳大灣區內部創新績效差异較大，創新績效最強的深圳，其次是廣州，廣州創新績效得分不到深圳的一半。

表 5-12　創新績效指標的得分

得分	廣州	深圳	珠海	佛山	中山	東莞	肇慶	江門	惠州	香港	澳門
GII 方法											
創新績效	40.85	91.33	25.30	22.07	25.92	36.38	3.63	13.22	32.76	14.46	−4.53
創新產出	46.63	85.55	7.91	25.32	25.60	25.04	0.65	3.12	10.81	7.86	−1.32
創新效益	35.08	97.11	42.69	18.81	26.25	47.71	6.60	23.32	54.71	21.07	−7.73
逐級等權法											
創新績效	40.29	91.02	24.60	21.33	25.40	34.74	3.57	12.57	30.77	13.12	−4.37
創新產出	45.41	84.62	8.00	25.04	26.55	24.98	0.68	3.15	10.88	6.99	−1.43
創新效益	35.18	97.41	41.20	17.62	24.25	44.50	6.45	21.99	50.66	19.24	−7.31

表 5-13　各創新績效指標得分的排序

排序	廣州	深圳	珠海	佛山	中山	東莞	肇慶	江門	惠州	香港	澳門
GII 方法											
創新績效	2	1	6	7	5	3	10	9	4	8	11
創新產出	2	1	7	4	3	5	10	9	6	8	11
創新效益	5	1	4	9	6	3	10	7	2	8	11
逐級等權法											
創新績效	2	1	6	7	5	3	10	9	4	8	11
創新產出	2	1	7	4	3	5	10	9	6	8	11
創新效益	5	1	4	9	6	3	10	7	2	8	11

　　將 GII 方法和逐級等權法測算的創新績效指標得分繪製成圖 5-21，發現兩種測算方法的結果和排序基本一致，說明所選的指標較為合理，測算結果具有較好的穩健性。

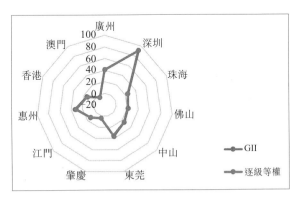

圖 5-21　創新績效得分

　　創新績效由 2 個二級指標、11 個三級指標構成，二級指標分別為創新產出和創新效益。利用逐級等權法的測算結果，繪製出粵港澳大灣區各地區的創新績效指標得分（見圖 5-22 和圖 5-23），從創新績效的二級指標和三級指

標層面，具體分析灣區內創新績效的狀況與差异。

深圳的創新績效指標得分為 91.02，大灣區內創新績效指標得分最高，説明深圳在創新績效方面表現最好。不論是創新產出還是創新效益，深圳的得分均最高。深圳創新績效的表現得益於應用研發方面的創新要素以及利於應用研發的軟硬件環境，使深圳在創新產出和創新效益方面優勢十分明顯，進而使深圳的創新績效表現最高。

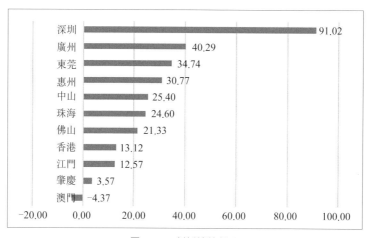

圖 5-22　創新績效得分

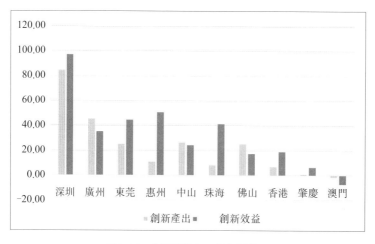

圖 5-23　創新績效各二級指標得分

廣州的創新績效得分為 40.29，僅次於深圳，但不到深圳的一半，説明廣州在創新績效方面與深圳相差較大。在創新產出方面，廣州的專利、商標、科技論文、新產品和高技術產品產值等相對較好，主要因廣州的基礎研究投入及環境相對較好而引起，使廣州的創新產出相對較高。而在創新效益方面，因廣州的應用研發水平較低，使其創新轉化能力較低，進而造成創新效益較小。整體上看，廣州的創新績效僅次於深圳，但與深圳的差距較大，其中，創新產出優於創新效益。因此，廣州不僅要注重創新產出，更要注重將產出轉化成效益，以實現創新的經濟社會效益。

香港的創新績效得分為 13.12，因香港在創新績效特別是創新效益方面的統計數據較少，造成缺失數據較多，進而導致創新績效指標得分較低且被低估。因香港在創新產出和創新效益方面均有缺失值，故導致創新產出和創新效益的得分被低估，最終造成香港的創新績效被低估。

澳門的創新績效得分為 -4.37，因澳門在創新績效方面的統計數據較少，造成缺失數據較多，進而導致創新績效指標得分為負，使澳門的創新績效被低估。

創新能力軸線右側：東莞的創新績效得分為 34.74，惠州的創新績效得分為 30.77。東莞的創新產出優於惠州，而惠州的創新效益優於東莞，特別是新產品和高技術產品出口狀況較高。整體上，惠州的創新績效優於東莞，但差別不大，且惠州和東莞在創新產品和創新效益方面各具優勢。惠州和東莞在創新績效方面較好的表現得益於深圳的創新溢出效應，創新效益得分高於創新產出。

創新能力軸線左側臨近地區：珠海的創新績效得分為 24.6，佛山的創新績效得分為 21.33，中山的創新績效得分為 25.4。珠海的創新效益優於中山和佛山，而中山和佛山的創新產出優於珠海，但整體差別不大。因中山和佛山受廣州的影響較大，使其創新產出相對較好；而珠海可能受深圳的影響較大，使其創新效益相對較好。而與創新能力軸線右側相比，珠海、中山、佛山的創新績效均不如東莞和惠州，一定程度反映出深圳在創新績效方面的輻射能力較強。

　　創新能力軸線左側偏遠地區：江門的創新績效得分為 12.57，肇慶的創新績效得分為 3.57。江門的創新產出和創新效益均優於肇慶，整體創新績效均較差。因江門和肇慶與深圳和廣州的距離較遠，造成受其影響很小，最終使其創新績效表現較差。

　　依據測算結果，將灣區內各地區的創新績效指標得分繪製成「圈圈圖」（見圖 5-24），以分析創新績效的空間分佈特徵。由「圈圈圖」發現，深圳的圈圈最大，其次是廣州，但深圳的創新績效得分相當於廣州的兩倍多。受深圳創新溢出效應的影響，東莞和惠州的創新績效得分僅次於廣州，位居第三、第四，意味着深圳在創新績效方面的輻射能力較強。與廣深港右側相比，廣深港左側的各市創新績效均較低，因珠海、佛山、中山距廣深港較近，其創新績效要優於較遠的江門和肇慶。總之，廣深港右側地區的創新績效優於左側，左側較近的地區優於較遠地區。

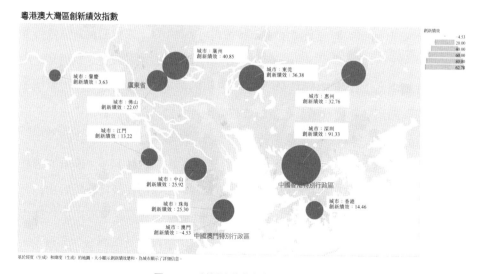

圖 5-24　創新績效指標得分的圈圈圖

第四節　構建科技與產業協同發展的創新體系

4.1　國際科技創新中心建設思路

　　完整的創新鏈是從基礎研究、應用研究到技術開發和產業化應用、規模化發展的全過程。打造大灣區國際科技創新中心需要創新鏈與產業鏈融合發展。

　　首先，按照各城市在創新鏈和產業鏈的優勢，構建「科學研究—成果轉化—產品開發運用」三位一體的創新分工體系。例如高校和研究機構集中的廣州、深圳、香港在基礎性研究和人才培養方面具有優勢，製造業發達的佛山、東莞在成果轉化和產業化應用方面具有優勢，而其他城市具有在規模化生產等方面具有優勢。

　　其次，堅持促進創新鏈與產業鏈的深度融合，促進科技與產業相互支撐和協同發展。第一，在擁有自主知識產權、掌握核心技術、發展處於前沿的優勢產業，需要圍繞創新鏈佈局自主可控的產業鏈。例如 5G 技術、人工智能等領域。第二，要在那些從全球價值鏈中低端向中高端攀升的環節佈局創新鏈。圍繞產業鏈部署創新鏈，針對中高端環節進行科技攻關，掌握中高端環節的核心和關鍵技術，保證產業鏈的供給安全。例如芯片生產。第三，在具有產業發展潛力和基礎的領域，佈局國家重點研究實驗室和基地，誘導和推動新型戰略性產業發展，例如海洋產業和南海開發與資源利用。

　　最後，圍繞創新鏈的關鍵領域構建創新平台，集聚國際高端創新要素。從完整的創新鏈看，大灣區創新的薄弱環節在基礎性研究和應用性領域，特別是基礎性研究。堅持需求牽引，瞄準制約我國產業發展關鍵領域和核心技術促進基礎研究、應用研究與產業化對接融通，推動不同行業和領域創新要素有效對接。

4.2 建設國際創新中心的平台搭建

粵港澳大灣區中，廣州和香港在創新要素和創新環境方面具有顯著優勢，深圳在基礎設施和創新績效中居領先地位，創新能力呈現出以深圳─廣州─香港為軸線向外階梯型遞減的特徵。粵港澳大灣區要打造以港深和廣佛國際創新科技中心為雙核，廣深港澳創新科技走廊為一廊，環大灣區科技創新產業圈為一圈的雙核一廊一圈雙輪驅動的國際創新科技中心。

4.2.1 雙核心國際創新科技中心

深圳、廣州、香港、佛山的創新能力排序分別位於第 1、2、3、6 名，且深圳和香港相鄰，廣州和佛山相鄰，因而深港和廣佛是兩個重要的國際創新科技中心。粵港澳大灣區要建立以深港國際創新科技中心和廣佛國際創新科技中心為雙核心的全球創新科技中心。

4.2.1.1 深港國際創新科技中心

深圳和香港的創新指數得分均位於前列，且深圳在基礎設施和創新績效上具有絕對優勢，香港在創新環境上居領先地位。建設深港國際創新科技中心，需以深圳光明新區科學城以及深港落馬洲河套地區「港深創新及科技園」等創新平台為依託，以達到優化粵港澳大灣區的創新平台空間佈局。

以深圳光明新區科學城建設為平台，建立深港全球科技創新中心。光明新區位於深圳和東莞交界的位置上，將以科學城為依託，以重大科技基礎設施和交叉研究平台建設為重點，佈局一批前沿領域的大科學裝置群。科學城規劃分為裝置核心區、科學教育區、綜合配套區、拓展區。裝置核心區規劃建設合成生物學、材料基因組等大科學裝置，以及配套的研究平台和國家級實驗室。科學教育區以中山大學深圳校區為依託，促進醫學、生物學等領域前沿研究成果的產出。綜合配套區主要規劃建設會議中心、科技館、智能體驗館、創業交流中心等配套科學基礎設施。拓展區則為未來大科學裝置建設提供空間保障，其中西拓展區為裝置核心區提供擴展腹地，被拓展區為遠期預留用地。

　　以深港落馬洲河套地區（圖 5-25）開發為平台，建立深港國際創新科技中心。落馬洲河套地區是香港與深圳交界的區域，經兩地政府簽署「合作備忘錄」，宣佈將在河套地區合作打造「港深創新及科技園」。「港深創新及科技園」將成為兩地重要的科研合作基地和合作平台，其擁有「一國兩制」的優勢資源，以及更多先行先試的政策優勢，更容易在科研體制上實現新的突破，最大限度消除區域科技創新協作方面的體制機制障礙。河套地區「港深創新及科技園」平台的開發有利於探索內地和香港之間的人才、資金等創新要素跨境流動的制度設計，推動兩地創新要素無縫對接和自由流動；吸引國內外知名高等院校建立國際級重點實驗室、工程研究中心，吸聚全球高端科技創新人才，將其打造成為國際科學合作基地。

圖 5-25　港深河套地區規劃圖

4.2.2.2　廣佛國際創新科技中心

　　廣州的創新能力指數得分位於前列，聚集了較多的人才、資本及研發機構等創新要素，且擁有較好的創新環境和基礎設施；佛山鄰近廣州，聚集了大量的製造業企業，且擁有較好的市場環境。充分發揮廣州高校集群、創新資源集聚，以及佛山民營經濟發達、製造業集聚的互補優勢，共建廣佛國際

創新科技中心。建設廣佛國際創新科技中心，需以「廣佛科技創新產業示範區」、珠江西航道創新帶、廣州大學城—國際科技創新城等創新平台為依託，實現協同發展。

「廣佛科技創新產業示範區」、珠江西航道創新帶、廣州大學城—國際科技創新城等創新平台的建設，是廣州和佛山兩市簽署的《深化創新驅動發展戰略合作框架協議》中提出的。廣州和佛山兩市將在高端人才集聚、高新技術企業培育和科技成果轉化等 12 個領域展開合作。

「廣佛科技創新產業示範區」包括廣州南站片區 36 平方公里、佛山三龍灣高端創新集聚區 93 平方公里、荔灣國際科技創新產業區 17 平方公里、東沙片區 7.5 平方公里共 153.3 平方公里區域（見圖 5-26）。珠江西航道創新帶則包括了廣州黃金圍產業園，以及佛山南海區青年湖電子信息產業園等創新平台，強調了聯動發展。廣州大學城—國際科技創新城是以廣州大學城為核心，以廣州國際生物島和大學城南岸地區為兩翼，構建 73 平方公里的集聚大量高端人才的創新平台。其中，廣州大學城的發展已經相對完善，而大學城南岸地區作為大學城的延伸區域，規劃建設為廣州與高效協同創新基地，是未來開發建設的重點區域。

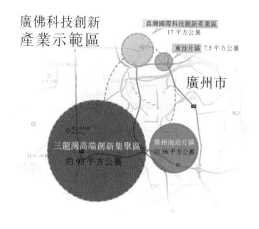

圖 5-26　廣佛科技創新產業示範區

4.2.2 廣深港澳創新科技走廊

由粵港澳大灣區各地區創新指標的總得分發現，粵港澳大灣區的創新能力以深圳—廣州—香港為軸線向外階梯型遞減。在創新要素、創新環境和基礎設施上，廣州、深圳和香港均屬前三位；而在創新績效上，深圳具有更強的知識轉化能力，擁有更高的創新產出和創新效益。因而，廣深港澳四個城市在科技創新方面基礎較好，可以優勢互補、協調發展，以廣深港澳為創新科技走廊，構建全球科技創新中心。

4.2.2.1 廣深港澳的基礎與優勢

廣深港澳四地在科技創新上有自己的優勢。廣州在基礎教育和科研機構方面具有優勢；深圳擁有眾多創新型企業，並具有知識轉化方面的優勢；香港和澳門則擁有多家世界知名高校，以及優良的基礎研究能力。

廣州是華南地區的文化和科教中心，集聚了廣東省 80% 的高校和 97% 的國家重點學科，並擁有中山大學、華南理工大學和暨南大學等多所 985 和 211 高校，是內地南方高校最密集的城市和高等教育最發達的城市之一。此外，廣州擁有國家工程技術研究中心 18 家，國家級企業技術中心 25 家，國家重點實驗室 19 家，國家級、省級大學科技園 6 個，已名副其實成為珠三角國家自主創新示範區的龍頭城市。

深圳在知識轉化方面具有優勢。根據對國際知識產權組織（WIPO）的 PCT 專利數據庫的分析統計，截止到 2016 年底，深圳累計 PCT 專利 69347 件。在全球性的創新活動活躍的城市當中，深圳居第二名，僅落後日本東京。同時，經過多年的改革和發展，深圳已經建立起了良好的科研成果轉化的產業生態環境和體制機制，逐漸形成了以企業主導、政府引導和產學研資緊密結合的科技成果轉移轉化體系。

香港是高水平大學集聚城市，具有國際化的科研環境和人才培養條件。根據 2018 年 QS 世界大學排名數據顯示，香港大學、香港科技大學、香港中文大學、香港城市大學分別位居世界排名第 26、30、46、49 位。香港的高校在生物醫學、信息技術、人工智能、金融與大數據、新材料、海洋科技、環

境與可持續發展等領域具有高水平的學術成果和科研實力。

澳門的高等教育也得到長足發展，特別是澳門大學遷移到橫琴，辦學條件全面改善，學校研究實力和國際地位大幅提升。澳門的其他大學在旅遊、酒店管理、衛生護理、葡語教育等方面具有優勢。澳門大學和澳門科技大學還建立了國家重點實驗室。

4.2.2.2 廣深港澳科技走廊建設

廣深港澳科技走廊建設以廣深港澳為核心，結合東莞的製造業基礎，發揮各地優勢，實現創新科技走廊的協調推進。一方面，廣深港澳四個城市在科技創新方面基礎條件較好，聚集了大量優質的創新要素，且創新能力在粵港澳大灣區中位於前列。另一方面，各地創新能力具有差异性和互補性，廣州、香港和澳門在基礎研究和人才培養方面具有優勢，深圳在知識和科研成果轉化方面具有優勢，東莞依託其強大的製造業基礎，在產品應用上具有優勢。充分發揮廣深港澳的優勢，將科技走廊建設成為資源共享、功能互補、產業聯動的科技創新帶。通過珠三角東部廣深港科技創新走廊建設，以示範效應輻射帶動粵港澳大灣區整體的科技創新資源整合。

廣深港澳科技走廊中聚集了眾多優質的科技資源、人才資源、產業資源，擁有廣州大學城—國際創新城、廣州中新知識城、深圳空港新城、深圳國際生物谷、香港科技園、香港數碼港、珠澳跨境工業區等重大創新平台，有利於生物醫藥、信息技術、人工智能等高科技領域的發展（見表5-14）。

珠三角其他地市需要對接廣深港澳創新科技走廊，加強與廣州、深圳、香港等城市的合作，助推科技走廊建設。珠江東岸的惠州以潼湖生態智慧區為依託，對接廣深港澳創新科技走廊。珠江西岸的佛山、中山、珠海等城市要緊抓珠江——西江經濟帶、珠江西岸裝配製造產業帶建設的機遇，整合珠海西部生態新區、佛山粵桂黔高鐵經濟帶合作試驗區、中山粵澳全面合作示範區、江門大廣海灣經濟區、肇慶高新區等重大平台，並加強與廣深港澳之間創新要素的流動與對接，推動科研成果在珠江西岸先進裝備製造業產業帶轉化為生產，推動廣深港澳創新科技走廊建設。

表 5-14　廣深港澳科技走廊創新平台

城市	創新平台	領域
廣州	廣州大學城—國際創新城	以廣州大學城為支撐，建設高科技人才創新創業基地。重點發展信息技術、文化創意、新材料、生命健康產業。
	廣州中新知識城	打造知識經濟產業集聚區，推動國家知識產權運用和保護綜合改革試驗。重點發展電子信息、生物醫藥、知識經濟產業。
	廣州科學城	以戰略新興產業為主導，突出創新創業生態建設，提升創新要素密集度。重點發展電子信息、新材料、生物醫藥產業。
	廣州琶洲互聯網創新集聚區	打造廣州新經濟重要引擎、亞太地區互聯網總部基地、全球互聯網投資首選地及國際高端人才匯集地。重點發展「互聯網＋產業」。
深圳	深圳空港新城	打造技術標準領先、市場前景廣闊的未來產業集群，大力發展國際會展貿易、現代服務等功能。重點發展智能裝備、航天航空產業。
	深圳高新區	增加創新要素密度，建設成為世界一流高科技園區。重點發展新材料、電子通訊、數字視聽、生物醫藥產業。
	深圳阪雪崗科技城	放大華為等龍頭企業的帶動作用，發揮技術溢出和人才溢出效應，培育打造國際科技研發高地和特區一體化先行示範區。重點發展通訊設備、5G產業。
	深圳國際生物谷	發揮生物技術與信息技術融合優勢，建設成為國際領先的生物科技創新中心、全球知名的生物產業集聚基地。重點發展生物醫藥和生命健康產業。
香港	香港科學園	打造應用科技及高科技研究基地。重點發展電子、信息科技、綠色科技、生物科技、緊密工程產業。
	香港數碼港	以香港資訊科技發展為核心而建立的。重點發展信息及通訊科技產業。
澳門	珠澳跨境工業區	包括珠海和澳門兩個園區，園區之間由口岸通道連接。重點發展倉儲物流、產品展銷等產業。
東莞	東莞松山湖	打造全球性科技園區、生態文明示範城區。重點發展高端電子信息、機器人、生物科技、新能源、現代服務業。
	東莞濱海灣新區	打造海洋產業與先進製造業創新集聚區。重點發展現代服務業、海洋生物醫藥、智能裝備、新一代信息技術產業。

4.2.3 環大灣區科技創新產業圈

以大灣區九個城市國家級科技產業園和香港科技園為依託，建立環大灣區科技產業帶（圖 5-27）。國家級科技產業園是將創新科技的各個要素有機結合，最大限度實現科研成果產品化的基地，大灣區內每個城市的國家級科技產業園的產業發展各有側重，可以整合大灣區內各個國家級科技產業園資源，建設成為珠三角產品應用環節的具體載體，打造成為環大灣區科技產業帶。

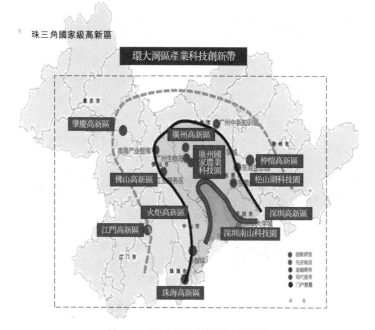

圖 5-27　環大灣區創新科技產業帶

珠三角九個城市的科技園區及其重點發展領域如表 5-15 所示。各城市國家級科技園的發展有共性，例如多側重於發展電子信息產業，也有差異性。廣州國家農業科技園側重於環保高效農業以及農業信息產業的發展；深圳南山科技園則側重於高新技術企業的孵化；佛山高新技術產業開發區關注綠色家用電器的生產；東莞松山湖科技產業園和江門高新技術開發園區多發展裝備製造業；珠海高新技術開發園區和惠州仲愷高新技術開發園區關注新能源

產業這一新興產業；中山火炬高新技術開發園區關注綠色食品等健康科技產業；肇慶高新技術開發園區則發展輕工製造和汽車摩托車零配件製造產業。此外，香港科技園重點發展電子、信息科技、綠色科技、生物科技、緊密工程等產業。因此，粵港澳大灣區內集聚了眾多的工業園區，需要充分發揮工業園區集聚的優勢，整合大灣區內各個國家級科技產業園資源，建成具有全球影響力的國際科技產業帶、華南科技成果轉化中心。

表 5-15　珠三角九市國家科技產業園概況

城市	科技園區	領域
廣州	廣州國家農業科技園	優良種子種苗、環保高效農業生產資料、農產品加工、農業信息及科普休閑農業
	廣州高新技術產業開發區	高新技術產業的研究開發、電子信息、生化製藥、新材料、科技專案研發，創新和孵化
深圳	深圳市高新技術產業園區	電子信息產業、光機電一體化產業、生物醫藥產業、新材料新能源產業
	深圳南山科技園	高新技術的研發、高新技術企業的孵化、創新人才的吸納與培育
佛山	佛山高新技術產業開發區	重點發展電子信息、光機電一體化、精密製造、生物工程、新材料、有色金屬加工、生態陶瓷和綠色家用電器
東莞	東莞松山湖科技產業園	IT 產業，光電產業、生物技術產業、環保產業、裝備製造業
珠海	珠海高新技術開發園區	重點發展智慧產業、軟件和集成電路設計、互聯網和移動互聯網、智能電網裝備和新能源、生物醫藥和醫療器械、智能製造和機器人等主導產業。
中山	火炬高新技術開發園區	健康科技，電子信息，綠色食品，成果轉化
肇慶	肇慶高新技術開發園區	電子信息、生物製藥、新材料、有色金屬加工、包裝印刷、輕工製造和汽車摩托車零配件製造等
江門	江門高新技術開發園區	先進製造業、高技術產業和裝備製造業
惠州	仲愷高新技術開發園區	LED、移動互聯網、平板顯示、新能源、雲計算為主導的「4+1」戰略性新興產業

第五節　結論與政策建議

深入實施創新驅動發展戰略，深化粵港澳創新合作，構建開放型融合發展的區域協同創新共同體，集聚國際創新資源，優化創新制度和政策環境，着力提升科技成果轉化能力，建設全球科技創新高地和新興產業重要策源地。

5.1　發揮粵港澳高校聯盟作用，攜手打造一小時學術圈

粵港澳高校聯盟由中山大學倡議，聯同香港中文大學和澳門大學共同發起的非營利性大學合作聯盟。高校聯盟以彙集粵港澳精英大學，培養高素質人才，推動三地共同邁向知識型經濟時代為宗旨，成立時獲國家教育部、國務院港澳事務辦、中聯辦等多個單位支持。集聚全球頂尖科學家，形成引領科技發展方向的原創性成果，擁有一批具有世界一流水平的學術大師，決定大學的建設水平和人才培養質量，也是城市基礎研究和高技術領域原始創新的一支主力軍。目前，共有 28 所粵港澳三地高校入盟，包括廣東 12 所、香港 9 所、澳門 7 所高校。要充分發揮高校聯盟在大灣區人才培養、科研合作、協同創新，攜手打造「粵港澳一小時學術圈」，為大灣區國際創新中心建設提供全方位多領域的智力支撐。

5.2　加強基礎性研究和人才培養，破解科技和產業中「卡脖子」難題

第一，堅持市場需求引導和企業市場主體作用，加快對制約大灣區產業核心技術的研究與開發。深化高校和企業的合作，針對企業和經濟中「卡脖子」，加強基礎性和應用性研究，實現技術攻關。發揮高校在人才培養和基礎研究的主力軍作用。珠三角有大量高科技企業，對科研成果有很多的需求，也有大量的投入。廣東的高校承擔的不多，高校的科研需要與經濟發展

結合起來。加強產學研深度融合。建立以企業為主體、市場為導向、產學研深度融合的技術創新體系，支持粵港澳企業、高校、科研院所共建高水平的協同創新平台，推動科技成果轉化。實施粵港澳科技創新合作發展計劃和粵港聯合創新資助計劃，支持設立粵港澳產學研創新聯盟。

第二，鼓勵港澳高水平大學在大灣區發展，創新港澳高校內地辦學模式。香港有多所高質量的大學，它們具有到珠三角辦學和建立科研機構的願望和實力。要給予它們在辦學方面更多自主權，發揮高校管理體制機制方面的優勢，為大灣區科技創新增加新動力。同時，解決內地科研經費進入香港和澳門的體制障礙。

第三，改革科研管理體系，激發科研人員的積極性。在大灣區能率先探索改革科研人員的薪酬分配制度，探索股權期權分紅，提高科研人員成果轉化收益分享比例。在科研管理中建立科研人員的信用制度，強調績效考核，科研經費的預算會參考科研成果評價的結果，將科研經費撥款模式和課題考核成果相結合。整合灣區內的研究資源，建立港澳高校進入珠三角發展的體制機制和港澳與珠三角高校合作培養人才的體制機制，提高大學和研究機構科學研究和人才培養能力。

5.3　推動科研成果轉化，提高知識轉化的效率

第一，建立有利於科研成果轉化的激勵機制，解決科研與經濟「兩張皮」的問題。借鑒美國《貝多法案》（Bayh Dole Act）的做法，通過將由政府資助的大學科研成果的知識產權轉交給大學，政府只提取稅收，提升高校、科研機構在科研成果轉化上的積極性，推動科研成果向市場轉移。大灣區可以制定相關政策，釋放高等學校和科研機構的研發服務活力，推進政產學研資介合作。完善科技成果轉化機制，催生大批新興高科技企業。建立研究型大學的對接機制，促進研究型大學圍繞新興產業發展需求，面向科技前沿和關鍵性技術問題，建立世界級的研究中心。研究型大學設置獨立的、商業化運

作的技術轉移辦公室，連接企業需求和大學科研產出，設計科研成果市場化路徑，保障科研成果轉化的信息暢通。支持粵港澳在創業孵化、科技金融、成果轉化、國際技術轉讓、科技服務業等領域開展深度合作，共建國家級科技成果孵化基地和粵港澳青年創業就業基地等成果轉化平台。在珠三角九市建設一批面向港澳的科技企業孵化器，為港澳高校、科研機構的先進技術成果轉移轉化提供便利條件。

第二，培育多元化研發投入主體，逐步建立以企業和風險資本為主的研發投融資體制。在基礎性研究方面，加大政府投入。由三地政府牽頭建立粵港澳大灣區創業投資基金，引導其向具有高成長性、高發展潛力的高科技企業投資。制定寬鬆的優惠政策，引導社會資本投向科技創新創業。充分發揮香港國際金融中心的優勢，推動粵港澳大灣區科技和金融的融合發展，建立完善的科技金融服務體系，通過科技保險、天使投資和創投基金等多種方式為初創期和成長期的科創企業提供多元融資渠道。以風險投資為突破口，建立靈活多樣的投資體制，健全風險投資的退出機制，加大對金融人才的引進力度，推進設立金融發展服務中心，為金融機構和金融人才提供優質服務，提升金融科技創新的能力。充分發揮香港、澳門、深圳、廣州等資本市場和金融服務功能，合作構建多元化、國際化、跨區域的科技創新投融資體系。大力拓展直接融資渠道，依託區域性股權交易市場，建設科技創新金融支持平台。支持香港私募基金參與大灣區創新型科技企業融資，允許符合條件的創新型科技企業進入香港上市集資平台，將香港發展成為大灣區高新技術產業融資中心。

第三，完善知識產權保護和交易制度，提高科研成果轉化效率。利用好香港知識產權保護、交易和仲裁方面的優勢與經驗，打破區域壁壘，在大灣區內建設知識產權交易中心，提升大灣區內科技成果轉化效率。建立大灣區服務中心和多元化知識產權爭端解決機制，為大灣區科技企業「走出去」參與國際合作和競爭提供知識產權法律保障。建立知識產權評議制度。圍繞重大產業規劃、高技術領域重大投資項目等開展知識產權評議，防控重大知識

產權風險。建立科技計劃知識產權目標評估制度。開展重大科技活動評議試點，圍繞創新成果優化知識產權佈局。完善綜合行政管理協調機制，履行專利、商標、版權等知識產權行政管理和保護、進口產品知識產權糾紛和濫用行為的調查處理等職責。建立「行政、司法、仲裁、調解」四位一體的知識產權糾紛多元化解決機制，發揮知識產權仲裁院的作用，在提升仲裁公信力上做文章。建立知識產權信息大數據公共服務平台、知識產權投融資服務平台、國際知識產權交易平台，打造知識產權國際交易中心，建成國際知識產權成果轉讓、許可、交易、轉化的集散地。

第四，大力發展大灣區科技服務業，建立覆蓋科技創新全鏈條的科技服務體系。整合港澳在法律、會計等專業服務方面的優勢，在大灣區範圍內打造覆蓋研發設計、創投孵化和技術轉移等全鏈條的科技服務體系，促進科技與資本、科技與產業的深度融合。通過鼓勵和支持高校、科研機構、大企業等多元化主體投資，建設科創企業孵化器和科技園等各類創新創業載體，為企業提供全方位科技創業孵化服務，促進科創企業的成長。

5.4　打造科技創新平台，整合大灣區科創資源

加快推進大灣區重大科技基礎設施、交叉研究平台和前沿學科建設，着力提升基礎研究水平。優化創新資源配置，建設培育一批產業技術創新平台、製造業創新中心和企業技術中心。推進國家自主創新示範區建設，有序開展國家高新區擴容，將高新區建設成為區域創新的重要節點和產業高端化發展的重要基地。

第一，以深港落馬洲河套地區開發為平台，建立深港國際科技創新中心。充分發揮「一國兩制」優勢資源，爭取更多先行先試的政策，在科研體制上實現新的突破，最大限度消除區域科技創新協作方面的體制機制障礙。率先在落馬洲河套地區探索對內地和香港之間的人才，資金等創新要素跨境流動的制度設計，推動兩地創新要素無縫對接和自由流動。吸引國內外知名

高等院校在河套區內建立國際級重點實驗室、工程研究中心，吸聚全球高端科技創新人才，將其打造成國際科學合作基地。

第二，橫琴粵澳中醫藥科技產業園建設。利用橫琴粵澳中醫藥科技產業園建設，使澳門融入大灣區國際科技創新中心建設。在中醫藥人才培養、中醫藥產品研究開發、檢驗、認證、註冊、審批、海外銷售等方面建立起有利於中醫藥產業發展的科學研究、成果轉化、產品開發和國際營銷的體系，推動中醫藥走出國門。

第三，打造廣深港澳科技創新走廊，建立粵港澳科技創新帶。通過珠三角東部廣深港科技創新走廊建設，以示範效應輻射帶動整個粵港澳大灣區科技創新資源整合。珠江口東岸建設成為科技創新走廊，主要依託廣州科學城、中新（廣州）知識城、深港創新圈、東莞松山湖高新技術開發區、惠州潼湖生態智慧區等創新平台、橫琴新區等，深化實施創新驅動發展戰略。

第四，以大灣區九個城市國家級科技產業園和香港科技園為依託，建立環大灣區科技產業帶。國家級科技產業園將創新科技的各個要素有機結合，最大限度實現科研成果產品化的基地，大灣區內每個城市的國家級科技產業園的產業發展各有側重，可以整合大灣區內各個國家級科技產業園資源，推動珠江口西岸地區產業集聚和創新發展，建設成珠三角產品應用環節的具體載體，打造成環大灣區科技產業帶。

5.5　完善協同創新機制，促進資源的高效配置

第一，建立粵港澳大灣區產業科技創新委員會，完善大灣區協調體制機制。在粵港澳大灣區建設領導小組框架下成立專項的粵港澳大灣區產業科技創新委員會，專門統籌粵港澳大灣區內創新和科技合作事宜，建立粵港澳三地常態化的科技創新合作溝通協調機制。通過系統梳理粵港澳三地在科學研究、成果轉化和產品應用方面的優勢和需求，實現港澳創新要素和創新成果與珠三角成果轉化和產業應用的有效對接，推進大灣區的協調創新體系建設。

　　第二，實現大灣區科技創新人才跨境便利流動。探索實施粵港澳大灣區內人才「負面清單」和「大灣區人才綠卡」制度，推動粵港澳人才資質互認，引進與產業發展向匹配的創新型人才，推動灣區內部人才的充分流動。在大灣區內完善人才政策，完善港澳居民在內地工作和就業的配套措施，推動港澳創新人才與境內居民享受同等待遇。研究實施促進粵港澳大灣區出入境、工作、居住、物流等更加便利化的政策措施，鼓勵科技和學術人才交往交流。

　　第三，促進科研資金、科研設備等科研要素跨境便利流動。大灣區內科研資金、科研材料等科研要素應和普通要素區別對待，通過設定特別監管方式和通關模式，實現科研項目經費在大灣區內自由流動，科研設備通關便利化。允許香港、澳門符合條件的高校、科研機構申請內地科技項目，並按規定在內地及港澳使用相關資金。支持粵港澳設立聯合創新專項資金，就重大科研項目開展合作，允許相關資金在大灣區跨境使用。研究制定專門辦法，對科研合作項目需要的醫療數據和血液等生物樣品跨境在大灣區內限定的高校、科研機構和實驗室使用進行優化管理，促進臨床醫學研究發展。香港、澳門在廣東設立的研發機構按照與內地研發機構同等待遇原則，享受國家和廣東省各項支持創新的政策，鼓勵和支持其參與廣東科技計劃。

第六章

粵港澳大灣區助推「一帶一路」建設與構建全方位開放新體制 [1]

---

1 本章由周天芸負責，作者團隊成員：夏南新、翟愛梅、田鳳平、劉枝葉。

內容摘要

本章從「一帶一路」OFDI 逆向技術溢出與經濟可持續性、粵港澳大灣區的區域一體化與外商直接投資、金融支持粵港澳大灣區經濟發展、粵港澳大灣區金融集聚及其影響因素和灣區金融輻射及其效應測度五個論題，深入研究大灣區助推「一帶一路」建設的基礎、條件和優勢，並建議以金融為引領構建全方位開放新體制。

粵港澳大灣區地處中國開放前沿和產業高地，在「一帶一路」建設中戰略地位突出。「一帶一路」OFDI 逆向技術溢出有助於推動我國經濟可持續發展，研究發現，OFDI 逆向技術溢出對經濟可持續性具有正向推動作用；金融對經濟可持續性具有促進作用，在「一帶一路」和「21 世紀海上絲綢之路」樣本中，金融市場發展超過門檻值後都能實現 OFDI 逆向技術溢出對可持續經濟的促進作用。研究為中國繼續推動「一帶一路」發展戰略和制定金融市場發展政策提供理論依據。

粵港澳大灣區是中國開放程度最高、經濟活力最強的區域之一，基於一個國家、兩種制度、三種貨幣、四個核心城市的前提，大灣區的建設目標是實現「政策溝通、設施聯通、貿易暢通、資金融通、民心相通」。粵港澳大灣區的區域一體化有利於增強對外商直接投資的吸引力，區域一體化指數與市場規模存在替代效應，與貿易自由度具有協同效應，在不斷提升粵港澳大灣區開放水平的背景下，粵港澳大灣區將進一步釋放城市合作的新一輪紅利，推動各方面生產要素充分暢流，提升對外資的吸引力；粵港澳大灣區的城市有選擇性地利用內部市場建設或外部區域合作來推動外資進入，基於「一帶一路」開放的新格局建設，粵港澳大灣區在加強區域內部合作的同時擴大開放，將吸引更多的外資進入。

粵港澳大灣區具備金融樞紐的條件。粵港澳大灣區擁有深圳、香港等區域和亞洲金融中心，金融市場發達，以金融作為核心點，粵港澳大灣區城市通過金融的集聚效應和輻射效應，將對「一帶一路」沿線國家的政治、經

濟、文化產生重要的影響。研究表明，大灣區的金融支持與經濟發展存在長期穩定的關係。粵港澳大灣區金融集聚水平相對穩定，具有穩步增長趨勢，受產業結構水平、對外開放程度、產業政策以及是否擁有交易所等因素的影響，粵港澳大灣區城市的金融集聚水平不同。香港、深圳和廣州金融高度集聚，存在以香港、深圳和廣州為核心，向臨近地區輻射的趨勢，香港作為國際金融中心的優勢明顯，在證券業、銀行業、保險業等方面遙遙領先於其他地區，深圳、廣州位列其後。粵港澳大灣區內金融集聚程度越高的城市，金融輻射半徑越大，香港、深圳、廣州等中心城市對周邊地區的金融輻射範圍廣，輻射力度強，金融中心城市及其輻射網絡基本形成。

　　2019 年 2 月 18 日頒佈《粵港澳大灣區發展規劃綱要》（以下簡稱《規劃綱要》），明確了粵港澳大灣區對於「一帶一路」建設的意義和具體內容，特別強調攜手擴大對外開放。《規劃綱要》提出在「打造「一帶一路」建設的重要支撐區、全面參與國際經濟合作、攜手開拓國際市場三方面發揮粵港澳大灣區的作用。《規劃綱要》提出把粵港澳大灣區打造成為構築「絲綢之路經濟帶」和「21 世紀海上絲綢之路」對接融會的重要支撐區。2020 年 5 月 14 日，中國人民銀行、銀保監會、證監會、國家外匯管理局聯合發佈《關於金融支持粵港澳大灣區建設的意見》（以下簡稱《意見》），從促進粵港澳大灣區跨境貿易和投融資便利化、擴大金融業對外開放、推進粵港澳資金融通渠道多元化、進一步提升大灣區金融服務創新水平、切實防範跨境金融風險五個方面提出 26 條具體措施。《規劃綱要》和《意見》明確了粵港澳大灣區助推「一帶一路」建設的方向和途徑。

第一節　「一帶一路」OFDI 逆向技術溢出
與經濟可持續性

　　經濟全球化的推進，帶動全球資本跨國間的流動越來越頻繁，對外直接

投資（OFDI, Overseas Foreign Direct Investment）規模飛速擴張，OFDI 已經成為當今全球經濟發展的巨大推動力和各國聯繫的關鍵紐帶。面對複雜多變的國內外形勢，我國在 21 世紀加快實施「走出去」戰略，先後提出共建「絲綢之路經濟帶」和「21 世紀海上絲綢之路」重大倡議，加快我國 OFDI 的發展步伐。近十年，我國 OFDI 規模年均增長率達到 27.2%，到 2017 年 OFDI 流量位居世界第三，存量位居世界第八，成功躋身對外投資大國的行列。

與此同時，隨着中國經濟邁入新階段，政府以及社會各界愈發了解經濟可持續性發展的重要性，逐步將經濟發展戰略的重心從總量增長轉向質量增長。改革開放以來，中國的經濟發展已取得了巨大成就，但也逐步暴露出缺乏頂層設計、產能效率低和不注重發展環境等問題。「以提高發展質量和效益為中心」，已經成為我國經濟長期發展和發掘經濟增長潛力的重要戰略。2015 年起，中國 OFDI 步入理性調整階段，更重視優化投資結構和質量效果。目前，我國 OFDI 的產業分佈結構逐步優化，國別分佈從單一市場向多方均衡過渡，投資形式也越發多元化，對外投資從資源尋求型逐步轉向資源、技術、市場全面尋求型，對國內經濟增長、產業結構優化的推動力不斷增強。在此背景下，「一帶一路」戰略作為「十三五」規劃的重點之一，不僅是當代中國對外開放的總綱領，更成為全面深化改革的總鑰匙，引領促進各領域改革特別是供給側改革，提供解決產能效率和可持續性問題的有效措施之一。2018 年全年，我國企業對「一帶一路」沿線 56 個國家的非金融類直接投資佔總額 13%，對外承包工程佔總額 52%，「一帶一路」戰略使我國對外投資合作的推動力不斷強大。

在此趨勢下，不少專家學者開始就 OFDI 對我國產業升級和經濟增長質量的影響，尤其是 OFDI 的逆向溢出效果展開相關的理論研究。但現有研究大多集中驗證 OFDI 逆向溢出效應的作用機制以及驗證 OFDI 對我國技術創新、產業升級的作用，在推動經濟可持續性發展方面的研究較少，基於「一帶一路」這一政策背景下的相關研究則更少。鑒於此，嘗試從以下幾方面做出嘗試：其一，機制方面，依據 OFDI 不同主體類型的動機，直接從經濟發

展的可持續性考察 OFDI 的逆向溢出效應，探究逆向溢出效應對可持續性的作用。其二，實證方面，基於「一帶一路」戰略主要省份的面板數據，利用擴展的 CH 模型以及主成分分析法等，分析「一帶一路」的戰略意義，並為分析 OFDI 的戰略意義提供一個新的思路。其三，引入吸收能力進一步探討，考慮金融市場發展水平為吸收能力對 OFDI 逆向溢出效應的影響。

1.1　相關理論與文獻回顧

1.1.1　中國 OFDI 的逆向技術溢出機制分析

自斯蒂芬·海默（Stephen Hymer, 1960）提出壟斷優勢理論以來，國內外專家學者圍繞 OFDI 的動機提出了不同的理論觀點。其中，迄今為止解釋力較強且接受度較廣的便是鄧寧（John H. Dunning）在 1977 年提出的國際生產折中理論。該理論認為，只有當企業同時擁有所有權優勢、內部化優勢和區位優勢這三大優勢時，才能完全具備對外直接投資的條件。而基於中國 OFDI 動機的研究，王躍生（2007）認為中國 OFDI 的動機為尋求低成本和資源、擴大市場以及追求利益；董莉軍（2011）通過實證分析得出中國 OFDI 受能源需求和出口的影響較大。總體來説，根據動因可以將中國 OFDI 分為四大類型：市場導向型、資源導向型、技術導向型、戰略導向型。基於不同類型，OFDI 逆向溢出效應對經濟可持續性的影響有不同的傳導機制，但總體通過技術資本積累、人力資本提高以及環境效應影響長期增長實現。

市場導向型的 OFDI 是企業為開闢境外市場以及規避貿易壁壘，通過直接投資進行生產和銷售，目的是擴大出口市場或是避開貿易壁壘。一方面，根據比較優勢理論，OFDI 可以將本國已處於或將處於劣勢的產業轉移到海外，實現國內產業結構優化和環境的改善。另一方面，OFDI 能夠繞開貿易壁壘，消耗國內的過剩產能，實現資源的有效釋放，通過與當地產業的競爭實現逆向技術溢出，從而促進國內經濟可持續性的提高。羅良文和成曉杰（2013）通過理論分析認為，OFDI 能通過低碳投資一定程度避開碳關稅和非

關稅壁壘，從而實現低碳經濟的發展。

資源導向型的 OFDI 是我國傳統投資類型，主要由國內資源供需矛盾推動大型國有企業到資源豐富的國家建立跨國公司。該類型的 OFDI 能通過降低產業成本和子公司的資金反哺，增加研發投入和加快技術積累，從而提高經濟增長可持續性。

技術導向型 OFDI 主要通過併購發達國家企業，或在境外建立跨國公司，通過對先進技術的模仿學習獲得技術的逆向溢出、母國的人力資本提高，從而實現經濟遠期增長能力的提高。Potterie 和 Lichtenberg（2001）通過實證研究證明 OFDI 能帶動母國 R&D 存量的增加，從而促進本國的全要素生產率的增長。而陳昊、吳雯（2016）通過建立中國對外直接投資國別差異與母國技術進步的機制模型，驗證我國對發達國家的 OFDI 能够獲得逆向技術溢出。

戰略導向型 OFDI 主要通過跨國併購的方式進行，企業能從中建立競爭優勢資產例如品牌資產、人力資產、技術資本等。陶長琪、王慧芳（2018）認為母國在 OFDI 積累的人力資本，能加快對先進技術的演示、模仿與吸收，從而加大技術的溢出力度，促進母國技術水平的提高。戰略型 OFDI 通過併購有一定實力的國外企業，獲得地方化的知識資源和技術資源，通過內部學習、吸收以及轉移人力資源，最終實現母國的人力資本、技術資本積累，提高母國經濟可持續發展能力。

總體來看，中國四種類型的 OFDI 都能從不同機制產生逆向溢出效應，從而促進經濟可持續性的提高。這四種類型的傳導機制之間存在着一定的聯繫，不可完全分割，且四種機制對於促進經濟遠期發展動力都是可行的。

1.1.2　引入吸收能力的理論分析

OFDI 的逆向技術溢出能否真正帶來產業結構的優化以及經濟可持續性的提高，除了要考慮溢出的強度，還應分析母國或地區的吸收能力。吳書勝和李斌（2015）實證分析發現吸收能力不够、溢出空間及技術積累不足等原因都會影響 OFDI 逆向技術溢出的效果。國內外學者通過多方面研究認為，

人力資本水平、技術差距、對外開放程度、金融市場發展水平均會影響技術吸收能力。

　　金融市場環境對技術溢出能否起推動作用，國內外許多學者已進行研究。Levin（1997）認為金融發展水平對投資決策與技術創新有重要影響，發達的金融體能為技術創新提供便利的融資，是決定創新活動效率的重要因素之一。國內學者尹東東、張建清（2016）則通過實證分析驗證我國金融發展規模對 OFDI 逆向技術溢出吸收起促進作用，但東中西部的促進程度有所差異。但陳岩（2011）通過中國 2003～2008 年省級數據的實證分析，認為我國銀行業的整體效率和競爭力低下，非國有高科技企業融資較困難，因此金融發展水平對逆向技術溢出的吸收作用不明顯。「一帶一路」戰略涵蓋範圍包括我國西部地區毗鄰中亞、南亞、西亞的「絲綢之路經濟帶圈」，以及東部沿海的「21 世紀海上絲綢之路圈」，覆蓋地區金融市場發展差異較大。其中「21世紀海上絲綢之路圈」為我國東部沿海省份，金融市場發展起步相對較早，整體發展水平較高，而西部地區如新疆、西藏等地區的金融市場發展仍處於初級階段。因此，金融發展水平在實證樣本中會對技術溢出起到不同的吸收作用。鑒於金融市場的發展對 OFDI 逆向溢出作用的研究較少，探究金融市場水平吸收能力對 OFDI 逆向技術溢出對經濟可持續性的影響。

1.2　研究設計

1.2.1　模型構建

　　為儘可能合理且穩健地考察 OFDI 逆向技術溢出與中國經濟可持續性的作用關係，採用以下兩個步驟搭建模型。

　　第一步，構建 OFDI 逆向技術溢出對經濟可持續性的直接影響。借鑒 Coe& Helpman（1995）驗證技術外溢效應的國際 R&D 溢出回歸模型，以及 Lichtenberg& Pottelsberghe（2001）引入 OFDI 作為溢出渠道所提出的 P—L 模型，將對影響經濟可持續性的因素作為控制變量加入模型，如資源稟賦、

創新程度，得到基礎模型

$$Sustain_{it} = a_0 + a_1 S_{it}^{OFDI} + a_2 Nr_{it} + a_3 Innov_{it} + a_4 FDit + \varepsilon_{it} \tag{1}$$

其中，$Sustain$ 為經濟可持續性綜合指標，S^{OFDI} 為 OFDI 逆向技術溢出，Nr 為資源稟賦，$Innov$ 為創新程度，FD 為金融市場發展水平，下標 i 和 t 分別表示不同的省份和年份，ε_{it} 為隨機擾動項。此外，國內學者劉琛和盧黎薇（2006）發現 FDI 對我國經濟增長的促進作用在不同途徑上存在滯後期，考慮 OFDI 的逆向溢出效果也可能有時滯效應，故在上述模型中引入滯後項 $L.S^{OFDI}$，得到動態面板回歸模型

$$Sustain_{it} = a_0 + a_1 S_{it}^{OFDI} + a_2 L.S^{OFDI} + a_3 Nr_{it} + a_4 Innov_{it} + a_5 FDit + \varepsilon_{it} \tag{2}$$

第二步，引入吸收能力進一步分析 OFDI 逆向技術溢出對中國經濟可持續性的影響，參考尹東東和張建清（2016）選取的吸收能力指標，挑選了金融市場發展規模作為吸收能力變量。通過增加交互項來驗證吸收能力對 OFDI 逆向技術溢出效應的影響，得到模型

$$Sustain_{it} = a_0 + a_1 S_{it}^{OFDI} + + a_2 Nr_{it} + a_3 Innov_{it} + a_4 FDit + a_5 S_{it}^{OFDI} * FD_{it} + \varepsilon_{it}$$

$$\tag{3}$$

最後，考慮「一帶一路」覆蓋範圍，我國東西部地區經濟發展水平差距較大，因此在「一帶一路」整體分析檢驗基礎上，再進行「絲綢之路經濟帶」和「21 世紀海上絲綢之路」的分部檢驗，分別對「絲綢之路經濟帶」的 10 省市數據和「21 世紀海上絲綢之路」的 5 省市數據進行模型（3）回歸，以考察「一帶一路」不同區域的 OFDI 逆向技術溢出的作用效果。

1.2.2　變量選擇

可持續性（$Sustain$）。可持續性是被解釋變量，需通過計算獲得綜合指標變量。參照隨洪光（2013）的做法，對經濟增長可持續性的分析從增長動力、資源利用效率和生態環境代價三個次級指標入手，選取 7 項基礎指標獲得指標變量，使用主成分分析法（PCA）進行降維合成。

測算過程中，首先對基礎指標中逆向指標取倒數，正向指標保持不變。

對變量進行 KMO（Kaiser-Meyer-Olkin）檢驗，根據 Kaiser 給出的常用度量標準，KMO 值達到 0.6 以上方能進行主成分分析。檢驗通過後再進行均值化處理，以解決量綱不可通讀問題。使用 PCA 方法合成可持續性的綜合指標，取第一主成分為指標（見表 6-1）。

表 6-1　經濟可持續性評價體系

分類指標	次級指標	基礎指標	代理變量	單位	指標屬性	
					正	逆
可持續性	遠期增長動	知識存量	專利註冊數 /GDP	倍	√	
		研發投入	R&D 經費 /GDP	%	√	
		人力資本水平	6 歲及以上人口平均受教育年限	%	√	
	資源限制	資源利用效率	單位產出能耗比	倍		√
	生態環境代價	大氣污染程度	單位產出大氣污染程度	倍		√
		污水排放量	單位產出污水排放數	倍		√
		固體廢棄物排放量	單位產出固體廢棄物排放量	倍		√

OFDI 逆向技術溢出（S^{OFDI}）。參照李梅和柳士昌（2012）的方法計算各省從 OFDI 獲得的國外 R&D 溢出 S_{it}^{OFDI}，即

$$(S_{it}^{OFDI})，即 S_{it}^{OFDI}=S_t^{OFDI}*（OFDI_{it}/\Sigma OFDI_{it}）$$

S_t^{OFDI} 為我國對外投資獲得的國外 R&D 溢出，參照 L-P（2001）的方法計算，即：$S_t^{OFDI}=\Sigma OFDI_{jt}*S_{jt}/GDP_{jt}$

其中，S_{jt} 為我國 t 時期對外投資目標國 j 以 2005 年為基期折算的不變價格 R&D 資本，$OFDI_{jt}$ 是我國 t 時期對國家 j 的投資存量，GDP_{jt} 是 t 時期目標國 j 的 GDP。

資源狀況（Nr）。地區資源狀況對於經濟發展質量特別是可持續性有兩種理論：一是傳統內生增長理論認為自然資源是經濟增長的內生動力之一；

二是「資源詛咒」，認為豐富的資源會使得地區經濟過於依賴其發展，從而產生抑制效果。文本考慮資源狀況會影響可持續性，並使用人均能源產量進行衡量，即

$$Nr= 全省能源總產量 / 總人口$$

創新水平（Innov）。由於創新水平一定程度上揭示地區在科技發展、技術進步的水平，是提升可持續性的基礎動力之一。因此，選其為控制變量，並使用每年各省專利批准量與受理數的比值表示，即

$$Infra= 專利批准量 / 專利受理量$$

金融市場發展水平（FD）。考慮察金融市場發展的直接體現為信貸規模。Goldsmith（1969）提出金融相關比率的概念，金融相關比率越高信貸規模越大。參考隨洪光等（2017）做法，採用傳統金融比率來衡量金融市場發展水平，即

$$Urban= \frac{金融機構本外幣貸款餘額}{GDP} *100\%$$

樣本期間為 2005～2018 年，樣本為「一帶一路」中 15 個重點規劃省份或直轄市，其中包括「絲綢之路經濟帶」的 10 個省市，和「21 世紀海上絲綢之路」的 5 個省市[1]。

OFDI 逆向技術溢出的統計國家按「21 世紀海上絲綢之路」和「絲綢之路經濟帶」對應國家分別計算。鑒於數據可獲得性，「21 世紀海上絲綢之路」[2]選取其中 12 個國家，分別為尼泊爾、希臘、泰國、越南、巴基斯坦、菲律賓、馬來西亞、斯里蘭卡、新加坡、印度、印度尼西亞和埃及；「絲綢之路經

---

1 「絲綢之路經濟帶」樣本包括陝西省、寧夏回族自治區、青海省、內蒙古、黑龍江省、吉林省、遼寧省、雲南省、重慶市和新疆維吾爾自治區。「21 世紀海上絲綢之路」樣本包括上海市、廣東省、浙江省、海南省和福建省。

2 「21 世紀海上絲綢之路」涉及國家 18 個，其中阿富汗、柬埔寨、老撾、孟加拉、緬甸、文萊六國無法獲得完整數據。

濟帶」[1] 選取其中 15 個國家，分別為哈薩克斯坦、吉爾吉斯斯坦、烏茲別克斯坦、塔吉克斯坦、土庫曼斯坦、沙特、蒙古、俄羅斯、白俄羅斯、土耳其、波蘭、格魯吉亞、烏克蘭、埃及和印度。數據來源於《中國統計年鑒》、《中國科技統計年鑒》、《中國對外直接投資統計公報》，各省、直轄市的統計年鑒以及《世界銀行數據庫》等。

1.3 實證檢驗

1.3.1 描述性統計分析

表 6-2 為解釋變量的描述性統計分析，可以看出 SOFDI 的標準值大於平均值，且最大最小值相差很大，說明該變量觀察值在近 13 年的波動巨大。金融市場發展水平的平均值大於標準差；資源狀況的標準差和平均值水平接近；而創新水平的標準差和極值差均較小，說明創新水平整體波動幅度較小，沒有大幅度的提升。

表 6-2　解釋變量描述性統計

變量	變量含義	平均值	標準差	最小值	最大值	樣本數
SOFDI	OFDI 逆向技術溢出	28.2999	88.1377	0.002	781.534	195
Nr	資源狀況	1.206705	1.028157	0.0238	3.8595	195
Innov	創新水平	0.56386	0.12472	0.2985	1.4628	195
FD	金融市場發展水平	13.2425	4.6375	5.158	25.317	195

---

1 「絲綢之路經濟帶」主要國家達到 20 多個，其中阿富汗、伊朗、伊拉克、約旦、叙利亞等國無法獲得完整數據。

　　然後，對設定的模型均進行 Hausman 檢驗，得到 Hausman 檢驗的 p 均小於 0.05，得到該面板數據拒絕隨機效應，後文所有回歸均使用固定效應模型。

1.3.2　基準模型回歸分析

模型（1）回歸結果及分析

　　使用固定效應得到的回歸結果顯示，回歸模型參數聯合檢驗通過 F 檢驗，證明至少有一個自變量對因變量起解釋作用。其中，S_t^{OFDI} 對於可持續性的作用為正，且在 1% 檢驗水平上顯著，說明直接對外投資的逆向溢出效應對於經濟可持續性有正向作用。結果證明，當期 OFDI 逆向技術溢出對推動經濟增長可持續性有明顯作用，知識技術的溢出對本國知識演化和環境具有積極影響。其一，東道國企業與 OFDI 企業可以通過競爭、學習以及關聯關係對知識技術進行共享和反饋，從而使本國企業得到知識性的突破和提升，實現技術和知識資本的積累和增長。二，本國企業通過對積累的知識和技能資本的轉化，提高本國自身的生產效率，優化產業結構，可以實現經濟增長可持續性的提高。

　　控制變量中，創新水平和金融市場發展水平也起正向作用，且分別在 5% 和 1% 的檢驗水平上顯著。說明創新能力和金融市場的發展能夠提高我國經濟的質量，促進經濟向可持續性發展。創新能力的提高能夠直接加快地區產能效率的提高，推動技術創新等，而金融市場的發展則是為技術創新、產業升級以及人力資本積累等提供足夠的融資支持基礎。資源狀況係數為負，但並不顯著，該結果反映出「一帶一路」覆蓋地區仍存在一定的「資源詛咒」情況，體現出我國堅持深化產業升級和供給側改革的必要性。具體回歸結果見表 6-3。

模型（2）回歸結果

　　為避免 S_t^{OFDI} 遺漏滯後項造成的估計結果偏誤，引入了 S_t^{OFDI} 滯後一期變量 $L.S^{OFDI}$，回歸結果如下表 6-4 所示。得到加入滯後項 $L.S^{OFDI}$ 對可持續性作用為正，但作用並不顯著，而 S_t^{OFDI} 作用由正變負，效用也變為不顯著。控制量變量中，創新水平和金融市場發展均由顯著變為不顯著。故認為 OFDI 逆

向技術溢出的傳導和作用速度較快，或後期的作用影響並不明顯，不存在滯後效應。因此，之後的研究均不考慮滯後項。

表 6-3　固定效應基準模型回歸結果

解釋變量	模型（1）			
	係數	標準差	t	P＞|t|
S^{OFDI}	0.131835	0.0241487	5.46	0.000***
Nr	−1.013854	7.914161	−0.13	0.898
Innov	33.98536	15.68879	2.17	0.032**
FD	2.009841	0.774759	2.59	0.010***
_cons	19.04176	19.85425	0.96	0.339
R-square	0.3405			
F	11.68			
Prob＞F	0.000***			

注：***、** 和 * 分別表示在 1%、5% 和 10% 顯著性水平上拒絕原假設，後表均同。

表 6-4　時滯效應基準模型回歸結果

解釋變量	模型（2）			
	係數	標準差	t	P＞|t|
S^{OFDI}	−0.0197778	0.0827554	−0.24	0.811
Nr	1.553175	8.540148	0.18	0.856
Innov	22.431	15.22407	1.47	0.143
FD	1.956419	0.7545001	2.59	0.01***
L.SOFDI	0.2287325	0.1310299	1.75	0.083*
_cons	24.18763	20.04636	1.21	0.229
R-square	0.344			
F	15.1			
Prob＞F	0.000***			

1.3.3 引入吸收能力的回歸分析

為考察 OFDI 逆向技術溢出對可持續性作用與吸收能力是否有關，進一步基於金融市場發展水平考察吸收能力作用於 S_t^{OFDI} 對可持續性的影響，在基礎模型中加入交叉變量 $S^{OFDI}*FD$。首先對「一帶一路」15 個省市進行分析，再分別對「絲綢之路經濟帶」和「21 世紀海上絲綢之路」進行回歸分析。

「一帶一路」吸收能力模型分析

在「一帶一路」15 個省市的樣本回歸中，引入的交叉變量作用顯著，通過 1% 檢驗水平的 t 檢驗，證明吸收能力確實對經濟可持續性具有影響。而在模型中 S_t^{OFDI} 對因變量的效用變為 $\partial SUS/\partial S^{OFDI}=a_1+a_5FD$，即效果受金融市場發展水平影響。

在該樣本的回歸中，S_t^{OFDI} 的係數為負，交叉項係數為正，即當金融市場發展水平較低時 S_t^{OFDI} 對可持續性起抑制作用，只有達到門檻值後才能顯示促進作用。這是因為金融市場發展水平較低時，企業無法得到足夠規模或有效率的融資，抑制了對知識和技術的吸收轉化，破壞了 OFDI 逆向技術溢出促進可持續性的循環。只有當金融中介規模不斷擴大、金融機構間競爭逐步加劇時，企業的融資渠道才會有所放寬，為技術創新和產業升級提供寬鬆的資本環境，帶動社會資金的實際利用率提升。由於科學技術和產業結構的優化需要資金投放規模大，是外部性極強的活動，因此只有在信貸環境較寬鬆時，這種外部性極強的活動才能獲得足夠的支持。從回歸結果看，樣本 S_t^{OFDI} 的效用為 $-0.7013392+0.0442893*FD$，即 FD 的門檻值為 15.84，而 15 省市樣本均值為 13.242，仍未達到門檻值，故當前「一帶一路」整體的 OFDI 逆向技術溢出仍在抑制我國可持續性的提高。這一結論反映我國產業轉型升級仍需繼續深化，提高國內產能效率和可持續性；同時也反映出我國金融市場仍需提高金融效率和競爭力，為經濟質量的提高和健康持續發展助力。

此外，在引入吸收能力變量後，資源狀況的作用效果沒有明顯變化；創新水平 Innov 和金融市場發展水平 FD 的顯著水平則均有所提高。證明金融市場發展水平的吸收能力能夠提高創新能力和金融市場本身對可持續性的影

響。一方面，金融市場發展能促進金融產品的創新，為創新型中小企業不斷擴大和規範融資渠道；另一方面，金融中介間的競爭和徵信篩選，能一定程度上過濾出優質的創新企業，提高資金的實際利用率，從而增強創新水平對可持續性的推動作用，回歸結果如表 6-5 所示

表 6-5　考察吸收能力回歸結果（一）

解釋變量	模型（三）			
	係數	標準差	t	P > |t|
S^{OFDI}	−0.701339	0.0920282	−7.62	0.000***
Nr	−1.903266	6.500086	−0.29	0.770
$Innov$	29.8269	12.89197	2.31	0.022*
FD	1.939348	0.6363039	3.05	0.003***
$FD*S^{OFDI}$	0.0442893	0.0047769	9.27	0.000***
_cons	24.35827	16.31506	1.49	0.137
R-square	0.6054			
F	35.1			
Prob > F	0.000***			

「21 世紀海上絲綢之路」吸收能力模型分析

在「21 世紀海上絲綢之路」5 個省市的樣本回歸中，引入的交叉變量同樣通過 1% 檢驗水平的 t 檢驗，吸收能力對經濟可持續性具顯著影響。

該樣本 S_t^{OFDI} 和交叉項係數的正負情況和整體樣本相同，即當金融市場發展水達到門檻值 S_t^{OFDI} 後才對可持續性起促進作用。從回歸結果看，「21 世紀海上絲綢之路」樣本 S_t^{OFDI} 的效用為 −0.6687921+0.0423753*FD，即 FD 的門檻值為 15.78，而樣本均值為 16.26，已超過門檻值。故「21 世紀海上絲綢之路」覆蓋地區的 OFDI 逆向技術溢出能正向促進我國經濟可持續性的提高。我國東部沿海地區走在改革開放前沿，金融市場發展較早，特別是上海和廣

東（深圳市），更是我國金融市場的標兵。在較高的金融市場發展水平支撐下，高新產業和產業升級能得到更好的表現，從而提高 OFDI 逆向技術溢出對可持續性的促進作用。

同時，該樣本中創新水平 Innov 的促進作用明顯強於總體樣本，但並未達到顯著水平。該結論反映了我國東部沿海地區的創新水平較高、推動力加大，同時也與我國科技型中小企業的發展和融資現狀相一致。創業型中小企業具有科技含量高、資金需求大、投資風險高的特點，這些特點決定了企業融資難度較高。隨洪光和段鵬飛（2017）等學者指出，我國授信體制中仍存在較明顯的所有權歧視，貸款大多流向不缺乏資金的特定國有企業，而中小型企業和民營企業則面臨嚴重的融資約束。回歸結果如表 6-6：

表 6-6　考察吸收能力回歸結果（二）

解釋變量	模型（3）（二）			
	係數	標準差	t	P > |t|
S^{OFDI}	−0.668792	0.1638978	−4.08	0.000***
Nr	−34.2269	69.58417	−0.49	0.625
$Innov$	75.01218	53.74283	1.4	0.168
FD	4.137672	2.653388	1.56	0.125
$FD*SOFDI$	0.0423753	0.0084676	5	0.000***
$\_cons$	−10.09218	35.89562	−0.28	0.780
$R\text{-}square$	0.6319			
F	13.28			
$Prob > F$	0.000***			

「絲綢之路經濟帶」吸收能力模型分析

對「絲綢之路經濟帶」樣本的回歸中，交叉變量和 S_t^{OFDI} 效用的顯著性相對較低，但都通過 5% 檢驗水平的 t 檢驗，反映了我國「絲綢之路經濟帶圈」

地區的金融市場能力較低，對 OFDI 逆向技術溢出的吸收能力不高。

與前兩個取樣回歸結果相反，該樣本 S_t^{OFDI} 的係數為正，交叉項係數為負，即當金融市場發展水平提高時，S_t^{OFDI} 對可持續性的促進作用逐漸減小，並在超過門檻值後起抑制作用。這可能是因為這些地區的金融市場主要在政府優惠政策的支持下發展，存在國有銀行壟斷的現象，使地區金融競爭力和效率低，導致對 OFDI 逆向技術溢出的吸收效用反而隨規模擴大而減小。該回歸中 S_t^{OFDI} 的效用為 0.3683732−0.0211546*FD，即 FD 的門檻值為 17.41，而樣本均值為 11.73，並未達到門檻值，S_t^{OFDI} 仍對可持續性起促進作用。

資源狀況 Nr 的抑制作用在「絲綢之路經濟帶圈」十分顯著，通過了 1% 水平的 t 檢驗。說明「資源詛咒」情況明顯，當地經濟發展對於自然資源的依賴性過大，資源的增加反而惡化了經濟發展的可持續性。而創新能力對可持續性的促進作用較小且並不顯著，反映地區的創新能力較低，對於經濟質量的提升並不能起到明顯的促進作用。回歸結果見下表 6-7：

表 6-7　考察吸收能力回歸結果（三）

解釋變量	模型 3（三）			
	係數	標準差	t	P > |t|
S^{OFDI}	0.3683732	0.1848603	1.99	0.049**
Nr	−10.38744	1.629192	−6.38	0***
$Innov$	1.23577	2.82624	0.44	0.663
FD	0.5366089	0.2075751	2.59	0.011**
$FD*SOFDI$	−0.021155	0.0105773	−2	0.048**
_cons	61.62503	5.198578	11.85	0.000
R-square	0.1269			
F	49.32			
Prob > F	0.000***			

1.3.4 穩健性檢驗

為確保模型設定的合理性和實證的有效性，參考楊超和林建勇（2018）的方法，使用該改變關鍵變量衡量指標的方法進行穩健性檢驗：採用 OFDI 流量代替 OFDI 存量作為 OFDI 規模的衡量指標，得到新 OFDI 逆向技術溢出變量記為 FLOW，交叉變量為 FD*FLOW，對基礎模型（1）以及整體樣本的引入吸收能力的模型（3）進行穩定性檢驗。

根據表 6-8 的回歸結果，關鍵變量的顯著性和係數與前表基本一致，穩健性檢驗表明上述結論可靠。

表 6-8　穩定性檢驗

解釋變量	(1)	(3)
	SUS	SUS
FLOW	0.000*** (7.75)	0.000*** (−4.46)
Nr	0.517 (−0.65)	0.783 (−0.28)
Innov	0.024** (2.27)	0.034** (2.14)
FD	0.076* (1.79)	0.005*** (2.87)
FDFLOW		0.000*** (6.35)
_cons	0.093 (1.69)	0.141 (1.48)
R-square	0.4034	0.5916
F	23.8	31.38
Prob > F	0.000***	0.000***

注：括號內為 z 統計量，***、**、* 分別表示 1%、5%、10% 的顯著性水平。

1.4 結論和政策建議

利用 2005～2017 年中國「一帶一路」中 15 個省市的面板數據，通過設定固定效應的基準模型檢驗了 OFDI 逆向技術溢出對經濟增長可持續性的影響，研究結果證明：整體上看，OFDI 逆向技術溢出對可持續性呈現出顯著的推動作用。創新水平、金融市場發展水平對可持續性起顯著的推動作用；資源狀況對可持續性起不顯著的抑制作用，說明我國一定程度上仍存在「資源詛咒」。

在加入吸收能力指標後，在基準模型中加入交叉項，並分別對「一帶一路」整體和「21 世紀海上絲綢之路」「絲綢之路經濟帶」兩個部分進行研究。結果證明：1) 金融市場發展水平的吸收能力在「一帶一路」整體以及「21 世紀海上絲綢之路」的樣本中均顯著，在跨過一定門檻值之後顯著推動 OFDI 逆向技術溢出對可持續性的正向作用，目前「21 世紀海上絲綢之路」的 5 省市已超過門檻值，但「一帶一路」仍未達到門檻值。2) 在「絲綢之路經濟帶」樣本中的回歸，交叉項呈現相反效果，且顯著性較低，體現該地區的金融市場效率較低，需提高金融競爭力和效率。3)「資源詛咒」的情況在「絲綢之路經濟帶」最為顯著，自然資源的增加抑制當地的經濟可持續性發展。4) 創新水平的促進作用，在「絲綢之路經濟帶圈」體現更為明顯，在「絲綢之路經濟帶圈」相對弱。反映了我國東部沿海和中西部地區在創新能力上的差异以及對經濟質量提高的能力差异。但創新水平的促進效用顯著性仍不高，反映我國創新技術和高新產能對經濟質量的推動作用仍有待提升。

為了提升我國經濟增長的可持續性，更好地落實可持續發展戰略，基於上述理論機制和研究結果，得到如下政策啟示：首先，在「十三五」規劃時期，政府應繼續深入推動「21 世紀海上絲綢之路」和「絲綢之路經濟帶」的建設。依託「一帶一路」，引導和鼓勵更多的優質企業「走出去」，通過整合資源稟賦、與當地企業學習競爭關聯，吸收和轉化知識技術和人力資本，提升企業質量和核心競爭力，促進中國經濟的可持續發展。其次，為提高我國對 OFDI 逆向技術溢出的吸收能力，政府應繼續推動金融市場健康發展，以

更全面的政策指導和更完善的監管體系，促進我國金融市場提高市場效率和規範融資渠道，從而保障有足夠的金融市場基礎給予企業吸收和轉化 OFDI 逆向技術溢出效應。最後，糾正授信體系中對中小企業的所有權歧視，幫助打破中小企業特別是科創型企業發展的融資約束，從而提升經濟增長的質量。

第二節　粵港澳大灣區的區域一體化與外商直接投資

世界頂級城市群大多分佈在灣區，如紐約灣區、舊金山灣區和東京灣區等，在灣區中，各城市依託自身優勢，形成高度集聚的整體，對內緊密聯繫，對外高度開放。自 2016 年廣東省政府工作報告提出「聯手港澳打造粵港澳大灣區」後，國家對粵港澳大灣區建設的重視程度與日俱增。近年來，粵港澳大灣區建設已經上升到了國家戰略高度，2017 年 4 月 7 日，國家印發《2017 年國家級新區體制機制創新工作要點》；2019 年 2 月 18 日，中共中央國務院印發《粵港澳大灣區發展規劃綱要》，提出「到 2035 年，大灣區形成以創新為主要支撐的經濟體系和發展模式，經濟實力、科技實力大幅躍升，國際競爭力、影響力進一步增強；大灣區內市場高水平互聯互通基本實現，各類資源要素高效便捷流動；區域發展協調性顯著增強，對周邊地區的引領帶動作用進一步提升」。隨着「一帶一路」國際合作不斷深化，深中通道的貫通、港珠澳大橋的落成，橫琴珠海保稅區、粵澳合作產業園等重大項目的建成，粵港澳大灣區有望打造成為具有影響力的世界級城市圈，大幅提高對周邊城市區域的人流、物流和資金輻射力。

粵港澳大灣區各城市的協調聯動能夠促進市場擴大、競爭加深和政策信譽的提高，從而構成外來投資的動力機制，通過直接或間接的方式，增加生產的資本密集型，推動技術進步與國民收入的提高。此時，研究區域一體化發展的投資效應就具有重要的戰略意義。區域融合發展是否能夠有效促進外

商直接投資，為各城市產業結構變革、技術創新提供充足的資本支持？這種
影響機制與城市本身經濟特質的交互作用又能對 FDI 產生怎樣的影響效應？
本節基於粵港澳大灣區 11 個城市 2002-2018 年的面板數據，利用商品價格變
動指數構建一體化衡量指標，以對粵港澳大灣區區域一體化與 FDI 的作用機
制進行研究。

2.1　文獻綜述

　　學術界對影響外商直接投資的社會經濟因素進行了廣泛的研究，也取得
了一定的研究成果。影響外資進入的經濟社會因素可以分為三類：一是市場
潛力和需求因素，如胡平、伍新木、文余源（2014）通過長江中游城市群 40
個城市 1991～2012 年的面板數據研究發現，市場規模和外資集聚經濟對城市
FDI 區位具有顯著正向效應並有增強趨勢；二是地區的生產和供給環境，包
括自然資源稟賦和基礎設施（吳先華、胡漢輝，2005）、人力資本（沈坤榮，
田源，2002）、產業集聚（冼國明、文東偉，2006）等；三是制度政策與區
域文化，如財政政策（李永友、沈坤榮，2008）、環境規制（朱平芳、張征
宇、姜國麟，2011）等。隨着對外商直接投資影響因素研究的不斷深入，出
現了新經濟地理學視角框架下的研究。黃肖琦、柴敏（2006）基於中國省級
面板數據的實證分析顯示，勞動力成本、優惠政策等傳統 FDI 區位變量未能
較好地解釋在華外商直接投資的分佈，而新經濟地理學揭示的貿易成本、技
術外溢、市場規模和歷史 FDI 等傳導機制却有統計顯著性。
　　相比之下，關於區域經濟一體化的投資效應研究則相對滯後，研究成
果尚未形成體系。當前文獻針對 FDI 和區域一體化的研究主要分為兩類，
一類集中於世界幾個主要區域一體化組織，包括歐盟、北美自由貿易區
（Blomström、Globerman，1998）、東盟－中國（東艷，2006）等，另一類
則通過跨國計量進行多國大樣本數據研究，如魯曉東、楊子輝（2009）基於
149 個國家 1980～2004 年的 5381 個樣本觀察點，研究 RIAs 的 FDI 效應，結

果表明 RIAs 帶來的 FDI 流入隨成員國經濟規模的擴大而增加，而且區域經濟自由化也會引起 FDI 的增加。陳麗麗、余川（2011）的研究則以三國自有資本模型為基礎，發現區域貿易協定對 FDI 流向和流量的影響會受到各國收入水平和勞動生產率的差異影響。

總體而言，既有文獻在以下方面仍具有拓展的空間：第一，從研究角度而言，關於 FDI 的研究幾乎都着眼於國家或城市的獨立個體效應，很少考慮區域間的協調發展與融合聯動所帶來的外資吸引力，關於區域一體化對外資引入的影響的研究較少；第二，從研究區域來看，大部分文獻針對的是國際範圍內的區域組織，僅有極少數研究了國內長江三角區等地區的一體化效應對外資吸引的影響，關於國內城市一體化的研究相對匱乏，難以為粵港澳大灣區在加強外資引進方面提供理論參考；第三，已有文獻大多通過構造虛擬變量衡量國家或地區的一體化參與度，如將某國家是否加入區域性組織或簽訂幾個區域貿易協定等方式作為衡量標準，該指標無法充分反映地區的异質性特徵，不利於精確地研判特定地區的協同發展程度。

因此，本節基於 2002～2018 年粵港澳大灣區的各項經濟發展數據，通過相對價格指數法構建區域一體化指數，並將其與各城市外商直接投資進行回歸，結合粵港澳大灣區的發展現狀，提出針對性的外資引進建議。

2.2　研究假設與實證設計

基於以往的研究，總結粵港澳大灣區一體化對外資進入的影響渠道，通過五個渠道一是生產要素配置效應，粵港澳大灣區城市群融合發展能夠有效提升外資企業對稀缺資源要素、商品和服務的可獲得性，同時能夠通過整合各城市資源稟賦，充分發揮其比較優勢，從而提高外資的資源配置效率，增強對外資的潛在吸引力（劉勝、申明浩，2018）；二是環境變革效應，Peter Robson（2001）指出區域融合能夠帶來技術擴散、市場競爭以及規模經濟，推動內部地區的產業變革與市場擴張，從而為外資企業提供良好的生產與競

爭環境；三是市場擴張與經濟增長效應，盛斌、毛其淋（2011）的研究指出，市場一體化水平能夠顯著促進經濟增長，同時區域一體化使得城市能夠突破行政邊界，由此帶來的市場擴張效應能夠為外資企業提供較大的需求潛力；四是貿易流量擴大的間接效應，由於粵港澳大灣區覆蓋港澳兩個國際化程度較高的城市，在帶動作用影響下，區域經濟一體化能夠極大促進貿易自由化，而網絡化的自由貿易區則會產生顯著的投資轉移效應（吳新生、梁琦，2017）；五是投資輻射效應，區域內一個城市的 FDI 增量可以影響到周邊的城市，FDI 存在空間溢出效應（何興強、王麗霞，2008），而區域一體化的加強有利於增強這種溢出效應。

基於以上理論，提出如下研究假設：粵港澳大灣區的區域一體化對外商直接投資有顯著的促進作用。

針對研究假設，進行如下設計，首先進行變量選取

被解釋變量：外商直接投資（lnFDI）。根據粵港澳大灣區城市外商直接投資數據在各城市統計年鑒及統計局的統計方式，被解釋變量選用廣州、深圳、珠海、佛山、惠州、東莞、中山、江門、肇慶 9 個城市的實際利用外資額和港澳 2 個地區的外商直接投資流量來衡量外資利用或外資進入規模情況。為了減少數值异常波動的影響，對 FDI 進行對數處理。

解釋變量：區域一體化指數（INT）。針對市場分割和市場整合指標，以往文獻中的構建方式包括經濟結構法、貿易流法和生產法等，但都存在不同程度的問題。比如經濟結構的趨同或變化可能是由於工業化進程加快或者工業化過程中分工不合理等因素本身造成的，而並非由於市場整合造成；而貿易流則可能受到要素稟賦、規模經濟和商品替代彈性等因素的干擾，難以有效控制這些變量（桂琦寒、陳敏、陸銘、陳釗，2006）。

相較之下，相對價格法能夠更加準確地反映各地區的市場分割程度。區域市場一體化的實質是打破行政區劃限制，使得各種生產要素能夠在城市區域間自由流動，從而推動社會各生產部門協調發展。由於生產要素的自由流動與價格均衡，最終將會推動商品在各市場中的價格趨同，而要素流動暢通

在市場上的反映就是商品價格的協調平衡。參考以往的論文，根據桂琦寒、陳敏、陸銘、陳釗（2006）和盛斌、毛其淋（2011）的做法，採用相對價格指數法來測算一體化指數。

相對價格指數法是依據冰山成本模型（Samuelson，1954）而構建的，這是一種修正的「一價定律」。它指出由於地區間存在交易成本，因此即使地區市場完全整合，相對價格指數也未必能夠達到 1。只要相對價格指數在特定範圍內波動，就可以認為市場是整合的。

本節選取了 2001～2017 年粵港澳大灣區 9 個廣東城市和港澳地區的環比價格指數數據。為保持數據的連貫性和統一性，選取 17 年間 11 個城市均有記載的 6 種商品，分別為食品、衣着、煙酒、文化教育、醫療用品、交通通訊，並對所得數據做如下處理：

在給定年份 t，針對指定商品 k 的相對價格進行一階差分處理，以此代表城市間該商品的相對價格變化。由於粵港澳大灣區 11 個地區覆蓋面積較集中，加上近年來港珠澳大橋等交通設施的完善，城市間的互聯互通程度得到一定的提升。因此，與傳統的一體化指數構建方法不同，本節參考了盛斌、毛其淋（2011）的做法，在計算商品價格差時不僅僅考慮相鄰城市，而是將對比範圍覆蓋到整個區域，即每個城市都對其餘 10 個地區進行價格差分

$$\Delta Q_{ijt}^{k} = \left| \ln\left(\frac{P_{it}^{k}}{P_{jt}^{k}}\right) - \ln\left(\frac{P_{i(t-1)}^{k}}{P_{j(t-1)}^{k}}\right) \right|$$

採用對數相減的好處是不容易受測度單位的影響，而且如果因變量也使用對數則可以緩和异方差和偏態性（Woodridge，2003）。由於年鑒中一般採用價格的環比指數代表商品價格變化，因此對上式進行進一步處理：

$$\Delta Q_{ijt}^{k} = \left| \ln\left(\frac{P_{it}^{k}}{P_{i(t-1)}^{k}}\right) - \ln\left(\frac{P_{jt}^{k}}{P_{j(t-1)}^{k}}\right) \right|$$

其中，相對價格波動可以分成兩個部分 $\Delta Q_{ijt}^{k}=\alpha^{k}+\varepsilon_{ijt}^{k}$，$\alpha^{k}$ 是與商品本身屬性相關因素帶來的價格變化，而 ε_{ijt} 則為 i，j 兩城市不同環境所引起的價格變動部分。由於 α^{k} 的存在可能會擴大非市場整合因素帶來的價格差，因此為了

消除商品异質性的固定效應，採用了去均值的方法。即對給定年份 t，指定商品 k 所得的所有城市的 ΔQ_{ijt}^k 進行平均，得到平均值 $\overline{\Delta Q_{ijt}^k}$，再用 ΔQ_{ijt}^k 減去 $\overline{\Delta Q_{ijt}^k}$，此時所得 Δq_{ijt}^k 的只與市場一體化程度相關的價格變動有關：

$$\Delta q_{ijt}^k = \Delta Q_{ijt}^k - \Delta \bar{Q}_{ijt}^k$$

最後對給定年份 t 中 6 個商品的 Δq_{ijt}^k 取方差 $var(q_{ijt}^k)$，並將每個城市對其餘 10 個城市的價格方差進行平均，即可得到該城市區域分割程度指數：

$$q_{it} = \Sigma var(q_{ijt}^k)/N$$

在城市區域分割程度指數的基礎上，可構造市場一體化指數 INT。INT 越大，表明該城市與區域其他城市間的價格差异波動越小，市場整合程度越高：

$$INT = \sqrt{1/q_{it}}$$

控制變量有以下幾個：

市場規模（lnGDP）。市場需求規模是外資區位選擇的重要因素之一，它反映了一個地區的經濟基礎和消費能力，從而影響外資企業的集聚經濟效應和經營水平。因此此處引入各城市地區的 GDP 作為市場規模衡量指標。為消除异常波動的干擾，對其進行對數處理，預期符號為正。

貿易自由度（OPEN）。選用各城市的進出口總額與地區 GDP 比值作為反映貿易自由度的變量。城市的貿易自由度越高，表明該地區開放性更強，與國際市場聯繫更加密切，有利於提高對外資的吸引力，預期符號為正。

勞動力成本（WAGE）。地區勞動力成本水平決定外資企業的經營成本與利潤水平，勞動力成本越低，對外資吸引力越強。根據年鑒已有數據，採用粵港澳大灣區 11 個地區的年均職工工資作為勞動力成本指標，並對其進行對數處理，預期符號為負。

政府支出比重（GOV）。採用政府一般地方支出佔 GDP 的比重作為政府支出力度的衡量指標。隨着粵港澳大灣區的規劃不斷細化，政府正對區域發展發揮着舉足輕重的作用。政府優惠政策及對地區發展的財政支持將為外資企業的發展創造良好的經營環境，預期符號為正。

區域服務設施水平（TER）。採用第三產業佔 GDP 的比重作為區域服務設施水平的替代變量。第三產業比重反映了一個地區的金融、信息和交通等行業的發展水平，也體現了外資企業進駐該市場後可以獲得的配套設施與交易支持，良好的服務設施水平將大大增加外資進入的可能性，因此預期符號為正（見表6-9）。

表 6-9　變量選取及含義

變量類型	變量名稱	變量表示	具體指標	預期影響
被解釋變量	外商直接投資	*lnFDI*	實際利用外資金額或外商直接投資流量	
解釋變量	市場一體化指數	*INT*	價格指數法構造	+
控制變量	市場規模	*lnGDP*	地區生產總值	+
	貿易自由度	*OPEN*	進出口總額 /GDP	+
	勞動力成本	*WAGE*	年均職工工資	−
	政府支出比重	*GOV*	地方一般財政支出 /GDP	+
	區域服務設施水平	*TER*	第三產業產值 /GDP	+

根據上述因素對 FDI 的影響及面板數據特徵，構造如下計量模型：

$$\ln FDI_{i,t} = \alpha + \beta_1 INT_{i,t-1} + \beta_2 control_{i,t-1} + \varepsilon_{i,t} \tag{4}$$

其中，i 表示地區，t 表示年份，Control 表示其他控制變量，α 為常數項，ε 為隨機誤差項。由於外商直接投資與 INT 以及 lnGDP 等經濟變量存在相互影響的可能性，為了緩解逆向因果問題，lnFDI 採用當期數據，其餘所有自變量均採用滯後一期處理。

此外，為研究一體化指數與其他指標的交互作用對 FDI 的影響效應，參考 Alcalá 和 Antonio（2003）的做法，在模型 4 的基礎上加入 INT 和 lnGDP 以及 OPEN 的交互項，以來分析它們對外商直接投資的共同影響：

$$\ln FDI_{i,t} = \alpha + \beta_1 INT_{i,t-1} + \beta_2 INT_{i,t-1} \times \ln GDP_{i,t-1} + \beta_3 INT_{i,t-1} \times OPEN_{i,t-1} + \beta_4 control_{i,t-1} + \varepsilon_{i,t} \tag{5}$$

　　本節數據主要來源於《中國統計年鑑》《廣東統計年鑑》、香港特別行政區政府統計處、澳門統計暨普查局以及國家統計局，選取了粵港澳大灣區廣東 9 個城市（廣州、深圳、珠海、佛山、惠州、東莞、中山、江門、肇慶）和港澳兩個地區的數據。其中外商直接投資選取的是 2002～2018 年的數據，由於採取滯後處理，其他數據時間覆蓋範圍為 2001～2017 年。

　　此外，港澳地區公佈的消費價格指數均為基期指數，因此通過計算替換為環比指數。涉及貨幣單位的數據如 FDI、GDP 和年均職工工資等數據均根據歷年《中國統計年鑑》公佈的外幣兑換率統一換算為人民幣。

2.3　實證檢驗

　　由於珠三角 9 城市在長期發展中已經形成了「廣佛肇」「深惠莞」「珠中江」三大城市圈，加上近年來粵港澳大灣區的共建號召，在原有基礎上逐步形成了「廣佛肇」「深惠莞港」和「珠中江澳」新三大城市圈。將樣本的區域市場化指數（INT）按照新三大城市圈進行分類，得到的結果如圖 6-1 所示。

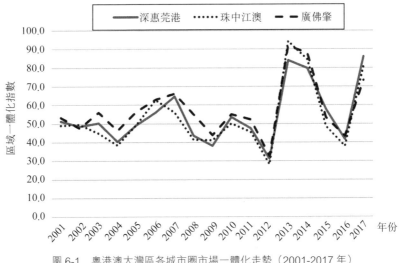

圖 6-1　粵港澳大灣區各城市圈市場一體化走勢（2001-2017 年）

可以看出，總體上各城市圈的市場一體化指數走勢基本一致，尤其是近年來有上升的趨勢，不斷突破原來的峰值。繼 2013 年達到頂峰後，隨着粵港澳大灣區國家級發展戰略的提出，2016～2017 年再次走高。其中值得注意的是，廣佛肇城市圈早期一體化指數一直處於領先地位，2012 年後格局發生變化，三個城市圈一體化指數不相上下。

在外商直接投資方面，由於香港外商直接投資流量遙遙領先，直接提高深惠莞港區域的 FDI 均值，相較之下，珠中江澳的外商直接投資額則稍顯落後。整體來看，粵港澳大灣區的外商直接投資呈現平穩上升態勢，尤其 2011 年後，上升幅度更加明顯（見圖 6-2）。

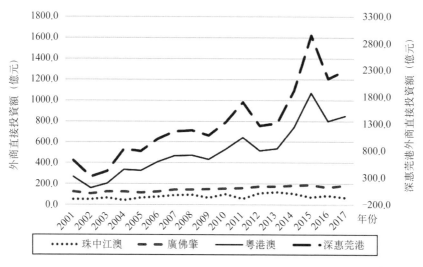

圖 6-2　粵港澳大灣區各城市圈外商直接投資走勢

注：由於香港的外商直接投資額與內陸城市差距較大，此處將深惠莞港走勢圖設在右側
　　次縱坐標，其餘城市圈及總體的度量軸為左側主縱坐標)

此外，測算 2001～2017 年粵港澳大灣區 11 個地區的外商直接投資和一體化指數均值排名和變化率情況，其中變化率為各地區 FDI 和 INT 在 17 年間的平均增長率。從表 6-10 可以看出，各城市的 INT 指數都有較大的增長，在澳門、中山和香港三個地區尤為明顯。外商直接投資較高的地區集

中於香港、廣州和深圳，這三個地區也正是粵港澳大灣區發展領先的先發區域。值得注意的是廣州和深圳的市場一體化指數分別位於第 1 和第 2，在粵港澳 11 個地區中也屬市場整合程度較高的城市之一。而澳門和香港市場一體化指數較低，可以認為是由於港澳長期處於國際化水平較高的市場環境，以及社會制度等政策文化因素與內地有較大差异，所以導致一定程度的市場分割。

表 6-10　2001—2017 年粵港澳大灣區各地區外商直接投資額及區域一體化指數情況

城市	FDI_均值	排名	變化率	INT_均值	排名	變化率
香港	4834.2	1	17.96	49.34	10	17.00
澳門	122.09	6	53.72	43.39	11	27.90
廣州	275.44	3	3.83	58.87	1	10.99
深圳	323.39	2	5.81	57.86	2	15.59
珠海	92.01	8	7.29	55.34	7	16.21
佛山	122.53	5	4.36	57.76	3	10.26
惠州	92.1	7	−1.10	55.25	8	11.18
東莞	192.15	4	5.59	54.85	9	12.98
中山	48.51	11	−0.98	55.88	5	18.65
江門	55.18	9	−2.02	57.53	4	13.74
肇慶	56.79	10	−1.84	55.83	6	11.91

為了剔除面板數據間的异方差及序列相關和截面相關問題，採用可行廣義最小二乘法（FGLS）進行模型估計。此外，由於粵港澳地區覆蓋廣東 9 個城市和港澳 2 個地區，港澳地區國際化程度較高，區域間城市制度和文化差异較大，為剔除城市個體固定效應對回歸結果造成的誤差，此處引進城市虛擬變量來消除城市异質性的干擾，結果見表 6-11：

表 6-11　基本模型估計結果

變量	模型 4)　lnFDI	模型 5)　lnFDI
INT	0.001** (2.14)	0.006* (2.88)
lnGDP	0.355* (4.99)	0.449* (7.64)
OPEN	0.000 (1.14)	0.000 (0.37)
WAGE	−0.235** (−2.38)	−0.382* (−4.95)
GOV	−0.002 (−0.34)	0.000 (0.07)
TER	0.002 (0.60)	0.009* (3.28)
2. CITY	−3.163* (−7.38)	−3.090* (−7.01)
3. CITY	−2.689* (−11.12)	−2.595* (−11.51)
4. CITY	−2.489* (−9.20)	−2.390* (−9.40)
5. CITY	−3.142* (−13.40)	−2.927* (−12.55)
6. CITY	−3.297* (−12.20)	−3.064* (−12.52)
7. CITY	−3.261* (−10.37)	−3.012* (−9.85)
8. CITY	−2.827* (−10.78)	−2.689* (−10.59)
9. CITY	−3.843* (−11.23)	−3.565* (−10.64)
10. CITY	−3.773* (−13.08)	−3.538* (−12.71)
11. CITY	−3.725* (−11.58)	−3.454* (−10.98)

（續表）

變量	模型 4)	模型 5)
	lnFDI	lnFDI
INTxlnGDP		−0.001*
		(−3.05)
INTxOPEN		0.000*
		(4.64)
_cons	7.445*	7.716*
	(11.36)	(13.76)

注：括號內的值為 t 統計量，***、**、* 分別表示 1%、5%、10% 的顯著性水平。

　　從模型 4 看出，一體化指數 INT 對外商直接投資的影響在 5% 的顯著性水平下為正相關，說明一體化程度的提升可以推動市場內商品及生產要素流通，從而對外資進入形成巨大的向心力，這個結果也驗證了之前的猜想。此外，lnGDP 對 FDI 產生顯著的正向影響，表明市場規模越大，越有利於外商直接投資的提高。而勞動力成本 WAGE 則為顯著負相關係，表明高昂的勞動力薪資可能成為外資進入的阻礙。但貿易開放度、政府支出比重和區域服務設施對 FDI 的影響並不顯著。

　　模型 5 中的 INTxlnGDP 係數顯著為負，表明二者存在替代效應，當一體化指數較低時，市場規模對 FDI 為正向影響；當一體化指數較高時，各地區本身的市場規模對外資的吸引力度會被削弱。可能的原因是區域一體化打破城市區劃的界限，使生產要素流動不再局限於一個城市，而是輻射到整個區域，從而達到拓展城市市場規模的同等效應，此時城市本身是否具有較大的市場空間對外資而言顯得不那麼重要。模型（4）和（5）中 OPEN 的單獨效應均不顯著，但模型（5）中 INTxOPEN 的係數則顯著為正，即貿易開放度對外商直接投資的促進作用需要依賴區域一體化得以實現，且兩者存在協同效應，當貿易自由度較高時，區域一體化的提升對吸引外資的效應將得到進一步強化。

　　值得一提的是，加入交互項後，與模型（4）相比，區域服務設施與外商直接投資的關係為顯著的正相關，表明較好的區域服務水平能夠在一定程度

上增強對外資的影響。除此之外，政府支出佔比依然不顯著，猜測是由於一方面政府的優惠政策可以刺激外資進入，另一方面政府支出干預過強可能會導致配置扭曲和效率低下，從而降低外資進入的可能性，雙重作用下導致政府支出比重顯著性不高。

2.4 穩健性檢驗

穩健性檢驗：更換一體化指標的度量方式

由於大部分文獻在構建市場分割指數時都只考慮相鄰地區的價格差異，穩健性檢驗對前文的一體化指標進行修改，將全覆蓋價格差改為相鄰地區價格差，得到傳統的一體化指標（INTT），回歸結果如表 6-12 所示。

根據結果，在只考慮相鄰地區價格波動的情況下，主要變量的符號和顯著性沒有太大變化。和本節使用的修正後的一體化指數回歸結果相比，此種方法各指標回歸的顯著性更強，但在區域一體化對外商直接投資的影響方面存在一定程度的低估，而且一體化指數與市場規模的替代效應係數也相應減弱。

表 6-12　更換變量穩健型檢驗結果

變量	模型 4	模型 5
	lnFDI	lnFDI
INTT	0.000** (2.08)	0.003** (2.56)
ln*GDP*	0.378*** (5.18)	0.490*** (6.91)
OPEN	0.000 (1.41)	0.000 (1.53)
WAGE	−0.263*** (−2.62)	−0.399*** (−4.46)
GOV	0.003 (0.63)	0.003 (0.82)

（續表）

變量	模型 4	模型 5
	lnFDI	lnFDI
TER	0.002	0.006*
	(0.42)	(1.77)
2. CITY	−3.139***	−3.004***
	(−6.85)	(−6.50)
3. CITY	−2.669***	−2.619***
	(−10.76)	(−11.17)
4. CITY	−2.505***	−2.473***
	(−9.19)	(−9.52)
5. CITY	−3.113***	−2.934***
	(−12.56)	(−12.05)
6. CITY	−3.278***	−3.126***
	(−12.02)	(−12.29)
7. CITY	−3.236***	−3.054***
	(−9.93)	(−9.65)
8. CITY	−2.805***	−2.722***
	(−10.31)	(−10.32)
9. CITY	−3.794***	−3.579***
	(−10.76)	(−10.37)
10. CITY	−3.739***	−3.559***
	(−12.61)	(−12.41)
11. CITY	−3.716***	−3.499***
	(−11.18)	(−10.89)
INTTxlnGDP		−0.000***
		(−3.07)
INTTxOPEN		0.000*
		(1.70)
_cons	7.512***	7.731***
	(11.65)	(13.29)

注：括號內的值為 t 統計量，***、**、* 分別表示 1%、5%、10% 的顯著性水平。

穩健性檢驗：异常樣本處理

根據前文的描述性統計，香港地區外商直接投資遠遠超出其他 10 個地區的 FDI 水平，這種特殊性可能會影響模型估計的結果。另外，2008 年的金融危機，外部環境的影響可能也會導致回歸結果存在偏差。一方面為剔除异常樣本的影響，另一方面考慮到面板數據規模並不大，為儘量避免樣本容量的損失，穩健性檢驗對所有連續型變量進行上下 1% 的縮尾處理，結果顯示主要變量的符號與顯著性沒有發生明顯變化。總體上，异常樣本沒有對估計造成實質性影響，結果與前文的結論基本一致（見表 6-13）。

表 6-13　縮尾處理穩健型檢驗結果

變量	模型 4	(2) 5
	lnFDI	lnFDI
INT	0.001** (2.42)	0.005*** (3.77)
lnGDP	0.381*** (5.65)	0.460*** (8.70)
OPEN	0.000 (1.16)	−0.000 (−0.02)
WAGE	−0.238** (−2.51)	−0.377*** (−5.31)
GOV	0.000 (0.04)	0.002 (0.76)
TER	0.000 (0.10)	0.007*** (2.92)
2. CITY	−3.089*** (−7.77)	−3.052*** (−7.59)
3. CITY	−2.706*** (−11.70)	−2.624*** (−12.62)
4. CITY	−2.532*** (−9.81)	−2.439*** (−10.22)
5. CITY	−3.144*** (−14.22)	−2.949*** (−13.93)

（續表）

變量	模型 4	(2) 5
	lnFDI	lnFDI
6. CITY	−3.332***	−3.114***
	(−12.54)	(−13.57)
7. CITY	−3.282***	−3.054***
	(−10.99)	(−10.90)
8. CITY	−2.837***	−2.703***
	(−11.15)	(−11.28)
9. CITY	−3.853***	−3.599***
	(−11.74)	(−11.50)
10. CITY	−3.778***	−3.568***
	(−13.30)	(−13.47)
11. CITY	−3.645***	−3.402***
	(−12.66)	(−12.60)
INTxlnGDP		−0.001***
		(−4.15)
INTxOPEN		0.000***
		(5.61)
_cons	7.356***	7.685***
	(11.46)	(15.00)

注：括號內的值為 t 統計量，***、**、* 分別表示 1%、5%、10% 的顯著性水平。

2.5　結論及建議

　　基於粵港澳大灣區 11 個城市在 2002～2018 年的面板數據，分析區域一體化對外商直接投資的影響。研究發現，區域一體化水平的提高能夠有效增強對外資的吸引力。進一步研究證明，在促進外商直接投資方面，區域一體化指數與市場規模存在替代效應，當城市本身市場規模較小時，較高的區域一體化指數能夠減少其吸引外資的相對弱勢。同時，一體化指數與貿易自由度具有協同效應，在區域一體化充分融合以及貿易自由度提升的雙重作用

下，能夠增強外資吸引效應。

　　基於研究結果，當前國家對粵港澳大灣區的一體化建設是科學性的和具有遠見的，粵港澳大灣區的建設從以下方面加強：首先，加快區域聯合共同，廣泛深化合作，推動各方面生產要素充分流動，進一步提升區域內生發展動力，增強對外資的吸引力；其次，在城市內部市場規模發展與區域一體化方面，不同城市可以根據自身實際情況與定位，有選擇性地利用內部市場建設或外部區域合作來推動外資進入；對於市場規模優勢較小的肇慶、江門和惠州等地區而言，強化與中心城市的互動合作，增強區域發展的協調性，通過城市間的協同聯動、服務資源的共建共享，能夠有效彌補自身市場規模不高而導致的外資吸引弱勢；更重要的是，粵港澳大灣區應當充分利用「一帶一路」開放新格局，深入推進商品及服務貿易自由化，在加強區域內部合作的同時擴大開放，為外資進入提供良好的發展前提。

第三節　金融支持粵港澳大灣區經濟發展

　　粵港澳大灣區的規劃和開發已經醞釀了近 15 年，2005 年，廣東省政府發佈的《珠江三角洲城鎮群協調發展規劃（2004～2020）》中明確劃分「粵港澳跨界合作發展地區」，並且要求把發展「灣區」列入重大行動計劃。此後，灣區發展陸續寫入 2008 年國家發改委《珠三角地區改革發展規劃綱要（2008～2020 年）》、2009 年粵港澳三地政府共同參與的《大珠江三角洲城鎮群協調發展規劃研究》、2010 年《粵港合作框架協議》等文件。2015 年3 月，「粵港澳大灣區」的概念在「一帶一路」戰略規劃中被首次明確提出。2016 年，「粵港澳大灣區」被寫入了國務院發佈的《關於深化泛珠三角區域合作的指導意見》以及國家「十三五」規劃等，要求建設世界級城市群。2017 年 3 月，國務院政府工作報告中首次提出「粵港澳大灣區」，明確要求加強內地同港澳的深化合作，共同規劃粵港澳大灣區城市群的發展，發揮港澳的

獨特優勢，促進經濟發展和對外開放。2018 年 8 月 15 日，在北京人民大會堂主持召開了粵港澳大灣區建設領導小組全體會議，這意味着粵港澳大灣區正式升級，成為與京津冀、長江經濟帶並列的中國三大區域一體化協同發展的區域。2019 年 2 月 18 日，中共中央國務院發佈了《粵港澳大灣區發展規劃綱要》，在科技創新、基礎設施互聯互通、制度協調發展、對外開放等方面明確了對粵港澳大灣區的定位，也標誌着粵港澳大灣區建設進入全速落實階段。

3.1　粵港澳大灣區的金融基礎

粵港澳大灣區由「9+2」組成，包括廣東省的九個城市，分別是廣州市、深圳市、珠海市、中山市、佛山市、東莞市、惠州市、江門市、肇慶市，以及香港、澳門兩個特別行政區。大灣區總面積約為 5.62 萬平方公里，佔中國大陸（不包括港澳台）國土面積的 0.58%。2017 年粵港澳大灣區經濟總產值約為 11.13 萬億元，佔中國經濟總量的 13.56%，粵港澳大灣區是我國經濟活力最強的區域之一。

粵港澳大灣區具有十分突出的區位優勢，北接長江經濟帶，南接東南亞和南亞，西接北部灣經濟區，東接海峽西岸經濟區和台灣，同時具有「灣區群」「港口群」「產業群」三重疊加的經濟優勢。「灣區群」指的是粵港澳大灣區以環珠江口灣區為核心，涵蓋了大廣海灣區、環大亞灣灣區，毗鄰大紅海灣區、大汕頭灣區、大海陵灣區；「港口群」則指包含了香港港、廣州港、深圳港、珠海港、惠州港、東莞港、中山港、江門港等多個港口，港口集裝箱年吞吐量位居世界前列；「產業群」既包含了電子通信、新能源汽車、人工智能、新材料等高端產業集群，又包含了紡織服裝、加工製造、塑料製品、食品飲料等中低端產業集群。

粵港澳大灣區對標世界一流灣區，在優良自然條件的基礎上，發展形成了港口、機場、橋路、軌道、公交網絡，形成了輻射國內外的綜合交通體系，有利於進一步發展外向型經濟、持續優化產業結構、提高資源配置能

力、發揮強大的集聚溢出功能，是帶動區域經濟發展的引擎和引導技術變革的領軍人，未來有希望成為與美國紐約灣區、舊金山灣區、日本東京灣區等世界級灣區比肩的第四個世界一流灣區。

依託區位、經濟、制度等優勢，粵港澳大灣區有望充分發揮其集聚效應，推動國家整體轉型發展，培育經濟新動能，進一步提高國家對外開放水平，成為中國引領新一輪經濟全球化格局的中堅力量。目前，我國的「一帶一路」和亞投行等戰略已經開啟引領新一輪經濟全球化的格局，此時點所提出的粵港澳大灣區規劃，目標就是要對標世界三大一流灣區，努力將其打造成世界級城市群和能夠引領世界引擎的經濟核心地帶。在經濟全球化的新格局中，中國有望將粵港澳大灣區與「一帶一路」和亞投行等重大戰略一同納入長遠考慮和佈局（見表 6-14）。

表 6-14　粵港澳大灣區的國家定位及作用

定位	作用
國家區域發展戰略的新佈局	是「一帶一路」、亞投行、京津冀協同發展、長江經濟帶、粵港澳大灣區整體佈局的重要一環，大力支持中國經濟轉型升級
國家整體轉型發展的新動力	通過科技創新與產業升級，培育國際價值鏈新動能。大灣區可成為推進《中國製造 2025》，成為培育國家整體轉型新動力的塙本，構建開放型經濟新體制，「21 世紀海上絲綢之路」的重要支撐區域，支持全國有效推進供給側改革
國家對外開放的新門戶	促進知識、技術、資本、人員、服務等資源的優化配置，進一步提高對外開放水平，成為國家推動經濟全球化的中堅力量
世界級城市群和經濟增長新引擎	充分發揮灣區在經濟、人口、科技、產業等領域的集聚優勢，對標美國紐約灣區、舊金山灣區、日本東京灣區等世界級灣區，探索新型城鎮化發展道路，推動區域一體化發展，增強全球區域競爭力
「一國兩制」成功實踐的新動力	特別行政區和自由港、經濟特區、自由貿易試驗區等叠加既是體制優勢，也是深化合作的體制機制創新

粵港澳大灣區經濟總量與人口規模領先，基礎設施健全完善，金融中心聚集，產業分佈多樣化，區域經濟有機整合，且在國際層面天然對接港澳地區，較好利用了港澳的貿易投資轉口樞紐特徵，緊密結合自貿區和「一帶一路」

戰略，成為金融開放的前沿陣地，其多層次金融人才、國內外金融機構、優良金融服務的高度集聚能形成高效的規模經濟和範圍經濟。

　　服務實體經濟是金融業的天職，金融業將在粵港澳大灣區建設中發揮重要作用。金融業是現代經濟的核心和血液，提供多元投融資服務，驅動科技創新，是粵港澳大灣區建設不可或缺的一環。與此同時，粵港澳大灣區建設同樣有助於促進金融業轉型升級，向高端服務方向發展。在此背景下，本節就金融支持對粵港澳大灣區經濟發展的影響進行實證研究，分析粵港澳大灣區的金融和經濟發展狀況，期望就金融支持方面給粵港澳大灣區區域經濟發展規劃提供借鑒和指導，發揮其作為「21 世紀海上絲綢之路」關鍵節點的重要作用。

3.2　文獻綜述

　　金融的本質是跨時空的價值交換，能對現存的各種資源進行重新整合，實現資源跨期的最優配置在現代經濟中起到重要作用。金融發展與經濟增長的關係一直是金融研究的熱點，國內外學者的各項研究已經取得了成熟的理論成果，明確了金融與經濟發展的緊密關係，也為今後金融支持經濟發展的研究分析奠定了堅實基礎。

　　早在 18 世紀，古典經濟學家亞當‧斯密（1776）就在《國富論》中指出，銀行通過信用創造功能實現資本積累，促進資本流動，從而拉動經濟增長。此後，瑞典學派的開創者維克塞爾（1898）在《利息與價格》中提出「累積過程理論」，指出貨幣金融對經濟過程的實質性影響，成為凱恩斯經濟學思想的直接淵源。凱恩斯（1936）的著作《就業、利息和貨幣通論》認為金融貨幣在影響實體經濟的產出和就業上起到重要作用。

　　20 世紀 50 年代，金融發展理論翻開了新的篇章，格利和肖（1955）合作發表《經濟發展中的金融方面》《金融中介機構與儲蓄投資過程》，深入闡釋金融與經濟的關係，對於金融中介機構對於實際經濟活動以及貨幣系統的影響提出了創新性的觀點。帕特里克（1966）提出了經濟發展與金融發展關

係的兩種模式：「需求追隨」模式和「供給引導」模式。諾貝爾經濟學獎獲獎者希克斯（1969）研究認為金融發展促使利率下降，降低投資成本，是英國工業革命興起的原因，肯定金融發展在經濟發展中的重要作用。戈德·史密斯（1969）創造性地提出金融相關比率等衡量金融發展的指標，在金融發展與經濟增長的研究裏具有里程碑式的意義。20 世紀 70 年代，麥金農（1973）和肖（1973）分別從金融抑制與金融深化的角度研究金融發展與經濟發展的關係。

格林伍德和約瓦諾維奇（1990）在《金融發展、增長和收入分配》中通過使用動態計量模型對金融發展、經濟增長和收入分配之間的關係進行了實證研究，證明了金融對於經濟發展的重要作用。金和萊文利（1993）採用跨國數據進行實證分析，結果表明金融發展顯著影響經濟增長。

國內學者關於金融對經濟發展的研究開始於 20 世紀末，大多集中於宏觀層面與區域經濟發展。白欽先（1997）提出發展金融學的概念，從金融運動的角度研究了經濟發展，探討了經濟發展中金融的作用，認為金融不僅對經濟運行有影響，而且影響經濟增長和發展，完善的金融體系促進經濟的發展與穩定，金融政策應當成為保證經濟穩定和發展的重要工具。談儒勇（1999）對中國金融中介與經濟增長、中國股票市場發展與經濟增長進行了實證研究，研究結果表明金融發展和經濟增長之間具有顯著正相關關係。孔祥毅（2001）豐富了金融可持續發展的理論，提出建立協調高效的金融運行體系以實現金融的可持續發展。韓廷春（2001）運用計量模型進行了金融發展與經濟增長的實證檢驗，結果顯示金融發展有助於將儲蓄轉化為投資，投資促使生產擴大，進而促進經濟發展。賴明勇、陽小曉（2002）採用中國改革開放以來 23 年的數據，對金融中介發展與經濟增長的關係進行了實證研究，研究結果也證明了兩者的因果關係。史永東（2003）、孟猛（2003）等人也對我國金融發展與經濟增長的關係進行了實證檢驗，運用格蘭杰因果檢驗得出金融發展與經濟增長之間存在雙向因果關係的結論。康繼軍、張宗益、傅蘊英（2005）用銀行和股市的相關變量測度金融發展，通過向量誤差修正模型對中日韓三國金融發展與經濟增長的因果關係進行了跨國研究，研究結果也證明

此因果關係的成立。

　　國內學者的研究還側重於新型城鎮化的金融支持。陳文新、張玉霞（2013）將金融支持分為金融支持規模、金融支持結構和金融支持效率三個方面，構建金融支持的綜合指數，研究城鎮化與金融支持的協調度問題。熊湘輝、徐璋勇（2015）同樣也從金融規模、金融效率和金融結構三個方面構建指標體系，採用空間面板模型研究金融因素對新型城鎮化建設的影響。孫勇智、孫啟明（2013）認為，金融支持本質是為通過金融信貸解決企業所面臨的資金周轉困境，為企業的發展助力。徐夕湘、何宜慶、陳林心（2017）認為，金融支持是政府以及相關部門通過金融政策、金融手段促進當地經濟的發展，從財政金融角度，基於 VAR 模型進行了實證研究。陳建忠（2017）認為金融發展需要依靠財政支持，將財政收入也納入衡量金融支持的指標。

3.3　模型、變量說明與數據

　　本節研究金融支持對粵港澳大灣區經濟發展的影響，構建了以地方生產總值（gdp）為被解釋變量、以金融機構存款餘額（deposit）、金融機構貸款餘額（loan）和財政收入（revenue）為解釋變量的計量經濟學模型來進行實證分析。基本計量模型如下：

$$\text{gdp}_{it} = \alpha_0 + \alpha_1 deposit_{it} + \alpha_2 loan_{it} + \alpha_3 revenue_{it} + \mu_i \qquad (6)$$

其中，i 和 t 分別表示城市和年份，gdp_{it} 表示城市 i 在 t 年的地區生產總值，α_0、α_1、α_2、α_3 是待估參數，$desposit_{it}$ 表示城市 i 在 t 年的金融機構存款餘額，$loan_{it}$ 表示城市 i 在 t 年的金融機構貸款餘額，$revenue_{it}$ 表示城市 i 在 t 年的財政收入。

　　在實證分析中為消除异方差並減少數據的波動，對變量進行對數處理，採用如下模型

$$\ln gdp_{it} = \alpha_0 + \alpha_1 \ln deposit_{it} + \alpha_2 \ln loan_{it} + \alpha_3 \ln revenue_{it} + \mu_i \qquad (7)$$

　　本節的被解釋變量為地區生產總值（gdp）。gdp 是指一個國家（或地區）

所有常駐單位。在一定時期內，生產的全部最終產品和服務價值的總和，常被認為是衡量國家（或地區）經濟狀況的指標。gdp 總量能夠對經濟體量進行基本判斷，是從靜態角度測度了經濟總體實力。

解釋變量設定如下。

（1）金融機構存款餘額（deposit）。採用的是來自統計年鑒的金融機構本外幣各項存款餘額，這個指標衡量了一個城市的資金總量，能判斷一個城市的真實經濟活躍度，代表着金融發展的實力和潛力，為經濟發展提供充足的資金來源，也是未來經濟的發展基礎。

（2）金融機構貸款餘額（loan）。長期以來我國的經濟增長在很大程度上是依靠投資拉動的。我國經濟轉型尚未完成，投資在我國經濟增長中仍將發揮重要作用的情況下，金融機構貸款餘額很大程度上能反映一個地區的資金需求程度和金融的運行情況。

（3）財政收入（revenue）。金融支持的測度中應該包括政府導向型的金融支持，通過發揮政府對市場的干預和調節機制，促進金融運用效率，引導一些能夠促進市場金融活躍的金融資源通過一些政策手段成功地流向實體經濟，以支持經濟的發展。這種支持能力又需要財政收入的支撐，所以將地區政府財政收入納入金融支持的衡量指標。

以粵港澳大灣區 11 個行政單位為研究對象，分別是廣州市、深圳市、珠海市、佛山市、惠州市、東莞市、中山市、江門市、肇慶市和香港、澳門兩個特別行政區，利用其 1998～2018 年相關數據，對粵港澳大灣區經濟發展的金融支持問題進行研究分析。採用的數據結構為平衡面板數據，數據分別來自廣東省 9 個城市統計局官網發佈的城市統計年鑒，香港政府統計處發佈的香港統計年刊、澳門政府統計暨普查局發佈的澳門統計年鑒以及 Wind 數據庫。由於香港統計年刊的貨幣單位是港元、澳門統計年鑒的貨幣單位是澳門元，採用了中國人民銀行發佈的港元兌人民幣年度平均匯率和澳門金融管理局發佈的澳門元兌人民幣年度平均匯率進行了單位換算，使得所有數據統一單位為億人民幣。數據分析工具為 stata13 和 EViews8。

3.4　實證檢驗

採用 stata13 作為面板數據描述性統計分析的工具，結果見表 6-15：

表 6-15　描述性統計結果

變量		均值	標準差	最小值	最大值
因變量	gdp	4881.603	6450.197	249.03	30712.66
	$\ln gdp$	7.745545	1.246832	5.52	10.33
解釋變量	$deposit$	11329.27	19349.68	236.53	110553.4
	$\ln deposit$	8.233909	1.478388	5.47	11.61
	$loan$	7379.234	13057.86	207.94	80741.74
	$\ln loan$	7.705227	1.545496	5.34	11.3
	$revenue$	672.5965	1245.479	8.41	7149.9
	$\ln revenue$	5.269955	1.622218	2.13	8.87

單位根檢驗

為規避偽回歸現象，首先對各變量進行單位根檢驗。為了避免檢驗方法帶來的誤差，同時採用 Levin，Lin&Chu 檢驗、Im、Pesaran&ShinW-stat 檢驗、ADF-FisherChi-square 檢驗以及 PP-Fisher Chi-square 檢驗，採用 EViews 進行面板數據單位根檢驗，結果見表：

表 6-16　單位根檢驗結果

變量		Levin, Lin&Chu 檢驗		ADF-FisherChi-square 檢驗		平穩性
		t 統計量	P 值	t 統計量	P 值	
因變量	$\ln gdp$	2.6369	0.9958	10.6379	0.9795	不平穩
解釋變量	$\ln deposit$	1.3399	0.0901	28.7222	0.1530	不平穩
	$\ln loan$	4.2175	0.0000	40.6324	0.0091	平穩
	$\ln revenue$	2.4875	0.9936	9.1674	0.9924	不平穩

注：顯著性水平為 5%。

從上述結果可以看出，gdp、deposit 和 revenue 序列在 5% 的顯著性水平下接受原假設，loan 序列在 5% 下拒絕原假設，也就是意味着在 5% 顯著水平下，序列 gdp、deposit 和 revenue 存在單位根，為非平穩序列。因此，繼續對原序列一階差分，然後進行單位根檢驗，檢驗結果見表 6-17：

表 6-17　一階差分後單位根檢驗結果

變量		Levin，Lin&Chu 檢驗		ADF-FisherChi-square 檢驗		平穩性
		t 統計量	P 值	t 統計量	P 值	
因變量	$\Delta \ln gdp$	−8.3264	0.0000	64.6923	0.0000	平穩
解釋變量	$\Delta \ln deposit$	−8.1259	0.0000	83.6775	0.0000	平穩
	$\Delta \ln loan$	−5.9286	0.0000	57.5476	0.0001	平穩
	$\Delta \ln revenue$	−3.6677	0.0001	74.9639	0.0000	平穩

注：$\Delta \ln gdp$、$\Delta \ln deposit$、$\Delta \ln loan$、$\Delta \ln revenue$ 分別為 $\ln gdp$、$\ln deposit$、$\ln loan$、$\ln revenue$ 的一階差分；顯著性水平為 5%。

結果表明，一階差分後的序列 $\Delta \ln gdp$、$\Delta \ln deposit$、$\Delta \ln loan$、$\Delta \ln revenue$ 在 5% 的顯著性水平下為平穩序列，表明 $\ln gdp$、$\ln deposit$、$\ln loan$、$\ln revenue$ 序列為一階單整過程，即 I（1）。因此，金融支持與經濟發展指標之間可能存在協整關係，進一步考察各變量之間是否存在協整關係，即長期均衡關係。

協整檢驗

從金融支持與經濟發展變量的平穩性檢驗可知，$\ln gdp$、$\ln deposit$、$\ln loan$、$\ln revenue$ 變量為一階單整，可以繼續判斷 $\ln gdp$、$\ln deposit$、$\ln loan$、$\ln revenue$ 變量是否具有協整關係。為確保協整檢驗結論的可信度，採用 Pedroni 構造 7 個檢驗統計量與 Kao 構造的 ADF 檢驗統計量來判斷 $\ln gdp$、$\ln deposit$、$\ln loan$、$\ln revenue$ 變量間是否具有協整關係，結果見表 6-18：

表 6-18　協整檢驗結果

協整檢驗方法		檢驗的計量	P 值
Pedroni 檢驗	v- 檢驗（面板）	1.458629	0.0723
	rho₀ 檢驗（面板）	−0.479539	0.3158
	pp- 檢驗（面板）	−3.589208	0.0002
	ADF- 檢驗（面板）	−3.425885	0.0003
	rho- 檢驗（群）	0.874356	0.8090
	pp- 檢驗（群）	−3.621070	0.0001
	ADF- 檢驗（群）	−4.035557	0.0000
Kao 檢驗	ADF	−5.321706	0.0000

注：顯著性水平為 5%。

從表 68 的結果看出，Pedroni 檢驗構造的 7 個檢驗統計量與 Kao 檢驗構造的 ADF 檢驗統計量中，pp- 檢驗（面板）、ADF- 檢驗（面板）、pp- 檢驗（群）、ADF- 檢驗（群）、Kao 檢驗這 5 種接受 ln gdp、ln deposit、ln loan、ln revenue 變量間是存在協整關係的，可以推斷金融支持與經濟發展變量存在某種長期均衡穩定的關係。

本節使用的數據是粵港澳大灣區 11 個行政單位 1998～2017 年的相關指標數據，為平衡面板數據，使用 stata13 通過面板校正標準誤（PCSE）方法進行回歸，結果見表 6-19：

表 6-19　模型估計結果

變量	(1)
	模型
VARIABLES	lngdp
lndeposit	0.292*** (0.10)
lnloan	0.282*** (0.08)
lnrevenue	0.235*** (0.04)

（續表）

變量	(1)
	模型
Constant	1.932***
	(0.12)
Observations	220
Numberofcity	11
R-squared	0.968
F	.

注：（1）***、**、* 分別表示在 1%,5% 和 10% 水平上顯著；括號中為標準誤差。

　　結果表明，金融支持與經濟發展變量直接存在顯著正相關關係。具體而言，lndeposit 與 ln gdp 之間的回歸係數為正，說明存款餘額與地區生產總值之間存在正相關性，存款餘額對地區生產總值有明顯的正向促進作用，存款餘額每增加 1%，地區生產總值就增加 0.292%。lnloan 的估計係數為正，說明貸款餘額與地區生產總值之間存在正相關性，貸款餘額對地區生產總值有正向促進作用，貸款餘額每增加 1%，地區生產總值就增加 0.282%。lnrevenue 與 ln gdp 之間的回歸係數為正，說明財政收入與地區生產總值之間存在正相關性，財政收入對地區生產總值有着明顯的正向促進作用，財政收入每增加 1%，地區生產總值就增加 0.235%。總體上來說，粵港澳金融支持對區域經濟發展存在較強的促進作用。

3.5　結論與建議

　　使用粵港澳大灣區 9+2 個城市 1998～2018 年的平衡面板數據，構建計量模型檢驗金融支持對區域經濟增長的影響。通過選取金融機構存款餘額、金融機構貸款餘額、財政收入作為衡量金融支持的指標，選擇地區生產總值作為區域經濟發展的指標，構建經濟發展與相關金融指標的計量模型，運用數據分析

工具 stata 進行面板數據實證分析。結果表明，粵港澳大灣區的金融支持與經濟發展存在長期穩定的關係，粵港澳大灣區的金融發展能够支持該地區的經濟增長。基於研究結論，結合粵港澳大灣區金融發展和經濟發展的現狀，發揮金融支持對於粵港澳大灣區經濟發展的促進作用，提出以下政策建議。

第一，把握時代契機，大力支持金融業的發展。建設粵港澳大灣區背景下，金融體系承載重要歷史使命，也迎來自身發展的時代契機。金融行業將加快開放創新與互聯互通，深化金融科技滲透，贏得更快跨越發展，為大灣區的經濟發展保駕護航。

第二，推動發展直接融資方式。大灣區建設需要直接融資方式的資金支持，發展直接融資是大勢所趨。十九大報告指出，我國要增強金融服務實體經濟能力，提高直接融資比重。粵港澳大灣區目前正處在產業轉型升級的關鍵時點，應當大力發展直接融資來支持產業結構升級。

第三，推動跨境金融的深化發展。大灣區建設規劃推動境內外市場互聯互通，將深化境內資本市場的國際化進程，一方面將國際資本引入大灣區，提升境內資本市場活力，引導境內資本市場向市場化、國際化、自由化的成熟市場進化。另一方面，境內投資者投資渠道將更加多樣化、資產配置範圍更加廣泛，有利於激發投資者的投資熱情。金融跨境深化發展將為金融行業發展提供極大助力，進一步促進金融行業的蓬勃發展。

第四，建設科技創新金融支持平台。《粵港澳發展規劃綱要》中明確提出「建設科技創新金融支持平台」，面對大灣區金融科技的發展機遇，需要加快金融科技項目的培育和落地。一方面，要創新金融機構與政府相關部門、金融機構與新興科技企業的合作模式，搶佔金融服務的先機，同時也要不斷完善粵港澳大灣區金融機構的大數據基礎；另一方面，建設科技創新金融支持平台需要結合大灣區的新型城市化建設，在基礎設施、公共事業等城市服務領域，從提高粵港澳大灣區生活便捷性的角度出發，加快推進金融科技項目的落地。

第五，凸顯大灣區綠色金融的定位。建立綠色金融體系是我國的國家戰略之一，綠色信貸是綠色融資渠道的主體，銀保監會統計口徑下的綠色信貸

包括兩部分：一是支持節能環保、新能源、新能源汽車等三大戰略性新興產業生產製造端的貸款；二是支持節能環保項目和服務的貸款。結合粵港澳大灣區發展規劃，優良的生態環境是支撐大灣區經濟社會可持續發展的重要前提，綠色金融的資金調配能極大促進綠色產業和項目的發展，因此要堅定大灣區綠色金融的定位，加快普及綠色金融的理念，發展綠色經濟和產業。

第六，完善公共財政體系，用好「看的見的手」。粵港澳大灣區處於快速發展的過程中，灣區內的地方公共財政在保障基本支出和重點支出需求的前提下，預算更多資金支持灣區經濟發展。創新財政支持方式，加大支持企業改革與信用擔保機構的力度，發揮財政資金的引導帶動作用，幫助中小企業解決融資問題，通過減稅、貼息等手段，吸引社會資金投入，促進產業結構升級，進一步促進經濟結構調整。同時，建立風險評估預警機制，努力提高公共財政的使用效率。

第七，引進多層次金融人才，保障金融發展的人才儲備。粵港澳大灣區應充分利用其豐富的教育資源優勢，支持高等學校加強金融學科建設，着重培養多層次、領軍型、緊缺型的金融人才，努力建成體系完善、機制靈活、集聚效應強大的現代金融人才高地，為大灣區的金融發展輸送新鮮血液。同時，深入開展教育部門、金融部門以及人力資源管理部門之間的全面合作，拓寬金融人才引進渠道，統籌建立金融人才庫，優化金融人才的流動和管理機制，健全金融人才服務保障機制，努力營造尊重支持金融人才發展創新的良好環境，助力粵港澳大灣區吸引更多的高端金融人才。

第四節　粵港澳大灣區金融集聚及其影響因素

中國經濟已形成發展高水平的三大經濟圈和城市群，包括長三角、珠三角和環渤海地區，以泛珠三角區域為廣闊發展腹地的粵港澳大灣區是中國經濟發展的重要增長極，2019 年 2 月 18 日，《粵港澳大灣區發展規劃綱要》（以

下簡稱《規劃綱要》）明確了粵港澳大灣區建設發展國際一流灣區和世界級城市群的核心目標，這份綱領性文件強調增強區域發展協調性，通過提升金融中心的集聚能力，輻射帶動周邊區域發展。

　　粵港澳大灣區坐擁香港、深圳、廣州三大金融重鎮，擁有港交所、深交所等金融交易機構，粵港澳大灣區的城市經濟協調、互補，金融產業集群特徵明顯，金融集聚使得金融要素由邊緣地區流向核心地區，本節結合經濟地理學，量化大灣區內城市金融集聚程度，探究大灣區內城市金融產業集聚的動態發展，實證檢驗影響金融業集聚因素。

4.1　文獻綜述

　　「金融集聚」是金融業的集聚現象，受益於資本、人力、溢出等因素，使分散金融中介分佈格局所不具備的獨特集群經濟優勢。金融產業集聚指具有總部職能的金融機構、監管部門等在地理上集聚，形成與大型實體企業總部之間密切合作的特殊產業空間結構。由於金融業是支持經濟增長的高端服務產業，通常認為金融集聚是產業集聚的伴隨物，受地區社會經濟發展的影響較大，作用範圍廣泛，而一般的產業集聚更依賴於自然條件、規模經濟、企業組織結構等偶然因素，只影響自身及關聯產業。黃解宇等人（2006）認為，相較於產業集聚，金融產業的集聚程度更高，集聚速度更快，集聚過程中面臨的風險因素更多。

　　KindleBerger（1974）首次提出「金融集聚」概念，指出金融中心引導金融資源的地理集聚，提升金融資源在區域內的配置效率。從靜態角度看，金融中介機構在某一地區集中，其在數量上以及提供的金融服務效率上達到一定規模，金融配套設施、制度體系完善，此時已成為成熟的金融中心城市，具備一定的金融輻射影響力；從動態角度看，反映了隨着實體產業的空間地理集聚，金融資源不斷向中心城市匯聚，從無到有，發展壯大，與當地自然地理環境、人文社會環境相互融合，共同推動產業結構升級和社會經濟發展。

關於金融集聚的形成機制，文獻研究總結為信息溝通、規模經濟、產業集聚等渠道。Park（1982）以規模經濟理論解釋金融集聚動因，指出跨國金融機構規模和數量上的增加，是產生規模經濟，進而形成金融中心的關鍵因素；Davis（1990）通過跨境金融數據建立實證模型，發現影響跨國金融業集聚的關鍵因素是信息的地理空間分佈；Porteous（1995）認為，以銀行業為代表的金融產業由於資源稟賦差异和未來發展潛力的地理空間分佈等原因而趨於向某一地區集聚；Leyshon（1998）從居民的角度出發，提出收入水平、專業金融知識儲備等也是金融機構集聚必不可少的因素；Gehring（1998）認為金融集聚與擴散同時存在，指出信息不對稱是區域間經濟發展呈現差異的重要原因；Porteous（1999）進一步研究信息流在金融集聚過程中的作用，認為「信息腹地論」是金融集聚的直接形成原因；Taylor（2003）深入分析倫敦的金融業，發現加強客戶聯繫、提升信譽對金融機構空間集聚來說是必不可少的；Nader（2005）通過研究金融集聚的經濟效益發現，金融中心城市形成擴大周邊地區居民的儲蓄需求，能够鼓勵儲蓄向投資的轉化；Xuzhe（2015）闡釋集聚效應對金融產業的詳細作用途徑，認為金融集聚和金融輻射兩者相互統一。

國內學者也進行相關研究，陳俊等（2013）實證檢驗區域資源稟賦和產業政策與我國金融集聚的關係；劉超、李大龍（2013）認為，金融產業集群內部存在複雜的交互機制，並採用基於系統動力學理論的仿真模型，揭示金融集聚的成因；劉海飛、賀曉宇（2017）檢驗金融集聚正向促進企業創新的渠道，分析政府干預變量對作用渠道機制的削弱；郭文偉、王文啟（2018）從粵港澳大灣區科技創新和金融集聚關係的視角，發現僅保險業集聚水平與科技創新存在正相關關係；鄭威、陸遠權（2019）運用 LSDV 和 GMM 模型，從地方金融發展和區域金融中心溢出兩種金融空間結構的角度，發現金融集聚與產業結構升級存在正相關關係。

關於金融集聚的影響因素，肖利平、洪艷（2017）驗證東部和中西部地區金融集聚對居民消費水平的正向影響；陳啟亮、王文濤（2017）採用動態空間面板模型，發現外貿依存度、城市擁擠效應以及人力資本對於金融集聚

的正向影響。初春、吳福象（2018）應用空間杜賓模型，分析金融集聚與區域經濟增長的空間相關關係，發現從業人數、城鎮化水平、投資水平的空間溢出效應；謝婷婷、潘宇（2018）通過空間計量分析發現，金融集聚、產業結構水平、市場開放度、勞動力水平以及物質資本的投入因素對經濟增長的正向影響。

　　上述相關研究文獻，雖然文獻對金融業集聚動因、作用機制，同時聯繫經濟增長、產業結構升級、空間影響因素等方面的研究豐富，但相關研究仍需進一步深入。第一，研究大多選取長三角、京津冀、珠三角等地區為樣本，針對粵港澳大灣區的研究不多，而本節納入香港和澳門的樣本數據進行整體分析；第二，現有文獻的量化方法較為單一，本節綜合不同測度方法的優勢，採用不同方法對結果進行檢驗，保證實證結果的科學性和客觀性。

4.2　粵港澳大灣區金融集聚測算

　　粵港澳大灣區是我國對外開放、經濟活躍的前沿陣地，區位優勢助力金融業在大灣區內實現更高程度的集聚。《規劃綱要》公佈後，產業支持政策將引導大灣區金融資源流動，並不斷吸引外部資源的集聚。大灣區整體城鎮化水平達 85% 以上，與發達國家相差無幾，粵港澳大灣區 2019 年的 GDP 約為 11.6 萬億元，佔全國 GDP 總量（99.94 萬億元）的 11.61%，第三產業產值佔比超過 65%，大灣區產業結構趨於完善，其中香港和澳門地區的主導產業服務業趨於成熟，尤其香港以金融服務業為支撐，珠三角九市的產業集群明顯，戰略新興產業的發展得到重視，製造業、服務業成為主導，這為金融業在灣區的集聚奠定了基礎。

　　金融發展水平通常使用金融相關率指標（FIR）來衡量，即金融資產與實物資產之比，麥金農（1973）提出使用貨幣供應量（M2）與 GDP 之比反映貨幣化程度。考慮到目前國內金融資產多集中於銀行體系，本節的金融相關率採用各地區金融機構存貸款總額與 GDP 的比值來衡量，具體見表 6-20。

表 6-20　2017 年各地區金融相關率指標

地區	金融機構存貸款餘額（億元）	GDP（億元）	FIR
香港	186238.36	21347.21	8.72
深圳	115997.64	22490.06	5.16
珠海	11735.61	2675.18	4.39
廣州	85506.09	21503.15	3.98
澳門	10460.52	3278.97	3.19
中山	9148.69	3430.31	2.67
江門	7068.66	2690.25	2.63
東莞	19484.23	7582.09	2.57
佛山	23419.36	9398.52	2.49
惠州	9498.41	3830.58	2.48
肇慶	3761.72	2110.01	1.78
全國	2842365.21	820754.30	3.46

資料來源：各城市 2012～2017 年《城市統計年鑑》和 Wind 數據庫。

2017 年香港金融相關率為 8.72，處於絕對領先優勢，深圳、珠海、廣州緊隨其後，四市均優於全國金融業的平均發展水平；而全國金融相關率為 3.46，高於大灣區內的其他七個城市，反映大灣區內的金融化水平存在地區差异，不利於灣區經濟的整體發展。

本節選取 11 個城市 2012～2017 年的數據進行實證研究，數據來源於珠三角九個城市《城市統計年鑑》，香港統計處，以及澳門統計暨普查局，並通過整理計算獲得。

區位熵法（Location Quotient，簡稱 LQ）是評價某一產業專業化水平的方法，反映某產業特定區域比重與大區域比重之間的比值，本節採用區位熵法，選取 11 個城市的金融產業增加值與全國金融產業增加值指標，計算粵港澳大灣區各城市的區位熵數值，以此判斷粵港澳大灣區城市的金融產業是否

存在集聚現象，公式為：

$$LQ = (e_i/e) / (E_i/E) = e_i E/eE_i \qquad (8)$$

區位熵結果見表 6-21。

表 6-21　2017 年各城市金融產業集聚區位熵係數

城市	地區金融業增加值（億元）	地區 GDP（億元）	區位熵
香港	4147.60	22515.83	2.20
深圳	3059.98	22490.06	1.63
廣州	1998.80	21503.15	1.11
珠海	191.60	2675.18	0.86
澳門	209.58	3278.97	0.76
東莞	457.63	7582.09	0.72
中山	197.58	3430.31	0.69
江門	135.79	2690.25	0.60
惠州	189.54	3830.58	0.59
佛山	407.81	9398.52	0.52
肇慶	74.85	2110.01	0.42

資料來源：各城市 2017 年《城市統計年鑒》和 Wind 數據庫。

　　由區位熵的計算結果，參照判斷標準（臨界值 1），大灣區的「9+2」城市中僅香港、深圳、廣州大於 1，高於全國平均發展水平，表明這三個城市存在金融產業的集聚效應，其中香港區位熵為 2.20，金融集聚效應顯著；珠海、澳門、東莞三地的區位熵數值雖然小於 1，但金融集聚程度明顯高於位列第四梯隊的肇慶、佛山兩地，屬第二梯隊。

　　為直觀展示粵港澳大灣區金融業發展的空間格局，探究大灣區金融地理的集聚狀況，本節使用 Adobe Illustrator 軟件，將 2012 年、2015 年和 2017 年的圖表進行對比，如圖 6-3、圖 6-4、圖 6-5 所示。

圖 6-3　2012 年大灣區金融產業集聚水平的空間分佈

圖 6-4　2015 年大灣區金融產業集聚水平的空間分佈

圖 6-5　2017 年大灣區金融產業集聚水平的空間分佈

比較 2012 年、2015 年、2017 年的分佈圖，粵港澳大灣區金融集聚水平呈現以香港、深圳為核心、向相鄰城市進行輻射的趨勢，2017 年廣州從第二梯隊升至第一梯隊，珠海、東莞、澳門等城市通過制定政策，積極承接來自香港、深圳、廣州的金融資源，金融集聚水平顯著提升，惠州、江門和中山的金融集聚水平五年間也有提升。具體而言，地方政府在港深、澳珠合作以及廣佛同城化建設上取得了一定經濟金融成效，但肇慶、佛山兩地的金融集聚水平較為落後，沒有明顯的提升。

為進一步探究粵港澳大灣區城市的金融集聚動態，本節選取各城市 2012～2017 年代表金融產業集聚的變量，分別測算區位熵數值，並匯總在圖 6-6。

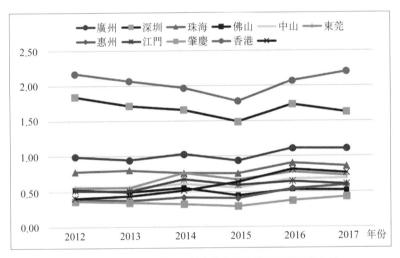

圖 6-6　2012～2017 年 11 城市的金融產業集聚動態變化圖

資料來源：各城市 2012～2017 年《城市統計年鑒》和 Wind 數據庫。

從圖 6-6 看出，大灣區金融產業集群的總體發展態勢趨於穩定，2015 年出現小幅波動。香港、深圳兩地遠遠領先於其他城市，兩地均經歷先降後升的過程，區位熵的變動具有較強相關性。廣州金融集聚水平呈穩步上升趨勢，逐步增長穩定至大於 1，金融產業正不斷發展，有追趕超深圳的趨勢。對於其餘的九個城市，整體趨勢上，澳門、珠海、中山、東莞、惠州、江

門、肇慶等地表現出穩步增長態勢，但還相對落後。

本節參考孫晶（2012）的方法，測算金融產業各子行業的區位熵。區位熵的取值如下：E 和 e 的取值不變，仍分別取國內生產總值和地區生產總值；e_i 和 E_i 的取值各有側重，銀行業區位熵的計算中，e_i 和 E_i 分別選取地區金融機構存貸款餘額和全國金融機構存貸款餘額；證券業區位熵的計算中，e_i 和 E_i 分別選取地區股票市場籌資額和全國非金融企業境內股票融資規模；保險業區位熵的計算中，e_i 和 E_i 分別選取地區保費收入和全國保費收入，結果匯總在表 6-22。

表 6-22　2017 年各城市銀行業、證券業、保險業區位熵指數對比

城市	銀行業區位熵	證券業區位熵	保險業區位熵
廣州	1.06	2.14	1.13
深圳	1.37	7.29	0.98
珠海	1.17	1.80	0.97
佛山	0.66	1.13	0.99
中山	0.71	1.24	1.22
東莞	0.68	0.79	1.33
惠州	0.66	2.20	0.79
江門	0.70	0.80	1.05
肇慶	0.47	0.84	0.63
香港	2.20	11.75	3.94
澳門	0.85	—	1.17

資料來源：各城市 2017 年《城市統計年鑒》和 Wind 數據庫。

注：因缺少 2017 年股票市場籌資額數據，故未能計算出澳門 2017 年的證券業區位熵。

由表 6-22 看出，各城市證券行業整體集聚現象尤為明顯，尤其香港證券業區位熵達 11.75，深圳證券業區位也高達 7.29，可歸結於香港交易所和深圳交易所在大灣區內的集聚，大灣區內各城市通過股票市場融資力度大，但地區間差异較大，東莞、江門和肇慶的證券業區位熵小於 1；香港、深圳、珠

海和廣州的銀行業區位熵大於 1，高於全國銀行業的平均發展水平；從保險業的集聚看，香港保險業的發達程度最高，保險業體系完備，東莞、中山、澳門、廣州、江門的保險業區位熵大於 1，高於全國平均水平。

　　基於因子分析法的集聚效應，本節就金融發展狀況、經濟發展水平、對外開放程度三大維度，綜合 10 個代表性指標，計算金融集聚的綜合得分，各指標說明見表 6-23。

表 6-23　金融地理集聚程度指標體系的構建

一級指標	二級指標	變量名稱	指標單位
金融發展狀況	金融機構貸款餘額	X1	億元
	金融機構存款餘額	X2	億元
	股票市場籌資額	X3	億元
	境內上市公司數量	X4	個
	保費收入	X5	億元
	金融業增加值	X6	億元
經濟發展水平	人均 GDP	X7	元
	固定資產投資總額	X8	億元
對外開放程度	進出口總額	X9	萬美元
	實際利用外商直接投資	X10	萬美元

　　利用粵港澳大灣區 2017 年的數據，運用 SPSS.21 統計軟件對 10 個指標進行降維。根據因子分析結果，特徵值和方差累計貢獻率達 88.112%，說明提取的兩個公因子效果理想。從因子旋轉荷載矩陣觀察，公因子 FC1 在金融機構年末存款餘額、金融機構年末貸款餘額、股票市場籌資額、保費收入、金融業增加值、固定資產投資總額、進出口總額等變量上的解釋力度較強；公因子 FC2 在人均 GDP、實際利用外商直接投資、境內上市公司數量上負荷較大，兩個變量可以歸為經濟發展因子，反映「9+2」個城市的整體經濟狀況。綜合因子得分計算結果見表 6-24。

表 6-24　金融地理集聚程度因子及綜合得分

城市	FC1	FC2	綜合因子得分 F	排名
香港	0.971	2.657	1.64	1
深圳	1.830	−0.354	0.97	2
廣州	1.387	−0.819	0.51	3
佛山	0.146	−0.622	−0.16	4
東莞	−0.010	−0.520	−0.21	5
惠州	−0.423	−0.378	−0.41	6
珠海	−0.660	−0.066	−0.42	7
中山	−0.606	−0.218	−0.45	8
澳門	−1.433	1.021	−0.46	9
江門	−0.538	−0.374	−0.47	10
肇慶	−0.664	−0.327	−0.53	11

綜合因子 F 值分別代表「9+2」個城市的金融地理集聚程度，F 值為正，說明該地區具備金融產業集聚特徵，F 值為負，說明該地區不存在金融產業集聚現象。從金融集聚的兩個公因子得分看，只有香港的兩個公因子得分為正，反映香港的金融集聚效應最強；從綜合因子得分結果看，僅香港、深圳、廣州為正值，分別為 1.64、0.97、0.51，表明三市具有金融集聚效應，而其他 8 個城市的金融集聚效應不明顯，尚未形成金融集聚。

結果表明，運用區位熵和因子分析對「9+2」個城市金融集聚的測度基本一致，對於其他金融競爭力相近的 8 個城市，因子分析和區位熵的結果略有不同，如佛山的區位熵排名第 10，而因子分析排第 4。由於測度金融業的集聚水平，排序偏差並不影響的研究結論。

一般認為，香港憑藉國際化金融中心優勢以及區位優勢等，其金融集聚效應在粵港澳大灣區內佔絕對優勢地位，深圳廣州位列其後，這與的結論一

致，在以金融產業為衡量指標的城市競爭力評價中，香港是核心城市，深圳和廣州承載副金融中心的職能，其他 8 個城市金融集聚水平則明顯較弱，這與《規劃綱要》中的四大「中心城市」相符，由於澳門以休閒旅遊、商貿服務主，香港、深圳、廣州則承擔金融中心城市的職能。

4.3　金融集聚影響因素的實證檢驗

本節深入探討金融集聚的影響因素，根據新經濟地理學和相關文獻，結合數據的易得性、代表性等，選取六個影響金融集聚的因素作為被解釋變量。

需求因素包括①產業結構水平。第三產業所佔比重越高，對金融資源的需求也隨之上升，金融業集聚水平也相應提高，記為 IND。②對外開放程度。國際貿易往來需要金融業提供支持，總體經濟開放水平越高，越有利於金融業吸引外資，吸收國外先進管理經驗和技術，記為 OPEN。③經濟基礎。理論上，某地區的經濟實力越強大，金融業集聚水平就越高，記為 ECO。

供給因素包括①產業政策。預期政府對產業的支持力度越大，越有利於金融產業集聚。選用地區金融機構貸款總額與地區經濟總量的比值來表示產業政策，記為 POLICY。②金融業勞動力水平。金融從業人員的集聚將推動金融產業的集聚。選用地區金融業就業人數與廣東省金融業就業人數的比值來反映金融勞動力水平，記為 LABOR。③政府作用。我國金融業目前仍是政府主導型，金融監管機構的政策傳導、傾斜等都在一定程度上影響金融行業的發展，選用地區政府預算支出來反映政府在經濟活動中的作用，記為 GOV。

在確定面板計量模型時，金融行業集聚程度的代理變量為比值形式，考慮到平穩性和异方差，本節自變量均採取比值形式。數據來源於 2012—2017 年的《城市統計年鑒》[1] 以及中經網統計數據庫和 Wind 數據庫，金融集

1　截至 2019 年 3 月，東莞、肇慶統計局還未公佈《2018 年統計年鑒》，所以只能根據往年數據大致估算出東莞、肇慶 2017 年的相關數值。

聚水平採用前述 2012—2017 年的區位熵值，變量和描述性統計見表 6-25 和表 6-26。

表 6-25　金融集聚影響因素的變量選取

	變量	名稱	變量定義
需求因素	產業結構水平	IND	地區第三產業增加值 / 地區 GDP
	對外開放程度	OPEN	地區進出口總額 / 地區 GDP
	經濟基礎	ECO	地區人均 GDP/ 全國人均 GDP
供給因素	產業政策	POLICY	地區金融機構貸款總額 / 地區 GDP
	金融業勞動力水平	LABOR	地區金融從業人數 / 廣東省金融從業人數
	政府作用	GOV	政府財政預算支出 / 地區 GDP

表 6-26　變量描述性統計

變量	單位	Mean	Std. Dev.	Min	Max
LQ	%	0.8487	0.5239	0.2905	2.2015
IND	%	0.5267	0.1539	0.3510	0.9060
OPEN	%	0.9089	0.5999	0.0568	2.2656
ECO	%	3.0979	2.9922	0.8693	14.5610
POLICY	%	1.2712	0.6852	0.4472	3.6013
LABOR	%	0.1288	0.1469	0.0162	0.5479
GOV	%	0.1253	0.0381	0.0656	0.2160
D	—	0.1818	0.3887	0	1

設立以下平衡面板模型，即

$$LQ_{it} = \beta_0 + \beta_1 IND_{it} + \beta_2 OPEN_{it} + \beta_3 ECO_{it} + \beta_4 POLICY_{it} + \beta_5 LABOR_{it} + \beta_6 GOV_{it} + \varepsilon_{it} \tag{9}$$

關於金融集聚水平代理變量的選取，採取上文計算的區位熵或綜合因子得分，而綜合因子得分的符號有正有負，故被解釋變量 LQ_{it} 採用區位熵。β_i 為各項回歸係數，ε_{it} 為殘差項，下標 i 和 t 分別表示城市和年份。

　　根據粵港澳大灣區的實際情況，需要考慮證券交易所對金融集聚的推動作用，引入是否有交易所的虛擬變量 D，模型修正為

$$LQ_{it} = \beta_0 + \beta_1 IND_{it} + \beta_2 OPEN_{it} + \beta_3 ECO_{it} + \beta_4 POLICY_{it} +$$
$$\beta_5 LABOR_{it} + \beta_6 GOV_{it} + \beta_7 D + \varepsilon_{it};$$

$$D = \begin{cases} 1，該地區有交易所 \\ 0，該地區無交易所 \end{cases} \tag{10}$$

　　採用 stata13 對數據進行估計，LM 檢驗法和 Hausman 檢驗的結果均表明本節的面板數據適用於隨機效應模型，同時考慮到模型中虛擬變量的存在，無法使用固定效應模型的組內估計和差分估計，所以採用隨機效應模型進行估計。此外，由於回歸結果顯示隨機效應模型的最大似然估計（MLE）的擬合優度強於廣義最小二乘法（FGLS），故最終採用最大似然估計法對隨機效應模型進行估計，結果見表 6-27。

表 6-27　模型（10）的回歸結果

變量	Coef.	Std. Err.	z	P > z	[95% Conf.	Interval]
IND	1.4254***	0.2736	5.21	0.000	0.889	1.962
OPEN	0.0623*	0.0348	1.79	0.074	−0.006	0.131
ECO	−0.0196**	0.0082	−2.38	0.017	−0.036	−0.003
POLICY	0.2535***	0.0713	3.56	0.000	0.114	0.393
LABOR	−0.5473	0.3554	−1.54	0.124	−1.244	0.149
GOV	−1.4047**	0.6436	−2.18	0.029	−2.666	−0.143
D	0.7382***	0.1029	7.17	0.000	0.537	0.940
_cons	−0.1080	0.1038	−1.04	0.298	−0.311	0.096
/sigma_u	0.0526	0.0163			0.029	0.096
/sigma_e	0.0756	0.0073			0.063	0.091
rho	0.3260	0.1487			0.104	0.640

Likelihood-ratio test of sigma_u=0: chibar2（01）= 9.23　　　Prob > =chibar2 = 0.001

注：*** 代表在 1% 水平下顯著，** 代表在 5% 的水平下顯著，* 代表在 10% 的水平下顯著。

產業結構水平 P 值為 0.000，回歸係數為 1.4254，產業結構水平對金融集聚的影響最大，表明產業結構的優化，以及第三產業的蓬勃發展對金融發展集聚有極大的推動作用。

對外開放程度變量在 10% 水平上顯著，回歸係數為 0.0623。國際貿易業務開展得越多，金融需求越大，同時對外交流帶來的國際先進金融知識和管理經驗等的溢出作用明顯，均有利於金融資源集聚，但影響程度較小。

經濟基礎變量在 5% 水平上顯著，但回歸係數為 -0.0196，與預期符號相反，可能的解釋是，經濟發達地區香港、深圳等地的金融市場發展成熟，可能趨於飽和，競爭加劇導致成本攀升，金融資源將流向經濟發展水平較低、金融業市場尚未飽和的周邊地區，尋找新的市場空間，故該變量可能成為制約因素。

產業政策在 1% 水平上顯著，回歸係數為 0.2353，金融機構貸款餘額可以認為是衡量金融業發展的重要指標，金融產業政策越放鬆，金融服務的有效供給越多，越有利於金融集聚。

金融業勞動力水平的回歸係數不顯著且符號為負，可能的原因是，一方面金融業勞動力水平表現為規模報酬遞減，另一方面，該變量本身對金融行業發展的影響不大，金融業真正稀缺的是高端、專業人才，總體的金融從業人數無法顯著推動金融集聚的形成。

政府作用在 5% 水平上顯著，但回歸係數為 -1.4047，與預期符號相反，地方政府財政收入的運用對金融業集聚表現為制約作用。通過查看原始數據 GOV，發現政府預算支出佔比較高的除香港、深圳外，也包括惠州、江門、肇慶等基礎設施建設較落後、金融業不太發達的城市，可能的解釋是，政府越佔主導的城市，經濟活動越需要加以指導，處於發展階段的金融市場的拓展空間越大，金融業集聚水平越低。

虛擬變量在 1% 水平上顯著，回歸係數為 0.7382，影響程度較大，表明交易所（資本市場）對粵港澳大灣區的金融集聚具有不可忽視的影響。

穩健性檢驗。為了驗證回歸結果的穩健性，參考徐俊兵（2016）和張忠

杰（2018）的方法，選取地方政府財政收入佔當地生產總值比重替換原經濟基礎變量，對回歸模型進行重新估計。結果見表 6-28。穩健性檢驗的係數符號與前述回歸結果保持一致，且均統計顯著，僅係數值稍有不同，穩健性檢驗結果顯示各因素仍然具有影響力，證明了實證結果的穩健性。

表 6-28　穩健性檢驗

變量	Coef.	Std. Err.	z	P > z	[95% Conf.	Interval]
IND	1.3488***	0.2498	5.4	0.000	0.859	1.838
OPEN	0.0649**	0.0332	1.96	0.050	0.000	0.130
ECO	−0.7316**	0.3229	−2.27	0.023	−1.364	−0.099
POLICY	0.29498***	0.0677	4.36	0.000	0.162	0.428
LABOR	−0.6473*	0.3627	−1.78	0.074	−1.358	0.064
GOV	−1.1120*	0.6239	−1.78	0.075	−2.335	0.111
D	0.7241***	0.0939	7.71	0.000	0.540	0.908
_cons	−0.1154	0.0985	−1.17	0.241	−0.308	0.078
/sigma_u	0.0444	0.0153			0.023	0.087
/sigma_e	0.0782	0.0075			0.065	0.094
rho	0.2438	0.1385			0.059	0.568

Likelihood-ratio test of sigma_u=0: chibar2（01）= 5.72　　Prob > =chibar2 = 0.008

注：*** 代表在 1% 的水平下顯著，** 代表在 5% 的水平下顯著，* 代表在 10% 的水平下顯著。

4.4　結論與建議

基於粵港澳大灣區城市群的數據，通過測算和實證檢驗，得到以下兩點結論。

第一，應用區位熵方法，全方位地反映粵港澳大灣區的金融集聚程度。香港、深圳和廣州存在金融集聚現象，存在以香港、深圳和廣州為核心，向鄰近地區輻射的趨勢；粵港澳大灣區金融集聚水平相對穩定，有穩步增長趨

勢；從金融細分行業的區位熵來看，香港作為國際金融中心的優勢明顯，在證券業、銀行業、保險業等方面遙遙領先於其他地區，深圳、廣州位列其後，同時地區間差异顯著，綜合因子得分的結果印證了區位熵的結論。

第二，產業結構水平、對外開放程度、產業政策以及是否擁有交易所對金融集聚有顯著的正向影響，經濟基礎和政府作用對金融集聚具有顯著的負向影響，而金融業的勞動力水平的影響有待進一步確認。

基於本節的研究，要進一步提升大灣區的金融集聚水平，發揮金融集聚效應，應該從三方面加強工作。

第一，明確對外開放對金融業創新發展、擴大業務需求的支撐作用，在粵港澳大灣區建設背景下，發揮香港離岸金融中心優勢以及珠江九市經濟的高度外向性，積極開展對外經貿合作，吸引外商直接投資，在溢出效應的作用下，優化提升大灣區金融業建設。

第二，粵港澳三地政府應制定並運用合理的金融產業政策，通過自我反饋加強金融集聚；發揮香港、深圳兩地資本市場的直接融資優勢，輻射周邊地區的中小企業、高新技術企業等。

第三，弱化政府在經濟活動中的作用，為金融機構、實體企業的發展營造寬鬆、穩定的市場環境。

第五節　粵港澳大灣區金融輻射及其效應測度

中國已形成長三角、珠三角和環渤海地區三大經濟圈和城市群，以泛珠三角區域為廣闊發展腹地的粵港澳大灣區是中國經濟發展的重要增長極。2019 年 2 月 18 日，《粵港澳大灣區發展規劃綱要》（以下簡稱《規劃綱要》）明確了粵港澳大灣區建設發展國際一流灣區和世界級城市群的核心目標，強調增強區域發展協調性，通過提升金融中心的集聚水平，輻射帶動周邊區域的金融發展。

　　粵港澳大灣區的產業呈現集群和互補的特徵，香港是國際化金融中心，深圳依靠深交所具有直接融資優勢，廣州銀行、保險業基礎深厚，直接融資優勢顯著，關鍵節點城市珠海、佛山、惠州、東莞等也正蓬勃興起。隨着區域合作發展規劃的推進，探究大灣區內各城市的金融集聚輻射效應，協調中心城市與周邊地區的合作和錯位發展，對支撐大灣區引領泛珠江三角區發展，輻射帶動中南、西南地區。極具實踐意義。本節結合經濟地理學對各地區的金融集聚輻射效應進行量化，探究大灣區內城市金融產業集聚輻射的動態發展。

5.1　文獻綜述

　　金融業集聚輻射效應揭示金融資源在核心和邊緣之間的流動方向，金融集聚效應指金融要素由邊緣地區流向核心地區，而輻射效應則描述相反的流動。按照金融集聚輻射的動態演進，現有研究普遍認為，金融發展初期發揮影響的主要是集聚效應，而金融發展的成熟階段則是輻射效應。

　　金融輻射效應基於金融中心理論、增長極理論、核心—邊緣理論等一系列區域經濟學的基礎而形成，金融輻射理論認為區域經濟發展呈現「以點帶面」的趨勢，即資本、勞動力、技術、信息等生產要素率先向中心城市集聚，當集聚達到一定程度後，生產要素開始反向周邊地區輻射。金融輻射效應反映各地區金融聯繫日益緊密，生產要素突破市場流通障礙加速流轉，各地區突破本身的資源限制，實現全域內整體規模經濟和正外部經濟。

　　金融輻射效應通過技術進步效應、資本積累效應和儲蓄轉化投資效應進行傳導。技術進步效應通過溢出作用，創新技術、金融專業知識、先進的管理經驗等向周邊地區擴散，使其共享技術進步帶來的好處，同時區域網絡格局加快了金融信息技術的流動和擴散，通過技術支持不斷優化金融產品性能；資本積累效應通過機構間的競爭與合作激發創新，降低中介費用，使周邊城市享受到便利優質的金融服務；通過增設金融分支機構，滿足周邊地區

企業的差异化金融業務需求；依靠金融中心城市的多層次資本市場體系，為周邊地區企業市值管理服務、財務顧問服務、上市融資和發行債券服務；通過建立健全完善的監督管理體系，緩解金融業自身的脆弱性、高風險性，增強區域金融風險防範能力；儲蓄轉化投資效應通過金融科技平台的專業信息管理系統，高效、精準地搜集、處理、反饋金融信息，同時通過多元風險管理金融產品擴大居民的儲蓄需求，完善公司治理機制和信息披露要求，鼓勵社會向新興領域投資，營造自由開放的市場經濟。

集聚是輻射效應的基礎和前提，金融集聚效應和輻射效應分別刻畫的是「外部經濟」和「外部不經濟」，但兩種效應可以互相轉化，隨着實體經濟的不斷發展，對配套金融資源的需求也不斷增長，加上信息不對稱因素，大量金融機構追隨客戶在地理上集中，金融機構之間通過更高層次、更廣範圍的競爭與合作，豐富和創新金融產品，降低金融中介成本，這是外部經濟。當集聚達到一定程度後，溢出效應開始發揮作用，金融機構開始大量投入資本，向周邊地區增設分支機構，這是外部不經濟，但周邊地區的金融資源在數量和質量上開始豐富，起到輻射帶動經濟發展的作用。集聚階段向輻射階段的演進一般會經歷以下四個過程（見圖 6-7）。

金融特性 + 產業集聚

金融業集聚初步形成

金融業快速發展

金融業自我加強

金融業輻射擴散

圖 6-7　金融集聚與輻射的動態演進

值得注意的是，由於資源稟賦、社會分工的區別，以及政府政策的傾斜力度，各地區所處的金融集聚效應向輻射效應演進的發展階段不同，甚至可能出現停滯或者倒退的情況。

關於金融集聚輻射效應的形成機制，Park（1982）首次以規模經濟理論

解釋金融集聚動因，指出跨國金融機構規模和數量上的增加是產生規模經濟進而形成金融中心的關鍵因素；Davis（1990）通過跨境金融數據建立實證分析模型，認為影響跨國金融集聚的關鍵因素是信息的地理空間分佈；Porteous（1995）認為以銀行業為代表的金融產業由於資源稟賦的差异和未來發展潜力的地理空間不均衡分佈等而向某一地區集聚；Leyshon（1998）則從居民的角度出發，提出收入水平、專業金融知識儲備等也是金融機構集聚必不可少的因素；Gehring（1998）認為金融集聚與擴散同時存在，指出信息不對稱是區域間經濟發展呈現差异的重要原因；Porteous（1999）進一步研究了信息流在金融集聚過程中的作用，認為「信息腹地論」是金融集聚的直接形成原因；Taylor（2003）就倫敦的金融業進行深入分析，他發現加強客戶聯繫、提升信譽對金融機構空間集聚來說是必不可少的；Nader（2005）通過研究金融集聚的經濟效益發現，金融中心城市的形成擴大了周邊地區居民的儲蓄需求，鼓勵了儲蓄向投資轉化；Xuzhe（2015）闡釋了集聚效應對金融產業的詳細作用途徑，認為金融集聚和金融輻射兩者相互統一；Audress 和 Feldman（2006）在對溢出效應與空間地理學聯繫的研究中發現，金融地理集聚對知識、信息、先進技術的溢出效應明顯，不斷推動產品創新，而地理分散阻礙了知識等的溢出。

　　國內文獻側重於對集聚效應的研究，如夏憶冰等（2014）、齊夢溪等（2018）、方遠平等（2019）從地理空間角度討論城市的經濟集聚及其影響因素，肖利平等（2017）、陳啟亮等（2017）、初春等（2018）、謝婷婷等（2018）、孫同工等（2018）的研究，探討金融業集聚動因、作用機制，同時聯繫經濟增長、產業結構升級、空間影響因素等展開，而對於金融輻射效應的研究較少，主要側重於金融輻射效應的測算。隨着經濟地理學、物理學的引入，金融輻射效應的研究方法逐漸豐富，文獻主要沿用威爾遜模型和其他延伸模型。劉同山（2011）從空間地理學出發，採用全域 Moran 指數和局部 Moran 指數測度北京區縣的金融業集聚輻射效應；陳瑩等（2013）、鄧偉根等（2014）測算了城市的金融輻射能力；何宜慶等（2015）則基於斷裂點理論對東中部城市群金融輻射範圍進行測度，並分析城市群的金融輻射。

綜上，現有研究側重於對金融集聚的探討，對於金融集聚之後所形成的輻射效應探討不多，本節基於粵港澳大灣區的城市數據，根據城市金融集聚自然演進過程，對大灣區城市的金融輻射效應進行研究，測算金融輻射的範圍和強度，嘗試評價粵港澳大灣區的城市金融功能，解析大灣區的金融輻射網絡，為粵港澳大灣區的金融發展規劃提供依據。

目前研究主要有兩類量化金融輻射的方法：一類是計算金融輻射半徑，隨着兩地距離的增加，金融輻射力逐漸衰減至臨界狀態，該臨界距離即為輻射半徑範圍，學者通常將對金融輻射力的衡量轉化為對中心城市金融輻射半徑的計算，其中威爾遜模型和斷裂點理論較為成熟；另一類是計算金融輻射強度，通過中心城市對不同周邊城市輻射作用強弱的測度，彌補第一類方法僅僅表示中心城市輻射效應的不足，通常採用引力模型。

5.2 粵港澳大灣區城市的金融輻射範圍

根據威爾遜模型，地理距離越近、政府支持力度越大，金融輻射力的衰減速度越慢，金融中心的輻射力度越大。粵港澳大灣區的金融發展水平較高，灣區內已有香港、深圳、廣州三大城市，有港交所、深交所，金融發展水平通常使用金融相關率（FIR）指標來衡量，即金融資產與實物資產之比，考慮到目前金融資產多集中於銀行體系，金融相關率採用各地區金融機構存貸款總額與 GDP 的比值衡量，表 6-29 報告灣區內城市的金融深化水平。

2017 年香港金融相關率為 8.72，處於絕對領先優勢，深圳、珠海、廣州緊隨其後，四市均優於全國金融業的平均發展水平。全國金融相關率為3.46，高於大灣區內其他七個城市。同時，大灣區內金融化程度地區差异明顯，説明金融輻射效應能夠提升區域金融水平。

測算金融輻射範圍的常用方法是威爾遜最大熵模型和斷裂點理論，首先利用威爾遜模型對中心城市的輻射半徑進行求解，然後利用斷裂點理論對上述模型結果進行檢驗和修正，使測算結果更加穩健。

表 6-29　2017 年各地區金融相關率指標

地區	金融機構存貸款餘額（億元）	GDP（億元）	FIR
香港	186238.36	21347.21	8.72
深圳	115997.64	22490.06	5.16
珠海	11735.61	2675.18	4.39
廣州	85506.09	21503.15	3.98
澳門	10460.52	3278.97	3.19
中山	9148.69	3430.31	2.67
江門	7068.66	2690.25	2.63
東莞	19484.23	7582.09	2.57
佛山	23419.36	9398.52	2.49
惠州	9498.41	3830.58	2.48
肇慶	3761.72	2110.01	1.78
全國	2842365.21	820754.3	3.46

資料來源：各城市 2012～2017 年《城市統計年鑒》和 Wind 數據庫。

運用威爾遜模型的測度

金融資源由於受到政治、經濟、基礎設施、環境等外在因素的制約，在地理因素的作用下其空間分佈格局往往是不平衡的。直到 1970 年，威爾遜受萬有引力啟發，提出「最大熵原理」，首次引入地理衰減因子，建立了量化地理空間相互作用的模型。根據威爾遜模型設定如果兩個地區金融空間相互影響，其金融輻射強度與兩地地理距離、區域規模和資源強度等因素相關，T_{jk} 表示某地區（j）吸引來自另一地區（k）的最大資源數量，即對金融輻射強度的量化，其公式為

$$T_{jk} = KO_j D_k \exp(-\beta s_{jk}) \tag{11}$$

其中，K 為歸一化因子，通常令 K=1；O_j 和 D_k 分別代表地區 j、k 的資源總量；β 反映輻射力的衰減速度，即衰減因子，β 值越大，金融輻射影響力的衰減速度越快；s_{jk} 代表兩地間的阻尼作用，一般金融輻射強度隨阻尼作用

的增加而衰減。空間阻尼作用 s_{jk} 可以用兩地距離 r_{jk} 的線性函數來刻畫。

$$s_{jk} = ar_{jk} + b \tag{12}$$

為了得出區域 j 的輻射半徑，公式（11）兩邊同時除以 O_j 可得到

$$\frac{1}{K} p_{jk} = D_k \exp(-\beta r_{jk}) \tag{13}$$

在區域 j、k 構成的城市網格系統中，D_k 衡量的區域 k 能獲得區域 j 提供的最大資源總量，可以用中心城市 j 自身擁有的最大資源總量來表示，記為 F_j；$exp(-\beta r_{jk})$ 表示區域 j、k 間的相互作用核。設定閾值 θ 的表達式如下：

$$\theta = F_j \exp(-\beta r_{jk}) \tag{14}$$

並取對數得

$$r = \frac{1}{\beta} \ln\left(\frac{F_j}{\theta}\right) \tag{15}$$

關於 β 值的計算，借鑒王錚、鄧悅（2002）的研究，將 β 值的計算公式簡化為：

$$\beta = \sqrt{\frac{2T}{t_{max}D}} \tag{16}$$

D 表示發生空間相互作用大灣區內各城市的平均行政面積，T 表示大灣區城市個數，t_{max} 表示具備輻射能力的最大城市個數。

中心城市的金融輻射範圍取決於三個變量，即衰減因子 β、閾值 θ 和區域 j 所能提供的最大資源總量 F_j，其中 β 介於 0 和 1 之間；θ 和 F_j 取決於該地區的經濟發展水平以及金融資源的總量。

根據威爾遜模型，周邊地區接受金融輻射的能力由兩大因素決定；一是地理距離，通過因子分析，澳門、東莞、佛山等地金融發展水平緊隨三個中心城市之後，它們距離香港、深圳、廣州的距離最短，受到的金融輻射作用最明顯；二是阻尼作用，包括政治、政策制度、文化差异等，借鑒唐吉平等人（2005）的觀點，在信息流、資金流、物流、人流等頻繁互動的現代經濟下，制度因素在推動地區經濟發展上起着相當作用，政府的作用不容忽視。因此，距離等客觀因素和政府態度等主觀因素將影響各城市接受金融輻射的能力。

採用區位熵法，選取 11 個城市的金融產業增加值與全國的金融產業增加值指標計算各城市的區位熵數值，以此判斷粵港澳大灣區城市金融產業的集聚水平，公式為：

$$LQ = (e_i/e)/(E_i/E) = e_iE/eE_i \qquad (17)$$

2017 年各城市區位熵實證結果如表 6-30 所示。

表 6-30　2017 年各城市金融產業集聚區位熵係數表

城市	地區金融業增加（億元）	地區 GDP（億元）	區位熵
香港	4147.60	22515.83	2.20
深圳	3059.98	22490.06	1.63
廣州	1998.80	21503.15	1.11
珠海	191.60	2675.18	0.86
澳門	209.58	3278.97	0.76
東莞	457.63	7582.09	0.72
中山	197.58	3430.31	0.69
江門	135.79	2690.25	0.60
惠州	189.54	3830.58	0.59
佛山	407.81	9398.52	0.52
肇慶	74.85	2110.01	0.42

資料來源：各城市 2017 年《城市統計年鑒》和 Wind 數據庫。

由表 6-30 區位熵計算結果分析可知，參照判斷標準（臨界值 1），僅香港、深圳、廣州大於 1，高於全國平均發展水平，表明這三個城市存在金融產業集聚效應，其中香港區位熵為 2.20，存在明顯的金融集聚效應。由此，將金融集聚水平較高的香港、深圳、廣州定義為具備金融輻射力的中心城市，將金融集聚水平較低的其餘 11 個城市定義為被輻射城市。

關於 β 值的求解，D 表示地區平均面積，粵港澳大灣區的總面積為 55904 平方公里，故 D 取值 55904 平方公里；T 代表的城市個數為 11；具備

輻射能力的中心城市個數 t_{max} 為 3；將各變量的具體數值帶入公式（16）中，得到 β 值為 0.01145。關於閾值 θ 的求解，可依據大於零的最小綜合因子得分的數量級，由表 30 可知廣州得分 0.51 為最小正值，數量級為 0.1，即輻射能量衰減到 0.1 時達到邊界。關於中心城市所能提供的最大資源總量 F_j，可以採用中心城市金融集聚水平的綜合因子得分來表示，由表 6-31，香港、深圳、廣州的 F_j 分別為 1.64、0.97、0.51。將衰減因子 β 值、閾值 θ、中心城市金融集聚水平的綜合因子得分 F_j 代入公式 13 中即可計算出中心城市香港、深圳、廣州的金融輻射半徑，如表 6-31 所示。

表 6-31　主要中心城市的金融輻射半徑

城市	金融集聚綜合因子得分	輻射半徑（公里）
香港	1.64	244.23
深圳	0.97	198.38
廣州	0.51	142.25

為清晰描繪中心城市的輻射半徑，作者同樣借助 Adobe Illustrator 在地圖上展現出來，如圖 6-8 所示。

圖 6-8　中心城市金融輻射半徑示意圖

　　表 6-31 和圖 6-8 直觀地展示了中心城市的金融輻射範圍和面積，金融集聚水平與輻射半徑成正比，除了肇慶、江門的部分地區外，香港、深圳、廣州三個中心城市的金融輻射圈基本覆蓋了整個大灣區，表明金融輻射網絡已基本形成。香港的輻射圈非常廣，輻射半徑達到 200 多公里，涵蓋了深圳輻射圈的全部和廣州輻射圈的大部分，從側面看出，深圳、廣州對周邊地區的輻射能力有限，香港佔據着金融中心龍頭，帶動引領深圳、廣州兩座中心城市的經濟發展。金融輻射圈的疊加現象明顯，3 個中心城市的輻射區域均完全覆蓋了東莞、中山兩市，還包括佛山、珠海的大部分地區，以及惠州、江門、肇慶的部分地區，周邊地區或多或少地受到 3 個中心城市或 2 個中心城市的共同影響，中心城市之間相互輻射的網絡格局也已基本形成。在協同作用下，金融資源在城市系統內互動活躍，促進了金融資源在粵港澳大灣區內的流通共享。同時，在粵港澳大灣區內還存在未被輻射到的盲區，包括江門、肇慶較偏遠地區以及山區被邊緣化，其金融發展落後。

　　金融輻射範圍的進一步修正——斷裂點理論

　　斷裂點理論研究區域間的相互作用，主要描述金融輻射力並劃分城市經濟協作區。P.D. Converse 認為中心城市可以輻射相鄰城市，且作用力會隨着距離的增加而逐漸衰減，斷裂點是一種平衡的臨界狀態點，是使相鄰城市之間的輻射力相等達到平衡的點，斷裂點的計算為公式

$$d_A = d_{AB}/(1 + \sqrt{P_A/P_B}) \tag{18}$$

　　設有 A 市和 B 市，其中 d_A 代表 A 市與斷裂點位置的直線距離，d_{AB} 表示 A、B 兩市間的空間直線距離，P_A、P_B 分別代表 A、B 城的總人口規模。

　　由於採用城市總人口數來代表城市規模，斷裂點理論在實際應用中存在較大缺陷。因此，選取前文構建的城市金融競爭力綜合得分因子來全面反映城市金融綜合競爭實力；原公式中 d_{AB} 刻畫的是兩地的直線距離，但經濟金融的聯繫更多地依賴於公路交通，選取兩地之間的公路距離來表示金融輻射路徑。改進後的斷裂點公式為：

$$d_A = d_{AB}/(1 + \sqrt{F_A/F_B}) \tag{19}$$

　　其中，F_A 和 F_B 分別表示 A 城和 B 城的金融競爭力（即金融集聚程度綜合因子得分），一般認為 d_A/d_{AB} 的值大於 0.9 表明中心城市的金融輻射影響力強，輻射作用充分抵達周邊城市的大部分地區。

　　由於大灣區金融資源，為非均衡分佈，呈現出珠江口沿岸集中。粵東西北地區相對匱乏的格局，加上不同城市間的競爭合作機制不一，使得僅從輻射半徑衡量區域金融中心發揮的輻射效應時存在偏誤，本節引入斷裂點對此進行修正，以便更好地描述這種非等幅的輻射現象。由於 8 個城市的綜合因子得分為負，參考孫晶（2011）的做法，將金融集聚綜合因子得分按公式（20）進行平移的放大，使得調整後的因子得分 F' 均為正值（見表 6-32）。

$$F' =（F+0.7）*10 \tag{20}$$

表 6-32　調整後的各城市金融集聚綜合因子得分

城市	金融集聚綜合得分	調整後綜合因子得分
廣州	0.510	12.1
深圳	0.970	16.7
珠海	−0.420	2.8
佛山	−0.160	5.4
中山	−0.450	2.5
東莞	−0.210	4.9
惠州	−0.410	2.9
江門	−0.470	2.3
肇慶	−0.530	1.7
香港	1.640	23.4
澳門	−0.460	2.4

注：公路里程數來源於《中國高速公路及城鄉公路網地圖集》和高德地圖。

通過斷裂點公式測算的三個中心城市與各城市的斷裂點距離匯總在表
33 — 35。

表 6-33　香港與周邊各城市的斷裂點位置

周邊城市	公路距離（千米）	斷裂點到香港的距離 d_A（千米）	d_A/d_{AB}
廣州	178	74.46	0.42
深圳	45	20.61	0.46
珠海	86	22.10	0.26
佛山	181	58.73	0.32
中山	145	35.72	0.25
東莞	120	37.67	0.31
惠州	129	33.59	0.26
江門	162	38.67	0.24
肇慶	260	55.20	0.21
澳門	87	21.10	0.24

表 6-34　深圳與周邊各城市的斷裂點位置

周邊城市	公路距離（公里）	斷裂點到深圳的距離 d_A（公里）	d_A/d_{AB}
廣州	144	66.21	0.46
珠海	154	44.74	0.29
佛山	145	52.56	0.36
中山	120	33.48	0.28
東莞	73	25.65	0.35
惠州	97	28.53	0.29
江門	149	40.33	0.27
肇慶	225	54.42	0.24
澳門	174	94.32	0.54
香港	45	12.37	0.27

表 6-35　廣州與周邊各城市的斷裂點位置

周邊城市	公路距離（公里）	斷裂點到深圳的距離 d_A（（公里）	d_A/d_{AB}
深圳	144.00	77.79	0.54
珠海	129.00	41.90	0.32
佛山	33.00	13.22	0.40
中山	85.00	26.56	0.31
東莞	71.00	27.61	0.39
惠州	144.00	47.33	0.33
江門	93.00	28.24	0.30
肇慶	98.00	26.72	0.27
香港	178.00	103.54	0.58
澳門	140.00	43.14	0.31

　　根據計算出的斷裂點位置，在地圖中等比例標注並用曲線連接，分別繪製出香港、深圳、廣州的經濟腹地範圍見圖 6-9、圖 6-10、圖 6-11。

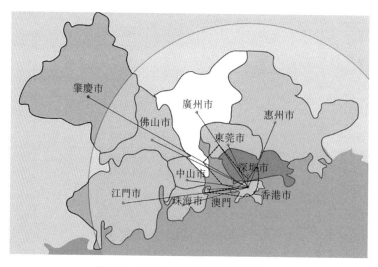

圖 6-9　香港與周邊城市的斷裂點位置

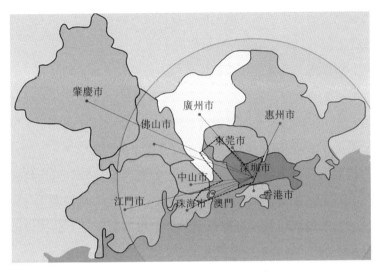

圖 6-10　深圳與周邊城市的斷裂點位置

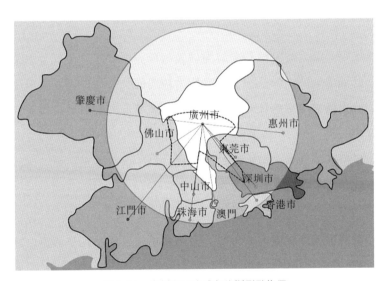

圖 6-11　廣州與周邊城市的斷裂點位置

在圖中同時疊加分別繪製出香港、深圳、廣州的輻射半徑，發現根據斷裂點理論繪製的斷裂點均在其內。斷裂點位置與公路距離的比值均小於 0.9，反映出對周邊的金融支持作用並不明顯，金融輻射力未充分抵達周邊各地

區，斷裂點刻畫的結果不如金融輻射半徑那樣反映得樂觀。惠州、江門和肇慶幾乎接受不到三個中心城市的金融輻射。

從圖上觀察到，香港由於地理位置上與接受輻射城市的較遠，發揮的實際金融輻射影響力有限，實際影響只到深圳、東莞和廣州的小部分地區；深圳對東莞、廣州、珠海、澳門等地的部分地區產生實際金融輻射影響；廣州對佛山、東莞、深圳三地的部分地區產生實際金融輻射影響。結合威爾遜模型測算的輻射半徑以及斷裂點理論計算出的斷裂點位置，得出的香港、深圳、廣州的空間輻射影響範圍更加符合實際。斷裂點理論的實證分析表明，中心城市的自然地理位置也是導致其發揮金融輻射影響力的關鍵因素，廣州、深圳的優勢與香港相比反而更大。

5.3　粵港澳大灣區城市的金融輻射效應

由於威爾遜最大熵模型和斷裂點理論兩種測度方法只覆蓋金融輻射接受能力較強的周邊地區，無法涵蓋接受能力較弱的欠發達地區。為全面了解中心城市的輻射情況，繼續採用引力模型，測算每個被輻射城市接受到的金融輻射強度。

引力模型基於威爾遜最大熵模型公式（21）進行修正，用於比較城市系統內金融輻射效應的強弱。

$$T_{jk} = KO_j \exp(-\beta r_{jk}) \tag{21}$$

r_{jk} 一般選取公路距離表示，r_{jk} 與金融輻射強度成反比；值得注意的是，此處 T_{jk} 考慮了影響金融輻射效應發揮作用的衰減因子，所以 T_{jk} 代表的金融中心輻射強度等同於周邊城市接受輻射的能力。

在由兩個城市組成的子系統內，當 r_{jk} 為零時，公式中 T_{jk} 代表城市 j 對自身的輻射強度，反映城市自身的金融資源，公式變換為

$$T_{jk} = O_j \exp(-\beta r_{jk}) = O_j \tag{22}$$

實證過程中，O_j 和 r_{jk} 均可以直接代入數據，而 β 的確認需要進一步討

論，以往的研究通常假定 β 為固定值，計算輻射範圍，而引力模型中假定各城市之間的 β 值存在差異，採用逆過程反推出各個城市的 β 值，然後計算輻射強度。β 表現為中心城市與被輻射城市之間金融資源的阻尼作用。政府政策、人文地理環境等因素的制約，阻礙了金融資源的自由流動，中心城市的金融輻射作用呈現衰減態勢，最終表現為接受輻射的各地金融市場在對資本的吸收和利用效率上大打折扣，反映了政府的工作能力和效率。

引力模型中中心城市的資源強度 O_j 用具有輻射能力的城市金融集聚綜合因子得分表示；r_{jk} 用兩地之間的公路里程數表示。關於 β 的確定，研究通常採用如下公式

$$\beta=1/\text{外向性融資規模} \tag{23}$$

首先考慮中心城市對周邊城市在直接融資、間接融資、貿易融資等方面的金融資源溢出作用，但這種溢出不容易準確測定，選取外向性融資規模指標來度量各城市從中心城市獲得的金融資源。外向性融資主要來自資本市場融資和外資，其中外資採用外商直接投資額來表示，資本市場融資方式包括中長期貸款、股票、債券，從數據的易得性考慮，分別選取 2017 年各城市金融機構中長期貸款額、股票市場融資額、債權融資額（僅考慮信用債），加總得到各城市 2017 年資本市場融資額（見表 6-36）。

對於大灣區各城市的統計數據進行以下調整和處理。由於東莞 2017 年金融機構中長期貸款數據的缺失，本節採用金融機構貸款餘額的 50% 近似代替。由於統計口徑上的不一致，對香港和澳門地區的中長期信貸、股票市場籌資額等外向性融資指標的計量做如下特殊處理，香港證券市場股票籌資額將採用港股總募資額減去中資股募資額來代替，以近似反映在香港本地上市公司的股權融資額；香港地區由於缺乏按期限分類的貸款指標，採用香港銀行貸款和墊款總額的 50% 來代替中長期貸款。澳門地區的上市公司由於註冊地址和辦公地址多選在海外和香港，無法準確計量，故以股票市場融資額代替；澳門中長期貸款數據源於《澳門統計年鑒》，通過將本地私人部門貸款及墊款期限在一至兩年、兩年以上科目加總得到。

表 6-36　2017 年各城市外向性融資規模

（單位：億元）

城市	股票籌資額	債券融資額（信用債）	中長期信貸	資本市場融資額	外商直接投資	外向性融資規模
廣州	512.02	10598.96	149908.79	161019.77	410.91	161430.68
深圳	1823.13	20094.47	28048.54	49966.14	483.62	50449.76
珠海	53.38	1099.96	3400.06	4553.40	158.98	4712.38
佛山	118.25	1193.59	6010.13	7321.97	106.08	7428.05
中山	47.22	87.90	1689.35	1824.47	33.28	1857.75
東莞	66.84	1669.60	3427.72	5164.16	112.37	5276.53
惠州	93.59	51.60	3220.86	3366.05	74.72	3440.77
江門	24.02	70.14	933.12	1027.28	33.39	1060.67
肇慶	19.65	55.60	1225.18	1300.43	11.85	1312.28
香港	2941.24	268.00	38842.56	42051.79	6175.41	48227.20
澳門	—	—	2997.17	2997.17	41.65	3038.82

資料來源：各城市 2017《城市統計年鑒》和 Wind 數據庫。

　　由此，2017 年香港、深圳、廣州對各城市的衰減因子數值和輻射強度的排序結果見表 6-37、表 6-38、表 6-39。

表 6-37　2017 年香港對各城市的金融輻射強度

城市	外向性融資規模（億元）	衰減因子	各城市到香港的距離（公里）	輻射強度
深圳	50449.76	0.000020	45	1.7594
廣州	161430.68	0.000006	178	1.7591
珠海	4712.38	0.000212	86	1.7292
東莞	5276.53	0.000190	120	1.7214
佛山	7428.05	0.000135	181	1.7186
澳門	3038.82	0.000329	87	1.7113

（續表）

城市	外向性融資規模（億元）	衰減因子	各城市到香港的距離（公里）	輻射強度
惠州	3440.77	0.000291	129	1.6962
中山	1857.75	0.000538	145	1.6288
江門	1060.67	0.000943	162	1.5116
肇慶	1312.28	0.000762	260	1.4445

資料來源：作者計算所得

表 6-38　2017 年深圳對各城市的金融輻射強度

城市	外向性融資規模（億元）	衰減因子	各城市到廣州的距離（公里）	輻射強度
廣州	161430.68	0.000006	144	1.0660
香港	48227.20	0.000021	45	1.0660
東莞	5276.53	0.000190	73	1.0523
佛山	7428.05	0.000135	145	1.0464
惠州	3440.77	0.000291	97	1.0373
珠海	4712.38	0.000212	154	1.0327
澳門	3038.82	0.000329	174	1.0076
中山	1857.75	0.000538	120	1.0003
江門	1060.67	0.000943	149	0.9272
肇慶	1312.28	0.000762	225	0.8989

表 6-39　2017 年廣州對各城市的金融輻射強度

城市	外向性融資規模（億元）	衰減因子	各城市到廣州的距離（公里）	輻射強度
深圳	50449.76	0.000020	144	0.5424
香港	48227.20	0.000021	178	0.5420
佛山	7428.05	0.000135	33	0.5416
東莞	5276.53	0.000190	71	0.5367
珠海	4712.38	0.000212	129	0.5293

（續表）

城市	外向性融資規模（億元）	衰減因子	各城市到廣州的距離（公里）	輻射強度
惠州	3440.77	0.000291	144	0.5217
中山	1857.75	0.000538	85	0.5197
澳門	3038.82	0.000329	140	0.5195
肇慶	1312.28	0.000762	98	0.5049
江門	1060.67	0.000943	93	0.4983

金融輻射強度表反映出一定的規律，外向性融資額越大，輻射作用的衰減速度越慢，城市金融輻射力越強。各城市的衰減因子之間存在差異，導致輻射作用的衰減速度不同，從而導致各地金融業發展水平的參差不齊。基於 2017 年數據，廣州的 β 值最小，為 0.000006；深圳和香港緊隨其後，分別為 0.000020 和 0.000021；在被輻射城市中，佛山、東莞、珠海的衰減因子位列後三位，分別為 0.000135、0.000190、0.000212，表明佛山、東莞、珠海接受金融輻射的能力強，不僅因為在地理位置上佔優，而且地方政府在抓住金融輻射機遇上扮演了重要角色。江門、肇慶的衰減因子靠前，分別為 0.000943、0.000762，在對三個中心城市的金融輻射強度計算中，江門、肇慶受到的金融輻射均排在末尾，十分一致地反映了其接受金融輻射的能力最弱。

從香港對各城市的金融輻射強度可以發現，受香港輻射較大的城市是深圳、廣州，香港對珠海、東莞、佛山、澳門等地輻射也較強，且程度相當，說明這些城市自身經濟基礎良好，並積極與香港對接合作，促進了當地經濟金融的發展。從深圳對各城市的金融輻射強度可以看出，對廣州、香港兩地的輻射位列前二，在一定程度上表明中心城市之間的輻射範圍存在重疊現象；深圳對東莞的輻射較強，東莞政府在對金融資源的利用能力和效率上表現突出；深圳對佛山、惠州、珠海等地的金融輻射強度緊隨其後；而江門和肇慶阻礙深圳金融輻射的衰減因子很高，所受到的金融輻射強度較低，表明

政府的工作積極性和效率有限，也可能與地理位置相隔較遠有關。從廣州對各城市的金融輻射強度可以看出，除對深圳、香港的輻射外，廣州對佛山和東莞的輻射較強；江門、肇慶兩地受到的金融輻射強度較低。

測算結果表明，香港對周邊城市的整體輻射強度大於深圳、廣州對周邊地區的輻射強度，採用不同測度方法得出的結果一致；同一金融中心對周邊各城市的輻射影響力不同，且同一城市接受不同金融中心的輻射強度也不相同，證實了粵港澳大灣區各個城市的金融功能和金融地位的差異。

5.4　結論與政策建議

本節基於粵港澳大灣區城市群 2017 年的截面數據和 2012～2017 年的平衡面板數據，檢驗了粵港澳大灣區城市的輻射效應。根據威爾遜模型計算的金融輻射半徑和斷裂點計算的斷裂點位置，測度了香港、深圳、廣州的經濟腹地範圍，並通過圖表直觀體現其空間輻射的區域，研究表明，金融集聚程度越高的城市，金融輻射半徑越大，香港、深圳、廣州等中心城市對周邊地區的金融輻射網絡已基本形成，但仍然存在輻射域的叠加以及未被輻射到的邊緣地區；各中心城市對周邊地區的金融支持並不顯著，金融輻射力未充分抵達周邊地區。通過引力模型分別測算出香港、深圳和廣州對周邊地區的金融輻射強度，結果表明，香港對周邊城市的整體輻射強度大於深圳、廣州對周邊地區的輻射強度，同一金融中心對周邊城市的金融輻射影響力不同，且同一城市接受不同金融中心的輻射強度也不相同。

根據前文的測算和研究，為了提升和優化大灣區金融的輻射力，優化大灣區的金融輻射格局，可以從三方面進行政策方面的設計。

第一，應進一步優化大灣區產業結構，三地政府合理制定並運用金融產業政策，通過自我反饋加強金融業的集聚，為金融業提供足够成長空間，推動金融業和其他產業的共同繁榮。

第二，充分發揮香港離岸金融中心的優勢，培育廣東省 9 個城市的經濟

外向性，通過金融中心城市的輻射效應，拓展大灣區金融輻射效應的空間，構建粵港澳大灣區的金融網絡，提升大灣區金融業的發展水平。

第三，充分利用香港、深圳兩地資本市場直接融資優勢，通過中心城市的金融輻射，為大灣區的創新企業、高新技術企業和中小企業提供金融支持和金融服務，實現大灣區經濟的快速騰飛。

參考文獻

[1]   Barrios, S., Bertinelli, L., & Strobl, E.（2006）. Coagglomeration and spillovers. Regional Science & Urban Economics, 36（4）, 467–481.

[2]   Baumol, W. J.（1967）. Calculation of Optimal Product and Retailer Characteristics: The Abstract Product Approach. Journal of Political Economy, 75（5）, 674.

[3]   Beyers, W. B., & Lindahl, D. P.（1996）. Explaining the demand for producer services: Is cost-driven externalization the major factor? Papers in Regional Science, 75（3）, 351–374.

[4]   Coffey, W. J.（2000）. The Geographies of Producer Services. Urban Geography, 21（2）, 170–183.

[5]   Cooke, P. N., Heidenreich, M., & Braczyk, H. J.（2004）. Regional Innovation Systems: The Role of Governances in a Globalized World. European Urban & Regional Studies, 6（2）, 187–188.

[6]   Davis, M. A., Fisher, J. D. M., & Whited, T. M.（2014）. Macroeconomic Implications of Agglomeration. Econometrica, 82（2）, 731–764.

[7]   Ellison, G., Glaeser, E. L., & Kerr, W. R.（2010）. What Causes Industry Agglomeration? Evidence from Coagglomeration Patterns. The American Economic Review, 100（3）, 1195–1213.

[8]   Friedmann, J.（1986）. The World City Hypothesis. Development & Change, 17（17）, 69–83.

[9]   Fujita, M., & Ogawa, H.（1982）. Multiple equilibria and structural transition of non-monocentric urban configurations ☆. Regional Science & Urban Economics, 12（82）, 161–196.

[10] Han, F., Wang, Z., & Yang, L.（2014）. The Agglomeration of Producer Services,Spatial Spillover Effects of Technology and Economic Growth. Industrial Economics Research.

[11] Han, S. S., & Qin, B.（2009）. The Spatial Distribution of Producer Services in Shanghai. Urban Studies, 46（4）, 877–896.

[12]   Hirschman, A. O. (1968). The Political Economy of Import-Substituting Industrialization in Latin America. Quarterly Journal of Economics, 82 (1), 1–32.

[13]   Krugman, P. (1991). Increasing Returns and Economic Geography. Journal of Political Economy, 99 (3), 483–499.

[14]   Miller, N. H., & Pazgal, A. I. (2001). The Equivalence of Price and Quantity Competition with Delegation. Rand Journal of Economics, 32 (32), 284–301.

[15]   Pandit, N. R., & Cook, G. (2003). The benefits of industrial clustering: Insights from the British financial services industry at three locations. Journal of Financial Services Marketing, 7 (3), 230–245 (216).

[16]   Porter, M. E. (1998). Clusters and the new economics of competition. Harvard Business Review, 76 (6), 77–90.

[17]   Ratti, & Remigio. (1997). The dynamics of innovative regions: Ashgate.

[18]   Romer, P. M. (1986). Increasing Returns to Long-Run Growth. Journal of Political Economy, 94 (5), 1002–1037.

[19]   Rosenthal, S. S., & Strange, W. C. (2001). The Determinants of Agglomeration ☆ ☆☆. Journal of Urban Economics, 50 (2), 191–229.

[20]   Scott, A. J. (1988). New industrial spaces : flexible production organization and regional development in North America and Western Europe: Pion.

[21]   Stein, R. (2002). Producer Services, Transaction Activities, and Cities: Rethinking Occupational Categories in Economic Geography. European Planning Studies, 10 (6), 723–743.

[22]   Winter, S. G., & Nelson, R. R. (1982). An evolutionary theory of economic change: Belknap Press of Harvard University Press.

[23]   安虎森 . (1997). 增長極理論評述 . 南開經濟研究（1），31–37.

[24]   蔡赤萌 . 粵港澳大灣區城市群建設的戰略意義和現實挑戰 [J]. 廣東社會科學，2017（04）：5–14+254.

[25]   陳德寧，鄭天祥，鄧春英 . 粵港澳共建環珠江口「灣區」經濟研究 [J]. 經濟地理，2010, 30（10）：1589–1594.

[26]   陳廣漢 . 論中國內地與港澳地區經貿關係的演進與轉變 [J]。學術研究，2006（002）：61–67.

[27]   陳廣漢 . 港澳珠三角區域經濟整合與制度創新 [M] 社會科學文獻出版社，2008.

[28]   陳廣漢，譚穎 . 構建粵港澳大灣區產業科技協調創新體系研究 . 亞太經濟，2018（006），127–134.

[29] 陳廣漢，楊柱，譚穎．區域經濟一體化研究：以粵港澳大灣區為例 [M]．北京：社會科學文獻出版社，2017: 15-17．

[30] 陳廣漢，劉洋．從「前店後廠」到粵港澳大灣區 [J]．國際經貿探索，2018, 34（11）：19-24．

[31] 陳廣漢，劉洋．粵港澳大灣區建設與港澳發展新機遇 [J]．廣東經濟，2019（04）：6-11．

[32] 陳廣漢．粵港澳大灣區發展報告 [M]．粵港澳大灣區發展報告，2018．

[33] 陳燕，林仲豪．粵港澳大灣區城市間產業協同的灰色關聯分析與協調機制創新 [J]．廣東財經大學學報，2018, 33（04）：89-97．

[34] 陳雲賢．中國特色社會主義市場經濟：有為政府＋有效市場 [J]．經濟研究，2019, 54（01）：4-19．

[35] 杜敏．國際貿易概論 [M]，對外經濟貿易大學出版社，2001．

[36] 樊綱，王小魯，朱恒鵬．中國市場化指數——各地區市場化相對進程 2011 年報告 [M]，經濟科學出版社，2011．

[37] 胡平，伍新木，文余源．基於面板數據 SDM 的長江中游城市群 FDI 決定因素分析 [J]．經濟地理，2014, 34（1）：15-21．

[38] 黃肖琦，柴敏．新經濟地理學視角下的 FDI 區位選擇——基於中國省級面板數據的實證分析 [J]．管理世界，2006,(10)：7-26．

[39] 黃曉慧，鄒開敏．「一帶一路」戰略背景下的粵港澳大灣區文商旅融合發展 [J]．華南師範大學學報（社會科學版），2016（04）：106-110+192．

[40] 庫姆斯，邁耶，蒂斯．經濟地理學：區域和國家一體化 [M]．安虎森，顏銀根，徐楊，等譯．北京：中國人民大學出版社，2011．

[41] 李立勛．關於「粵港澳大灣區」的若干思考 [J]．熱帶地理，2017, 37（06）：757-761．

[42] 李梅，柳士昌．對外直接投資逆向技術溢出的地區差异和門檻效應——基於中國省際面板數據的門檻回歸分析 [J]．管理世界，2012（01）：21-32+66．

[43] 李遷，朱永靈，劉慧敏，程書萍．港珠澳大橋決策治理體系：原理與實務 [J]．管理世界，2019, 35（04）：52-60+159．

[44] 李善民，毛艷華，符正平，林江，中國自由貿易試驗區發展藍皮書（2015 — 2016）[M]．廣州：中山大學出版社，2016: 52-53+172-173．

[45] 李郇，符文穎，劉宏鋒．經濟全球化背景下的產業空間重構 [J]．熱帶地理,2009,29（05）：454-459．

[46] 李郇，鄭莎莉，梁育填．貿易促進下的粵港澳大灣區一體化發展 [J]．熱帶地理，2017, 37（06）：792-801．

[47] 李永友，沈坤榮 . 轄區間競爭、策略性財政政策與 FDI 增長績效的區域特徵 [J]. 經濟研究，2008,（5）: 58-69.

[48] 劉琛，盧黎薇 . VAR 模型框架下外商直接投資時滯效應的動態分析 [J]. 數量經濟技術經濟研究，2006（10）: 101-110.

[49] 劉力，白渭淋 . 區域經濟一體化與行政區經濟的空間效應研究——基於「泛珠三角」區域合作與廣東「雙轉移」的政策協同效應 [J]. 經濟地理，2010, 30（11）: 1773-1778.

[50] 馬忠新，伍鳳蘭 . 灣區經濟表徵及其開放機理發凡 [J]. 改革,2016（09）: 88-96.

[51] 毛艷華，楊思維 . 粵港澳大灣區建設的理論基礎與制度創新 [J]. 中山大學學報（社會科學版），2019, 59（02）: 168-177.

[52] 毛艷華，榮健欣 . 粵港澳大灣區的戰略定位與協同發展 [J]. 華南師範大學學報（社會科學版），2018（04）: 104-109+191.

[53] 諾斯 . 經濟史上的結構與變革 [M]. 厲以平，譯 . 北京：商務印書館,1992.

[54] 任思儒，李郇，陳婷婷 . 改革開放以來粵港澳經濟關係的回顧與展望 [J]. 國際城市規劃，2017, 32（03）: 21-27.

[55] 芮明杰 . 構建現代產業體系的戰略思路、目標與路徑 . 中國工業經濟,2018（9）,24-40.

[56] 申明浩，楊永聰 . 國際灣區實踐對粵港澳大灣區建設的啟示 [J]. 發展改革理論與實踐,2017（07）: 9-13.

[57] 申勇，馬忠新 . 構築灣區經濟引領的對外開放新格局——基於粵港澳大灣區開放度的實證分析 [J]. 上海行政學院學報，2017, 18（01）: 83-91.

[58] 沈坤榮，田源 . 人力資本與外商直接投資的區位選擇 [J]. 管理世界，2002，(11): 26-31.

[59] 世界銀行 .2019 年營商環境報告 [R].2019.

[60] 孫久文，夏添，胡安俊 .（2019）. 粵港澳大灣區產業集聚的空間尺度研究 . 中山大學學報：社會科學版（2），178-186.

[61] 覃成林，劉麗玲，覃文昊 . 粵港澳大灣區城市群發展戰略思考 [J]. 區域經濟評論,2017（05）: 113-118.

[62] 王小魯，樊綱，胡李鵬 . 中國分省份市場化指數報告（2018）[M]，社會科學文獻出版社，2019.

[63] 習近平 . 在深圳經濟特區建立 40 周年慶祝大會上的講話 [N]. 人民日報，2020-10-15（002）.

[64] 冼國明，文東偉 . FDI、地區專業化與產業集聚 [J]. 管理世界，2006，(12): 18-31.

[65]　向曉梅，楊娟 . 粵港澳大灣區產業協同發展的機制和模式 [J]. 華南師範大學學報（社會科學版），2018（02）：17-20.

[66]　粵港澳大灣區藍皮書　中國粵港澳大灣區改革創新報告（2020）[J]. 中國工業經濟，2020（08）：2.

[67]　張光南，陳廣漢 . 香港對外貿易與經濟增長和產業結構升級——「一國兩制」和改革開放的成功結合與實踐 [J]. 國際經貿探索，2009, 25（01）：4-8.

[68]　張光南，黎葉子，伍俐斌 . 粵港澳服務貿易自由化「負面清單」管理的問題與對策 [J]. 港澳研究，2016（02）：60-67+95.

[69]　張光南，楊柱，梁東旭，黎艷艷，苟鵬程 . 粵港澳服務貿易自由化：「負面清單」管理模式 [M]. 北京：中國社會科學出版社 ,2014: 329-349.

[70]　張光南、陳兆淩、梅琳、陳平、房西子、廖唐勇、鍾俏婷、劉威 . 粵港澳促進貿易和投資自由化便利化研究 [R]. 廣州：中山大學粵港澳發展研究院，2018.

[71]　張日新，谷卓桐 . 粵港澳大灣區的來龍去脈與下一步 [J]. 改革 ,2017（05）：64-73.

[72]　鍾韵 , 胡曉華 . 粵港澳大灣區的構建與制度創新：理論基礎與實施機制 [J]. 經濟學家 ,2017（12）：50-57.

[73]　周春山，羅利佳，史晨怡，王玨晗 . 粵港澳大灣區經濟發展時空演變特徵及其影響因素 [J]. 熱帶地理，2017, 37（06）：802-813.

[74]　朱平芳，張征宇，姜國麟 .FDI 與環境規制：基於地方分權視角的實證研究 [J]. 經濟研究，2011,（6）：133-145.

[75]　鄒薇，樊增增 . 金融支持粵港澳大灣區建設的實證研究——基於城際面板數據 [J]. 國際經貿探索，2018, 34（05）：55-67.

世界級經濟區：粵港澳大灣區建設研究

陳廣漢　李小瑛　主編

責任編輯　李茜娜
裝幀設計　譚一清
排　　版　賴艷萍
印　　務　劉漢舉

出版　　中華書局（香港）有限公司
　　　　香港北角英皇道 499 號北角工業大廈一樓 B
　　　　電話：（852）2137 2338　傳真：（852）2713 8202
　　　　電子郵件：info@chunghwabook.com.hk
　　　　網址：http://www.chunghwabook.com.hk

發行　　香港聯合書刊物流有限公司
　　　　香港新界荃灣德士古道 220-248 號
　　　　荃灣工業中心 16 樓
　　　　電話：（852）2150 2100　傳真：（852）2407 3062
　　　　電子郵件：info@suplogistics.com.hk

印刷　　美雅印刷製本有限公司
　　　　香港觀塘榮業街 6 號 海濱工業大廈 4 樓 A 室

版次　　2022 年 9 月初版
　　　　© 2022 中華書局（香港）有限公司

規格　　16 開（240mm×170mm）

ISBN　　978-988-8807-99-4